로마 공화정의 몰락

독재의 탄생

로마 공화정의 몰락

독재의 탄생

에드워드 와츠 지음 · 신기섭 옮김

마르코폴로

Mortal Republic: How Rome Fell into Tyranny

| 일러두기 |

본문의 괄호는 원문에 있는 것이며 옮긴이가 추가한 것은 따로 표시했다. 원문의 괄호 중 일부
주요 내용은 각주로 처리했다. 각주 번호 대신 * 표시한 각주는 편집자가 추가한 것이다.

목차

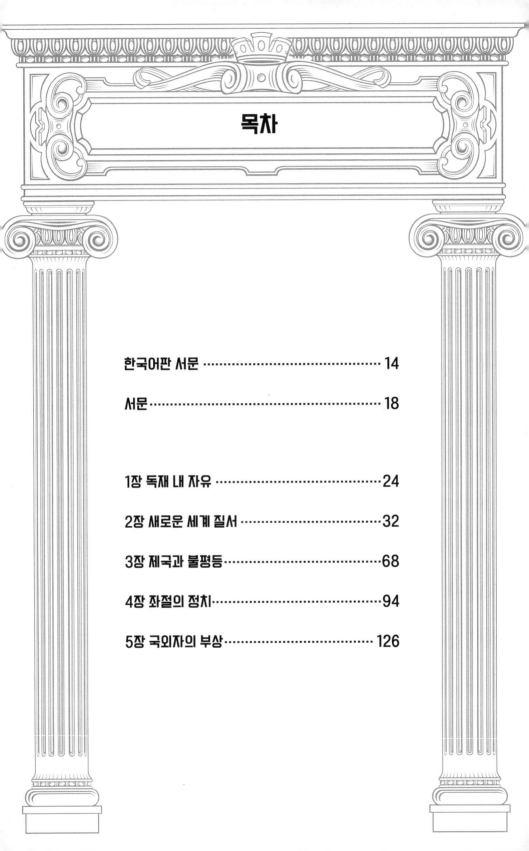

Mortal Republic

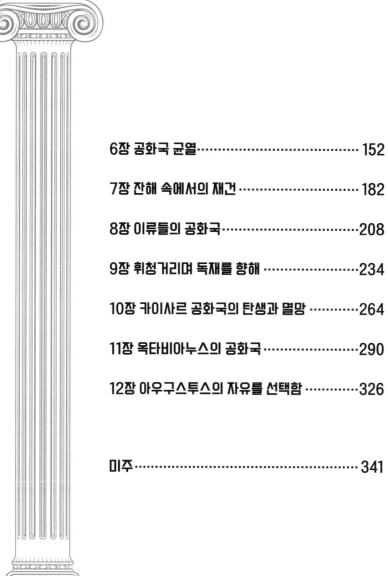

ROMAN
RE

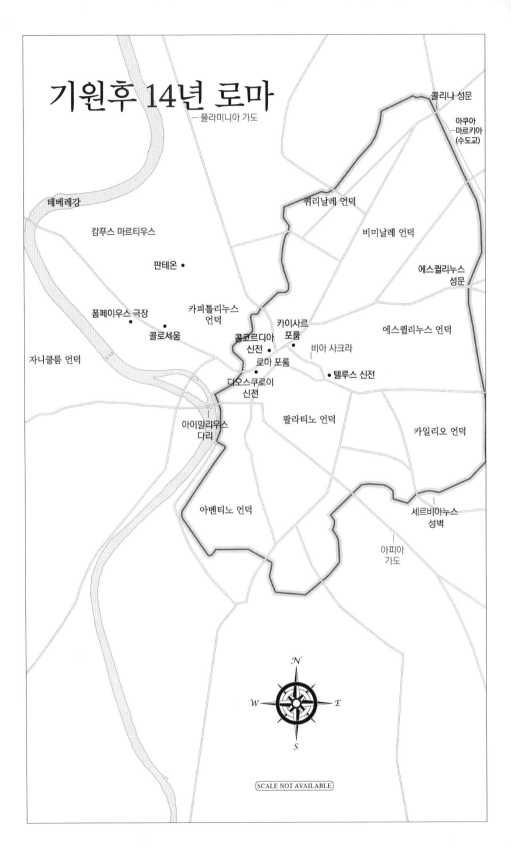

기원후 14년 로마

— 플라미니아 가도

콜리나 성문

아쿠아
마르키아
(수도교)

테베레강

캄푸스 마르티우스

퀴리날레 언덕

비미날레 언덕

판테온 •

에스퀼리누스
성문

폼페이우스 극장

카피톨리누스
언덕

카이사르
포룸

에스퀼리누스 언덕

콜로세움

콩코르디아
신전

비아 사크라

자니쿨룸 언덕

로마 포룸

텔루스 신전

디오스쿠로이
신전

아이밀리우스
다리

팔라티노 언덕

카일리오 언덕

아벤티노 언덕

세르비아누스
성벽

아피아
가도

N

W   E

S

SCALE NOT AVAILABLE

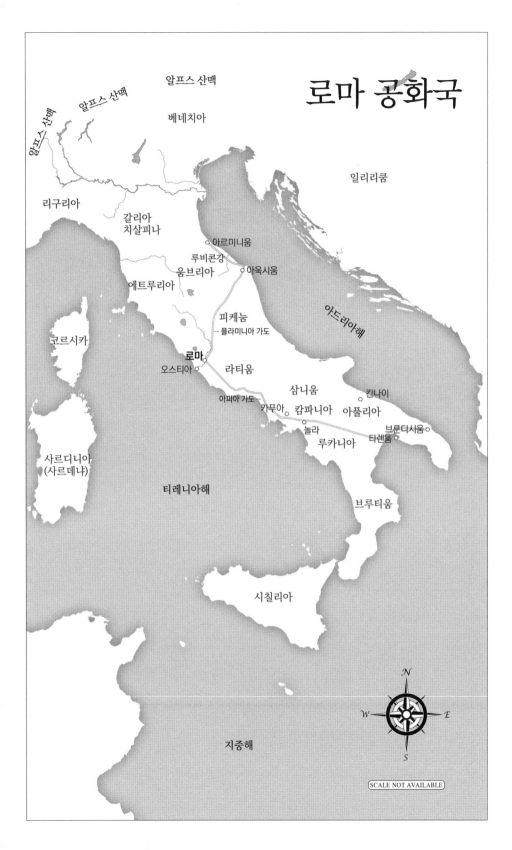

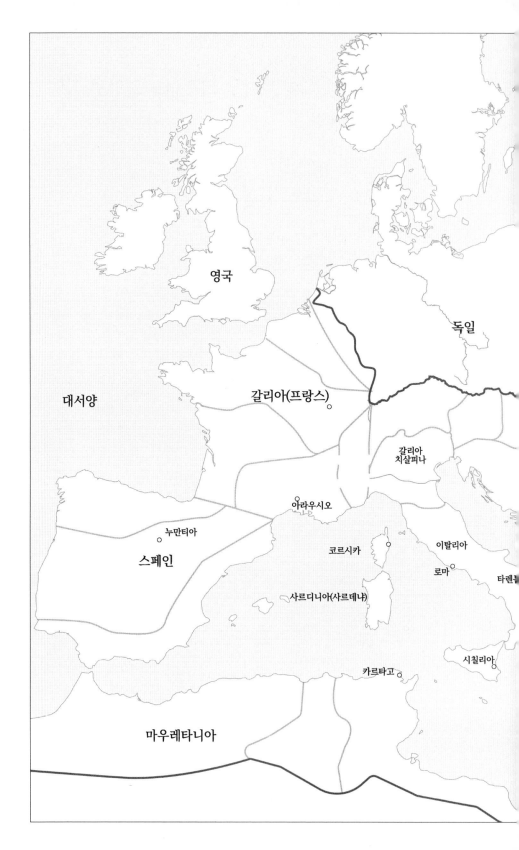

영국

독일

대서양

갈리아(프랑스)

갈리아
치살삐나

아라우시오

누만티아

코르시카

이탈리아

스페인

로마

타렌

사르디니아(사르데냐)

시칠리아

카르타고

마우레타니아

기원후 14년
로마 제국과 지중해 세계

다키아

보스포로스 왕국

트라키아

아르메니아

마케도니아

카파도키아

페르가뭄

콤마게네

아테네

리키아

메소포타미아
파르티아 제국

지중해

예루살렘

알렉산드리아

나바테아

이집트

한국어판 서문

이 책이 한국 독자들에게 소개되는 건 나로서는 영광이자 흥분되는 일이다. 한국은 민주주의를 창출하는 데 필요한 영웅적 행동을 보여줌으로써 방심하지 않고 민주주의를 지키는 것이 얼마나 중요한지 세계에 보여준 나라이기 때문이다. 한국이 세계에서 가장 자유롭고 민주적인 나라들 중 하나로 발전하는 과정은, 정치 생활이 민주주의와 역행하는 듯한 지역에 사는 많은 이들에게 영감을 준다.

이 책은 로마의 대리 민주주의 실패를 다룬 역사서다. 이 문제는 2016년부터 2018년 초까지 미국, 이스라엘, 이탈리아에서 폭넓게 다뤄진 사안이다. 이 세 나라는 그들이 위치한 지역에서 가장 역사 깊은 민주주의 국가들에 속하며, 내가 이 책을 쓸 당시 세 나라의 민주주의는 점점 제 기능을 못하고 점점 덜 자유로워지는 중이었다. 한국은 이런 흐름에 맞서 견뎌 내고 있다. 키케로의 『국가론』을 풀어서 표현하자면, 한국은 어떤 행동이 적법하고 어떤 기획이 공통선에 최선인지에 대한 합의를 가장 효율적으로 도출하게 해 주는

기구로써 민주주의 채택의 중요성을 시민들이 제대로 이해하는 나라다.[1]

나는 1975년에 태어났으며, 1987년 노태우가 대통령에 당선된 것에서 영감을 얻었고 1988년에 시행된 헌법 개정안의 중요성을 당시에도 이해할 수 있는 나이였다. 그러나 이 사건이 오늘날의 한국 공화국을 만들어낸, 더 길고 더 주목할 만한 독재 청산의 첫 걸음일 뿐이라는 사실을 인식하기에는 너무 어렸다. 내가 차츰 나이를 먹고 한국의 민주주의가 더 성숙해가면서, 키케로가 '공화국'의 모든 시민에게 제시한 목표를 한국인이 얼마나 많이 달성했는지는 점점 더 분명해졌다. 한국 사람들은 이제 이념이 크게 갈리는 정당들 사이의 정권 교체가 과연 평화롭게 이뤄질까 걱정하지 않는다. 그들은 또 부패한 정치인들을 조사하고 처벌하며, 대중의 정치적 결정 참여는 이제 일상적인 일이 됐다. 이는 진정한 성과이자 이뤄내기 아주 어려운 성과다.

키케로가 한국의 최근 정치 변천을 목격한다면 감명을 받을 것이다. 한때 자신의 로마 공화정이 추구하던 경로를 그대로 따르는 모습을 보게 될 터이니 말이다. 로마 공화정은 기원전 509년 시작됐을 때부터 키케로가 숨지기 전까지, 차츰 차츰 더 자유롭고 더 포용적인 체제로 발전했다. 처음에 로마 공화정은 시민들이 선출한 소수의 지배 계급이 존재하는 귀족 지배 과두제였다. 그러나 좋은 정부에 대한 로마인들의 관심과 시민들이 재능을 발휘해 일궈내는 성과를 극대화하려는 의지가 이 공화정을 시민들의 조직으로 성장시켰고, 새로 참여하는 사람들을 지배 구조 안에 편입시켰다. 로마는 불평등한 분배 구조를 낳은 기원전 2세기의 급격한 경제 성장이 긴장을 유발하고 이 긴장을 정치인들이 해소되지 못하게 될 때까지 300년 이상 이 작업을 꾸준히 이어갔다. 문제의 징후는 기원전 140년대 정치인들의 논쟁에서부터 분명해졌다. 130년대에 이르자, 해소되지 못한 긴장이 거리의 싸움을

---

1. "공화정은 국민(인민)들의 자산이다. 이들은 옛날 방식으로 뭉친 인간 집단이 아니다. 그들은 법과 공통선에 대한 합의를 통해 서로 힘을 합친 다양한 집단이다" Cicero, *De Re Publica* 1.39.

통해 분출했다. 그리고 2세대 만에 거리의 싸움은 내전에 자리를 내줬다. 기원전 50년대 후반이 되면 로마는 더는 제대로 작동하는 공화국이 아니었다. 로마에 자유가 남아 있던 마지막 시기에 키케로가 정치 폭력이 등장하기 시작한 기원전 130년대를 배경으로 쓴 극적인 대화록인『국가론』은, 로마가 어떻게 공화정을 상실했는지, 공화정을 구하기 위해 로마인들이 어떤 일을 했어야 하는지 숙고한다.

키케로의『국가론』에 등장하는 인물 중 하나가 21세기 서울로 이동한다면, 로마 세계를 걷잡을 수 없는 위기로 몰아간 긴장과 한국이 한 생애 주기 만에 겪은 급격한 경제·사회·문화적 변화가 부른 압박감 사이에서 비슷한 점을 발견할 것이다. 근대 한국과 기원전 2세기 로마는 경제 모델과 문화 생산을 빠르게 발전시켰고, 이는 주변 국가들로 하여금 처음에는 놀라고 나중에는 위압감을 느끼게 했다. 고대 로마에서 서울을 방문한 인물이라면, 한국의 이런 성과에 감탄하면서도 경고를 아끼지 않을 것이다. 지금 한국과 마찬가지로, 기원전 2~1세기 로마의 경제 혁명은 몇몇 로마인을 과거의 그 어떤 로마인보다 더 부유하게 만들어 줬다. 동시에 급격하게 변하는 세계에서 자리가 불확실해진 많은 로마인들은 갈피를 잡지 못했다.

로마 공화정 붕괴의 씨앗은, 기존 사회·경제 질서에 익숙한 로마인들이 갑자기 등장한 새 질서에 적응하느라 분투하는 순간에 뿌려졌다. 로마인들은 정책 타협이 비록 어렵지만 로마 공화국을 위해서는 꼭 필요하다는 것을 제대로 인식하지 못했다. 이 타협은 과거의 규칙이 더는 유효하지 않은 사회에서 무엇이 합법적이고 정당한 것인지에 대한 합의를 중심으로 시민들을 다시 한번 하나로 뭉치는 데 필요했다. 시민들의 필요에 반응하는 공화국은 공통의 목표에 대한 모두의 헌신을 재확인함으로써 더 강해진다. 로마는 이 시험에서 실패했다. 이 실패는 정치인들이 대중의 분노를 본인의 경력을 쌓는 데 이용하기로 작정했고 또 그럼으로써 자신들을 공화국보다 우선한 탓이다. 이 책이 보여주듯이, 로마인들은 당대의 자유를 당연시했고 그래서 자유를 잃었다.

　한국 사람들은 자신들의 대의 민주주의가 전세계에서 가장 자유롭고 정치적 부패는 가장 적은 편이라고 보편적으로 인정받는 것을 자랑스럽게 여겨야 한다. 그러나 어렵게 얻은 성과를 축하하느라 그 성과를 유지할 때 직면할 도전을 인식하지 못해서는 안된다. 내가 사는 나라와 세계의 많은 민주 사회는 우리의 민주주의를 당연한 것으로 여겨 왔고, 이 때문에 자유로운 사회가 작동하게 해 주는 제도에 해악을 끼쳤다. 이 책을 쓴 목적 가운데 하나는, 이런 안주의 위험을 부각시킴으로써 대의 민주주의 사회의 시민들에게 많은 민주주의의 현재 경로가 결국 어디로 귀결될지 보게 해주는 로마인들의 이야기를 전하는 것이었다. 그러나 역사는 운명이 아니다. 그리고 자유를 보장하는 제도를 떠받치는 노력을 아끼지 않는 시민들은 제대로 작동하는 민주주의를 계속 유지할 가능성이 더 높다.

　한국 사람들은 민주적 제도를 구축하기 위해 열심히 싸워 왔고, 그 제도를 유지하는 일도 감탄스러울 만큼 잘했다. 로마인들과 달리, 한국 사람들은 자신들의 자유가 손상되지 않도록 제도와 구조, 정치 지도자들의 건전성 유지를 최우선 과제로 삼음으로써 이미 쟁취한 자유를 계속 지키길 희망한다. 이렇게 한다면, 한국은 어려움을 겪는 다른 근대 민주주의 국가들이 뒤따를 강력한 모범을 제시하게 될 것이다.

2024년 3월 4일

서문

이 책은 현재 우리 세계의 정치 현실을 이해하는 데 고대 역사가 어떤 도움을 줄지를 놓고 내 자녀들 그리고 학생들과 대화를 이어가는 과정에서 자라났다. 모든 대화는 역사가 반복하는지를 묻는 질문으로 시작했다. 지난 2년 동안 점점 더 자주 등장한 질문이다. 언론인들과 역사가들이 예측할 수 없는 현재 상황을 설명하려고 가까운 과거로 눈을 돌리는 가운데 말이다. 과거는 신의 답을 제시하는 신탁이 아니고, 역사가는 예언자가 아니다. 그렇다고 현재를 이해하기 위해 고대로 눈을 돌리는 게 잘못이라는 뜻은 아니다. 너무나 불편한 상황에 직면한 현대의 공화국들은, 제우스의 머리에서 온전한 모습을 갖춘 채 나온 아테나 여신처럼 18세기에 갑자기 등장한 것이 아니다. 공화국을 정초한 설계자들은 아주 큰 성과를 거둔 과거의 공화국들을 모범으로 삼아 자신들의 공화국을 설계했다. 로마는 많은 근대 국가들이 본뜬, 가장 오래되고 가장 성공한 공화국의 모범을 제시했다. 물론 고대 로마 공화국은 근대 국가와 아주 다르지만, 로마 공화정의 권력 분배와 정치적 의사 결정 절차는 근대 공화국들에게 깊은 영향을 끼쳤다. 로마 공화정의 성공과 실패는 로마의 모형을 바탕으로 삼은 공화국이 특정한 긴장에 어떻게 대처할지를 보여줄 수 있다. 또 어떤 정치 행위가 공화국의 장기 건전성을 갉아먹는지도 증명해 준다. 나는 이 책을 통해 독자들이 공화국의 정치 규범을 어긴 정치인들, 그리고 그런 정치인들을 응징하지 않은 시민들이 함께 만들어낸 심각한 문제들을 더 잘 이해할 수 있기를 기대한다.

이러한 책은 많은 제자들, 친구들, 동료들의 도움과 지원, 조언 없이는 쓸 수 없다. 먼저, 미국 예일 대학, 인디애나 대학, 샌디에이고 캘리포니아 대학의 학생들에게 감사를 전하고 싶다. 지난 20여 년 동안 세 학교에서 학생들을 가르치면서 많은 것을 배웠다. 자신들을 둘러싼 세계를 날로 더 강하게 압박하는 정치의 기능 장애에 대한 학생들의 의문과 걱정이 이 작업을 재촉했다. 나는 샌디에이고의 그리스인 공동체 구성원들과 고대 세계가 현재 상황에도 유의미한지를 놓고 대화하며 큰 도움을 받았다. 내가 샌디에이고 캘리포니아 대학에서 수행한 연구를 지원함으로써 비잔티움 제국을 탄생시킨 로마 역사를 더 깊이 연구하도록 격려해준 캐럴 바실리아디스가 특히 고맙다.

세스 레러, 케이시 패프, 벤 플랫, 데니즈 디미트리오, 칼 거스, 에릭 로빈슨, 마이클 쿨리카우스키, 리버 판호프, 앤서니 칼델리스, 개빈 켈리, 스콧 맥길, 데이비드 프랭크퍼터, 페터르 판뉘펠런, 요하네스 한, 조반니 알베르토 체코니는 많은 친구와 동료 가운데서도 특히 의견과 제안을 적극적으로 제시해 주었다. 조사이아 오스굿은 자신의 놀라운 저작인 『로마와 세계 국가 형성』의 초고를 보여주고 의견도 제시해 작업 초기의 훌륭한 자료 출처가 되어 줬다. 크리스티아나 소뇨는 이 책의 여러 장에 대해 논평해 준 세심한 편집자이며, 통찰력 있고 박식한 '공명판' 구실까지 맡아 줬다. 이 책 초고의 상당 부분은 이스라엘 예루살렘 히브리 대학의 이스라엘 고등과학원에서 특별 연구원으로 있던 시절에 마무리되었다. 그곳에서 더없이 지적이고 친근한 동료들을 만났다. 훌륭한 작업 환경과 사색 공간을 만들어준 사리트

카탄 그리베츠, 알폰스 퓌르스트, 마렌 니호프, 그레천 레이담스스힐스, 카를로스 레비, 조슈아 레빈슨, 이샤이 로젠즈비, 알 바움가르텐, 데이비드 램버트, 로라 나스랄라, 이브마리 베커, 아비게일 마네킨에게 감사한다. 사리트와 알폰스는 각 장의 초안을 읽고 서론과 결론 부분을 다듬도록 의견을 제시해준, 특히 고마운 이들이다. 브라이언 디스텔버그와 크리스티나 팔라이어가 원고를 꼼꼼하고도 통찰력 있게 편집해 주고, 라라 하이머트를 비롯한 베이식 북스의 다른 편집팀이 책 출판 때까지 작업해 준 것에 대해서도 아주 고맙게 생각한다. 이들이 쏟아부은 시간과 열정 덕분에 책이 훨씬 더 좋아졌다.

가장 깊고 심심한 감사의 마음은 아내 매너시 와츠와 우리 아이들 네이트와 조, 부모님 댄과 캐런 와츠, 처가쪽 식구인 브리즈와 슈낸다 바르가바에게 전한다. 그들이 너그러움, 인내, 관용을 베풀지 않았다면, 특히 내가 예루살렘에 머물 때 참아주지 않았다면 이 책이 제 모습을 갖추지도, 마무리되지도 못했을 것이다. 브리즈와 슈낸다가 기꺼이 예루살렘으로 찾아와 준 덕분에 가족과 떨어져 있던 시기를 훨씬 쉽게 견딜 수 있었다. 이는 내가 결코 갚지 못할 선물이다. 네이트와 조는 사려 깊고 도전적인 질문들을 꾸며 내는 놀라운 능력을 발휘했다. 이 책이 그들의 질문에 답을 주지는 못하지만, 그들이 스스로 답을 찾을 채비를 하게 해 주면 좋겠다. 매너시는 로마 공화정 이야기를 정치적으로 예리한 현대 독자들에게 의미 있는 방식으로 전달하려 애쓰는 노력에 아주 큰 도움을 줬다. 그녀의 힘과 용기, 신체적 회복력은 늘 나에게 영감을 주고 경이감을 선사한다. 나는 한 문장씩 쓸 때마다 더 효율적이고 구체적으로 글을 꾸미라는 그녀의 목소리를 상기한다. 내가 쓴 문장들이 결국은 너무 길어졌을지언정, 내가 그녀의 조언을 충실히 받아들이고 그녀의 본보기를 열심히 기억했음이 이 책을 통해 드러난다면 좋겠다.

2017년 12월 12일, 에루살렘에서

ROMAN
RE

PUBLIC

1장 독재 내 자유

기원전 22년 일련의 정치·경제적 위기가 로마의 첫 번째 황제 아우구스투스의 지배 체제를 뒤흔들었다. 내전과 같은 갈등이 거의 20년 가량 이어진 후 아우구스투스는 기원전 30년 로마의 지중해 제국을 통치하게 됐지만, 그의 권력 장악력이 이제 서서히 약화되는 듯 보였다. 당시는 제국의 수도가 잇따른 불운에 시달리는 와중에, 황제가 중병에 걸려 죽을까 걱정하다가 가까스로 회복한 때였다. 역병과 홍수가 23년 하반기에 로마를 덮쳤고, 22년 초에도 다시 기승을 부렸다. 이런 자연재해는 식량 부족과 폭동을 재촉했다. 폭도들은 로마 원로원 의원들을 원로원 건물에 가두고 산 채로 불태우겠다고 위협했다. 아우구스투스는 자신의 개인 자금으로 도시에 유입되는 곡물 값을 치러준 뒤에야 가까스로 불안을 잠재울 수 있었다. 아우구스투스의 제국이 빠르게 무너져 내릴 것처럼 보였다. [1]

그해가 지나도록 상황은 좋아지지 않았다. 아우구스투스는 트라키아 사람을—법률적 권한 없이—공격한 로마 지휘관의 재판에 직접 참석해야 했고, 피고를 변호하는 이들에게 공격적인 반대 신문을 당하는 처지로 몰렸다. 그를 암살하려는 음모가 발각되어 주모자들이 처형됐지만, 배심원단이 그들에게 전원 일치 판결을 내리지 않음으로써 황제를 당황하게 만들었다. [2]

아우구스투스가 제국의 동쪽 지역 문제를 처리하느라 수도를 떠난 이후 문제는 더 심각해졌다. 이듬해인 기원전 21년 로마 정무관 선출을 둘러싸고 폭동이 벌어졌고, 이 같은 폭동은 기원전 19년 말 황제가 복귀할 때까지 거의 매년 반복됐다. 당시 인구 100만 명으로 세계에서 가장 큰 도시였던 로마는 지속적으로 무정부 상태에 빠질 위험에 직면했고, 그 와중에 제국의 변경 지역에 대해서도 관심의 끈을 놓을 수 없었다. 객관적인 관찰자라면, 아우구스투스처럼 노련한 사람일지라도 홀로 이 복잡한 국가를 통치할 수 있을지 의구심을 가졌음 직하다. 문제가 끝없이 이어지는 상황에서, 아우구스투스 치하의 로마 제국은 원론적으로는 정치 실험에 실패한 전제 국가로 볼 수 있다. 확실히, 근대 공화국의 시민이라면 로마인들이 전제 국가를 재빨리 폐기하고 로마의 지배층이 거의 500년 동안 권력을 분점하던 시절의 대리제 공화정으로 돌아갈 걸로 여길 만하다. 이런 생각이야말로, 최근의 대리 민주주의 아래서 태어나 자라온 우리들이 자유에 대해 생각하도록 훈련 받아 온 방식이다. [3]

그러나 사실은 과거의 충격적인 경험이 로마인들로 하여금 익숙한 공화정으로 돌아가는 것을 막았다. 대부분의 로마인은 그 대신 아우구스투스의 권력을 전보다 더 갈망하는 모습을 보였다. 기원전 22년 원로원 건물을 불태우겠다고 위협했던 로마의 폭도들은 이미 이 제국에서 최고의 권력을 쥐고 있던 아우구스투스에게 독재관직을 받아들이라고 압박했다. 기원후 3세기의 로마 역사가 디오 카시우스는 기원전 21년의 선거 폭력이 로마인들 사이에 "민주주의 정부를 유지하는 것이 명백히 불가능"함을 보여줬다고 썼다. 그리고 아우구스투스가 기원전 19년 로마로 돌아왔을 때에 대해서는 이렇게 썼다. "다툼이 벌어질 경우 그가 없을 때와 있을 때의 행동 사이에는 비슷한 점이라고는 없었다." 아우구스투스는 존재만으로도 로마와 그 제국의 혼란을 잠재웠다. 그러나 디오 카시우스는 경고도 잊지 않았다. 아우구스투스가 로마인들을 달랠 수 있었던 것은 "그들이 공포에 빠져 있었기 때문이다." 자유가 공포로 바뀌었을 때야 비로소 혼돈에 질서가 찾아왔다.

아우구스투스 자신은 공화정이 제국으로 바뀐 것을 아주 다르게 설명했다. 로마인들은 오래도록 한 개인이 정치를 지배하는 것이 자유와 배치된다고 생각했지만, 아우구스투스는 자신이 로마 국가를 독단적으로 통제하는 것을 일종의 민주적인 행동으로 규정했다. 아우구스투스는 자신이 율리우스 카이사르를 살해하여 권력을 쥔 원로원 의원들로부터 로마 세계를 구했고, 더 나아가 클레오파트라와 그녀의 연인 마르쿠스 안토니우스가 제기하는 위험 곧 외국에 통제될 위험을 제거함으로써 로마 세계를 구해내고 (정치적) 자유libertas를 회복했다고 여겼다. [4] 아우구스투스와 그의 지지자들 관점에서 자유란, 아우구스투스가 제공하는 정치적 안정이 있을 때만 이룰 수 있는, 내부적 불안정과 외세의 간섭에서 벗어난 자유 상태를 뜻했다. [5] 아우구스투스의 자유는 또한 로마의 재산권이 여전히 유효함을 뜻했다. 이를 통해 일부 로마 주민에게 새로운 경제적 기회를 열어줬다. 그리고 날로 부패하고 국정 관리 실패에다 내전까지 유발한 원로원 엘리트들은 도시와 제국의 통제력을 빼앗겼다. 기원전 20년대의 많은 로마인들은 불안이 지속되는 한 자유는 있을 수 없다는 아우구스투스의 관점에 동의했다. 그들은 억압을 벗어나는 자유는 일인이 통제하는 정치 형태에서만 존재할 수 있다고 믿게 됐다.

⚔

이 책은 세계 역사에서 가장 오래 지속된 공화국 중 하나로 꼽히는 로마가 정치적 자율성이라는 자유를 왜 독재가 제공하는 안전과 맞바꿨는지 해명한다. 이 책을 쓴 지금 이 순간은 현대 독자들이 공화국의 본질과 공화국의 실패가 초래하는 결과에 대해 특히 유의해야 하는 순간이다. 우리는 미국, 베네수엘라, 프랑스, 튀르키예처럼 아주 다양한 구조의 공화국들이 위협에 직면한, 정치적 위기의 시대를 살고 있다. 이들 공화국 체제의 다수는 그 구성에 있어서 로마의 후예들이며, 이런 면에서 로마 공화국이 아주 오래 번창할 수 있게 한 강력한 구조적 힘과 함께 로마 공화국이 결국 종말을 고하게 만든 구조적 약점 또한 고스란히 물려받았다. 이러한 양면성은 기원전 2세기 역사가 폴리비오스가 제시한 로마 공화정의 이상적인 관점에서 자신들의 헌법적 기초 구조를 의도적으로 정형화한 나라인 미국에 특히 들어맞는다. 미국이 로마 모델을 이렇듯 의식적으로 빌려온 탓에, 우리 미국인들로서는 로마 공화정이 어떻게 작동했고, 무엇을 이뤘으며, 거의 5세기를 유지하다가 왜 로마 시민들이 등을 돌리고 아우구스투스의 독재를 향해 갔는지 정확히 이해해야 한다. [6]

어떤 공화국도 영원하지 않다. 공화국 시민들이 원할 때까지만 유지될 수 있다. 그리고 기원후 21세기이든 기원전 1세기이든 간에, 공화국이 애초 의도대로 작동하지 못했을 때 시민들은 망가진 공화국의 혼돈 대신 독재적 지배의 안정을 선택할 수도 있다. 자유가 무질서를 부르고 독재가 잘 작동하고 반응도 빠른 정부를 약속할 때, 공화국이 뿌리내린 나라의 시민들조차 확립된 원칙으로 이어 오던 일인 지배에 대한 반대를 접고 그 현실적 이점을 기꺼이 받아들일 수도 있다. 로마는 공화국의 시민들과 지도자들이 어떻게 하면 동료 시민들에게 이런 고통스러운 양자택일을 피하게 할지 교훈을 제시한다.

로마는 공화국의 가장 기본적이고도 중요한 기능이 특정한 정치 공간을 창조하는 것임을 보여줬다. 그 공간은 법이 지배하고, 타협을 촉진하며, 대표자 집단이 통치 책임을 나누며, 뛰어난 관리자에게 보답하는 공간이다. 이런 공화국에서 정치는 제로섬 게임이 아니어야 한다. 정치 투쟁에서 이긴 정치인은 존경을 받겠지만, 패배한 정치인은 처벌받지 않아야 한다. 로마 공화정은 지도자들에게 완전하고 전적인 정치적 승리를 쟁취하도록 부추기지 않았다. 한쪽이 다른 쪽의 요구를 모두 수용하도록 강요하는 구조로 만들지도 않았다. 그 대신, 미국의 필리버스터(의사 진행 방해 행위)처럼 상호 합의가 가능한 타협책을 찾을 때까지 정치 협상을 이어가도록 하는 수단들을 제공했다. 이런 절차는 몇 세기 동안 로마에서 잘 작동했지만, 이 절차가 잘 작동한 것은 대다수 로마 정치인들이 공화정의 법과 기준을 수용했기 때문이다. 정치인들은 거리의 폭력을 동원하기보다 공화정이 확립한 정치의 경연장에서 갈등을 해소하겠다고 약속했다. 공화정 아래 로마는 이 점에 있어서는 아마도 그 이전 또는 그 이후의 어떤 체제보다 성공적이었다.

로마 공화정의 초기와 중기가 이 체제가 얼마나 효율적인지 보여줬다면, 마지막 세기는 정치 지도자들이 이런 합의 도출 장치를 공화정의 기능을 막는 데 냉소적으로 악용했을 때 얼마나 엄청난 위험이 발생하는지를 드러냈다. 근대 공화국의 정치인들처럼, 로마인들도 법안 통과를 위한 표결을 막기 위해 거부권을 쓸 수 있었고, 선호하지 않는 표결 결과를 무효화하기 위해 불길한 종교적 상황을 내세울 수 있었으며, 싫어하는 결과를 도출하려고 사람들이 너무 빨리 움직인다 싶으면 정치 절차를 늦추거나 중단시킬 수 있는 다른 도구들도 동원할 수 있었다. 목적에 맞게 사용하는 한, 이런 도구들은 다수가 소수에게 해법을 강제하는 것을 막아 냄으로써 협상과 정치적 타협을 촉진하는 데 도움이 되었다. 그러나, 지금 우리의 세계와 마찬가지로, 로마에서도 정치인들은 로마 공화정이 시민들에게 필요한 것을 제공하지 못하게 막는 데에도 이런 장치들을 동원했다. 이러한 도구를 악용하는 일이 흔해지면서, 로마 공화정의 고질병을 보여주는 첫 번째 징후가 나타났다. [7]

공화정에 대한 더 심각한 위협은 정치인 사이의 논쟁이 대리 기구 내 통제된 환경에서 벗어나 거리에서 일반인들끼리의 폭력 대결로 바뀌었을 때 나타났다. 기원전 130~120년대에 잇따른 정치적 암살이 공화국을 뒤흔들기까지 3세기 동안 로마인들은 정치적 폭력을 삼갔다. 하지만 폭도들의 폭력이 로마 정치에 스며들자, 공화정 제도는 정치 논쟁의 맥락과 내용을 통제할 능력을 빠르게 잃었다. 정치 암살의 1세대에 속하는 정치인들은 지지자들을 무장시켰고 의회의 투표와 정무관 선거에 영향력을 행사하려고 폭력 위협을 가했다. 2세대에 이르러 로마는 내전에 빠졌다. 그리고 이로부터 2세대 뒤에 아우구스투스가 로마 황제가 되어 나라를 통치했다. 공화정이 정치적 승리자에게 보상하고 정치 갈등의 패자들을 처벌하는 규제 능력을 잃자, 로마의 정치는 승자가 막대한 보상을 챙기고 패자는 목숨으로 대가를 치르는 사태까지 종종 발생하는 제로섬 게임으로 변질되었다.

무엇보다도 로마 공화국은 후대 공화국의 시민들에게 정치 방해 공작에 눈감고 정치 폭력을 끌어들일 때 따라오는 엄청난 위험에 대해 경고한다. 로마 역사는 정치인들이 체제를 좀먹는 행동을 할 때 시민들이 이를 외면하면 그들의 공화국이 치명적인 위험에 처한다는 현실을 더없이 분명하게 보여주었다. 응징되지 않는 정치적 기능 장애는 합의 도출을 방해하고 폭력을 조장한다. 로마에서는 시민들이 공화정을 독재정치의 안정과 맞바꾸는 것으로 귀결됐다. 이것이 바로 공화국이 죽음에 이른 방식이다.

이 책은 기원전 280년대부터 시작한다. 이때는 로마의 역사 기록이 상상이 아니라 사실에 입각해 작성되기 시작한 지 얼마 되지 않던 시점이다. 책의 앞 부분 몇몇 장은 기원전 3세기 내내 이어진 위기의 순간에 로마 공화국이 체제의 뛰어난 탄력성을 어떻게 입증했는지 보여준다. 로마 공화정의 합의 도출 장치들은, 218년 카르타고의 한니발 장군이 이탈리아를 침공한 이후에도 로마가 살아남게 하고 202년 한니발이 패배할 때까지 국가를 굳건하게 유지해 놀라운 영토 확장과 경제 팽창을 지속하게 해줬다. 로마 공화국은 기원전 2세기 전반부 동안 지중해 최고의 군사·정치 세력으로 커가면서 계속 잘 작동했다. 다른 고대 사회 대부분과 달리, 로마는 이 기간 동안 정치적 안정을 유지하면서도 막대한 영토를 흡수하는 능력을 보였고 거대한 경제 성장도 이뤄냈다.

하지만 기원전 130년대가 되자, 확대되는 경제 불평등에 대한 대중의 우려가 공화정의 안정을 위협하기 시작했다. 공화정 체제 안에서 움직이는 정치인들이 시민들의 우려에 어떻게 대처할지 합의를 도출하는 데 실패했고, 그들의 경쟁자 몇몇은 정치적 행위의 허용 경계를 넘어 극단적인 정책을 밀어붙임으로써 정치인들의 무능을 기회주의적으로 공략했다. 그전 세기에 로마 공화정이 그토록 안정적인 모습을 보일 수 있게 했던 합의 도출 시도를 빠르게 대체한 것은 정치적 분쟁에 대한 승자독식 태도였다. 기원전 137년부터 133년 사이에 원로원 의원들은 사회·경제적 불평등에 대응할 토지 개혁을 방해한 일군의 반대 세력을 처벌하고자 로마의 기존 조약을 부정했으며, 정적들은 토지 개혁을 좌절시키기 위해 헌법상 가능한 권모술수를 모두 동원했다. 133년이 저물어 가면서, 로마는 3세기여 만에 처음으로 치명적인 정치 폭력을 목격하게 된다.

이어지는 장에서는 130년대의 너무나 충격적인 정치 폭력이 그 세기의 끝 무렵에는 점점 일상화되는 과정을 살펴볼 것이다. 그런데 이 시절에 등장한 폭도들의 폭력 행위는 기원전 90년대 후반부터 80년대에 이르기까지 로마와 이탈리아 사회를 갈갈이 찢어놓은 폭력적이고 파괴적인 내전의 무대를 마련한 것에 불과했다. 이어지는 동맹시 전쟁(로마와 로마의 동맹시 사이에 벌어진 전쟁)과 로마 내전은 수만 명의 사망과 처형, 재산 몰수를 불러왔다. 한때 아주 강력하고 탄력 있던 공화정의 구조는 이런 광범한 폭력과 사회의 기능 장애 가운데 무너져 내렸다. 기원전 70년대에 들어서기 전에 공화정이 복구됐지만, 완전한 회복과는 거리가 멀었다. [8]

이 책을 마무리하는 마지막 장들은 로마 공화정의 마지막 몇십 년을 다룬다. 공화정은 기원전 60년대와 50년대, 그리고 심지어 40년대에도 큰 자부심의 원천이었고 대중적으로 큰 신뢰를 받았지만, 기원전 1세기의 초기 몇

십 년 동안 공화정 구조가 겪은 피해는 결코 완전히 극복될 수 없었다. 내전, 광범한 정치적 폭력 그리고 오래 지속된 경제·정치적 여파는 이제 로마 역사 경험의 한 부분이 됐다. 그리고 40년대에 공화국이 마지막 내전에 휘말리자 이 모든 충격적 경험이 되살아나 정치 생활을 짓눌렀다.

이 폭력적인 정치 세계는 아우구스투스가 통제하게 되지만, 그 방식은 로마 공화정이 시작됐을 때의 방식은 아니었다. 사실 로마 공화정은 명백히 아우구스투스 같은 인물의 등장을 막고 그 같은 인물의 등장을 부르는 정치적 폭력을 제한하는 것을 목표로 설계됐다. 우리가 처음 다룰 내용은, 이렇듯 활기차고 능력 있으며, 효과적인 로마 공화정에 관한 이야기다.

2장 새로운 세계 질서

기원전 280년 여름에 지중해 세계의 과거가 미래와 충돌했다. 로마 공화국의 군대가 그리스 에페이로스 왕국의 왕 피로스와 이탈리아 남부 전장에서 맞닥뜨렸을 때의 일이다. 야심 차고 모험을 즐기는 사령관인 피로스는 알렉산더 대왕이 기원전 323년 숨지면서 그의 제국이 내부에서 무너진 뒤 독자적인 지역으로 떠오른 지중해에서 세력을 일으켰다. 당시의 세계는 용병의 세계이자 조각 조각 나뉜 왕국들의 세계였고, 정치적 경계도 유동적이었다. 알렉산더 대왕의 휘하 장군들과 후예들은 이 세계 아래서 옛 마케도니아 왕국의 영토를 조금이라도 더 차지하려 싸웠다. 그들의 왕국은 땅이 넓었지만, 영토 통제가 불안정하기 십상이었고, 군대의 충성심도 과거보다 약한 경우가 흔했다. 야심 찬 왕들과 유능한 사령관들은 이런 상황에서 타고난 재능과 행운이 제대로 맞아떨어진다면 알렉산더 대왕 때와 비슷한 제국을 건설할 수 있다고 꿈꾸었다. 그리고 이런 정복 야망에 누구보다 강하게 끌린 인물이 바로 피로스였다.

알렉산더 대왕의 사촌이자 마케도니아 왕국의 왕좌에도 잠깐 올랐던 피로스는 과거 스파르타의 식민지였던 타렌툼이 로마와 충돌해 함락되면서 이탈리아로 불려왔다. 그리스는 로마를 이탈리아 대부분을 통제하며 떠오른 지 얼마 되지 않는, 위험한 '야만인' 세력으로 봤다. 동시에 로마가 최근에 거둔 군사적 성과는 그리스 세계를 이끄는 국가들에 맞설 능력과는 무관한 것으로 봤다. 피로스와 타렌툼의 동맹은 서로 잘 알지 못하고 신뢰하지도 않는 세력 간의 결합이었다. 그러나 이 동맹은 양측의 목적에 부합했다. 타렌툼은 과거에도 심각한 위험에 처하면 그리스 본토의 사령관들을 불러들인 역사가 있는, 상대적으로 부유한 도시였다. 타렌툼인들은 피로스가 와서 로마가 자신들의 독립을 위협하지 못하게 막아주고, 전투가 끝난 후에는 피로스와 로마가 내정 간섭하는 일이 없기를 바랐다. [1]

피로스는 다렌툼의 소환에 응했지만, 그의 속내는 지중해 서부에서 자신의 제국을 건설하고 마케도니아의 왕좌를 되찾는 것이었다. 피로스는 전문적인 보병 집단과 유능한 기병대, 코끼리를 타고 공격하는 기습 부대로 구성된 세계 수준의 군대를 거느렸으며, 이런 병력을 동원하면 야만적인 로마 시민들의 군대를 손쉽게 제압할 것으로 생각했다. 피로스는 이를 통해 타렌툼에 대한 로마의 위협을 제거하고 이탈리아 내부의 로마 동맹 세력들을 내쫓고, 자신만의 동맹 세력을 구축해 추가 군사 작전을 추진할 계획이었다. 피로스는 로마인들을 제압하면 시칠리아, 카르타고, 리비아, 그리고 궁극적으로 마케도니아와 그리스를 상대로 추가 군사 작전을 펼칠 전진 기지로 이탈리아를 활용할 것으로 기대했다고 후대의 플루타르코스는 전했다. [2]

타렌툼인들과 피로스, 그리고 그의 군사 작전을 눈여겨본 이탈리아 남부의 옛 그리스 도시들은 이 전쟁이 로마의 패배와 철수로 끝나리라고 상상했을 것이다. 로마인들은 아주 최근에야 남부 이탈리아에서 군사 세력으로 떠올랐으니, 다른 이탈리아 세력들이 그랬던 것처럼 피로스가 파견한 규율 있고 잘 무장한 1세계 군대와 맞닥뜨린다면 타렌툼과 남부 이탈리아에서 그냥 물러날 것으로 본 것이다. 피로스 자신도 전투를 치르지 않고도 로마인들을 후퇴시킬 수 있다고 기대한 듯하다. 역사가 할리카르나소스의 디오니시우스는 피로스가 로마에 보낸 것으로 추정되는 편지를 기록에 남겼는데, 여기에는 로마, 타렌툼, 이탈리아 내부의 타렌툼의 동맹 세력들이 분쟁을 조정해 전투를 피하자는 내용이 담겨 있다. 그러나 로마의 집정관 라비니우스는 피로스가 전쟁을 결심했다면 "자신이 맞서 싸우게 될 이들에 대해 조사하는 것"이 현명한 처사일 것이라고 간결하고 퉁명스럽게 답했다. 라비니우스는 억류했던 첩자를 피로스에게 돌려보내면서 피로스가 "공개적으로 로마인들의 힘을 보고 배우기 위해" 직접 오라고 전하게 했다. [3]

라비니우스는 피로스에게 정당하게 경고했다. 피로스가 로마 군대를 처음 접했을 때, 그는 약간 놀라워하며 "이 야만인들의 규율이 야만인스럽지 않았다."라고 말했다고 한다. 그 후 두 군대가 충돌했을 때, 로마인들은 훨씬 더 강한 인상을 줬다. 강을 건너느라 적군에 노출된 로마 군대는 피로스가 직접 이끈 기병대의 기습 공격을 받았지만 그에 맞서 진지를 지켰다. 피로스는 타고 있던 말이 도륙당하자, 로마 군인들이 한번도 상대한 적 없는 코끼리를 동원해 로마 군대의 전선을 무너뜨리고 승기를 잡았다. 피로스는 이 전투에서 이겼지만, 그 대가는 적지 않았다. 그는 최정예 부대를 6분의 1에서 절반 가까이 잃었는 데다가, 그들은 고도로 훈련된 전문적인 병사들이어서 전사자와 부상자를 다른 군인으로 대체하기 쉽지 않았다. 타렌툼인들도 잘 싸웠고 인근 이탈리아 지역들도 피로스에게 추가로 지원 병력을 보냈지만, 이들은 피로스가 잃은 병력보다 실력이 떨어졌다. 그 사이 로마인들은 "지체 없이 줄어든 군단을 보충하고 다른 군인들을 모았다." 피로스는 아마도 "실망감" 속에 그 과정을 지켜봤을 것이다. 이탈리아 지배라는 피로스의 꿈은 이제 달성할 수 없어 보였다. 그는 사절을 파견해서 로마가 최근에 장악한 이탈리아 남부의 그리스 도시들을 해방시켜 준다면 화해하고 군사 동맹을 맺을 의향이 있다고 제안했다. [4]

피로스는 테살리아의 키네아스를 로마로 보내 협상을 이끌게 했다. 재능 있는 웅변가이자 아테네의 유명 정치인 데모스테네스의 제자인 키네아스는 설득력이 매우 뛰어난 인물이어서, 피로스는 언젠가 그가 말로 점령한 도시가 왕의 군대가 점령한 도시보다 더 많았다고 말한 적도 있다. 고대 세계에서 국가 간 협상은 주로 사절단이 공개적으로 요구를 제시하면 다른 쪽에서 이를 받아들일지 거부할지를 결정하는 방식으로 이뤄졌다. 협상이 이렇게 진행됐기 때문에, 승자가 관대한 조건을 제시하더라도 패자가 그 조건을 받아들인다면 패배를 공개적으로 인정하고 국제적인 명성에 타격을 입을 수밖에 없다는 뜻이다. 실질적인 힘은 보전할 수 있지만 굴욕은 피할 수 없는 것이다. [5]

키네아스는 로마 원로원 의원 각각의 가족들에게 줄 값비싼 선물과 로마 공화국을 위한 아주 관대한 평화안을 들고 로마에 도착했다. 로마는 피로스와 동맹을 맺고 타렌툼을 용납하기만 하면, 평화를 얻고 포로를 돌려받으며, 심지어 향후 군사 작전에서 피로스의 도움도 받을 수 있었다. 후대의 사료들은, 아피우스 클라우디우스라는 나이 많고 앞을 보지 못하는 원로원 의원이 아들들의 도움을 받아 원로원 건물에 들어오기 전까지는 원로원 의원들이 이 조건을 받아들이는 쪽으로 기울었다고 전한다. 존경을 받아왔던 그의 연설은 전설이 된다. 그가 입장하자 장내는 조용해졌고, 그는 발언을 위해 일어나자마자 젊은 동료들을 꾸짖기 시작했다. "지금까지 나는 내 눈의 불행한 상태를 견뎌왔다."라고 그는 말을 꺼낸 뒤, "당신들의 수치스런 논의를 듣느니(차라리 내 귀가 안 들렸다면 좋았겠다는 심정이다.)"라고 일갈했다. 그가 젊었을 때 로마인들이 알렉산더 대왕에 대해 어떻게 평가했고, 만약 알렉산더 대왕이 동쪽 대신 서쪽으로 진격했다면 그에게 어떤 패배를 안겼을지 말하던 걸 상기시켰다. 또 피로스는 알렉산더 대왕의 그림자에 불과하다고 덧붙였다. 곧이어 아피우스는 피로스에게 고개를 숙인다면 "로마의 영광을 깎아내리는 것"이라고 말했다. 또 비록 피로스가 로마와 동맹을 맺겠다고 약속한다지만, 어떤 합의도 그가 초래한 문제를 종식시킬 수는 없다고 강조했다. 도리어 피로스의 성공은 다른 세력들을 불러들일 것이며, "피로스의 자만심을 응징하지 않는다면, 상대가 누구이든 당신들을 쉽게 진압할 수 있는 존재로 깔볼 것이다."라고 했다. 실제로 로마가 치를 대가는 다른 이탈리아인들이 "로마인들을 조롱하도록" 기꺼이 용납하는 것이라는 주장이었다. [6]

아피우스 클라우디우스의 연설은 피로스의 관대한 조건 아래 굴욕이 감춰져 있다는 점을 지적하는 데서 그치지 않았다. 그의 연설은 이 굴욕이 얼마나 위험한지를 강조했다. 3세기의 원로원 의원은 누구나 로마의 이탈리아 지배가 불안하다는 것을 잘 알았다. 피로스가 진격한 당시, 포강 남쪽에 사는 300만 명의 이탈리아인 대부분은 로마 시민이거나 로마의 동맹 세력에 속한 도시민들이었다. 이 동맹 세력은 로마가 요청하면 언제든 병력을 제공할 의무가 있었다. 그렇지만 이런 동맹 도시들은 자치권을 행사했으며, 그들의 정치는 로마와의 관계보다는 지역 내부의 가문간 갈등과 경쟁 세력 간 긴장 관계에 치우쳐 있었다. 반도에서 가장 강력한 정치 조직인 로마는 필요할 경우에 이들 사이의 분쟁을 해결하는 심판 구실을 맡았지만, 대체로 불필요한 분노를 유발하지 않는 선에서 관여를 자제해 왔다. 로마가 궁극적으로 이탈리아의 구조를 유지하는 지배 권력이라는 점은 보편적으로 인정됐다. 로마가 이 같은 지위를 계속 유지하는 한편 피로스 등의 외부인에게 굴욕을 겪지 않기 위한 싸움을 회피한다면, 로마의 권력과 안전을 지탱하는 동맹 구조가 빠르게 해체될지도 모른다. 로마와 로마의 이탈리아 동맹 세력이 병력을 합해 국경에서 65km 떨어진 지점까지 진격한 갈리아의 켈트족 군대를 물리친 지 고작 3년 밖에 지나지 않은 시점이었기에, 이 사태가 로마로서는 실로 실존적 위협으로 비춰졌을 것이다. [7]

아피우스 클라우디우스의 연설은 원로원에게 피로스의 제안이 결단코 거부해야 할 달콤한 독배임을 확신시켰다. 키네아스는 피로스에게 돌아가서 로마가 그의 동맹 제안을 거부했다는 놀라운 소식을 전하면서 "로마 정부 형태의 우수성", 원로원의 인상적인 성향, 로마인들과 동맹 세력의 무장 규모가 아주 크다는 점을 상세히 전했다. 키네아스가 로마에서 겪은 일과 피로스가 남부 이탈리아의 로마 동맹 세력 중 상당수로부터 충성 서약을 받지 못한 사실이 더해지면서, 피로스는 마침내 로마 공화정이 시민들과 동맹 세력의 정치적 합의를 도출하는 능력이 얼마나 뛰어난지 그 전모를 이해하게 됐다. 로마 공화국과 로마의 동맹 세력이 전쟁을 하기로 결심한다면 그들은 굴욕 없는 승리를 얻을 때까지 단호하게 뭉치리라는 점을 피로스는 분명히 이해했다.

피로스가 알게 된 것이 통치 체제 측면에서 로마 공화정이 가진 힘이라면, 그가 아직 이해하지 못한 것은 로마 공화정의 이상이 개별 시민의 행동을 얼마나 강력하게 규정하고 형성하느냐는 문제였다. 가이우스 파브리키우스 루스키누스가 이끄는 사절단이 포로 교환 협상을 위해 도착했을 때, 그는 비로소 이 점을 깨닫게 됐다. 피로스는 파브리키우스가 뛰어난 전사이자 존경 받는 정치인이며 상대적으로 가난하다고 키네아스한테서 전해 들었다. [8] 따라서 파브리키우스가 도착했을 때, 피로스는 그에게 "가장 부유하다고 알려진 어떤 로마인도 능가할 만큼 많은 은과 금"[9]을 제안했다. 파브리키우스는 피로스의 지레짐작이 얼마나 잘못되었는지 똑똑히 짚고 넘어 갔다. 파브리키우스는 비록 물질적 재산은 많지 않지만 국가 최고위직에 올라 가장 기품 있는 사절단을 맡고 가장 중요한 문제에 대한 견해를 공개적으로 개진하도록 부름을 받았다고 말했다. 또한 그런 강직함 때문에 칭찬을 듣고 질투를 사며 존경을 받는다고 강조했다. 그는 이어서 로마 공화정은 공직에 나서는 모든 이에게 어떤 소유물보다 더 훌륭한 명예를 부여한다고 말했다. 또 로마는 주기적으로 로마인의 재산을 조사하기 때문에 불명예스럽게 부를 축적한 사람을 쉽게 찾아낼 수 있다고도 했다. 추정컨대 파브리키우스는 다음과 같이 말을 맺었다. 영예와 명성을 훼손하면서까지 금과 은을 받는 게 무슨 이익이 있을까? 본인과 자손들이 부유한들 망신을 당하는

삶을 어떻게 버틸 수 있을까? [10]

피로스는 이제 자신이 맞서 싸우기로 한 사회가 어떤 종류의 사회인지 확실히 이해했다. 로마 공화국은 강력한 국가인 동시에 그 어떤 전쟁도 질 수 없음을 잘 알기에 두려운 나라였다. 로마는 나라를 지키기 위해 싸울 시민군을 동원하는 데 뛰어난 능력을 발휘했을뿐더러 지도자들과 동맹 세력 내에서 정치적 합의를 도출하는 데도 남다른 능력이 있었다. 로마는 또 공화국만 창출할 수 있는 명예로 충성에 보답하는 강력한 보상 체계도 갖췄다. 이 점은 피로스가 그동안 접한 나라들과 사뭇 달랐으며 세상이 지켜본 어떤 나라와도 달랐다. 시민군은 지칠 줄 모르고, 귀족 계층은 분열되지 않으며, 지도자들은 뇌물에 매수되지 않는 것처럼 보였다. 피로스는 로마인들을 급속하게 무너뜨릴 수도, 배신을 유도해 무찌를 수도 없다는 것을 알게 되었다. 계속 싸우는 것 외에 그에게 다른 선택은 없었다.

기원전 280년에 피로스는 이틀이면 로마에 도달할 수 있는 지점까지 진격했다. 기원전 279년에는 로마인들을 상대로 또 한 번 많은 희생을 치른 전투에서 승리한다. 그리고 이탈리아 남부를 떠난다. 그러면서 아마도 그는 이런 말을 남겼다. "우리가 로마인을 상대로 한 전투에서 한 번 더 이겨야 한다면, 우리는 완전히 무너질 것이다."[11] 그는 기원전 275년에 이탈리아 본토로 다시 돌아왔다가 로마인들에게 패배한 뒤 타렌툼을 그들 운명에 맡기고 이탈리아에서 완전히 철군했다. 272년에 타렌툼이 로마에 함락되었고, 마침내 로마 공화국은 아피우스 클라우디우스의 응전 요구에 온전하게 답했다.

아피우스 클라우디우스의 연설과 파브리키우스가 피로스 앞에서 한 발언은 로마 공화정의 기초를 조명해 준다. 로마 공화정은 개인의 에너지가 전체 로마 연합체에 이롭게 표출되도록 하는 법률적, 정치적 구조를 그 기저에 두고 있다. 기원전 3세기로 접어들 무렵 로마 공화정의 구조는 부유한 지도층 가문nobiles의 구성원들이 로마인들의 집단적 야망과 개인적 야망 상당 부분을 이끌어 가는 구조로 진화했다. 귀족들은 보통 유명한 가문 출신이었고, 때로는 재능 있는 '신인들'이 그 대열에 합류할 수도 있었다. 3세기 초의 로마 귀족들은 가문의 배경과 무관하게 미덕은 로마에 대한 봉사에 있고 불명예는 공화국의 이익보다 개인의 이익을 앞세우는 자들의 것이라는 데 의견이 일치했다. [12]

아피우스 클라우디우스가 이해했듯이, 로마 지도층의 헌신과 성과는 이 도시를 아주 강력하게 만들었지만, 여전히 로마는 이탈리아 나머지 지역의 맨 위에 위태롭게 서 있었다. 이 도시 국가는 이탈리아 반도의 포강 남쪽 지역을 대부분 통제했지만, 그러한 통제력은 복잡하게 얽힌 동맹 관계와 로마에 다수의 병사를 제공하는 징집 제도를 바탕으로 유지됐다. 동맹 세력들은 군대를 계속 제공했고 시민들은 수시로 징집에 응했는데, 이런 일이 가능했던 배경에는 로마 공화국이 전쟁에 나서면 승리할 것이며 의무를 해태하는 이들을 응징할 것이라는 믿음이 깔려 있었다. 하지만 허약함이 약간만 드러난다면 이 균형은 바뀔 터였다. 동맹들이 노선을 달리할지도 모르고, 시민들은 봉사를 거부할 수 있다. 또 로마가 이탈리아 서부 해안의 평야 지대에 있었기 때문에 일단 적군이 본토를 공격하면 로마까지 빠르게 진격할 수 있었다. 전투가 시작되면, 로마의 권력 구조상 승리할 때까지 싸울 필요가 있었다.

그러나 아피우스 클라우디우스는 개인들이 아주 오랜 기간에 걸쳐 거대 군사 전략에 따라 움직이는 일은 드물다는 것도 잘 안 듯하다. 그가 원로원 동료 의원들에게 호소하면서 피로스에 저항해야 할 훨씬 더 강력한 이유를 내비친 것도 이 때문이다. 이 시기 로마인은 전쟁에서의 용맹함에 따라 규정됐고 용맹함을 눈에 띄게 과시하는 일도 흔했다. 적군을 살해함으로써 로마 시민의 목숨을 구한 이에게는 떡갈나무 잎으로 엮은 시민관corona civica이 수여됐고, 이렇게 영예를 받은 사람은 평생 종교 행렬에 참여할 때마다 시민관을 쓸 수 있었다. 전투에서 적군을 죽인 뒤 확보한 전리품은 자신의 집에 진열할 수 있었다. 이런 영예는 삶을 마감한 이후에도 당사자를 규정하는 데 도움을 줬다. 기원전 298년 집정관을 지낸 루키우스 코르넬리우스 스키피오 바르바투스의 석관에는 그가 이탈리아 도시 2곳을 점령하고 루카니아 지역을 로마 치하로 삼고 포로들을 귀환시키며 보여준 용기에 대한 찬사가 집정관 재임을 기념하는 명문과 함께 새겨져 있다. 또한 바르바투스의 석관에 필적할만큼, 그의 아들 묘비에도 기원전 259년 집정관 재임 사실과 함께 "코르시카 섬과 (이 섬에 있는) 도시 알레리아를 점령한"[13] 내용이 기록되어 있다.

이런 종류의 명예는 도시 점령을 통해서만 얻어지는 것이 아니다. 루키우스 카이킬리우스 메델루스 사후인 기원전 221년의 추도 연설은 그가 1차 포에니 전쟁에서 포획한 "코끼리들을 처음으로 이끌고 성공적으로 행진했다."라고 칭송했다. 로마가 이탈리아를 넘어 다른 지역까지 진출해 승리를 거둔 까닭에, 로마의 지배 계층 사이에서는 인상 깊은 전리품을 개선식 행렬에서 전시하고 나머지 절반은 자택의 손님 접대 공간에 사적으로 전시하는 것이 관행처럼 굳어졌다. 피로스 같은 적에게 항복하는 로마인은 군 복무 중 탁월함을 뽐낼 기회를 잃는 동시에 적에게 패배를 안기는 데 꼭 필요한 행위를 꺼리는 겁쟁이로 전락했다. 로마 원로원 의원들에게는 항복 자체가 로마의 거대 군사 전략에 끼치는 여파보다도 이런 고통스러운 (개인의) 상처가 더욱 중요한 의미를 지녔다. 한편 기원전 3세기에 로마 공화국을 이끈 이들은 개인적 성과가 로마의 더 큰 정책 목표에 봉사할 때만 의미 있다는 점 또한 이해했다. [14]

파브리키우스가 했다고 추정되는 연설은 로마가 지닌, 또 다른 힘의 원천을 강조했다. 3세기 초의 전쟁은 군인들이 자신의 군사적 덕목을 드러낼 전

시장 구실도 했지만, 로마는 시민들에게 군 복무의 장소 이상의 것을 제공했다. 공화국은 로마인들이 가장 갈망하는 보상을 실질적으로 독점했다. 로마 이전이나 이후 사회와 마찬가지로 로마에서도 재력이 중요했지만, 파브리키우스가 연설에서 내비쳤듯이, 로마 공화정 체제에서 재력은 개인의 가치를 결정하는 가장 중요한 요소가 아니었다. 기원전 3세기의 로마인들은 개인의 가치를 재력보다는 개인이 맡은 관직, 쌓아온 명성 그리고 자기 선조가 이룬 성과에 필적하는지 여부 등으로 평가했다. 그래서 한 개인에 대한 평가는 대체로 로마 군대와 정치 생활에서 이룬 활동의 산물이었다. 공공에 대한 봉사는 명예로 보상을 받았고, 기원전 280년대에 이르러서는 공화국이 이런 교환 관계의 양 측면을 완전히 통제하게 된다. 공화국은 개인이 어떤 봉사를 할지 지시했고 그가 어떤 종류의 보상을 받을지도 결정했으며, 공화국이 홀로 통제하는 사회적 화폐 형태로 보상했다. 파브리키우스 같은 인물의 후손들은 선조가 얻은 명예를 유산으로 온전히 물려받았지만, 단 한 번의 불명예스런 행동으로 자신의 가문이 몇 대에 걸쳐 쌓아온 사회적 자본을 한꺼번에 무너뜨릴 수도 있었다. 그리고 파브리키우스가 피로스에게 상기시켰듯이, 로마의 이런 독특한 형태의 화폐는 금이나 은 같은 것이 아니라, 오직 로마에 봉사함으로써 얻는 것이었다.

공화국이 정치적 합의 도출을 고취시키고 로마 시민이 중시하는 보상을 독점할 수 있었던 기저에는, 공화정이 한 개인의 소유물이 아니라 공동체 전체에 속하는 정치 체제라는 공통의 이해가 있었다. 로마 공화국의 결정과 보상은 주인 한 명의 기분에 따라 좌우되는 것이 아니라 로마 공동체의 정서와 결정을 반영했다. [15] 로마 정치 생활에 대한 이런 관점은 기원전 280년대에는 비교적 새로운 것이었다. 로마는 한 세기에 걸친 정치적 변천의 마지막에 막 도착한 상태였고, 역사가들은 이를 '계급 갈등'으로 부르게 된

다. 계급 갈등은 파트리키[2]patricii(이하 귀족)와 플레브스[3]plebs(이하 평민)가
정부 체제에 합의하는 과정을 말하는데, 이들이 합의한 정부 체제는 귀족들
의 사회·정치적 특권을 일부 유지하면서 평민들도 최고위직에 오를 수 있
도록 허용했다.

기원전 280년대에 확립된 이 체제는 정치적 타협을 촉진하고 지속 가능
한 합의를 구축하고 공화정의 공동 지배 체제를 유지함으로써 로마인들이
함께 누린 자유의 수호를 목표로 설계되었으며, 복잡하지만 품격 있는 관직
들과 공적인 절차를 그 특징으로 한다. 성문화된 헌법이 이 체제를 지배하
지는 않았다. 대신, 공화정은 영향력 있는 귀족과 평민들이 시민들로 구성
된 민회Comitia의 승인을 받아 공공 업무를 맡게 하는 성문화된 절차와 오래
된 관습에 따라 작동했다. 국가의 고위 정무직을 차지하려는 엘리트들과 그
들을 선출하는 유권자들의 상호 관계가 공화국의 정치 생활에 동력을 부여
했으며, 한편으로는 엘리트들의 야심이나 대중의 권한이 극단으로 치닫지
못하게 하는 견제와 균형 장치들도 개발되었다. 극심한 위기 때만 임명되는
독재관의 긴급 대응 기구를 제외한 로마 시대의 나머지 관직은 모두 쌍으로
구성됐고—다시 말해, 2명 이상이 동시에 취임했고—임기도 제한됐다. 공
화국 내 정규 직위 중 최고위직인 집정관은 1년 임기의 두 명으로 구성됐다.
두 명의 집정관은 임페리움imperium, 곧 군대를 지휘할 최고사령권을 보유했
다. 집정관은 국가를 위해 신들의 의견도 구했으며, 로마에 존재하던 4개의
민회 중 3개를 주재했다. 다음해의 정무관들을 선출하는 선거도 이들이 소
집했다. 집정관은 각각 동료의 행동이나 계획을 저지할 거부권을 가졌으며,
거부권은 집정관들이 협력과 합의 구축을 추구하도록 강제했다.[16]

로마의 귀족들은 집정관 아래에 해당하는 관직들을 놓고 서로 경쟁했다.
그들이 차지하려고 경쟁한 관직 중에는 집정관직에 이어 두 번째로 높이 평

---

2. 세습 귀족이 중심인 집단

3. 파트리키에 속하지 않는 나머지 사회 계급

가되는 정규 관직이자 로마 도시 내 사법 관련 직무를 수행하는 법무관직이 있다. [17] 법무관은 로마 이외 지역에서는 군대 사령권도 행사할 수 있었지만, 분쟁이 발생할 경우 권한을 집정관에게 넘겨야 했다. 그 아래 관직으로는 조영관(건축 담당관) 곧 로마의 시장과 도로를 관장하는 정무관, 그리고 검찰관(또는 재무관) 곧 회계를 관리하는 하위 정무관도 있었다. 집정관처럼 이런 관직들도 복수의 귀족과 평민으로 구성됐고, 두 계급의 유력 인사들에게 공공 업무 경력을 통해 능력을 증명할 기회를 부여했다.

주요 관직 하나는 다른 관직들과 상당히 달랐다. 호민관은 평민 출신이 맡아야 했고, 평민들만으로 구성된 평민회concilium plebis에서 선출됐다. 평민회는 그 역사가 아마도 공화정 초창기까지 거슬러 올라갈 만큼 아주 유서 깊은 기구이다. 초기 호민관들은 인격적으로 존중 받는 신성불가침을 주장했으며, 이를 통해 귀족들의 침해로부터 평민들을 보호했다. 호민관들은 적어도 이론상으로는 권한을 남용하려는 귀족들과 그 대상인 평민 사이에 물리적으로 나서서 귀족들의 횡포를 막을 수 있었다. 공화정이 성숙해감에 따라, 호민관들은 주로 귀족 정무관들의 행동이나 위협에 맞섬으로써 평민들 편에서 개입하는 정치적 대리인 구실을 하게 된다. 호민관 수는 처음 2명에서 차츰 10명까지 늘었고, 그들의 권력은 동료 호민관과 독재관을 뺀 다른 정무관들, 심지어 원로원의 결정에 맞서 광범한 거부권을 행사하는 데까지 확장됐다. 정치적 행동을 저지할 수 있는 권한에 더해, 호민관들은 모든 로마인에게 적용되는 법률의 제정을 평민회에 제안할 권리도 누렸다. 또한 민회 소집 권한과 정책 토론 일정을 결정할 권한도 있었다. 유력 평민들이 대중의 지지를 얻음으로써 더 높은 직위를 노릴 발판으로 호민관직을 이용했다는 건 결코 놀라울 것도 없다.

로마 공화국에는 공식적으로 정당이 없었다. 그리고 호민관의 거부권과 고위직 정무관들이 하위직 관리들의 행동을 제약하기 위해 발동하는 명령권을 빼고는, 핵심 관직을 맡은 유력 인사들의 야심을 규율할 손쉬운 제도적 방법도 없었다. [18] 서로를 견제할 힘을 지닌 야심 있는 유력 인사들로 구성된 정부가 영구적인 기능 장애를 막을 해법처럼 보일 수 있지만, 무능하거나 대응 능력이 떨어지는 정무관들에게 실질적인 책임을 묻는 기능은 공화정 체제의 다른 핵심 요소들인 민회와 원로원의 몫이었다. 공화국에는 엄밀히 말해 4개의 서로 다른 민회가 있었지만, 3세기에 이르면 이 가운데 가문 공동체를 기반으로 하는 쿠리아 민회comitia curiata는 사실상 의례적인 기구로 전락한다. 이때까지 쿠리아 민회에 남아 있었던 기능은 입양과 유언장을 승인하는 것뿐이었다.

다른 세 개의 민회는 정무관을 선출하고 법률을 통과시키는 데 있어서 중요하고도 다양한 기능을 수행했다. 병사회comitia centuriata는 두가지 중요한 기능을 맡고 있었다. 집정관과 법무관을 선출하고 전쟁 선포를 결정하는 투표권이 그것이다. 투표 권한은 193개의 백인대*centuria 소속원들에게 있었으며, 각각의 백인대는 소득 수준이 비슷한 집단별로 구성됐다. 이런 구분은 공화정 체제 이전부터 있던 것이며, 시민 개인이 스스로 조달할 수 있는 군장비를 기준으로 이뤄졌는데, 기병 부대[4]equites와 부유한 보병들로 구성된 백인대가 가장 많은 투표권을 갖고 있었다. 이 두 계급은 민회를 구성하는 193개 백인대 중 100개에 달했고, 로마에서 가장 가난한 계급에 속하는 이들로 구성된 백인대에는 단 한 표의 투표권만 부여됐다. 로마의 부유한 시민들로부터 상당한 지지를 받지 못하는 한, 병사회에서 정무관으로 뽑힐 수 없다는 이야기이다. 이런 구조는 로마의 정치 생활을 극적으로 바꾸려 한 기원전 3세기의 정치인들에게는 실질적인 걸림돌로 작용했다. [19]

3세기 말부터 로마 공화국이 종말을 고할 때까지, 로마의 다른 2개 민회 곧 모든 로마 시민이 참여하는 (부족 회의 성격의) 트리부스 민회Comitia Tributa(이하 대중 민회)와 (평민들만 투표권을 행사하는) 평민회가 법률을

---

* 백인대는 100명의 병사(때로는 그 미만의 병사)로 구성된 로마 군제의 최소 전투 단위를 말한다.
4. 로마의 기사 계급에 해당한다.

제정하고 조영관, 검찰관, 호민관을 선출했다. 두 민회의 가장 큰 차이는 누가 민회를 소집할 수 있느냐로 나뉜 듯하다. 집정관과 법무관은 대중 민회를 소집했고, 호민관은 평민회를 소집했다. [20] 대중 민회와 평민회는 모두 부족(트리부스)에 따라 투표를 실시했다. 기원전 241년에 이르면 로마에는 35개 부족이 있었다. 이 가운데 4개 부족은 로마 시내에 등록된 가문 소속 시민들로 구성됐다. 나머지 31개 농촌 지역 부족들은 각각의 특정 지역을 대표했고 로마가 이탈리아 지역으로 통제력을 확장하고 시민권의 범위도 넓히면서 형성된 부족들이다. 각각의 부족은 민회에서 한 표의 투표권을 행사했다. 민회의 투표는 로마에서 진행됐고, 도시 지역의 4개 부족 외에는 농촌 부족이었기 때문에 부족을 대표하기 위해 로마까지 올 수 있는 소수의 농촌 지역 시민들의 표가 상대적으로 훨씬 더 중요했다. 3세기 초에 이렇게 투표하러 오는 시민들은 대체로 부유층이었다. 그래서 이런 투표 시스템은 다시 한 번 가난한 로마인들이 정치 일정에 개입하지 못하게 막는, 중요한 구조적 완충 장치를 제공했다. [21]

대중 민회와 평민회는 상당히 많은 구성원이 겹쳤지만, 평민회는 평민들만 참가할 수 있다는 점에서 독특한 힘이 있었다. 평민회는 매년 평민 대표인 호민관 10명을 선출했으며, 그들이 민회에서 표결 처리될 법률안을 제안했다. 호민관들은 법안이 논의될 공개 모임contiones을 소집할 권한도 있었다. 표결 과정에서는 정책 논의가 없었고, 표결은 시민이 표결 기록 담당관 앞에 나와 자신이 지지하는 호민관 후보의 이름을 말하거나 법안 찬반 여부를 밝히는 방식으로 진행됐다. 이런 식으로 투표가 모두 끝나면 표를 집계하여 한 부족 내 다수의 의사를 그 부족의 의사로 간주했다. 최종 결정은 전체 부족 가운데 다수가 선택한 의견에 따라 내려졌다.

평민회가 통과시킨 법은 국민 결의plebiscitum라고 불렸고, 비록 평민들만 참여해 통과시켰으나 기원전 287년 이후부터는 전체 로마인에게 두루 적용됐다. 그런데 기원전 3세기에는 또 다시 부유한 기득권층이 법안 토론을 이끌며 표도 가장 많은 세력으로 부상했고 자연히 급격한 정치 변화보다는 안정과 점진적 개혁을 특히 중시했다. 평민회는 모든 로마인들에게 급격한 개혁을 강제할 잠재력이 있었지만, 3세기 초에는 유력 상류층이 이런 잠재력의 발현을 거의 막아 냈다. [22]

원로원은 로마 공화국이 취한 대부분의 정책과 법률의 출발점이 되는 장소였다. 원로원은 공식적으로는 "모든 계급의 가장 훌륭한 남성들"[23]이라고 규정된 전직 고위 관리들의 순수 자문 기구였고, 공식적인 권한은 외교정책을 수행하고 재정 지출을 승인하는 데 국한됐다. 그럼에도 원로원은 모든 주요 정치, 군사, 재정, 종교 문제에 비공식적 권한을 행사했다. 그들의 말은 법률과 같은 힘이 없었지만 원로원의 영향력 있는 전직 정무관들은 막강한 사회적 자본을 동원할 수 있었고, 이는 현직 정무관들이나 모든 유권자가 원로원의 권고를 거부하기에 앞서 신중을 기하게 했다. 정무관들과 민회는 보통 원로원의 권고에 따라 행동했다.

이런 식의 관직과 민회의 조합은 정치적 합의 도출을 조장하고 이를 깨뜨리는 이들을 응징하는, 세밀하게 균형 잡힌 정치 체제를 만들어냈다. 정무관은 민회에서 선출된 유력 인사들이었고 기원전 3세기에 이르면 민회는 그런 유형의 인사들이 사실상 장악하고 있었다. 상류층 정무관들은 그들과 같은 부류이자 더 나이 많고 경험도 풍부한 이들로 구성된 원로원, 그리고 자신들을 선출한 민회의 정책을 시행하는 책임을 맡았다. 임기 1년이 끝날 무렵에, 그들은 자신들을 선출하고 권한을 부여한 민회에 그동안 해온 일에 대해 설명할 의무가 있었다. 정무관들은 의지만 있다면 임기 내내 다른 정무관들을 저지하고 정치 체제를 깨뜨리려 시도할 수 있었다. 하지만 그런 식으로 행동하면 임기가 끝날 때 그들이 속한 사회 계층 앞에서 자신이 이뤄낸 것이 없음을 공개적으로 인정하는 굴욕을 피할 수 없었다. 게다가 실망한 유권자들 앞에서 또 다시 공직 선거에 나설 것인지도 대답해야 했다.

대중의 권력과 원로원의 기대치는 공직자들 사이에 타협과 협력의 문화가 생기게 했고, 이는 기원전 3세기 내내 로마를 지배했다. 집정관과 호민관들은 자신들이 이루고자 하는 몇 가지 목표를 설정하고 취임하는 것 같지만, 사실상 원하는 것 모두를 (또는 대다수를) 이루기 어렵다는 것을 잘 알았다. 재임 기간의 성공 비결은 동료가 원하는 것들, 민회가 기꺼이 승인할 것들, 원로원이 재가할 것들을 재빨리 이해하는 데 달려 있었다. 그 뒤로는 제각기 제기된 의제들과 자신의 생각 사이의 균형을 맞춰 최대한 많은 집단을 만족시킬 정책과 행동 과제를 제시하는 방법을 터득해야 했다. 이상적이라면, 누구도 원하는 것을 전혀 얻지 못하기보다는 모두가 어느 정도를 얻는 것이 최선이다. 후대의 저자들이 경탄했듯이, 정치적 갈등은 없었고 "법률 제정으로 해소시킬 의견 차이와 대결만 있었고 법률은 상호 존중과 모두의 양보를 통해 제정됐다."[24]

고대 저작 중 로마 귀족들의 공화정이 어떻게 작동하는지를 논한 가장 유명한 작품은 기원전 2세기 중반 그리스인 역사가 폴리비오스가 쓴 저작일 것이다. 폴리비오스는 그리스인과 야만인의 이분법 세계관에 맞아떨어지지 않는 로마인들이 어떻게 기원전 140년대까지 카르타고, 마케도니아, 스파르타, 코린트 그리고 그리스 본토의 많은 옛 도시국가들을 무찌르고 점령할 수 있었는지를 그리스인들에게 설명할 겸해서 책을 썼다. 로마 공화정에 대한 서술의 핵심은, 합의를 도출하는 견제와 균형의 구조가 로마를 "압도할 수 없게 만들고 그들이 시도하기로 마음먹은 바를 모두 달성할 수 있게 해준"[25] 덕분에 로마가 성공했다는 것이다.

폴리비오스는 로마 구조의 진정한 힘은 위기 때에만 명백하게 드러난다고도 주장했다. 그는 이렇게 썼다. "완벽한 인간의 진정한 시금석은 운명의 폭력적인 변화를 고귀함과 위엄으로 견디는 능력이다. 로마 공화정을 이런 식으로 검토하는 것이 필수적이다." 폴리비오스가 보기에는, 빠르고 극적인 불운이 로마의 정치적 균형 상태를 위협하는 가장 명백한 순간은 군사적 위협에 처했던 때였다. 실제로 폴리비오스는 로마 이야기를 1차 포에니 전쟁이 터진 기원전 260년대부터 서술했지만 로마 정치 생활의 성격에 대한 언급은 (기원전 216년 한니발이 로마를 상대로 세 번째이자 가장 크게 승리한) 칸나이 전투 이후로 미뤘다. 폴리비오스는 "당시 로마인들에게 벌어진 일보다 훨씬 더 날카롭고 큰 좌절"[26]을 목격한 적이 없다고 주장했다.

정말로 군사적 패배가 정치 체제의 탄력을 시험할 최고의 기회를 제공하는지는 논쟁할 여지가 있지만, 소멸 위기가 한 나라 정치 생활의 긍정 또는 부정적인 경향을 증폭시킬 수 있다는 폴리비오스의 기본 전제는 부인할 수 없다. 그리고 이런 좌절에 직면한 로마 공화국이 하나로 뭉쳐 결연한 의지를 굳힌 경향을 보였다고 한 폴리비오스의 지적은 전반적으로 옳았다. 한니발의 이탈리아 진격 이전, 진격 도중과 그 이후 로마가 겪은 것은 그의 지적이 옳았다는 걸 증명한다.

기원전 264년에 시작되어 거의 한 세대 동안 지속된 1차 포에니 전쟁에서, 로마는 강력한 카르타고의 적군과 땅과 바다에서 맞섰다. 초기에는 간절하지 않았고 전투 장비도 제대로 갖추지 못했다. 오늘날 튀니지의 수도 튀니스에 있던 도시 국가 카르타고는, 지중해를 동과 서로 나누는 시칠리아 해협 서쪽 경계의 자연적인 항구에 자리잡고 있었다. 페니키아인들이 무역을 위한 식민지로 건설한 카르타고는 지중해에서 상업적으로나 전략적으로 가장 유리한 위치들 중 하나였고 금세 풍요롭고 강력한 도시로 성장했다. 기원전 3세기에 이르면 카르타고는 이 지역에서 가장 막강한 해군과 용병 군대를 보유했으며 스페인에서 시칠리아까지 이어지는 제국이 됐다.

역사적으로 보면, 로마와 카르타고의 관계는 특별히 긴장된 관계는 아니었다. 두 도시는 오래도록 상대방의 고유한 영향권을 존중해 왔고 가끔은 군사적으로 협력하기도 했다. 이 때문에 1차 포에니 전쟁은 뭔가 놀라운 상황 전개였다. 사실 이 전쟁은 로마가 거의 우연히 휘말려 들어간 전쟁이었다. 집정관들이 병사회에 전쟁 찬반 투표를 요청하기 전에, 원로원은 이미 적대 행위에 돌입하라는 권고를 내지 않기로 했다. 1차 포에니 전쟁은 시칠리아 섬과 인근 바다에서 주로 전개됐는데, 이 때문에 로마는 아주 불리한 위치에 놓이게 되었다. 카르타고는 이 섬의 동쪽을 장악했을 뿐 아니라 근처에 전함 부대도 두고 있었다. 반면에 로마는 기원전 264년까지는 시칠리아에 군대를 주둔시키지 않았고, 결정적으로 적정 규모의 해군을 확보하지 못한 데다가 해전 경험도 많지 않았다. 실제로도 로마가 해전에 처음 투입한 120척의 대규모 선단은 전쟁이 시작된 지 한참 지난 기원전 261년에 카르타고의 좌초한 전함을 입수해 분석한 뒤 만든 견본 선박을 바탕으로 제작됐다. [27]

하지만 첨단 해군 선박들을 보유한 것과 이 선박들을 이용해 전쟁을 치르는 것은 전혀 다른 문제다. 기원전 260년대의 해상 전투에는 노를 젓는 인력 수백 명이 필요했다. 뱃머리에 설치된 쇠붙이 도끼로 적의 선체를 내려칠 수 있는 지점까지 배를 이동하려면 다섯 줄로 늘어서 노를 젓는 등 많은 인력의 동원과 협력이 필수였다.

노 젓는 선원들이 한 팀으로 효과적으로 작업하게 만들려면 상당한 훈련이 필요했고, 선원이나 지휘관이 경험이 적은 경우에는 120척의 협동 작전을 펼치려면 난이도가 기하급수적으로 높아졌다. 로마인들은 배에 징이 박힌 건널 판자를 붙임으로써 이런 어려움에 창조적으로 대응했다. 이 판자 덕분에 적군의 배를 붙잡아 고정시킨 뒤 로마군 수병들이 적군의 배로 넘어들어갈 수 있었다. 이런 혁신적인 전술 덕분에 로마인들이 기원전 260년의 주요 해전에서 승리할 수 있었지만, 카르타고인들도 로마가 도입한 새 기술의 효과를 떨어뜨리는 방법을 금세 찾았다. 이런 상황이 되자, 로마인들은 함대 규모를 키울 수 밖에 없었고, 기원전 256년에는 아프리카에 침략군을 보내기 위해 250척의 배를 합동 작전에 투입시켰다. 새로 투입된 배 덕분에 로마는 아프리카에 군대를 상륙시킬 수 있었지만, 안타깝게도 로마 군대는 격퇴당했을 뿐만 아니라 기원전 255년에는 시칠리아 인근의 폭풍으로 로마 전함들이 거의 모두 파괴됐다. 이런 재앙이 로마에 알려지자, 로마인들은 이를 "깊이 마음에 새겼지만, 전쟁에서 물러나지 않기로 결정하고 새로 220척의 배를 짓기로 했다."[28]

[2-1] 2차 포에니 전쟁 중에 주조된 로마 주화에 공격용 전함의 뱃머리와 황동 도끼가 그려져 있다. 개인 소장품.

새 선단은 석 달 안에 건조됐고 기원전 254년 여름에 바다에 투입됐지만, 이 가운데 150척은 253년 여름에 발생한 폭풍으로 또 다시 파괴됐다. 기원전 250년에 건조돼 전투에 투입된 또 다른 선단은 249년 드레파나 전투에서 카르타고인들에 의해 파괴됐다. 드레파나 전투 이후 전쟁은 승패를 가리지 못했고 계속 이어진 시칠리아에서의 지상전을 중심으로 전개됐다. 그러나 242년에 이르면 로마인들은 카르타고가 바다를 통해 시칠리아에 병력을 추가 투입하는 것을 해군을 동원해 막지 못하는 한 전쟁을 이길 수 없음을 분명히 깨달았다. 폴리비오스는 새로운 함대 구성에 투입할 "자금이 국고에 없었다."라고 썼다. 국고가 바닥난 것은 부분적으로는 국민들이 선박 건조를 위해 세금을 더 내는 데 동의하지 않았기 때문이었다. 대신 "지도자들의 야심^{philotimia}과 애국심"이 선단 구축에 투입될 자금을 제공하는 동력이 됐다. 몇몇 후원자들은 개인이었고, 다른 몇몇은 소규모 집단이었는데, 이들은 재력이 허용하는 범위에서 최대한 배 건조와 공급에 필요한 자금을 댔다. 여기에는 이 원정이 성공할 경우에만 투입한 자금을 되돌려 받는다는 조건이 붙었다. 로마의 지배층은 이 전쟁에서 승리하면 영광을 얻게 될 터였고, 실제로 241년에 그렇게 됐다. 로마의 새 함대가 카르타고의 함대를 단호히 격퇴시켰다. 전쟁을 계속할 재원이 부족해진 카르타고는 화해를 청했다. [29]

1차 포에니 전쟁에서 로마는 카르타고보다 더 많은 병력과 선박을 잃었지만, 로마보다 더 부유한 카르타고가 전투를 계속하는 데 필요한 재정적, 군사적 비용을 감당하기를 망설인 시점부터 사실상 전쟁이 끝났다. 로마가 이 전쟁에서 보여준 놀라운 회복력의 원천은 여러 가지였지만, 가장 강력한 원천 중 하나는 로마 귀족들이 자신들의 도시에 봉사하기 위해 경쟁하는 방식이었다. 기원전 242년에 개인들이 선박 건조에 자금을 댄 것은 애국심 때문이었지만, 로마 공화국이 그들에게 명예라는 형태로 대가를 후하게 갚아줬기 때문이기도 했다. 이 명예는 로마에만 존재하는 화폐였으며, 그 가치에 대해서는 파브리키우스가 피로스에게 앞서 말한 바 있다. 기원전 250년대와 240년대에 카르타고에 맞서는 전쟁에 계속 자금을 투입한 로마 귀족들의 결의는 기원전 280년 아피우스 클라우디우스가 촉구하고, 파브리키우스가 묘사했던 바로 그 집단적 견실성과 개인적 야심에서 자라난 것이었다.

1차 포에니 전쟁 막바지를 지배한 엘리트들의 정치적 합의는 230년대에 이르면 약간 약화되는 듯했다. 232년에 호민관 가이우스 플라미니우스는 원로원과 집정관들의 반대를 무릅쓰고 평민회를 통해 이탈리아 북부 지역의 개인 소유 땅들을 로마 시민들에게 분배하는 법률 제정을 추진했다. 플라미니우스는 아마도 부분적으로는 이 덕분에 얻은 인기로 223년 담당 집정관으로 선출됐다. 원로원은 집정관 선거가 불길한 전조가 나타났는데도 강행됐다며 선거를 무효화하려 했고, 플라미니우스에게 이런 취지를 담은 편지도 보냈으나, 정작 플라미니우스는 갈리아족에 맞선 전투에서 적을 물리칠 때까지는 이 편지를 열어보지도 않았다. 원로원이 그의 승리에 경의를 표하는 개선식을 열지 않기로 결정하자, 대중 민회가 대신 개선식을 열기로 했다. 플라미니우스는 정적들의 압박으로 인해 그해 말 임기가 끝나기 전에 사퇴하고 공직에서 물러났지만, 그의 지지자들이 여전히 영향력이 강한 덕분에 기원전 220년에 감찰관에 선출됐다. 플라미니우스는 감찰관으로 재직하면서 원형 광장Circus Flaminius, 그리고 로마와 북부 이탈리아 속령을 연결하는 주요 도로인 플라미니아 가도를 건설하기로 결정했다. [30]

플라미니우스는 자신의 조상 중에 공화국 고위직 출신자가 없는데 집정관에 취임한 '노부스 호모novus homo, 新人'에 해당했다. 집정관 자리를 놓고 경쟁하는 귀족 집단 다수는 플라미니우스가 대중에 호소했던 행동을 마땅히 자신들이 차지해야 할 명예와 관직을 빼앗아가려는 부적절한 시도로 여겼다. 그의 야심은 체제에 긴장을 가했지만 체제를 무너뜨리지는 않았다. 비록 많은 귀족이 플라미니우스의 행동에 강하게 대응했지만 공화국은 그가 여전히 로마와 그 영토의 복지에 의미 있고 지속적인 기여를 할 수 있는 공간을 열어 줬다. 공화국은 귀족들이 플라미니우스에 대한 반감을 강하게 한 목소리로 표출하게 해주는 동시에 주민들이 그의 제안을 법제화하고 그에게 관직으로 보상하는 한편 그가 바라던 명예를 부여하게 해주는 유연한 모습을 보였다.

이런 탄력성은 로마가 기원전 218년 카르타고와 전쟁에 다시 휘말렸을 때 아주 잘 작동했다. 1차 포에니 전쟁은 로마를 군사적으로나 재정적으로 한계까지 몰아갔는데, 카르타고와의 두 번째 전쟁은 로마 공화국에 더 큰 위협이 되었다. 카르타고의 장군 한니발이 자발적으로 로마의 보호 아래 들어간 스페인 도시 한 곳을 점령하면서 전쟁이 시작됐는데, 한니발은 몇 년 전부터 로마와의 전쟁을 준비해 왔다. [31] 한니발은 1차 포에니 전쟁 경험으로부터, 그리고 아마도 이보다 수십년 전 로마와 대결했던 피로스가 출간한 대로마 군사 작전 기록으로부터 교훈을 얻었다. 한니발은 로마인들의 사기를 꺾고 로마의 동맹 세력들이 떨어져 나가 동맹이 깨질 수준까지 내몰지 않는 한, 로마가 다시 한번 카르타고보다 더 오래 버틸 것임을 잘 알았다. 한니발은 이 목표를 이루기 위해서는 스페인에 있는 군대를 동원해 로마의 심장부까지 진격한 뒤 로마의 안마당에서 그들을 무찔러야 한다고 판단했다. [32]

로마 공화국은 한니발의 계획이 얼마나 큰 위협을 제기하는지 느리게 깨달아 갔다. 로마는 한니발이 이탈리아에서 선투를 전개하리라고 전혀 예상하지 않았기 때문에, 초기 전략은 두 명의 집정관이 지휘하는 군대를 시칠리아와 스페인으로 파견하는 것이었다. 이 군대는 로마 시민들과 동맹 세력으로부터 징집한 군인들로 구성됐다. 군대 모집에는 상당한 시간이 걸렸고, 로마가 군인들을 모으는 동안 한니발은 지금의 프랑스 남부에 해당하는 지역을 가로질러 전진했다. 그는 로마 군대가 대적하러 오기 전에 이미 론강을 건너 알프스 산맥으로 이동했으며, 218년 늦가을에 이탈리아 북부에 도달했다. 218년 담당 로마 집정관들은 이탈리아 밖에서 싸운다는 계획을 접고 반도 북부에서 한니발의 군대와 두 번에 걸쳐 전투를 벌였다. 기원전 218년 12월과 217년 1월에 벌어진 트레비아강 전투에서 로마군은 심각한 패배를 당했다.

한니발이 초기에 거둔 승리는 로마 정치 생활에 이례적인 활력을 불어넣었다. 그의 군대가 이탈리아에 주둔하면서 로마의 이탈리아 북부 통제에 명백한 위협이 됐지만, 아직은 로마 공화국에 대한 실존적 위험을 제기하는 수준은 아니었다. 실로 로마는 자신들이 역사상 가장 재능 있는 군사 전술가 축에 드는 인물과 대결하고 있다는 것을 미처 깨닫지 못하고 있었다. 로마의 유권자들은 초기 카르타고의 승리가 한니발의 기량, 특히 그가 이끄는 기병들의 전술적 우위 덕분이라는 것을 인정하는 대신 군대를 이끈 귀족 출신 집정관들이 무능한 탓으로, 그리고 암묵적으로는 그들이 대변하는 정치적 합의 탓으로 돌렸다. 그 결과, 기원전 217년 담당 집정관 선거에서 분열적인 성향의 대중 선동가 플라미니우스가 (기원전 223년에 이어) 또 한 번 집정관으로 선출된다.

1차 포에니 전쟁에서 거둔 로마의 승리는 기원전 3세기 로마 공화정이 군사적 긴급 상황에서 정치적 합의를 이루고 유지하는 데 뛰어난 능력이 있음을 분명히 보여줬다. 그러나 아직 플라미니우스나 원로원은 한니발의 진격이 그때와 같은 긴급 사태에 해당한다고 믿지 않았다. 대신 그들은 이번 사태를 기원전 223년 플라미니우스가 집정관 자격으로 저지했던 갈리아의 공격과 유사한 상황으로 파악했다. 실로 플라미니우스는 그때와 같은 대응책을 쓸 수 있을 것으로 여겼다. 그래서 그는 로마를 떠나 군대에 합류했다. 그가 합류한 뒤에야, 원로원은 다시 한번 그의 군대 통제에 반대하기 위한 종교적 이유를 생각해 냈다. 이는 집정관이 보통 취임 첫날 하는 맹세와 제물 봉헌을 플라미니우스가 못하게 하려는 조처였다. [33] 플라미니우스는 기원전 223년과 마찬가지로 이번에도 한니발에 맞서 빨리 군사적 승리를 거둠으로써 국내의 정적들을 물리치고 무력화하기 위한 도박을 벌였다. 그래서 로마로 돌아오라는 원로원의 소환 결정을 무시하고 자신의 군대를 한니발이 머물고 있는 북쪽으로 이끌었다. [34]

단기적인 국내 정쟁이 훌륭한 군사 전략을 낳는 일은 거의 없었고, 기원전 217년 안개가 자욱한 어느 봄날 아침 한니발은 플라미니우스의 조급함을 적절히 이용하게 된다. 그는 플라미니우스와 그의 군대를 움브리아의 트라시메노호 주변에 설치한 함정으로 유인했다. 한니발은 이 호수의 동쪽 호반에서 경사가 약간 완만해지며 자연스럽게 원형 분지가 형성된 곳을 찾아냈다. 호수에서 피어오르는 봄날의 안개가 모이는 곳이었다. 플라미니우스가 좁은 호반을 따라 진격할 때 짙은 안개 때문에 한니발의 군대 본진이 언덕 위에 대기 중인 모습을 보지 못했다. 플라미니우스 집정관이 군대를 언덕 아래 평평한 호숫가로 이끌 즈음, 한니발이 그들을 덮쳤다. 북쪽의 언덕과 남쪽의 호수 사이에 갇힌 로마와 동맹군은 이 전투에서 1만5천 명의 병력을 잃었고 그 중에는 플라미니우스 본인도 있었다. 포로가 된 병사는 1만 명에 달했고, 이어 추가 투입된 기갑군 4천 명도 전사했다.

로마인들은 공화정의 통상적인 업무를 중단하고 퀸투스 파비우스 막시무스를 독재관으로 임명해 대응했다. 보통은 집정관이 독재관을 지명하지만, 원로원과 민회는 상황이 몹시 심각한 만큼 플라미니우스의 동료 집정관이 로마로 돌아와 관례에 따라 조처하기를 기다릴 수 없다는 데 뜻을 모았다. 그 이후 벌어진 사태는 이들의 결정이 옳았음을 보여 줬다. 정치 기득권층에 자연스럽게 어울리는 붙박이 기득권층인 파비우스는 한니발을 재빨리 제압해야 한다는 플라미니우스의 생각에 동의하지 않았다. 그는 한니발과 맞붙는 대신 카르타고의 군대를 그림자처럼 따라 다니다가 주력 부대와 떨어져 나온 소규모 파견대를 공격하면서 로마군의 사기를 다시 끌어 올렸다. 파비우스가 병력을 보존하는 데는 성공했지만, 그의 지연 전술은 '쿤크타토르Cunctator(지연시키는 자)'라는 별로 호의적이지 않은 별명을 선사했을 뿐만 아니라 한니발이 로마 시민권자들의 소유인 캄파니아 지역의 땅을 불태우고 약탈하게 방치했다. 그가 군사 행동을 꺼리자 로마 주민 사이에서 불만이 터져나왔고 군대 내에서도 비판이 쏟아지기 시작했다. 파비우스의 6개월 임기가 끝나가자, 정면 대결로 한니발을 무찔러야 한다는 의견이 다시 대두됐다. [35]

이러한 여론은 재앙을 불렀다. 파비우스의 지연 전략을 비판하면서 주민들을 결집시키고 이를 바탕으로 선거에서 승리한 인기 있는 집정관인 가이우스 테렌티우스 바로는 기원전 216년 로마 시민들과 동맹군으로 구성된 사상 최대 규모의 군대를 이끌고 전장으로 나갔다. 아마도 8만 명을 상회하는 이 군대는 이탈리아 남부 아풀리아 지역의 칸나이 마을 외곽에서 수적으로 크게 열세인 한니발의 군대와 맞닥뜨렸다. [36] 한니발은 수적으로 우위에 있던 로마 군인들을 백병전으로는 무력화할 수 없다고 생각하고, 로마 군인들을 좁은 공간에 몰아넣기 위해 자신의 보병들을 초승달 대형으로 짰다. 나머지 병력은 군인들을 3면에서 포위한 뒤 그들이 움직이지 못하게 밀어붙였다. 결과는 대량 학살이었다. 바로는 살아 남았지만, 로마군과 동맹군 1만 명 이상이 전사했다. 전사자 중에는 바로의 동료 집정관 루키우스 아이밀리우스 파울루스, 플라미니우스가 트라시메노호에서 전사하고 나서 그를 대신해 선출된 집정관(나이우스 세르빌리우스 게미누스), 파비우스의 전사마관(마르쿠스 미누키우스 루푸스)도 있었다. 군인 대부분이 전사하거나 뿔뿔이 흩어지면서, 이제 로마 자체가 한니발의 공격에 그대로 노출된 듯했다. [37]

완벽한 공포가 공화국을 감쌌다. 이런 두려운 순간을 겪은 어떤 원로원 의원이 쓴 보고서를 연구한 1세기 역사가 티투스 리비우스는, 도시를 탈출해 외국 왕에게로 피란하는 방안을 말하는 귀족 지휘관, 도시 최후의 방어막 구축을 위해 모인 원로원, 로마 군대가 몇 명이나 남았는지 정확한 정보를 얻으려고 동분서주하는 사람들의 혼란스러운 장면을 낱낱이 전했다. 이 와중에 파비우스 막시무스가 국가를 진정시키기 위해 다시 나섰다. 그는 살아 남은 로마 군대에 관한 온갖 정보와 한니발의 의도가 무엇인지에 관한 정보 전부를 가장 먼저 로마 당국에 보고하도록 명령했다. 또 사랑하는 가족이 어떤 운명에 처했는지 걱정하는 가족들에겐 집에서 소식을 기다리도록 했고, 나쁜 소식을 들으면 사적으로 조용히 애도하라고 했다. 그는 또 도시의 성문들에 보초를 세워 누구도 도망치지 못하게 막도록 시켰고, 로마 내 모든 시민에게 살아 남을 최선책은 성벽 안쪽에 있는 것임을 분명히 전하도록 했다. 이로부터 얼마 지나지 않아, 로마의 사제단은 심지어 사람 4명을 희생으로 바쳐 신들을 달래려 했다. 이는 그 이후 로마 1700년 역사에

서 딱 한번 더 반복됐을 뿐인 극도로 예외적인 의식이다. [38]

이런 극단적인 조처는 보통 상황에서는 강력한 저항을 불렀을 것이다. 특히 파비우스가 관직도 없이 이런 조처 대부분을 제안했다는 점에서 더욱 그렇다. 그러나 당시는 일반적인 상황이 아니었다. 파비우스가 독재관 시절 한니발을 억제하는 데 나름 성공했다는 점 때문에 그의 제안은 "만장일치의 지지"를 얻었다. 원로원은 곧 이어 독재관을 임명하고, 젊은 시민들, 주민들로부터 사들인 노예들, 죄인들, 채무자들로 4개 군단과 1천 명의 기갑 부대를 구성하는 특단의 조처에 들어갔다. 원로원은 또 로마의 동맹들에게 전쟁 지원을 위해 더 많은 군대를 소집하라고 전갈을 보냈다. [39] 로마의 군사 정책은 이제 더 이상 개별 집정관들의 의지가 반영된 일정표와 목표에 따라 설정되지 않았다. 대신 국가는 한니발의 이탈리아 상륙에 대응한 파비우스의 신중한 접근만이 칸나이 사태에 대한 유효한 대응이라는 데 폭넓은 합의를 이뤘다.

불행하게도, 트레비아강과 트레시메노호, 그리고 칸나이에서 당한 패배는 지역 권력들이 로마에 도전하는 것을 억제해 온 미묘한 균형을 깨뜨렸다. 이때로부터 2년 동안 로마의 동맹·식민지 체제 그리고 이탈리아 지역에 대한 직접적인 정치 통제 체제가 깨지기 시작했다. 로마가 약해졌다는 인식이 이탈리아 중부와 남부의 많은 도시들로 하여금 한니발 쪽에 합류하게 했고, 그 과정에서 일부는 현지의 친로마 정부를 전복하기까지 했다. 한니발 편에 선 도시들 다수는 이탈리아 남부에 있었는데, 이탈리아 2대 도시인 카푸아가 등을 돌린 것이 특히 쓰라렸다. 카푸아는 로마에서 서쪽으로 몇백km 떨어진 단순한 해안 도시가 아니었다. 한니발 쪽에 붙은 다른 남부 이탈리아 도시들과 달리 이 도시 주민은 주로 로마 시민이었다. 카푸아가 한니발을 받아들인 것은, 얼마 전 전투에서 패배한 데 대해 군인 다수의 불만이 팽배했고 또 임박해 보이는 로마의 패배로 인해 이탈리아 내부의 권력 공백이 발생할 경우 카푸아의 영향력이 커질 것을 희망했기 때문이다. [40]

로마가 급격히 허약해졌다는 판단이 퍼지면서, 이때부터 2년 동안 이탈리아 밖의 나라들도 로마에 도전하게 된다. 기원전 215년에는 한니발이 마케도니아의 필리포스 5세 왕을 설득해 로마에 대항한 군사 동맹 결성을 끌어냈다. 그리스의 왕이 이 협정에 합의한 것은 부분적으로는 아드리해 동부 해안을 따라 퍼져 있던 로마의 점령지를 차지하려는 바람 때문이었다. 그해 초반에는 갈리아의 침략군이 이탈리아로 치고 들어와 집정관 당선자를 죽이고 그의 군대를 격퇴시킨 바 있다. 이어 214년에는 마케도니아와의 전쟁이 시작됐고, 시칠리아의 큰 도시 시라쿠사는 카르타고와 연합하기 위해 친로마 성향의 왕을 몰아냈다. [41]

이런 암흑기에 로마는 아피우스 클라우디우스가 피로스의 사신들 앞에서 아주 강력하게 피력했던 심정을 다시 회복했다. 어지럽게 확산되는 이 전쟁터에서 패배를 받아들이지 않기로 결심한 것이다. 이탈리아 내에서는, 한니발의 움직임을 최소한으로 제한시킨다는 파비우스의 전략과 동시에 한니발 쪽에 붙은 도시들을 다시 점령함으로써 꾸준하고 괴멸적으로 응징하는 활동도 전개됐다. 비록 이탈리아 공동체 중 규모가 큰 몇몇 공동체가 한니발 편에 섰지만, 로마의 많은 동맹들은 여전히 로마가 승리할 수 있고 자신들은 로마를 배신한 경쟁자들로부터 전리품과 영토, 특권을 빼앗아 올 수 있다고 믿었다. 이는 로마가 여전히 인력 면에서는 카르타고보다 확실한 우위에 있다는 것을 뜻했다. 그리고 한니발은 제압당하지 않도록 군대를 계속 한 곳에 결집해야 하는 반면, 로마는 여러 이탈리아 도시를 동시다발로 공격하도록 많은 부대를 곳곳에 보낼 수 있었다.

이런 위기에 대한 로마의 대응이 정말로 다른 나라들과 구별되는 점은, 로마 공화국이 기꺼이 고대식 전면전으로 전환했다는 것이다. 로마는 기원전 4세기 거의 내내 한해 평균 4개 군단을 전장에 파견했는데, 이렇게 많은 전선에서 동시에 위협을 받게 되면서 무장한 병력 규모를 급격히 늘릴 수밖에 없었다. 기원전 211년에 이르면, 공화국은 25개 군단을 보유하고 이탈리아, 스페인, 시칠리아, 그리스에 군대를 투입했다. 이와 별도로 외국 군대에 맞서 국경을 지키기 위해 아프리카와 그리스에서 2개 선단을 유지했다. 다시 말해, 17살부터 30살까지 전체 시민의 약 70%가 군에 복무했다는 뜻이다. 게다가 단기 복무에 그치지도 않았다. 징집을 당한 이들 다수는 전쟁 내내 복무했고, 칸나이 전투에서 살아 남은 군인들은 로마가 최종 승리를 거둘 때까지 의무적으로 복무해야 했다. 지중해 세계에서는 이 정도로 인구가 많은 나라가 자국 시민들을 거의 전면적으로 군에 동원한 사례는 결코 없었다. [42]

로마가 이렇게 거대한 시민 군대를 구성하고 전장에 투입할 수 있었던 역량도 인상적이지만, 그보다 더 압도적인 것은, 이런 강도의 희생을 요구하는 전쟁을 뒷받침하는 정치적 지지를 유지하는 역량이었다. 그리고 칸나이 전투 이후 거의 10년 동안 로마인들은 자식들을 군에 투입하고, 국가 내 최고위직 인사들로 소수의 조직력 있는 장군 집단을 구성해 막중한 임무를 맡겼다. 파비우스 막시무스는 기원전 215년부터 209까지 집정관을 3번 역임했고, 마르쿠스 클라우디우스 마르켈루스도 214년부터 208년까지 집정관을 3번 맡았으며, 풀비우스 플라쿠스는 212년부터 209년까지 집정관으로 일했다. 로마가 추진한 계획이 플라미니우스에서 파비우스로, 그리고 다시 바로로 이리 튀고 저리 튀게 했던 권모술수의 정치는 종말을 고했다. 그 자리를 대신한 것은, 한니발을 무너뜨리겠다는 의지로 굳게 단결한 엘리트 집단이다. 그들은 정치적 야심을 대의에 종속시키는 것을 감수하고 단결을 이뤘고, 그 덕분에 경험과 능력이 뛰어난 이들이 지휘권을 쥘 수 있었다. [43]

이런 통일된 목표가 기원전 210년대에 로마 공화정이 유별난 적응 능력을 발휘할 수 있게 했다. 전통적으로는 집정관 또는 법무관이 군대를 지휘했지만, 25개 군단이 지중해 전역에서 전투를 벌이는 상황이어서 정무관들만으로는 그렇게 많은 군대를 지휘할 수 없었다. 게다가 로마에서 스페인 또는 그리스의 전투 현장까지 거리가 상당히 멀어서, 1년 임기의 정무관들이 많은 일을 해낼 수 없었다. 로마에서 현지까지 이동한 때로부터 자신의 후임이 선출되기까지의 기간이 너무 짧았다. 그리고 사태를 더욱 나쁘게 만든 것은, 전쟁 전 지중해의 기준으로는 약간 낙후했던 로마 경제가 한니발의 승전 여파로 큰 충격을 받았다는 점이다.[44] 로마가 그 많은 군인들에게 어떻게 계속 월급을 지급할 수 있을지 불확실했고, 파발을 통해 정보를 전해야 하기 때문에 정보 전달 속도가 느린 세계에서 지휘관을 어떻게 구성해야 그 많은 군단을 아우를 수 있을지도 불확실했다. 로마가 많은 군대를 아주 광범한 지역에 투입했기 때문에, 특정 관리가 특정 명령권을 갖는 과거 공화정의 관례를 따를 수 없었다.

공화정은 불규칙적으로 전개되는 전쟁에 제때 필요한 것들을 조달하기 위해 빠르게 진화했다. 원로원이 군사 전략을 조율하고 정치·재정 절차를 조정함으로써, 전체 전략이 적절하게 수행되도록 했다. 임기를 마친 집정관들과 법무관들에게는 원로원의 권한으로 이탈리아에서 멀리 떨어진 지역에서 전투를 하는 군대를 계속 지휘하도록 했고 그들에게는 지방 총독과 지방 장관 직함이 부여됐다. 몇몇 경우는 일반 시민에게 지방 총독 또는 지방 장관 자격으로 지휘를 맡겼다.[45] 또 그들의 임기는 각자가 맡은 전투 현장의 상황을 파악해 대응할 수 있도록 충분히 연장됐다. 칸나이 전투 이후 많은 동맹국이 떨어져 나가면서 자금이 부족했지만, 원로원은 원로원 의원들 또는 부유한 로마인들이 제공한 신용에 의존해 전쟁 자금을 마련했다. 또 보유 자산을 최대한 활용하기 위한 조처로, 로마 화폐의 평가 절하도 단행했다. 그리고 기원전 212년 시라쿠사를 점령하면서 귀금속이 유입되기 시작하자 원로원은 다시 방향을 바꿔 화폐 체제를 재편했다. 데나리우스^{Denar-}ius로 불린 은전을 기반으로 하는 체제가 갖춰졌고, 이 덕분에 화폐 평가 절하가 촉발한 물가 상승에 적절히 대처할 수 있었다. 귀금속 유입만으로는 전쟁 비용 감당이 어렵다는 것을 확인하자, 원로원은 로마를 배반한 동맹들

을 다시 점령하고 몰수한 땅을 매각하기로 합의했다. [46]

이런 현실적인 문제들에 대한 로마의 적응 능력은 칸나이 전투 이후 채택한 군사 전략 전반에 대한 변함없는 헌신과 결합됐다. 이탈리아 내에서 작전을 전개한 군대는 카푸아처럼 로마에 저항한 도시들에게 가혹하게 보복하면서 동맹들을 점차적으로 한니발의 손아귀에서 빼냈다. 로마가 기원전 211년부터 207년까지 그리스에서 군사력을 과시했지만, 그리스 내 전투 대부분은 아이톨리아 동맹 같은 그리스 내 동맹 세력에게 맡겼다. 로마는 전쟁을 장기화하려 했으나, 동맹국들이 계속 싸울 의욕을 잃자 기원전 205년에 결국 마케도니아와 평화 협정에 서명하게 된다. 스페인에서 벌인 군사 작전은 카르타고 군대를 수렁에 빠뜨려 그들이 한니발의 군대를 강화시키지 못하게 하는 것이 애초 목적이었다. 하지만 군사 작진이 지속되면서 젊은 지방 총독 코르넬리우스 스키피오가 이끈 승리 덕분에 스페인 반도에 대한 카르타고의 통제력이 약화됐고 결국에는 완전히 무너져 내리게 된다.

로마의 칸나이 이후 전술에 대한 첫 번째 심각한 의문은 스키피오가 206년 스페인에서 승리를 거두고 귀환했을 때 제기됐다. 기술적인 이유를 내세워 그를 축하하는 개선 행사가 열리지 않게 되자, 이 카리스마 넘치는 지휘관은 35개 부족의 만장일치 지지를 얻으며 기원전 205년 담당 집정관에 당선됐다. 그 뒤 스키피오는 로마 군대를 아프리카로 이끌고 가서 전쟁을 끝낼 권한을 얻으려 압력을 가하기 시작했다. 그의 제안은 폭넓고 열광적인 지지를 얻었다. 그러나 스키피오의 제안은 칸나이 전투 이후 전쟁을 관리하던 파비우스와 경험 많은 원로원 의원들에게는 믿을 수 없을 만큼 무모해 보였다. 한니발은 격퇴당하지 않은 채 여전히 이탈리아에 머물고 있었고 스페인에서는 카르타고의 군대가 물러났으며 바다는 로마가 통제하는 상황에서, 스키피오를 억제하려는 전략가들은 그의 침공 계획이 영광을 얻기 위한 오만하고 무모한 시도처럼 보인다고 경고했다. 원로원이 아프리카 공격을 고려하기 전에 한니발을 이탈리아에서 무찌르는 것이 우선이라는 파비우스와 그의 우호 세력의 주장을 받아들이는 쪽으로 기울자, 스키피오는 이 문제를 대중 민회에서 논의할 가능성을 슬쩍 내비쳤다. [47] 결국 파비우스와 그의 우호 세력은 로마 정치 생활에 예측할 수 없는 교란을 유발하지 않는 한, 스키피오의 아프리카 침공을 막을 수 없다고 깨달았다. 그들은 태도를 누그러뜨리고, 스키피오에게 칸나이 전투에서 굴욕을 당한 군인들을 중심⁵으로 군대를 꾸리라는 조건을 내걸었다. 스키피오가 스페인에서 본인이 완성한 새롭고 복잡한 전술을 군대에 훈련시키는 동안, 원로원의 정적들은 그들의 훈련 정도를 알아볼 조사단을 파견했다. 조사단은 군인들이 전투 채비를 제대로 갖추지 못할 것으로 기대했지만, 군인들은 규율을 뽐냄으로써 강렬한 인상을 줬다. [48]

　로마의 엘리트들이 스키피오의 침공 계획에 걸림돌을 놨지만, 여전히 전쟁 막바지에 로마의 단결을 내보일 필요성을 인식하고 있었다. 스키피오가 침공군을 소집해 훈련하는 동안, 로마 정부가 긴급 상황에 참고하는 예언집인 로마 예언·신탁집^{Libri Sibyllini}은 아나톨리아의 여신 키벨레의 제례 의식을 로마 시내에서 행해야만 이탈리아에 상륙한 외국의 적을 물리칠 수 있다는 신탁을 내놨다. [49] 외국의 여신을 들여오는 것은 사회 마찰의 주요한 원인이 될 수 있었지만, 로마 귀족들은 도시 내 모든 파벌이 나와서 키벨레 여신상을 맞게 했다. 특히 가장 눈에 띄는 부분은 스키피오 쪽 인사들과 그에 반대하는 원로원 쪽 인사들을 모두 나오게 했다는 점이다. 여신상이 로마의 오스티아 항구에 도착했을 때, 스키피오 장군의 친척인 스키피오 나스키아와 스키피오 가문의 오랜 앙숙으로 익히 알려진 가문 출신의 클라우디아 퀸타가 나란히 여신상을 맞았다. 그들은 유명 가문 출신의 젊은 여성 무리를 이끌고 여신상을 도시까지 호위하는 데 함께했다. 비록 키벨레는 소아시아에서 온 여신이었지만, 키벨레 제례 행사를 주관한 성직자인 마르쿠스 포르키우스 카토는 훗날 로마의 전통을 강력하게 옹호함으로써 상당한 명

---

5. 원로원은 본질적으로 이들을 소모품처럼 여긴 듯하다.

성을 얻게 된다. 키벨레 여신 제례 행사의 도입은 스키피오의 아프리카 침공 계획을 둘러싼 논란 이후 로마의 단결을 공개적으로 선언하는 행위 바로 그것이었다.

결국 스키피오의 아프리카 침공은 전쟁을 끝내는 데 성공한다. 스키피오가 204년 잇따라 전투를 승리로 이끌면서 한니발은 아프리카로 소환됐고, 202년 아프리카 자마에서 맞붙은 전투에서 스키피오는 마침내 그를 무찌른다. 이후 스키피오는 평화 협정을 위한 교섭을 벌였다. 카르타고는 독립국 상태를 유지하고 로마군이 그들의 땅에 주둔하지 않으며 전쟁 시작 당시 아프리카에서 차지하고 있던 영토도 유지하게 됐다. 다만 로마가 스페인에서 빼앗은 땅은 로마가 계속 지배하게 됐다. 카르타고는 로마의 동맹이 되고 아주 제한적인 군대 규모만 유지하며 로마의 승인이 있을 때만 전쟁을 벌일 수 있게 됐다. 또 카르타고는 앞으로 50년 동안 로마에 매년 막대한 귀금속을 공물로 바쳐야 했다.

이 평화 협정은 그 뒤 반세기 동안 로마의 공공 생활을 규제하는 한계 설정에 기여하게 된다. 한니발과의 전쟁이 시작됐을 때 로마 공화국은 이탈리아와 인근 섬 지역만 통제하고 있었다. 당시는 한해에 4개 군단만 전투에 투입했고 경제는 저개발 상태였으며 농업은 소규모 경작에 크게 의존했었다. 그리고 공화국은 스페인, 그리스, 아프리카의 정치에 최소한으로만 개입했다.

2차 포에니 전쟁은 이 모든 것을 바꿔 놨다. 이 전쟁은 로마 군인들이 지중해 전역에서 전투를 벌이게 만들었고, 이렇게 넓은 지역에서 벌인 전쟁은 로마로 하여금 다른 정치 체제와의 관계와 로마의 정부 운영 방식을 근본적으로 바꾸도록 몰아갔다. 로마 군대는 아드리아해 동부 해변, 갈리아, 스페인, 시칠리아, 아프리카에서 작전을 전개했다. 로마 지휘관들과 원로원 의원들은 스페인 내 부족들, 그리스의 도시국가 연맹, 북아프리카의 누미디아 왕국과 군사 동맹을 결성했다. 군대 지휘 권한을 지닌 정무관의 수가 늘면서, 무장한 군단 숫자도 급격하게 증가했다. 전쟁 초기의 폭발적인 물가 상승세는 공화국으로 하여금 전쟁 중 점령한 도시들에서 약탈한 귀금속을 초기 기반으로 삼아 은화를 발행함으로써 로마 통화 체계를 안정된 형태로 재구축하게 만들었다. 하지만 전쟁이 끝난 뒤에도 로마는 전쟁 승리를 위해 만들어 낸 정치·경제 체제를 해체하거나 제거할 수 없었다.

로마는 자국 군대가 진출한 지역에서 철수할 수 없었고 이들 지역에 대한 영향력 행사를 가능하게 해준 경제, 군사, 정치 구조도 유지해야 했다. 스페인 내 카르타고 주둔지 정복은 로마 행정가들과 군인들이 이제 스페인 반도 내 영토를 공고히 하고 지배해야 한다는 것을 뜻했다. 다른 스페인 부족들로부터 이 지역을 보호하려면, 끝없는 군사 작전을 잇따라 전개해서 결국 스페인 반도 전체에 대한 무자비한 점령과 평화 정착을 구현해야 했다. 마케도니아의 필리포스 왕이 놀랍게도 로마에 전쟁을 선포했을 때, 로마 공화국은 아이톨리아 동맹과 연합하고 응징에 나섰으나 실패함으로써 그리스 문제에 휘말려 들어갔다. 로마 공화국은 마케도니아의 위협을 키우는 어떠한 지정학적 변화에도 극도로 예민해 하는 처지가 됐다. 그리고 마지막으로, 비록 로마가 아프리카에는 군을 주둔시키지 않았지만, 평화 협정 체결로 구축된 카르타고와의 관계는 로마가 이 지역의 정치 문제에도 반드시 개입하게 했다.

로마 내부적으로 보면, 공화국의 지배 계층은 로마가 일단 전쟁에 참전하면 승리할 때까지 싸워야 한다는 아피우스 클라우디우스의 생각을 가슴 깊이 새겼다. 그들은 로마인들의 야망은 부 축적보다는 공직자와 장군으로서 영예롭게 봉사하는 방향으로 표출되어야 한다는 파브리키우스의 생각도 수용했다. 이런 사상의 중요성이 피로스와의 전쟁을 겪은 로마인들에게는 확고해진 반면, 전쟁이 항상 마무리되는 것은 아니며 관리 임명이 여러 해 동안 지연되고 정복이 영광뿐 아니라 재산도 가져다주는 세상에서 그 사상을 실제로 적용하는 건 훨씬 더 모호한 문제였다. 기원전 2세기의 여명이 밝아오던 때, 지배 계급에게 중요한 요소인 사회적 화폐에 대한 로마 공화국의 독점력이 무너져 내리는 바로 그 순간에, 로마 지도자들은 지배 계급의 야망과 경쟁이 점점 더 치열해지는 현실을 차츰 깨닫게 된다. 키벨레 여신상이 도착했을 때 로마 공화국이 인상적으로 보여줬던 단결은 점점 더 환상에 불과한 것이 되어갈 터였다.

ROMAN
RE

PUBLIC

3장 제국과 불평등

로마가 2차 포에니 전쟁을 시작했을 때 시민들은 처음 카르타고와 싸웠을 때와 같은 방식으로 전투가 전개될 것을 상상한 듯하다. 이번 전쟁도 처음엔 시칠리아와 스페인에서 전개되고 이어서 아프리카로 확대될 것으로 생각했다. 로마는 군인 모집, 지휘권 부여, 자원 배분에 있어서 이미 확립되어 있던 절차를 따를 터였다. 그리고 마지막에 카르타고를 무찌르고 거둘 승리는 정부의 기본 기능 그리고 이탈리아를 지배하는 데 동원하면서 오래 유지해 온 방식에 대한 실질적인 도전 없이 달성할 수 있을 것으로 여겼다.

기원전 202년에 이르자 이 모든 기대는 어리석을 만큼 순진한 것처럼 보였다. 전쟁은 로마의 경제, 정치, 군사 생활을 근본적이고도 영구적으로 변화시켰고, 로마인들은 전쟁 중에 아주 먼 지역 전반에서 힘을 발휘하기 위해 변신을 꾀한 국가는 결코 과거로 돌아갈 수 없다는 것을 더욱 절실히 깨닫게 됐다(미국도 2차 세계 대전 이후에 이와 비슷하게 깨달았다). 로마는 카르타고와 그들의 동맹 세력이 패배하면서 생긴 힘의 공백을 대신 메워야 했을 뿐 아니라, 로마가 한니발에 맞서 살아 남을 수 있게 해준 내부적 변화도 쉽게 되돌릴 수 없었다. 그럼에도 여전히 로마 또는 더 넓은 지중해 지역에 살던 그 누구도 2차 포에니 전쟁 중 로마가 겪은 변화가 그들의 세계를 얼마나 깊게 변화시킬지 상상하지 못했다.

지중해가 새로운 시대에 접어들었다는 첫 번째 징표는 카르타고가 기원전 202년 항복한 지 2년 만에 나타났다. 마케도니아의 필리포스 5세가 로마와 카르타고의 전쟁에 개입한 것은 결국 한니발의 군사 작전에 별 변화를 부르지 않았다. 로마는 그리스의 아이톨리아 동맹과 재빨리 동맹 관계를 수립함으로써 필리포스와의 전투 대부분은 아이톨리아 동맹이 도맡게 되었다. 그런데 아이톨리아인들이 필리포스 왕과 타협하면서 전쟁은 흐지부지 끝났고, 근래 들어서 처음으로 로마인들에게 도전한 적군이 근본적으로 응징당하지 않는 일이 발생했다.

로마가 필리포스 왕 그리고 한니발과 충돌하는 동안 그리스 또는 그 주변에서 땅을 새로 얻지는 못했지만, 이 전투는 로마로 하여금 지중해 동부의 그리스 국가들과 관계를 구축하게 했다. 물론 아이톨리아인들이 로마가 가장 가깝게 지낸 그리스인들이지만, 다른 그리스 국가들도 카르타고를 무찌르는 과정에서 로마 공화국과 긴밀하게 협력하게 된다. 예컨대, 대략 기원전 213년 즈음 이집트의 프톨레마이오스 왕국은 로마에 다량의 금괴를 제공해 로마 공화국이 독특한 금화를 주조함으로써 파산을 모면하도록 도왔다. 이어서 기원전 208년에는 프톨레마이오스의 사신들이 로마와 마케도니아가 종전할 수 있도록 중재 노력을 펼쳤다. 그리고 로마는 소아시아에서 페르가뭄 왕국과도 깊은 관계를 구축했다. 페르가뭄은 사상 처음으로 필리포스에 맞서는 전쟁에 참여했을 뿐 아니라 로마 공화국이 아프리카 침공을 준비할 때는 키벨레 여신상을 로마로 수송하는 것도 도왔다. [1]

로마는 필리포스 왕과의 평화 협정이 체결된 이후 그리스 세계에서 일정 정도 철수했다. 그러나 그 세기 초에 피로스의 침략을 겪은 데다가 필리포스가 카르타고와 동맹을 맺었다는 소식을 접하자, 원로원은 그리스에서 전개되는 사태를 추적할 필요성을 느끼게 된다. 그리고 새 세기가 열리면서 로마는 지중해 동부에서 세력 균형을 뒤집으려고 위협하는 동맹 세력 때문에 아주 힘든 상황에 처한다. 기원전 210년부터 205년 사이에 잇단 화산 폭발이 이집트 프톨레마이오스의 식량 생산에 악영향을 끼쳤고, 이를 계기로 기원전 207년과 206년에 왕조를 무너뜨릴 지경까지 몰아간 심각한 반란에 직면했다. 이집트가 소용돌이에 휘말리자, 나머지 그리스 세계는 기회를 감지했다. 필리포스 5세와 시리아를 근거지로 한 그리스 셀레우코스 왕조의 안티오코스 3세는 프톨레마이오스 왕국을 분할하고 자신들끼리 전리품을 나누는 연합 세력을 형성했다. 어떤 왕국도 즉각 결정적인 행동에 나서지 않았지만, 이 협정이 지역 전반의 권력 균형에 제기하는 위협은 로마로서는 실로 두려운 것일 수 있었다. 훨씬 더 강력한 마케도니아 왕국이 제기하는 위협은 특히 더 심각했는데, 이는 필리포스 왕이 210년대에 로마가 한니발에 대한 대응에 집착하는 틈을 이용해 왕국의 서부 확장을 꾀했던 탓이다. 그가 미래에 비슷한 시도를 할지 모른다고 로마인들이 생각한 것을 탓할 수는 없었다. [2]

기원전 200년에 이르면 페르가뭄, 로도스, 아이톨리아 동맹, 아테네 등 로마의 동맹 세력들로부터 여러 경고성 보고가 원로원에 전달된다. 이 보고들은 공통적으로 필리포스 왕의 공격적인 행동을 상세히 전하고 그가 안티오코스와 협정을 통해 윤곽을 잡은 것으로 추정되는 영토 분할에 대해서도 설명했다. 원로원은 필리포스 왕에 대해 조건부로 전쟁을 선포하기로 의결했는데, 필리포스가 로마에 불만을 제기한 그리스 국가에 대한 공격을 중단하면 전쟁을 피할 수 있을 것이라는 내용이었다. 필리포스가 이에 대해 검토하는 동안, 집정관 술피키우스 갈바는 마케도니아에 대한 전쟁 지휘권을 부여받게 됐다. 갈바는 앞서 벌어졌던 로마와 마케도니아의 충돌 때 직접 필리포스 왕의 군대와 싸운 적이 있어, 전투가 벌어질 지역과 적군의 전술에 대해 어느 정도 익숙했다. 결정적으로 갈바는 로마가 이번에 전면적이고

격렬하게 전쟁을 벌이면 자신이 부와 명예를 얻을 수 있다는 걸 의식하고 있었다. [3]

원로원이 행동 방침을 제안할 수 있었지만, 공화정 체제에서는 원로원의 전쟁 권고는 병사회의 승인을 받아야 했다. 이 대목에서 갈바와 원로원 의원들이 예상하지 못한 문제가 생겼다. 로마가 한니발을 무찌르려고 막대한 노력을 기울인 데 피로감을 느끼고, 한 호민관(퀸투스 바에부스: 옮긴이)이 원로원이 사람들에게 평화의 열매를 즐길 기회를 주지 않는다고 불평을 부추기면서, 병사회는 압도적 다수결로 두 번째 전쟁을 부결시켰다. 후대의 한 역사가(리비우스: 옮긴이)는 "원로원은 이런 행동을 용납할 수 없었다." 라고 썼다. 원로원 의원들이 번갈아 이 호민관을 매도하고 나서면서 갈바에게 재표결의 전조가 될 또 다른 공개 토론 일정을 잡으라고 촉구했다. [4]

갈바가 정확하게 뭐라고 발언했는지는 기록이 남아 있지 않지만, 그가 공개 토론에서 한 연설은 로마인들에게 얼마 전 한니발이 이탈리아를 침공했을 때의 충격적인 기억에 강하게 호소했던 듯하다. 역사가 리비우스의 기록에 따르면, 갈바는 어차피 어딘가에서 필리포스 왕과 싸우게 될 터이고 피로스와 한니발에 맞서 벌였던 전쟁을 환기해 보면 이탈리아보다는 외국에서 적들과 대결하는 것이 로마에 훨씬 유리하다고 지적했다. 이런 주장의 밑바탕에는 아마도 로마가 지난번 필리포스와의 전쟁에서 마케도니아 등 다른 그리스 국가들에게 깊은 인상을 주지 못했다는 깨달음이 있었던 것 같다. 갈바는 아마도 동쪽에서 또 다른 군사 도발이 생기지 못하도록 로마의 힘을 강하게 보여줄 필요를 느꼈을 것이다. 병사회는 갈바의 연설로 동요를 일으켜 전쟁을 찬성하는 쪽으로 기울었다. 다만 2차 포에니 전쟁 중 아프리카 전투에 참가했던 이들에게는 이번 마케도니아 전쟁 참전을 강요하지 않는다는 조건이 붙었다. [5]

그렇게 해서 갈바가 전쟁에 나섰지만, 전투는 예상보다 훨씬 더 어려웠다. 갈바와 그의 후임자는 필리포스 왕이 산악 지역을 힘 있게 방어하는 통에 그리스 진출을 저지당했다. 로마 군대가 퀸크티우스 필라미니누스 집정관의 지휘 아래 필리포스의 방어를 뚫은 것은 기원전 198년에 이르러서였다. 필리포스가 평화 협상을 위해 사신을 파견하자, 필라미니누스는 어려운 처지에 몰렸다. 그의 집정관 임기가 끝나가는 상황에서 필리포스의 제안을 받아들이면 자신이 전쟁 승리를 확실히 선언할 수 있었지만, 만약 지휘관 임기가 연장되면 더 큰 영광을 얻을 기회를 노릴 수 있었다. 협상 사흘 만에 필리포스는 평화를 대가로 상당 규모의 영토를 넘겨줄 의사를 밝혔지만, 그리스 내 로마의 동맹 세력들은 그가 제안한 내용이 썩 만족스럽지 않았다. 그러자 필리포스는 로마 원로원에 사신을 파견해 직접 호소한다면 교착 상태에서 벗어날 수 있지 않겠느냐고 제안했다. 하지만 이 문제를 원로원 논의에 부치기 전에 필라미니누스는 사령관 임기가 이미 연장되었다는 사실을 알게 되었다. 이제 필라미니누스가 필리포스를 결정적으로 무너뜨리고 평화의 설계자 역할을 할 시간을 얻었음을 알게 된 그의 부하 지휘관들은 원로원 논의를 방해했다. [6]

기원전 197년에 필라미니누스의 군단은 테살리아 지역에 있는 퀴노스케팔라이라는 이름의 산등성이에서 네모꼴의 그리스식 밀집형 방진을 짠 필리포스의 군대와 맞붙어 그들을 압도했고 필리포스 왕은 도망쳤다. 그 이후 2차 협상을 통해, 필리포스와 로마 원로원은 필리포스가 막대한 보상금을 지불하고 자신이 장악했던 중부와 남부 그리스에서 완전히 철수하며 군대를 해산하는 조건에 합의했다. 196년 필라미니누스는 코린트에서 열린 이스트미아 제전*Isthmian Games을 계기로 그리스 내 모든 그리스인이 이제 외국 주둔군과 공물 납부 의무로부터 해방됐다고 선언했다. 그는 마케도니아인들이 그리스를 떠날 것이고, 로마인들은 로마 부대로 마케도니아 주둔군을 대체하지 않을 것이며, 그 어떤 그리스 왕국이나 도시 국가도 이들 강대

---

6. 문자 그대로는 개의 머리라는 뜻
* 이스트미아 제전은 올림피아 제전, 피티아 제전, 네메아 제전과 함께 고대 그리스의 4대 경기 대회로 꼽힌다. 제전 명칭 이스트미아는 '코린토스 지협'(Isthmus Corinthius)에서 비롯된 것이다.

국이 떠나면서 생긴 공백을 대신 메우려 시도하지 않을 것임을 밝혔다. 안티오코스 3세에게는 필리포스나 프톨레마이오스의 지배를 받던 소아시아의 그리스 도시들도 해방될 것이라고 따로 알렸다. [7]

안티오코스 3세는 이 소식에 별로 흔들리지 않았고, 몇 달 뒤 로마 대표단과의 면담에서 로마의 아시아에 대한 관심이 자신의 이탈리아에 대한 관심과 비슷하다고 말한 것으로 전해진다. 단기적으로는 이렇게 사태가 정리됐다. 플라미니누스와 로마의 행정관들이 기원전 195년과 194년에 걸쳐 자국군을 그리스에서 철수시키기 전에 필리포스와 합의한 바에 따라 그리스 문제를 처리했다. 그러나 철수 직후, 필리포스가 굴욕을 당한 이후 생긴 공백을 안티오코스가 메우려고 움직인다는 소식이 소아시아의 그리스 동맹 세력들로부터 로마로 전달되기 시작했다. 기원전 192년에는 로마의 동맹이었던 아이톨리아 동맹이 안티오코스를 설득해 1만 명의 보병과 500명의 기갑부대, 6마리의 코끼리를 그리스에 투입하는 도발 행위가 드러났다. 이는 그리스가 외세의 통제에서 자유로운 상태를 유지해야 한다는 플라미니누스의 선언에 도전하는 행위였다.

로마는 이들 군대와 코끼리보다는 이들과 함께 오는 인물에 더욱 경각심을 느꼈다. 안티오코스가 한니발이 이끄는 군대와 더불어 그리스의 자유에 도전하기로 한 것이다. 에게해부터 인도까지 뻗어나간 광활한 지역을 지배하는 안티오코스 왕에 맞서 싸우는 것에 대해 로마가 느낀 그 어떤 부담감도, 원로원이 한니발의 존재를 알게 되자 순식간에 사라졌다. 이제 남은 선택은 전면전뿐이었다. 로마 군대가 상륙하자, 안티오코스 3세는 테르모필레의 유명한 산등성이를 요새화하는 모습을 보이고는 아시아로 물러났다. 이 통에 아이톨리아 동맹은 홀로 로마인에 맞서야 했다. 안티오코스는 아마도 자신이 그리스에서 떠나면 로마인들이 다시 아시아를 자신의 영향권으로 양보하리라고 상상한 듯했다.

그의 생각은 잘못된 것이었다. 기원전 190년 안티오쿠스와 대결하는 임무를 맡은 담당 집정관은 스키피오 아프리카누스의 형제인 루키우스 코르넬리우스 스키피오였다. 루키우스는 한니발에게 압승을 거둠으로써 자신의 형제가 자마에서 거둔 업적에 버금가는 성과를 내려고 열을 올렸다. 루키우스 휘하의 로마 군대는 그리스를 넘어 아시아로 진입했고, 안티오코스가 몇 번이나 제안한 평화 협상을 거부했으며, 188년 한니발과 안티오코스 왕이 이끄는 군대 전체를 무찔렀다. 스키피오는 이어 평화는 안티오코스가 소아시아 서부에서 완전히 철수하고 1만5천 달란트의 금을 배상금으로 지급하[7]며 한니발을 넘겨주느냐 여부에 달렸다고 제시했다. 안티오코스가 이 제안을 따르면 왕좌를 유지하고 남은 영토를 계속 지배할 수 있었다. 그와 그의 동맹 세력이 포기하는 땅은 4개 지역 세력의 통제 아래 들어갈 터였다. 4개 세력은 그리스 도시들의 아카이아 동맹, 필리포스 왕의 마케도니아 왕국(그들은 스키피오의 군대가 자신들의 영토를 안전하게 통과하게 해주면서 로마의 환심을 샀다), 페르가뭄 왕국, 로도스 공화국이다. 로마인들이 그리스와 소아시아에서 1년 더 작전을 수행하고 난 뒤 그 다음해의 집정관은 아이톨리아인들에게 로마 공화국의 하위 동맹 지위를 강요했다. 로마는 다시 그리스에서 철수했다.

　로마가 그리스와 소아시아의 안정을 동맹 세력들에게 맡기는 조처는 플라미니누스가 제시한 "그리스의 자유"보다 아주 약간 더 지속 가능했을 뿐임이 증명됐다. 그리스 세계의 사람들 모두는 멀리 떨어진 로마 권력이 이들 4개 지역 패권국을 지원하지만 이들 4개 국가는 개별적으로 로마와 동맹을 맺었을 뿐 그들끼리는 동맹이 아니라는 것을 알았다. 다시 말해, 그리스 국가들의 지도자 교체와 그들의 지배에 대한 도전, 지역 내 경쟁 세력 부상 등이 유발하는 갈등 상황에서 체제의 안정성을 보장할 수 있는 유일한 세력은 로마라는 것이었다. 기원전 180년대부터 이와 관련한 문제점들은 이미 나타났고, 기원전 170년대가 시작될 즈음 로마가 그리스 세계의 정치에 단

---

7. 로마가 필리포스에게 부과한 것의 15배에 달한다.

호하게 개입하기를 꺼리면서 이 체제는 거의 붕괴됐다. [8]

기원전 179년 필리포스 왕이 사망하고 나서, 그리스의 불안은 더욱 심해졌다. 필리포스는 로마 원로원과 특히 좋은 관계를 유지하던 아들 한 명을 죽이고 또 다른 아들 페르세우스에게 마케도니아 왕국을 넘겼다. 페르세우스는 로마가 떠난 뒤 남은 주도권 공백을 채우기 시작했다. 그는 그리스 남부와 중부의 도시들과 밀접한 관계를 맺었고 그리스 셀레우코스 왕족의 여성과 결혼했으며 로도스로부터 훈장을 받았다. 페르세우스가 평화를 다시 위협할 수준으로 마케도니아 군대를 재구축하기 시작했다는 소문이 로마에 퍼졌다. 로마의 반응은 페르가뭄의 왕이 로마를 방문해 원로원의 비공개 회의에서 페르세우스가 실제로 저지른 위반 행위가 무엇이며 어떤 것은 상상에 불과한지 소상히 전한 뒤에야 나왔다. [9]

적대 행위가 기원전 171년에 다시 나타났고, 놀랍게도 로마는 처음 2년 연속 패배했다. 페르세우스의 승리에 더해 로마의 함대 하나가 동맹 관계에 있던 여러 그리스 도시들을 약탈하면서, 로마는 곧 심각한 위기에 처했다. 그리스 국가들이 페르세우스 편에 서기 시작한 데다가, 기원전 169년 담당 집정관은 그리스에 파견될 군대에 자발적으로 지원할 병력을 충분히 모으는 데 실패했다. 이 전쟁은 로마 지휘관 아이밀리우스 파울루스가 페르세우스의 밀집 대형 부대를 무찌르고 머지않아 페르세우스 왕을 체포한 168년의 결정적인 전투 이후에야 승리로 끝났다.

파울루스의 승리 이후 로마는 다시 한번 그리스 철수가 가능하도록 그리스인 자치 구조를 구축하려고 시도했다. 마케도니아 왕국은 로마에 세금 납부 의무가 있는 4개의 공화국으로 분할되었고 상호 협력이 금지됐다. 아카이아 동맹은 옳은 행동을 보장할 장치로 (역사가 폴리비오스를 포함한) 1천 명을 인질로 로마에 보내도록 강요당했고, 아이톨리아 동맹은 로마와의 동맹을 배반한 벌로 지도급 시민 550명이 학살당했다. 갈등 중재를 시도했을 뿐인 로도스조차 소아시아 본토 땅 전부를 빼앗겼다. 그리고 마지막으로 전쟁에 직접 관여하지 않았던 셀레우코스에 대해서도 기원전 168년 로마의 특사가 안티오코스 6세 왕을 찾아왔다. 당시에 셀레우코스는 프톨레마이오스의 수도 알렉산드리아를 공격하는 전쟁을 치르고 있었다. 로마의 특사는 안티오코스 왕에게 퇴각을 명령하는 원로원의 명령문을 제시하면서, 왕이 서 있는 자리에 원을 그리고는 이 원에서 나오기 전에 로마의 명령을 따를지 결정하라고 말했다. 안티오코스 왕은 현명하게도 공격을 중단시켰다.

마케도니아와의 3차 전쟁 이후 로마가 가한 처벌과 정치 개혁 강요는 그리스 문제를 통제하기 위한 과거 두 번의 시도보다 좋은 결과를 내지 못했다. 마케도니아의 왕위를 노린 자가 왕국을 재통일하고 아카이아 동맹에서는 내전이 벌어지자, 로마는 기원전 150년 다시 그리스에 들어갔다. 이번에 로마인들은 분노로 대응했다. 마케도니아의 왕위를 노린 자는 기원전 148년 패배당했고 마케도니아는 로마의 총독이 통치하는 영토로 편입됐다. 이 땅은 그로부터 1천년 이상 로마의 지배에서 벗어나지 못하게 된다. 아카이아는 훨씬 더 무자비하게 진압됐다. 기원전 146년 로마 군대가 고대 도시 코린트를 완전히 파괴했다. 값 나가는 재물은 모두 약탈되었고, 건물이 무너지기 전에 빠져 나와 목숨을 구한 주민들은 노예가 되었다.

로마는 2차 포에니 전쟁 중 전투가 벌어졌던 다른 곳에서도 이보다 더 잘 대응하지는 못했다. 예를 들어, 로마가 한니발의 갈리아 동맹 세력이 침략한 이탈리아 북부에서 지배 체제를 다시 갖추기 위해서는 기원전 190년대 내내 치열한 전투를 벌여야 했다. 이탈리아 북서부 리구리아를 완전히 통제하기 위해서는 추가로 40년 동안 정규 군사 작전을 펼쳐야 했다.

로마 지배에 대한 스페인의 저항은 훨씬 더 오래 지속됐으며 저항 강도도 더 강했다. 로마 원로원은 기원전 206년 이 지역에 마지막까지 머물던 카르타고 군대를 무찌른 뒤 스페인 철수를 기대한 듯했지만, 스페인 내 동맹 세력에 대한 의무와 카르타고가 다시 세력을 갖출 가능성 때문에 철수할 수 없었다. 군사 작전은 상당히 정기적으로 계속 이어졌고 기원전 197년에 이르자 원로원은 로마 군대의 지휘관이 통치하는 속주 두 곳을 스페인에 만들었다. 이런 행정 변화는 새로 로마의 신하가 된 스페인 사람들의 대규모 반란을 불렀고 전투는 기원전 170년대 초반까지 이어졌다. 스페인 서부 지역을 근거지로 삼은 이들이 기원전 150년대에 잇따라 속주 경계를 넘어 공격하면서 다시 분쟁이 생겼다. 로마의 총독이 세게다의 주민들에게 요새 구축 중단을 명령하자, 소규모 폭력 사태가 전면적인 반란으로 퍼져 나갔다. 같은 시기 그리스에서처럼, 스페인 주둔 로마 지휘관들은 기존 정치 세력들과의 협력을 바탕으로 하던 통치 방식을 지방 저항 세력을 폭력적으로 진압하는 방식으로 바꿔 대응했다. 하지만 그리스 국가들과 달리, 스페인의 적들은 막대한 대가를 부르면서 분쟁을 장기화하는 게릴라 전술을 주기적으로 사용했다. 기원전 133년에 로마인들은 스페인 북부 도시 누만티아를 점령해 파괴하고서야 스페인의 저항 물결을 잠재울 수 있었다. [10]

로마의 가장 두드러진 실패는 카르타고와의 관계에서 발생했다. 2차 포에니 전쟁 뒤 로마와 카르타고가 서명한 평화 조약은 로마가 그리스 왕국들이나 스페인 세력들과 맺은 어떤 조약보다 훨씬 오래 지속됐다. 실로 북아프리카는 로마 군대의 철수가 질서 붕괴로 빠르게 이어지지 않은 지역이었다. 로마는 각각 기원전 195년, 193년, 181~180년에 이웃 나라들인 카르타고와 누미디아 왕국의 갈등을 중재했고, 3차 마케도니아 전쟁 중에는 카르타고가 마케도니아의 페르세우스 왕과 협력하려 한다는 누미디아 쪽의 주장을 귀담아 듣지 않았다. 그러나 그리스와 스페인에서 벌어진 사태가 로마인들에게 과거 전투 지역 철수 정책 전반을 재평가하게 만들면서, 카르타고에 대한 로마인들의 태도도 변했다. 기원전 150년대에 이르면 유력 원로원 의원 카토는 모든 연설에서 주제와 상관없이 "카르타고는 파괴되어야 한다."라는 말로 끝맺을 정도였다.

로마는 계속 카르타고에게 전쟁을 일으키도록 자극했지만, 카르타고는 기원전 149년까지 로마의 도발을 버텨 냈다. 기원전 150년대 중반에 누미디아와 벌인 일련의 국경 갈등이 누미디아의 공격으로 이어졌고, 카르타고는 로마의 승인 없이 군사 대응에 나섰다. 카르타고의 이런 행동은 충분히 이해할 수 있는 것이었지만, 로마와 맺은 평화 조약 위반에 해당했다. 로마의 행정관들이 상황을 조사하려 왔을 때, 카르타고는 로마와 싸우지 않았으면서도 로마에 패한 나라들이 치르는 공개 항복 의식을 선제적으로 치렀다. 당연히 로마의 대사들은 패배한 적들에게 자신들이 원하는 어떤 조건도 명령할 수 있었지만, 그들이 해양 세력인 카르타고인들에게 해안 도시를 포기하고 내륙으로 들어가라고 명령하자 카르타고는 투쟁을 결의했다. 전쟁은 로마인들이 예상한 것보다 훨씬 어려운 것으로 확인됐다. 카르타고는 기원전 146년 로마가 코린트를 파괴한 해까지 버텼으나, 로마군은 카르타고에 최후의 일격을 가하며 역사상 가장 강력했던 적에게 끔찍한 보복을 가했다. 로마인들은 도시를 완전히 부쉈고 주민들을 노예로 삼았다. 이 승리의 주역인 스키피오 아이밀리아누스는 페르세우스를 무찌른 장군의 아들이자 한니발을 무찌른 스키피오 아프리카누스의 양손자였다. 그는 승리했음에도 눈물을 흘리고 호메로스의 서사시 일리아드 한 구절을 읊으며 적들의 운명을 공개적으로 애도했다고 한다.

당대의 많은 논자들은 기원전 146년 로마가 한 행동의 도덕성에 공개적으로 의문을 제기했다. 심지어 역사가 폴리비오스는 코린트와 카르타고 파괴를 2차 포에니 전쟁에서 거둔 대승 이후 로마 공화국에 뿌리 깊게 자리잡은 사회적 타락의 정점으로 봤다. [11] 로마의 도덕이 어떤 변천을 거쳤건, 분명한 것은 2세기 전반기에 지중해를 간접 통제한 로마 체제의 실패가 공화정을 크게 변화시켰다는 사실이다. 거의 끝없이 이어진 전쟁 기간은 인구와 경제 측면에서 심대한 결과를 초래했고, 이 둘이 결합하면서 로마 정치 생활을 오래 지배해온 협력과 합의의 정치를 산산이 부수었다.

인구 구조의 변화가 아마도 가장 놀라운 결과이다. 한니발의 이탈리아 침공, 그의 동맹 세력인 갈리아의 공격, 로마를 배반한 이탈리아 반도 지역에 대한 로마의 재점령으로 수많은 로마인과 이탈리아인이 숨졌다는 데는 의심의 여지가 없다. 이 군사 활동으로 인해 중부와 남부 이탈리아의 농업 기반이 심하게 훼손되었으며, 이런 상황은 기원전 210년대에 로마가 시칠리아와 이집트의 동맹 세력들에게 여러 번 거듭해서 식량 지원을 호소한 대목에서도 드러난다. 한니발 편에 선 이탈리아 도시들로부터 땅을 무더기로 몰수한 정책은 이탈리아 반도의 식량 생산 체제를 무너뜨렸다. 전쟁 초기 로마 병사의 대량 전사, 로마를 배반한 동맹들이 재점령당한 기간에 이뤄진 많은 시민의 노예화, 농업 생산의 차질로 초래된 식량 부족 등의 여러 요인들이 겹쳐지면서, 로마의 인구 조사에 등록된 남성 시민의 수는 기원전 234~233년 27만713명에서 기원전 209~208년 13만7108명으로 크게 감소했다. [12]

전쟁 동안 곳곳에서 많은 사람이 숨지는 것은 이례적인 현상이 아니다. 주목할 점은, 로마가 그리스, 스페인, 아프리카와 계속 전쟁을 벌이고 난 후 몇 십년 동안 얼마나 빨리 인구가 회복됐는가이다. 전쟁이 거의 상시적으로 계속되면서 전사자 숫자는 약 35만8000명까지 늘어났다. [13] 이런 지독한 손실에도, 카르타고와 코린트 파괴 이후의 첫 인구 조사에서 남성 인구는 32만8442명인 것으로 현재까지 알려져 있다. 이는 한니발과의 전쟁이 절정에 달했을 때 인구의 거의 2배에 달한다. [14] 로마 인구 조사상 인구의 급격한 증가는 이 시기 이탈리아 인구의 전반적 증가를 보여준다. 몇 가지 요소가 결합하면서 이탈리아에 강한 인구 회복 능력을 부여한 듯하다. 로마의 군 복무가 힘들었고 때로는 젊은 남성들을 여러해 동안 가족과 자신의 농지에서 멀리 떨어져 있게 했지만, 군인들은 보통 10대 후반 또는 20대로 아직은 결혼 적령기가 아니었다. 로마 군인들은 기본적인 재산 요건을 갖춘 가문 출신이었기 때문에 그들을 대신해 농사일을 도울 만한 가족 구성원들이 있었다. 이는 로마가 지속적으로 전쟁을 벌였다고 하더라도, 이탈리아인들이 적령기에 결혼을 하지 못하게 만들거나 장기적인 농업 생산을 저해하지 않았다는 뜻이다. 동시에 로마인 가정은 더 많은 자식을 낳음으로써 전쟁 중 늘어나는 사상자에 대응한 듯하다.

로마 공화국은 2차 포에니 전쟁이 끝난 직후 나타난 급격한 인구 증가를 감당할 수 있었다. 초기의 출생 증가는 한니발과의 전쟁에서 숨진 20만 명 정도를 단순히 대체하는 정도였다. 이 때 태어난 이탈리아인들은 성인이 되자 많은 경제적 기회와 농업에서의 기회를 얻게 된다. 공화국은 한니발 편에 선 이탈리아 도시를 점령한 뒤 많은 땅을 몰수했다. 이 땅은 공화국에 귀속됐지만 이 땅을 그냥 놀리는 것은 누구에게도 이로울 게 없는 데다가 모두가 한니발과의 전쟁 기간 이탈리아가 겪은 식량 부족을 기억하고 있었다. 적정한 식량 공급을 보장하기 위해 로마는 시민들과 동맹국 주민들에게 공공 농지를 빌려 농사를 짓도록 허용했다. 전후 크게 늘어난 인구는 로마가 점령해 평화를 정착시키고 세운 이탈리아 북부 식민지에 정착해 로마 영토로 새로 편입된 이 땅에서 농사를 지을 여지도 있었다.

하지만 어느 순간에 이르면 이탈리아 인구 증가를 공화국이 보유한 땅으로 감당할 수 없게 된다. 문제는 단순히 부모들이 더 많은 자녀를 낳았다는 데 그치지 않았다. 시간이 지나면서 새로 성년이 된 젊은 남성 규모가 과거 전사자 규모보다 많아진 것이다. 이윽고 이렇게 늘어난 대가족들이 농촌의 이탈리아인들에게는 정말로 심각한 문제를 안겼다. 기원전 2세기 이탈리아에서 상속은 아들 전체에게 똑같이 나눠주는 방식이었기 때문에, 아들들이 너무 많으면 농장을 가족 생계 유지도 어려울 만큼 작게 쪼개어 나눠줄 수밖에 없었다. 늘어난 인구 가운데 일부는 이탈리아 북부에 설치한 식민지로 옮겨갈 수 있었지만, 알프스산맥 남쪽 이탈리아에 대한 로마의 통제권이 견고해지자 공화국은 식민지 지원을 사실상 중단했다. 많은 가족들은 보유한 자산을 이용해 스스로 제한된 농지 문제를 해결하도록 떠밀리는 신세가 됐다.[15]

확실한 것은 농촌 가구들이 굶주림에 시달리거나 집단적으로 농지를 포기하는 처지로 내몰리지는 않았다는 점이다. 사실 고고학 증거들을 보면, 기원전 80년대 큰 정치적 격변이 벌어지기 전까지 이탈리아 전역에서는 소규모 농업이 일반적이었다. 다만, 젊은이들이 자신들의 부모보다 모든 면에서 더 가난할 걸 알고 성장하는 가운데 상대적 재산 감소가 두드러졌다. 가난한 가정으로서는, 결혼하는 딸의 지참금도 감당할 수 없는 상황이 됐을 것이다. 상대적 재산 감소가 가난한 로마인들에게만 영향을 끼친 것은 아니다. 더 크고 안정된 가문들이 세대를 거치며 한때는 많았던 재산을 쪼개 나눠준 탓에 작은 집에서 여러 세대가 옹기종기 모여 사는 일도 때때로 발생했다. 예컨대, 기원전 2세기 중반에 유력 가문인 아일리아 씨족은 식구 16명이 작은 농장에서 함께 살기도 했다. 그리고 로마 정부로서는 아주 중요한 문제인데, 농촌의 많은 가구가 땅을 조금씩 나눠 갖게 되자 군 복무에 필요한 재산 기준을 맞추지 못하는 일도 발생했다. [16]

농촌 인구가 계속 늘면서 많은 로마 젊은이들은 농촌에서 도시로 이주해 새로운 출발을 결심했던 듯하다. 이탈리아 반도 전반의 도시들이 2세기 동안 성장했지만, 로마처럼 빠르고 크게 성장한 곳은 없었다. 로마의 인구는 한니발과의 전쟁이 끝났을 때 20만 명에서 기원전 130년대 중반에는 약 50만 명 수준까지 늘었다. [17] 늘어난 로마 인구 대부분은 이주민들이었다. 역사가 리비우스는 기원전 186년에 이미 "이 도시가 외국에서 태어난 다수의 사람들 때문에 부담을 느꼈다."라고 기록했는데, 그가 말한 외국인들은 대부분 수도 로마 이외에서 온 이탈리아인들을 지칭한 것이다. 리비우스의 시각에는 외국인 혐오의 냄새가 풍기지만, 로마 주변 묘지에 묻힌 이들의 치아 범랑질 화학 분석 결과는 그가 묘사한 그림과 맞아떨어진다. 조사 대상의 29~37%에서는 다른 지역에서 로마로 이주했음을 보여주는 화학 성분이 남아 있었다. [18]

인구 증가 때문에 많은 이탈리아인의 생활 수준이 상대적으로 하락한 현상은 몇몇 엘리트 로마인들과 이탈리아인들이 유례 없는 막대한 부를 축적하는 과정에서도 나타났다. 기원전 2세기 초에 이들이 축적한 부는 로마가 제국주의적 확장을 통해 얻은 약탈품에서 직접 비롯된 것이다. 로마가 그리스에서 치른 전쟁과 카르타고에 맞선 전쟁에서 얻은 막대한 전리품을 로마로 가져왔다는 건 의심의 여지가 없다. 예컨대, 스키피오 아프리카누스는 자마에서 한니발을 무찌른 뒤 12만3천 파운드의 은을 가져와 로마 정부의 금고를 채웠고, 루키우스 코르넬리우스 렌툴루스는 기원전 200년 스페인에서 은 4만3천 파운드와 금 2450 파운드를 갖고 로마로 돌아왔다. [19] 마케도니아와 시리아에서 치른 전쟁의 노획물은 이런 규모가 별 것 아닌 것으로 보일 만큼 막대했다. 이런 일련의 전쟁을 통해 얻은 전리품에는 귀금속 외에 막대한 수의 노예도 있었다. 그 중에는 기원전 167년 아이밀리우스 파울루스가 노예로 삼았다고 알려진 15만 명도 있었다. 노예 15만 명의 가치는 은 14만1천 파운드와 맞먹었다.

한니발 침공 초기에는 전쟁이 로마 공화국을 사실상 파산으로 몰아갔지만, 두 가지 사건 전개 덕분에 기원전 180년대에 이르면 로마가 거의 상시적인 전쟁 상태에 있는데도 중기적인 국가 재정이 예측 가능해졌다. 카르타고와 많은 그리스 도시 국가들 그리고 (셀레우코스 왕국의) 안티오코스 3세가 약속한 로마에 대한 전쟁 배상금은 스키피오 아프리카누스가 한니발을 무찌르고 가져온 노획물에 맞먹는 규모의 재정 수입을 일정 기간 꾸준히 제공했다. [20] 로마가 스페인, 마케도니아, 아프리카를 잇따라 속주로 삼은 뒤 이들 지역에서 거둔 세금은, (카르타고 등에서 받기로) 미리 정한 전쟁 배상금 총액을 대체하고도 남는 규모였다. 전쟁 배상금과 달리 세금은 계속 확보할 수 있는 데다가 예측도 가능한 재원이다.

(아마도 기원전 190년대의) 스페인과 기원전 158년 이후 마케도니아에서 대규모 귀금속 광산 개발이 이뤄지면서 로마의 국가 금고를 채울 또 다른 막대한 재원이 확보됐다. 기원전 150년대 중반에 이르면 귀금속 채굴에서 얻은 재원이 기원전 201년 스키피오가 카르타고에서 약탈했던 규모의 2

배 이상에 이르게 된다. 또 기원전 157년경 로마는 이탈리아 북부에서 아주 순도가 높고 채굴도 쉬운 금광을 새로 개발하기 시작했다. 막대한 금이 이 탈리아 시장으로 쏟아져 들어오면서 금값이 무너졌다. [21]

이 모든 새로운 재원은 로마 공화정 운영에 아주 중요한 몇몇 변화를 불러일으켰다. 기원전 187년 만리우스 집정관이 소아시아에서 군사 작전을 벌인 이후, 공화국은 군대의 정벌을 지원하기 위해 추가로 세금을 납부한 시민 모두에게 세금을 환급해줬다. 기원전 167년 마케도니아에게 승리한 이후에는 자국 시민들이 소유한 이탈리아 땅에 대한 세금 징수를 중단했다. 게다가, 국가 재정에 유입된 은괴는 로마 통화 체계를 상대적으로 크기가 크고 가치는 떨어지는 동전 대신에 더 가볍고 가치가 큰 은전을 기반으로 바꾸게 하는 촉매 구실을 했다. 기원전 190년대와 180년대에는 상대적으로 소량만 주조되어 온 은전은 기원전 150년대에 이르러 발행량이 급격히 늘어서, 이때부터 군인들은 봉급을 동전 대신 은전으로 받기 시작했다. [22]

군비 지출이 로마 재정에서 차지하는 비중은 기원전 2세기 전반기에 대략 75%에 달했으며, 군인들의 봉급을 은전으로 지급한 조처는 로마 제국이 창출한 부의 일부를 일반 시민들에게 분배하는 효과가 있었다. 차츰 로마 제국은 대형 건축, 기반시설, 정부기관 사업을 맡는 업자들에게도 많은 액수의 돈을 지급하기 시작했다. 기원전 180년대에 로마 공공 재정이 안정되자, 정무관들은 앞다퉈 대규모 공공사업 발주에 나섰다. 이런 사업으로는 은전 600만 데나리우스가 투입된 로마 하수도 시설 개선, 테베레강에 설치된 아이밀리우스 다리(현재의 로토 다리) 공사, 항구와 무역 시설의 확장과 보수, 이탈리아 중부 도시들을 북부의 식민지들과 연결하는 주요 도로망 건설 사업 등이 있었다.

기원전 146년 코린트와 카르타고에서 약탈한 전리품은 거대한 마르키아 수도교^{Aqua Marcia} 건설 자금으로 쓰였다. 기원전 2세기 최대 규모이자 가장 많은 돈이 들어간 이 수도교 사업과 그로부터 20년 뒤에 이뤄진 하수도 건

[3-1] 기원전 2세기 로마 테베레강에 건설된 아이밀리우스 다리의 일부. 사진: 매너시 와츠.

설 사업을 계기로, 빠르게 성장하는 수도 로마에 대한 식수 공급량이 거의 2배로 늘었다. [23]

이런 기반시설 건설 자금은 정부 예산에서 지급됐지만, 당시 로마에는 이런 복잡한 사업을 실제로 수행할 능력이 있는 선진 관료 조직이나 기술 관련 기관이 없었다. 이 때문에 공화국의 관리들은 외부에 사업을 위탁했다. 정부와 계약을 맺은 업자들이 속주에서 세금 징수를 대행했고, 스페인과 마케도니아에서는 채굴 사업을 벌였으며, 이탈리아 곳곳과 속주에서 많은 기반시설 건설을 맡았다. 감찰관을 비롯한 로마의 관리들은 이런 계약을 개인들 또는 투자자 집단에 넘겼고, 이들은 사업 일부를 다시 하청 업체들에게 맡겼다. 폴리비오스는 "거의 모든 사람이 이런 계약 거래에 관여하거나 계약으로 파생된 새로운 사업에 관여하고 있다."[24]라는 유명한 말을 남겼다. 이런 계약들이 기술자, 건축가, 세금 징수원, 궁극적으로 하청 업체에 고용되는 육체노동자 등의 일자리를 창출했다는 것은 분명한 사실이지만, 입찰에 참여해 사업권을 따낸 로마의 지배층이 훨씬 더 많은 돈을 벌었다.

이런 식으로 공공사업 계약은 공화국 지배층이 전리품을 나눠갖는 것과 비슷한 양상을 보였다. 평균적인 로마인은 분명 이로부터 이득을 취했겠지만, 지배 계층이 훨씬 더 많은 부를 챙김으로서 그들 중 다수는 엄청난 부자가 됐다.

[3-2] 로마 수로 공원에 남아 있는 마르키아 수도교의 유적. 사진: 매너시 와츠.

기원전 150년대에 이르면 로마의 갑부들은 전리품을 챙기거나 공공사업을 따내 부를 쌓는 단계를 넘어서게 된다. 이들은 보통 이탈리아의 농업 용지, 산업용 건물, 대출 사업, 갈리아 지역으로 포도주를 운송하는 무역업에 지분 참여 등을 포함한 아주 폭넓은 투자 전략을 추구했다. 예컨대, 마르쿠스 포르키우스 카토는 기원전 194년 스페인에서 약탈한 400만 데나리우스 값어치의 귀금속 중 자신의 몫을 이탈리아 땅에 처음 투자했음이 분명하다. [25] 노예들이 일군 이 땅은 분명 생산성이 높았지만, 여기서 일하는 노예 규모로 보나 땅 면적으로 보나 압도적이지는 않았다. [26] 하지만 점차 나이가 들면서 카토는 어느 땅에 대한 투자가 "안전하고 확실한" 방식으로 수입을 창출할 수 있는지 좀더 정교한 감각을 키웠다. 후대의 전기작가는 카토가 "저수지, 온천, 직공이나 채광꾼들에게 빌려주는 땅, 자연 목초지와 숲 등을 사들였으며, 이 모두가 그에게 막대한 돈을 벌어줬다."[27]라고 썼다. 이 모든 자산은 여러 산업용 원재료를 다양하게 공급하는 원천이 됐기 때문에 안정적인 수입원이 되었다. 카토는 수입이 늘자 상업용 대출에 정기적으로 투자했다. 기원전 218년에 제정된 법은 원로원 의원들이 상업용 운송업에 직접 관여하는 걸 금지했지만, 카토는 배 50척을 운용하는 사업에 돈을 대는 50명의 투자자들로 협력체를 구성했다.[28] 그는 초기 자본을 모두 자신이 마련한 뒤 투자자들에게 돈을 빌려줘 사업체의 지분을 매입하도록 했다. 카토는 해방된 노예를 대리인으로 내세우고 그에게 자기 지분을 맡겼다. 그는 이런 식으로 법 규정을 문자 그대로 지키고 자신이 직접 나서는 경우는 화물이 분실됐을 때로 제한하면서 무역 활동으로 생기는 수입과 대출금 이자 수입을 동시에 챙겼다.

카토가 벌인 투자의 성격은 흔히 과소평가되어 왔다. 현대의 주택담보 대출이 채권으로 묶여 재판매되는 것처럼, 카토와 같은 부유한 사람은 자신에게 투자한 이들의 부채를 매각한 뒤 확보한 자금을 다른 사업에 재투자할 수 있었다. 부유한 투자자는 해상 운송 항해업이나 공공 계약 사업의 초기 자본을 계속 제공할 수 있는 한, 사업 지분을 확보하려는 다른 투자자들에게 거의 영구적으로 돈을 빌려줄 수 있었다. 그리고 다시 서류상의 수익금을 새로운 사업에 재투자하거나 농업이나 투자용 부동산을 구입하는 데 쓸 수 있었다. 그러니까 자본을 확보할 수 있는 사람들은 투자를 능숙하게 관리하는 한 빠르고도 극적으로 부를 늘릴 수 있었다.[29]

기원전 2세기 중반에 이르자, 군사 정복과 금융의 꾸준한 고도화가 결합한 효과로 초갑부층 계급이 로마인 사이에서 생겨나기 시작했다. 이는 엘리트 사이의 정치적 경쟁의 성격을 변화시켰다. 개인의 자질과 명예, 가문의 혈통이 재산보다 훨씬 더 중요했던 파브리키우스 시대가 저물어 갔다. 기원전 3세기 말에 이르면, 야심 찬 정치가들은 돈이 공직 확보와 깊숙이 얽혀 있다는 점을 의심하지 않았다. 이는 스키피오 아프리카누스가 한니발과의 전쟁에서 승리한 뒤 한 행동에서도 이미 분명해졌다. 그는 3만5천 명의 병사에게 각각 (군인의 4개월치 봉급에 해당하는) 40데나리우스를 지급하고 원로원을 설득해 이탈리아의 땅 1.25에이커씩을 병사들에게 주도록 한 듯하다. 스키피오 자신도 70만 데나리우스를 챙겼는데, 당시 그를 로마에서 가장 부유한 사람으로 만들기에 충분한 액수였다. 스키피오는 이 재산을 명성을 더욱 키우는 도구로 쓸 수 있다는 것을 십분 이해한 듯하다. 그는 로마로 돌아온 뒤 호화로운 경기 행사를 열어 줬고, 자신의 군사적 승리를 기념하기 위해 기원전 205년부터 190년 사이에 잇따라 건립된 공공 기념물 건축비도 부담했다. 이를 가장 잘 환기시키는 건축물은 스키피오가 로마의 카피톨리누스 언덕에 세운, 번쩍이는 아치였다. 이 아치는 일곱 개의 금박 조각상으로 장식됐다. [30]

스키피오의 행동은 군 관련 경쟁을 촉발시켰고, 이 과정에서 로마 지배층은 공적 명성을 구축해 재산 축적에 활용할 더욱 강력한 수법을 찾는 실험을 했다. 병사들은 승리를 쟁취한 지휘관에게서 더 많은 보너스를 기대하게 됐다. 기원전 179년 풀비우스 플라쿠스가 리구리아인들을 상대로 소소한 승리를 거둔 뒤 승전 행진을 했을 때, 그가 병사들에게 지급한 돈은 스키피오가 한니발과의 전투에서 승리한 뒤 지급한 규모를 넘어섰다. 3차 마케도니아 전쟁이 끝난 뒤인 167년에는 아이밀리우스 파울루스가 보병들에게 100데나리우스, 백부장에게 200데나리우스, 기병대에게 300데나리우스를 각각 지급해야 할 압박감을 느낄 정도였다. [31]

부와 권력을 과시하는 다른 방법들도 있었다. 정무관들이 주최하는 공개적인 볼거리 행사와 검투사 경기는 규모가 점점 더 커지고 더욱 강렬해졌다. 기원전 200년에 열린 검투사 경기에는 25쌍의 선수가 출전했다. 이와 비슷하게 기억에 남는 기원전 183년의 검투사 경기에는 120명의 투사들이 동원되었다. 공공사업도 필요에 따라 더 크고 더 인상적으로 발전했다. 기원전 180년대에 이르면, 지휘관들은 전리품으로 기존의 신전을 장식하는 데 그치지 않고 완전히 새로운 신전을 짓기 시작했다. 선별된 일부에게만 제공된 저녁 만찬과 잔치도 훨씬 더 호화로워졌다. 또 원로원 의원들의 장례식은 며칠에 걸쳐 공개적으로 열렸고 이때 포룸[8]^{forum}에는 비스듬히 기대 앉은 손님들로 가득 찼다. 행사 기간만 늘어난 것이 아니라 더욱 호화로워져서, 기원전 161년에는 원로원이 개별 연회에 가져가는 은의 무게를 100파운드로 제한하는 법을 공표하기에 이르렀다. [32]

지배 집단의 경쟁은 사생활 영역으로도 확대됐다. 기원전 2세기 중엽, 로마의 초갑부층은 캄파니아 해변을 따라 화려하게 장식된 고급 별장을 짓고 지중해 동부 지역에서 다양한 사치품을 수입했다. 고대 작가들은 이러한 사치를 퇴폐로 규정했고, 셀레우코스의 안티오코스 3세를 정복한 장군들이나 마케도니아의 페르세우스를 무찌른 장군들이 이런 사치를 로마에 들여왔다고 비난했다. 하지만 사실은, 로마 경제의 급속한 고도화가 일부 사람들로 하여금 그들의 조상이 꿈도 꿀 수 없을 만큼 큰 부자가 되게 해줬다. 예를 들어, 스키피오 아프리카누스는 동시대 최고의 부자인 동시에 기원전 188년 로마가 안티오쿠스 3세를 상대로 승리할 당시에 생존한 로마인 가운데서도 가장 부유한 인물이었을 것이다. 이로부터 한 세기가 조금 더 지난 시점에 로마에서 가장 부유한 인물이었던 크라수스는 한때 스키피오의 재산보다 거의 40배나 많은 재산을 보유했다. 두 사람의 재산은 상대적인 규모만큼이나 그 성격도 달랐다. 스키피오의 재산은 대부분 카르타고와 스페인에서 탈취한 귀중품 실물 자산으로 구성되어 있었다. 반면, 크라수스의 재산은 대부분 금고에 보관된 실물이 아니라 서류상으로 존재했다. 그의 재산은 스키피오의 재산보다 훨씬 더 유동성이 컸고, 이 때문에 훨씬 빠르게 불

---

8. 로마 제국 시대의 도시 중심에 위치했던 공공 복합장소. 원래의 시장 기능에서 정치토론 등 거대한 사회 소통이 활발히 이루어졌다.

릴 수 있었다. [33]

　기원전 2세기 전반 로마인들이 경험한 것과 같은 급격한 부의 창출은 지배층의 정치적 경쟁에 의존하던 사회 질서를 아주 불안정하게 만들었다. 기원전 3세기 공화정의 정치 생활을 지배했던 일부 가문은 기원전 2세기에도 여전히 중요한 위치를 차지했는데, 군사 작전의 규모와 이를 통해 달성한 인상적인 승리, 경제 고도화 등을 통해 창출된 부는 과거 로마가 경험한 수준을 크게 뛰어넘었다. 파브리키우스가 개인의 부보다 훨씬 더 중요하다고 자랑스럽게 내세우던 선조의 명예와 공직은, 해변의 별장과 청동 소파, 해외 정복으로 화려하게 빛을 발하는 로마의 신세계에서 진기한 옛것처럼 보였다. 공화정의 정치 구조는 여전히 로마 지배 계층 남성들의 야망을 국가만이 제공할 수 있는 관직과 명예로 향하게 유도했다. 그러나 기원전 2세기 지배 계층은 부와 사업 감각을 과시하는 데 점점 더 열중했고, 이 영역은 공화국의 통제력이 훨씬 약한 분야였다. 시대를 이끌던 로마인들이 추구하는 보상을 통제하던 공화국의 독점력도 느슨해지기 시작했다. 이에 따라 경제력이 떨어지는 일부 기존 가문은 날이 갈수록 새로운 환경에서 효과적으로 경쟁할 수 없음을 걱정했다.

　귀족 내부의 이런 분열도 문제였지만, 초갑부층 로마인의 등장은 로마 지배 계층과 공화국의 전쟁을 직접 수행하는 일반 로마인 사이에 훨씬 더 위험한 간극을 만들었다. 기원전 2세기의 전쟁, 이탈리아 내 기반시설 구축 사업, 계절 노동력을 필요로 하는 이탈리아 도시와 농촌 영지의 산업 성장은 로마 시민들에게 일자리를 제공했다. 그러나 앞서 살펴본 것처럼 이탈리아 인구 증가는 기원전 2세기 중반 많은 로마인의 경제적 전망을 자신의 부모 세대보다 암울하게 만들었다. 작은 집에서 대가족과 함께 작은 땅을 경작해야 했던 많은 이탈리아 시골 사람들은 겨우겨우 먹고 살았다. 이들은 수확기에 부유층의 올리브 농장과 포도밭에서 일하는 계절 노동자 신세였다. [34] 이들은 또한 안정적인 일자리를 찾으려고 로마와 기타 도시로 이주해 부두 노동자와 장인으로 일했다. 그들은 자신들의 처지가 부모 세대보다 더 열악하다는 것을 알았다. 또한 당시 가장 부유한 로마인들이 누린, 전례 없는 부유함에 비해 그들이 상대적으로 얼마나 가난한지 실상을 목격했다. 새로운 경제는 소수의 승자들에게 큰 부를 가져다 주었지만, 새로운 빈곤층의 좌절감과 일부 옛 지배 계층의 권력 상실에 대한 우려는 격렬한 포퓰리즘이 일어날 여건을 조성했다.

한니발을 무찌른 뒤 반세기 동안 로마를 통치한 사람들은 대체로 이런 종류의 포퓰리즘을 부추기지 않았다. 공화정이 엄청난 경제적, 사회적 변화에도 안정을 유지할 수 있었던 것은 상당 부분 이들의 상대적 절제 덕분이었다. 그러나 기원전 140년대 말에 활동한 정치인 세대는 로마와 이탈리아 사회의 불평등이 심화되는 현상에 주목했고, 기성세대와 달리 고위 공직을 차지하기 위한 경쟁에서 이 불안을 악용했다. 그들의 선택이 공화정을 매우 다르고, 매우 위험한 길로 이끌 터였다.

ROMAN RE

PUBLIC

4장 좌절의 정치

기원전 146년 카르타고와 코린트의 멸망은 지중해 세계에 대한 로마의 지배를 확인시켰다. 기원전 3세기 후반과 2세기 초중반의 전쟁에서 로마의 두 앙숙이었던 마케도니아와 북아프리카는 이제 원로원이 임명한 로마 총독이 지배하게 되었다. 주민들이 납부하는 세금은 로마 군대를 뒷받침했고 빠르게 발전하는 로마 경제에 동력을 공급했다. 한니발이 자마에서 패배하고 카르타고가 멸망하는 50년 동안, 로마의 힘과 로마인 개인의 부는 폭발적으로 증가해 지중해 세계와 로마에 혁명을 일으켰다. 로마는 일생일세에 상대적으로 가난한 지역 세력에서 지중해 세계의 정치적, 경제적 중심 국가로 변모했다.

심의와 합의에 기반한 로마 공화정의 정치 문화는 혁명을 관리하는 것이 아니라 막기 위해 고안된 것이었다. 그리고 기원전 2세기 전반부에는 공화국 내에 정치적 혼란이 비교적 적었지만, 이 시기에 발생한 경제적, 인구통계적, 군사적 변화는 실로 혁명적이었다. 이런 변화를 관리할 필요가 있었지만, 신중하고 느린 로마의 정치 체제가 효과적으로 관리하기에는 벅찰 만큼 변화는 빠르게 진행됐다. 로마 제국을 유지하려면 세금을 징수하고, 상거래를 촉진하고, 멀리 떨어진 영토에서 수도까지 정보를 전달하는 상설 행정기구가 필요했다. 게다가 제국의 중심에 있는 도시는 지속 가능한 성장과 주민들에 대한 기본 생필품 제공을 보장하는 데 전념해야만 했다.

기원전 2세기 중반에 이르면 로마는 제국을 움직이는 장소이자, 제국의 국부 상당량이 거쳐가고 제국의 인구가 점점 더 많이 몰려드는 곳이었다. 그런데 공화국은 행정과 정치 활동 범위를 빠르게 확장하여 이러한 변화에 대응하는 대신, 수도의 기반시설 유지 관리와 로마 제국 프로젝트의 필수 사업을 사실상 민간 계약자에게 외주를 주는 방식에 의존했다. 정부 관리가 아닌 일반 계약업자들이 광산을 운영하고 도로를 건설하고 제국에 동력을 제공할 세금을 징수했다. 합법적으로 이뤄지는 이 활동은 원래도 수익성이 높았지만, 로마 정무관들의 느슨한 감독 때문에 계약업자와 지방 총독들은 훨씬 더 많은 부정 이득을 챙길 수 있었다. [1]

제국의 외주화는 정부 계약에 입찰할 만큼 자금이 넉넉한 사람들에게 막대한 이익을 안겨 주었다. 특히 임기가 끝나면 속주 총독으로 자리를 옮기는 선출직 정무관들에게도 요긴했다. 이는 공직 선거에 나선 이들이 당선을 위해 흔쾌히 지출할 비용의 규모를 키우는 요인이었다. 한편 대다수의 이탈리아 국민은 선거 운동을 감당할 여력이 없었으니 이 경쟁에 참여할 수도 없었다. 또 대가족이 여러 자손에게 땅을 쪼개어 상속하면서, 많은 이탈리아인은 아들들이 군 복무 자격을 얻는 데 필요한 재산 기준을 맞추지 못하는 처지로 내몰렸다.

군 복무를 할 만큼 부유한 사람들조차 기원전 140년대 중반부터는 군 복무의 성격과 보상이 바뀌는 사태를 접하게 되었다. 상대적으로 말하자면, 아프리카와 그리스에서 벌어진 전쟁은 군인들이 전장에서 무기를 맞부딪친다는 측면에서 재래식 전쟁이었다. 전투가 벌어지는 지역도 비교적 부유한 지역이었다. 로마인들이 전쟁에서 승리를 거뒀을 때 병사들이 보상으로 가져갈 수 있는 약탈품도 많았다. 이러한 전쟁에서 싸우는 것은 쉬운 일이 아니었지만, 참전 병사들은 최소한 국가가 제공하는 군인의 기본급 이상을 벌 수 있으리라는 합리적인 기대를 품고 싸웠다. 그런데 기원전 146년 이후에는 군사 작전의 성격이 바뀌었다. 이제 스페인처럼 전쟁이 비대칭적이고 약탈품이 그저 그런 수준인 지역에도 군을 파견해야 했다. 기원전 2세기 중반에 그리스에 파견될 지원자는 쉽게 찾을 수 있었지만, 스페인 주둔군의 경우에는 로마인들이 징집되지 않으려고 폭동까지 일으켰다. [2]

기원전 140년대 말에는, 급속한 경제 및 군사적 팽창에서 비롯된 부패와 불평등이 제대로 단속되지 않는 데 대해 로마 통치 하의 인구 상당수가 불만을 느끼고 있었다. 불만의 징후 중 하나는, 기원전 149년 각 지방 총독들이 연루된 갈취 및 각종 권력 남용 사건을 처리할 상설 형사법원이 원로원 의원들로 구성됐을 때 나타났다. [3] 로마는 적어도 기원전 170년대부터 각 지방이 정무관들을 상대로 소송을 제기할 권리가 있음을 원칙으로 명시했지만, 부패한 총독들을 처벌할 상설 법원을 만든 건 그 때문이 아니었다. [4] 정적들이 지방 근무를 통해 추가로 얻은 부를 활용해 향후 선거에서 우위를 점할까 걱정했기 때문으로 보인다. 로마 지배 계층의 성공을 결정짓는 관직과 명예를 얻는 데 있어서 돈이 중요한 요소로 작용하면서, 과거 파브리키우스가 보여 준 청렴은 이제 옛 로마의 유물처럼 보이게 됐다.

투표 방식을 바꾸기 위해 마련된 일련의 법률에도 다른 불만의 징후들이 반영되었다. 기원전 130년대 이전에는 선거에서 투표하거나 배심원의 일원으로 표결할 때, 당사자가 선거 관리인에게 직접 다가가 큰 소리로 의사를 전달하는 방식을 썼다. 유권자를 협박하려는 시도는 드물었지만, 누군가가 투표 행위를 '관찰하는' 것을 막을 방법도, 개표를 확인할 수 있는 투표 내역 기록도 없었다. [5] 기원전 139년 아울루스 가비니우스 호민관은 정무관 선거 제도를 유권자가 선택한 후보의 이름을 점토판에 적은 뒤 바구니에 넣는 방식으로 바꿨다. 그리고 기원전 137년에는 호민관 루키우스 카시우스 롱기누스 라빌라가 반역죄를 뺀 모든 범죄에 대한 배심원의 결정을 비밀투표에 부치는 내용의 법안을 추진했다. 기원전 131년에는 가이우스 파피리우스 카르보 호민관이 세 번째 개정을 통해 비밀 투표를 민회의 법안 투표에 대해서도 확대했다. [6]

이토록 비밀 투표에 대한 지지를 촉발한 것이 무엇인지는 당대 문헌 자료에 어떠한 설명도 남아 있지 않다. 하지만 후대의 공화정 저자들은 이런 개혁이 특히 원로원 의원들 사이에서 상당한 논란을 일으켰다는 점을 분명히 지적한다. 훗날 가비니우스는 일반 시민과 원로원 사이를 이간질해 정치를 혼란에 빠뜨리는 법을 만들었다며 '무명의 추잡한 인물'이라고 비판 받았다. 카시우스의 개혁은 제안 당시부터 거센 반대를 불러일으켰다. 카시우스는 귀족 가문 출신이었는데, 비밀 투표를 재판에까지 확대한 것은 "폭도들의 변덕스러운 칭송"을 얻으려는 포퓰리즘적인 조처이며 가문의 수치라고 평가됐다. 카시우스의 동료 호민관이 집정관 한 명과 함께 이 법을 막으려 나섰다. 젊은 스키피오 아프리카누스가 이 호민관을 설득해 거부권을 철회하도록 함으로써 마침내 교착 상태를 해결했다. 한편, 카르보는 "선동적이고 사악한 시민"이라는 악평을 들었고, 특히 지배 계층은 그를 탐욕스러운 기회주의자로 평가했다. [7]

[4-1] 기원전 113~112년에 니키니우스 네르바가 주조한 은화에는 로마 시민들이 투표하기 위해 통로를 걸어가는 모습을 담고 있다. 개인 소장품. 사진: 조 와츠.

이 같은 비판에 직면했지만, 비밀 투표의 도입은 적어도 두 가지의 정치 문제에 진지하게 대응했다. 첫째, 비밀 투표는 유권자에 대한 협박을 훨씬 어렵게 만들었다. 비록 사람들이 각 투표용 점토판에 적힌 내용을 볼 만큼 가까이 접근할 수는 있었고 또 실제로도 그랬던 것 같지만, 이제 누구도 옆에 서서 각 개인이 투표의사를 밝히는 소리를 들을 수는 없었다. 둘째, 정치적 호의나 뇌물 제공을 통해 선거에 영향을 끼치려는 시도가 훨씬 더 위험해졌다. 이제 부패한 후보가 매수한 유권자들이 약속한 후보에게 제대로 투표했는지 확인할 길이 없어졌기 때문이다. [8]

분명히 비밀투표는 정치인들이 엄청난 경제 불평등 속에서 훌륭한 통치라는 대의 명분을 주창하는 척하며 경력을 쌓는 방식이 새롭게 등장한 시점에 도입됐다. 최초의 비밀투표법을 만든 가비니우스는 이 업적을 고위 공직 진출에 활용하지 않았던 듯한데, 그의 손자로 추정되는 또 다른 가비니우스는 기원전 58년에 집정관직을 맡았다. [9] 카시우스와 카르보는 훨씬 더 빨리 보상을 받았다. 카시우스는 투표권 보호의 옹호자라는 입지를 기반으로 기원전 127년에 집정관이 됐고, 기원전 125년에는 감찰관도 역임했다. 카르보는 정치 신인 시절에 투표제도 개혁을 중심으로 포퓰리스트로서 경력을 쌓았으며, 기원전 120년에 집정관에 당선된 후에는 다른 포퓰리스트들에게 극적으로 등을 돌렸다.

이런 개혁은 개혁 추진 호민관들의 경력 구축을 돕는 데서 한 걸음 더 나아갔다. 인성 중심의 포퓰리즘 정치공작이 출현하면서, 야심 찬 정치인들은 정치공작을 통해 자신만의 정치 브랜드를 규정하고 전파하는 방법을 모색했다. 은화 디자인의 급속한 진화보다 이를 더 잘 보여주는 것도 없다. 공화국은 매년 지배계급 가문에서 젊은이 세 명을 선발해 로마 은화 주조를 관장하게 했다. 이들은 은화 주조를 감독하고 주조된 은화에 서명을 하곤 했다. 초기에는 서명이 본질적으로 주조 책임자에게 질 떨어지는 디자인이나 부실한 주조 작업을 책임지게 하는 품질 관리 장치로 활용됐다. 제2차 포에니 전쟁 중에 처음 만들어진 은화 데나리우스는 거의 80년 동안 모양이 크게 바뀌지 않고 유지됐다. 초기 은화의 표준 디자인은, 앞면에는 고대 그리스 주화처럼 투구를 쓴 로마 여신의 두상을 담고[9] 뒷면은 신화에 등장하는 카스토르와 폴리데우케스 형제*가 말을 탄 모습 또는 전차를 탄 신들로 꾸몄다.[10]

가비니우스가 정무관 선거에 비밀투표를 도입한 직후, 은화 주조 책임자들의 행태도 크게 변했다. 139년 주조 책임자는 동전 뒷면에 통상 등장하던 전차를 탄 신상을 그리스 신화에 나오는 켄타우로스가 끄는 전차를 탄 헤라클레스의 모습으로 바꾸기로 결정했다. 이듬해에는 두 명의 주조 책임자가 뒷면의 표준 디자인을 새롭게 변형한 은화를 각각 발행했다. 그 중 하나에는 염소들이 끄는 전차를 탄 유노 여신이, 또 다른 은화에는 전차를 탄 전사가 등장했다. 이런 특정 형상의 중요성은 아직 불명확했지만, 세 명의 주조 책임자들은 역사적으로 이어져온 은화 디자인을 전반적으로 유지하면서도 자신과 관련된 뭔가를 표현하려고 이런 디자인을 선택했을 것으로 추정된다.

[4-2] 네 마리의 말이 끄는 전차를 탄 로마와 유피테르(주피터)가 그려진 기원전 133년의 은화. 이는 기원전 2세기 초중반 은화의 표준 디자인을 반영한 것이다. 개인 소장품. 사진: 조 와츠.

9. 로마 여신은 로마 도시와 국가를 의인화한 여성 신이다. (이러한 예로는 브리타니아(영국), 게르마니아(독일), 마리안느(프랑스), 헬베티아(스위스) 등이 있다.)
* '디오스쿠로이(제우스의 아들들)'로 불렸던 쌍둥이 형제로 그리스 신화에 등장하는 영웅이다.

기원전 137년에는 두 명의 주조 책임자가 전통적인 은화 디자인에서 완전히 탈피했다.[11] 이 중 한 명은 은화 앞면에 있는 로마 형상을 그대로 뒀지만, 뒷면에는 로마 건국 신화의 한 장면인 목동 파우스툴루스가 늑대의 젖을 빠는 로물루스와 레무스를 발견하는 장면을 그려 넣었다(그림 4-3 참조). 또 다른 주조 책임자인 Ti. 베투리우스는 전통을 완전히 깨뜨렸다. 은화의 앞면에는 로마 여신이 아닌 전쟁의 신 마르스를 그려 넣었고, 뒷면에는 두 명의 전사가 무릎을 꿇은 인물의 서약을 받는 모습을 담았다(그림 4-4 참조). 이 장면은 로마인들이 삼니움족과 맺은 불평등 조약을 수용했던 과거 사건을 표현한 것으로 보인다. 따라서 이 은화는 주조 책임자의 친척이 스페인에서 관여했던 조약을 로마인들이 존중해야 할지를 둘러싸고 벌어진 당대의 정치 논쟁에 개입하려는 의도를 반영한 것으로 해석된다.[12] 그 후 기원전 135년과 134년에는 미누키우스 가문의 후손인 두 형제가 집정관을 역임한 선대의 인물이 또 다른 조상인 L. 미누키우스를 기리는 기념물 기둥 옆에 서 있는 모습을 표현한 은화를 각각 발행했다. L. 미누키우스는 기원전 439년 빈민들에게 곡물을 분배하는 사업을 이끈 인물이다(그림 4-5 참조).[13] 로마 빈민들의 불만이 고조되던 시기에 발행된 이 은화들은 당대 미누키우스 가문을 역사적으로 로마의 약자를 보호하고 옹호한 자비로운 가문으로 규정했다.

베투리우스와 미누키우스 가문의 형제들은 가치가 높은 은화야말로 은화를 월급으로 받는 병사들 사이에서 정치적 브랜드를 구축하는 데 이상적인 도구가 될 수 있음을 잘 알았다. 군인들로서는 이탈리아 농부들이 느끼는 재정적 압박을 걱정하거나 스페인에서 전투를 중단시키는 내용을 담은 조약의 향방을 걱정할 수밖에 없었다. 그래서 군인들이 은화를 보고 은화 주조 책임자들이 자신들과 같은 문제를 걱정한다고 이해했을 수 있다. 이미 로마인들이 비밀투표를 하는 상황에서, 이런 호소력은 선거 판도가 순식간에 포퓰리스트 후보들과 포퓰리즘 정책 이념에 편향되게 할 가능성이 있었다. 이런 포퓰리즘은 과거 로마의 유력 정치인들이 자제해 오던 것이다. 기원전 130년대 초의 혁신적인 주화 발행인들과 개혁 성향의 호민관들은, 로마의 정치 생활과 경제 생활의 방향에 대한 대중의 날로 커지는 불만을 이용해 지지를 확보하려 했다. 그들은 자신들을 특정 개혁의 옹호자로 규정하고 정치적 브랜드를 창출하는 수단으로 공직을 이용하기 위해 전례를 깨뜨렸다. 그러나 그들 중 누구도 로마 공화정의 안정을 위협하는 짓은 하지 않았다.

그리 오래지 않아, 한 호민관이 개혁을 위해서는 그동안 공화정을 지배하던 기본 규범을 무너뜨려야 한다고 결심했다. 이 도전의 주인공은 티베리우스 그라쿠스라는 사람이다. 티베리우스는 로마 유력 정치인들의 경쟁 무대에서 평민 중에서는 가장 성공한 축에 드는 가문 출신이다. 그의 증조부는 기원전 238년 집정관을 지냈고 사르디니아 정복을 책임진 장군이었다. 그의 종조부는 한니발과의 전쟁이 한창일 때 두 차례 집정관을 지냈고 파비우스 막시무스의 부사령관을 역임했다. 그리고 그의 아버지인 티베리우스 셈프로니우스 그라쿠스는 기원전 177년과 163년에 집정관을 지냈고 스페인과 사르디니아에서 두 차례 전쟁을 승리했으며 신관 임무도 맡았다. 그리고 기원전 169년에는 감찰관을 맡으면서 원로원 의원 구성에 기여한 인물이다. [14]

티베리우스의 어머니 코르넬리아는 훨씬 더 저명한 가문 출신이다. 그녀는 한니발을 정복한 스키피오 아프리카누스의 딸이다. 티베리우스의 외할머니인 아이밀리아는 아이밀리우스 파울루스(3차 마케도니아 전쟁의 승리자)를 배출한 귀족 가문 출신이다. 코르넬리아가 티베리우스 셈프로니우스 그라쿠스와 결혼한 것은 그라쿠스 가문과 스키피오 가문의 거대한 정치 동맹이 완성되었다는 뜻이다. 역사적 경쟁 관계에 있었던 두 가문은 정치적 계기로 뭉치게 된다. 기원전 184년 스키피오 아프리카누스와 스키피오 아시아티쿠스가 셀레우코스의 왕 안티오쿠스 3세로부터 몰수한 돈을 착복한

[4-3] 앞면에는 로마의 형상을, 뒷면에는 늑대의 젖을 빠는 로물루스와 레무스를 그려넣음으로써 로마의 전통을 환기시킨 기원전 137년의 은화. 개인 소장품. 사진: 조 와츠.

[4-4] 앞면에는 마르스의 형상을, 뒷면에는 로마와 삼니움족의 조약 묘사로 추정되는 장면 곧 두 명의 전사가 무릎을 꿇은 인물의 서약을 받는 장면을 표현한 기원전 137년의 은화. 개인 소장품. 사진: 조 와츠.

[4-5] 주화 발행 책임자의 조상이 빈민들에게 곡물을 분배하는 모습을 그려넣은 기원전 134년의 은화. 개인 소장품. 사진: 조 와츠.

혐의로 재판에 회부되었을 때, 당시 호민관이었던 티베리우스 셈프로니우스 그라쿠스가 두 차례 거부권을 행사했던 것이다. 그 뒤 코르넬리아는 딸들 중 유일하게 성년까지 살아 남은 셈프로니아를 스키피오 아이밀리아누스와 결혼시키기로 결정했다. 당시는 스키피오 아이밀리아누스가 카르타고를 점령해 멸망시키기 직전이었다. 이 결혼으로 그라쿠스 가문, 스키피오 가문, 아이밀리아누스 가문의 유대가 더 강화됐다. [15]

티베리우스 그라쿠스는 날때부터 누구나 부러워할 만한 배경을 갖추고 있었다. 그는 유명한 집정관 가문의 이름을 물려받았고, 그의 어머니는 기원전 2세기에 가장 성공한 두 가문 중 한 곳의 후손이었다. 이런 인맥이 국가의 공직 가운데 가장 유망한 하급 관리 자리를 티베리우스에게 보장한 데다가, 실제로도 뛰어난 관리 능력을 발휘할 만반의 준비까지 갖췄다. 티베리우스는 지적으로 뛰어난 청년이었으며, 코르넬리아는 그가 세계적인 수준의 대중 연설과 철학 교육을 받을 수 있게 했다. 이는 그가 유권자와 군인 양쪽의 주목을 끄는 데 필요한 기술을 개발하도록 배려한 것이다. [16]

티베리우스가 맡은 첫 번째 공직은 더할 나위 없이 좋은 자리였다. 그는 3차 포에니 전쟁 때 처남인 스키피오 아이밀리아누스 밑에서 군 복무를 했다. 그와 텐트를 함께 쓰면서 로마 군인 최초로 적군 마을의 성벽을 넘는 데 성공해 용맹상을 받았다. 티베리우스는 전쟁이 끝나자 집정관과 감찰관을 지낸 아피우스 클라우디우스의 딸 클라우디아와 결혼했다. 그녀의 고조부는 에페이로스의 피로스 왕에게 저항할 것을 촉구해 유명세를 떨친 아피우스 클라우디우스이다. 클라우디우스 가문은 로마에서 가장 오래되고 명망이 높은 엘리트 가문의 하나로, 1차 포에니 전쟁부터 125년 동안 20명 가량의 집정관을 배출했다. 티베리우스의 가문도 로마 공화정이 역사적으로 가장 의존해 온 가문들 중 하나였다. 다만 그의 장인 아피우스 클라우디우스는 악행을 저지른 전력이 있었다. 아피우스 클라우디우스는 개선식을 열 기회를 얻기 위해 전투를 도발했고 승인을 받지 않고 개선식을 했다. 한 호민관이 승리를 자축하는 그를 마차에서 끌어내리려고 하자, 이를 막기 위해 그의 딸 하나가 나서야 했다. [17]

재능과 가문의 동맹에 힘입어, 티베리우스는 새 공직을 맡으며 로마 정치계의 떠오르는 스타가 된다. 기원전 137년에 그는 원로원 의원 자격이 부여되는 공직 중 가장 낮은 검찰관에 뽑혔다. 집정관 가이우스 호스틸리우스 만키누스가 스페인의 북부 도시 누만티아를 상대로 전쟁을 벌이는 동안, 티베리우스는 보좌 역할을 맡으면서 자신의 아버지가 그 지역에서 쌓은 경험과 더불어 자기 가문이 그 지역 지도자들과 맺은 인맥이 아프리카에서 거둔 성과에 버금가는 성공을 거두리라고 거의 확신했다. 하지만 불행하게도 만키누스의 군사적 무능이 아프리카에서 그가 보좌한 처남 스키피오의 천재성만큼이나 엄청난 것으로 확인됐다. 전장에서 잇따른 패배를 겪은 만키누스는 요새화된 진영으로 일단 후퇴했다가 겁에 질려 야밤에 도주하려고 했다. 아침이 되자 로마 군대는 완전히 포위됐고, 만키누스는 화해를 요청했다. 누만티아는 티베리우스 가문의 명성을 고려해 티베리우스가 협상에 나설 것을 요구했다. 양측이 합의한 조약에 따라 살아남은 로마군 수천 명은 철수할 수 있었지만, 그들이 확보했던 모든 약탈물은 누만티아 손에 넘겨졌다. [18]

로마로 돌아온 티베리우스는 처남 스키피오 아이밀리아누스를 포함한 몇몇 원로원 의원들이 자신이 맺은 조약을 로마의 '재앙이자 수치'라고 비난하는 것을 보고 충격을 받았다. 원로원 의원들은 지도자를 포함한 군대 전체를 사슬에 묶어 누만티아로 돌려보낼 것을 요구했다. 특히 스키피오는 조약 무효화를 원했다. 전쟁을 계속하고 싶었을뿐더러 자신이 카르타고를 정복했던 것처럼 누만티아를 정복할 기회를 위해 지휘권을 넘겨 받고 싶었기 때문이다.

하지만 이 조약에 대한 대중의 반응은 원로원 엘리트들의 태도와는 영 딴판이었다. 후대의 한 저자는 "시민의 다수를 이루는 병사들의 친척들과 친구들은 티베리우스에게 몰려와서, 모든 책임은 장군(만키누스)에게 있으며 티베리우스의 노력 덕분에 수많은 시민의 목숨을 구할 수 있었다고 주장했다."라고 썼다. 일반 시민들은 스페인에서 계속 전쟁을 이어갈 열의가 없었다. 스페인 전쟁은 길게 이어졌고 인기도 없었으며 진 빠지는 것이었다. 원로원은 이런 대중의 정서를 감지하고 타협에 나섰다. 조약을 거부하고 만키누스를 누만티아로 다시 보내되, 만키누스 휘하의 병사들과 참모들이 로마에 남는 것을 허용했다. 스키피오는 곧 직접 전쟁에 나서게 되지만, 전쟁으로 지친 대중의 정서에 굴복해 "[다른] 도시와 왕들이 개인적으로 돕기 위해 보낸 자원자"들로 군대를 구성했다. 스키피오가 기원전 134년 전쟁에 나설 시점이 되면, 그의 세계는 티베리우스를 친구와 가족을 구한 인물이라며 몰려온 보통 사람들의 세계와 더없이 간극이 큰 세계였다. [19]

티베리우스는 스페인에서 돌아온 뒤 자신의 운명이 극적으로 바뀌었음을 깨달았다. 그는 이제 더는 기득권층의 황태자가 아니라 스키피오와 그의 동맹 세력에게 부당하게 명성을 훼손당했다고 믿는 분열의 인물이 됐다. [20] 그는 이제 중대한 딜레마에 직면했다. 그처럼 대단한 재능과 혈통을 갖춘 인물이 집정관에 뽑히지 못하면 끔찍하게 실패한 인물로 보일 판이었다. 그의 본가와 처가 쪽의 남성 대부분이 집정관이었기 때문에 더욱 비교되어 창피할 게 뻔했다. 하지만 그가 스키피오와 갈라졌으니 집정관이 될 체제 내 통로가 막혔다. 그가 엘리트 집단 안에서 명성을 회복할 것인지 아니면 로마 시민들에게서 얻은 인기를 활용할 것인지 선택의 기로에 섰다. 그는 후자를 선택했다.

스키피오가 134년 전쟁을 위해 스페인으로 떠난 후, 티베리우스는 평민들을 위한 호민관 선거에 출마했다. 그의 동생 가이우스는 훗날 티베리우스가 로마의 원기 왕성한 소규모 지주들이 사는 농촌이 아니라 이방인 노예들이 경작하는 대규모 농지와 목초지가 펼쳐진 농촌을 보고 동기를 부여받은 면이 있다고 기록했다. 고고학적 증거를 보면 기원전 130년대에 이탈리아 농촌은 황량한 곳도, 대규모 농지가 가득한 곳도 아니었지만, 스키피오처럼 부유한 이들과 그가 지휘하는 군인들 사이의 불평등이 날로 커지면서 심각한 문제가 된 건 의심의 여지가 없다. 이런 경제적 불평등은 티베리우스에게 강력한 의제를 제공했다. 경제적 불평등은 제국의 새로운 경제 상황에서 뒷전에 밀렸다고 느끼는 보통 로마인들의 분노를 촉발하는 동시에 티베리우스가 견고한 로마 지배 계층에 맞서 그들의 이익을 위한 싸움을 어떻게 이어갈 것인지 역설하는 것이었다. [21]

지금까지 남아 있는 자료에는 티베리우스가 토지 개혁을 제기하고 나섰는지 언급이 없지만, 그가 당선되자마자 로마의 상대적으로 가난한 시민들에게 농지를 제공하는 법안 마련에 나선 것은 분명하다. 도시 곳곳의 벽에 적힌 지지자들의 구호와 호소문에서 영감을 받고 티베리우스가 격정적인 연설을 했다고 전해졌다. 이 연설에서 그는 이탈리아 사람들의 빈곤을 한탄하고, 얼마 전 시칠리아에서 발생한 노예들의 반란을 넌지시 거론하면서 주로 노예들이 일하는 농장이 어떻게 귀결될지 극적으로 역설했다고 한다. [22]

이 연설은 이후 티베리우스가 제안한 개혁의 발판을 마련했다. 그는 전쟁에서 로마에 맞선 도시들로부터 빼앗은 로마의 공공 토지에 집중했다. 이탈리아 전역에 흩어져 있는 이 토지들을 국가는 주로 농부, 양치기, 목동들에게 빌려줬다. 기원전 367년에 제정된 법은 한 개인이 500이우게룸(약 300에이커) 이상의 공공 토지를 경작하는 것을 금지했고, 방목하는 가축의 규모도 제한했다. 이 법은 원래 해방 노예들에게 토지 이용 실태를 감시하게 했지만, 공공 자산이 이탈리아 전역에 걸쳐 늘어나면서 감독과 행정력 집행이 모두 느슨해졌다. 한 개인이 500이우게룸을 넘는 땅을 차지하게 됐고, 땅을 개량하기 시작했으며 허용된 규모 이상의 가축을 방목했다. [23]

티베리우스는 500이우게룸을 넘는 땅을 점유한 사람들이 공정한 보상을 받는 조건으로 초과분 토지를 국가에 반납하도록 하는 법을 제안했다. 이 법안에는 한도를 초과한 땅 점유자들에게 아들 한 명당 250이우게룸의 땅을 추가로 보유할 수 있도록 허용하는 내용도 담겨 있다. 국가가 환수한 토지에 대해서는 3명으로 구성된 위원회가 가난하거나 땅이 없는 사람들에게 30이우게룸(약 20에이커)씩 재분배할 터였다. 이렇게 분배된 땅에 대해 소유는 허용됐지만, 더 넓은 토지를 확보하려는 사람들에게 매도 및 양도는 금지됐다. 당시 공공 토지를 점유하던 이들 중 다수는 로마 시민이 아니었지만, 이 법은 환수한 땅을 로마 시민에게만 재분배하도록 규정했던 것 같다. [24]

이 온건한 개혁은 공공 자산 사용권을 잃는 사람들에게 보상을 제공하면서 토지 재분배에 대한 대중의 관심에 부응하는 것이었다. 사실 기원전 140년에 스키피오의 친구인 가이우스 라일리우스 집정관이 이와 비슷한 법안을 제안한 바 있는데, 이탈리아 지배 계층이 거세게 반대하자 제안이 철회됐다. 하지만 기원전 133년의 분위기는 달랐다. 스키피오는 스페인에 남아 있었고, 그해 담당 집정관 둘 중 한 명은 시칠리아에서 노예 반란을 처리하고 있었다. 로마에 남은 집정관 푸블리우스 무키우스 스카에볼라는 티베리우스의 제안에 찬성했고, 티베리우스의 장인인 아피우스 클라우디우스와 스카에볼라의 형제 크라수스도 찬성했다. 크라수스는 이듬해 로마 사제단의 우두머리인 '폰티펙스 막시무스*Pontifex Maximus'의 자리에 오르게 되는 인물이다. 이 개혁은 광범한 지지를 받고 신속한 표결 처리를 거쳐 곧 법으로 확정될 것처럼 보였다. [25]

티베리우스가 주요 인물들의 지지를 받았고 개혁 조처도 온건한 것이었지만, 원로원은 승인을 거부했다. 이와 동시에 반대파들은 티베리우스가 국가를 장악할 야심을 품고 있다고 소문을 퍼뜨렸다. 이런 비난은 터무니없어

---

* '다리'를 뜻하는 폰트(pons), '만들다'는 뜻의 파키오(facio)와 '가장 으뜸인 자'라는 뜻의 막시무스(maximus)가 합성된 말로, 로마의 최고 대신관을 뜻하는 직책에서 우일 가톨릭 교왕을 일컫는 칭호가 되었다.

보였다. 그러나 티베리우스가 뭔가 새롭고 신기한 제안을 했던 것은 사실이다. 그는 로마의 부유한 시민과 가난한 시민이 함께 창출한 로마 제국의 부를 균형 있게 분배하는 데 공화국이 나서자고 주장했다. 원로원 내 티베리우스 반대파들이 두려워한 것은 이 법의 실제 효과가 아니라 그 밑바탕에 자리잡고 있는 원칙이었다. 로마 시민이 아닌 상류층 이탈리아인들의 반응 또한 두려움을 확대시키는 요인이었다. 그들 중 상당수는 공공 토지를 임대해 경작하고 있었으며 이 땅을 재분배하면 타격을 받게 된다. 사실 티베리우스는 이탈리아 내 로마 동맹 세력들이 점유하던 땅을 그들의 동의나 의견 청취 없이 환수할 것을 제안한 것이었다. [26]

원로원이 승인을 거부하자 티베리우스는 관행을 깨고 법안을 직접 평민회에 제출하기로 결정했다. 이는 불법도 아니고 전례가 아예 없지도 않지만, 평범하지도 않은 일이었다. 티베리우스의 행동은 원로원 의원들의 더 큰 반발만 불렀다. 티베리우스의 반대파들은 티베리우스의 동료 호민관인 옥타비우스에게 우려를 전달했고, 그를 설득해 법안이 표결에 부쳐지기 전에 거부권을 행사하게 했다. 물론 법안에 대한 거부권 행사는 옥타비우스의 특권이었으며, 원로원과 호민관이 협력해 원로원이 강하게 반대하는 법안을 저지하는 것도 일반적이었다. 십중팔구 옥타비우스와 그의 지지자들은 티베리우스가 7년 전 라일리우스처럼 법안을 자진 철회하기를 바랐을 것이다. 그러나 티베리우스는 라일리우스가 아니었다. 티베리우스는 집정관이 아니었고, 한발 물러난다고 해도 집정관에 선출될 것을 기대할 수 없었다. 더 중요한 사실은, 티베리우스는 아마도 자신이 누만티아와 평화 조약을 맺은 뒤 등을 돌렸던 원로원 의원들을 대신해 나선 동료 호민관의 요구에 굴복할 생각이 없었다는 점이다. 특히 자신이 만든 법안이 대중의 열렬한 지지를 받고 있는 상황에서는 더욱 그랬다.

티베리우스는 기존의 규칙을 따라서는 정치적으로 성공할 수 없다고 직감하고 옥타비우스의 반대에 분노로 대응했다. 플루타르코스의 표현을 따르자면, "이런 전술이 티베리우스를 격분시켰다. 그는 이어 회유적인 성격의 이 법안을 철회하고 시민들을 더 만족시키는 한편 불법 토지 점유자들에게는 더 가혹한 법안을 제시했다. 이 법안은 기존의 법을 무시하고 취득한 땅을 보상도 없이 환수하는 내용이었다."[27] 티베리우스는 옥타비우스에게 이 법의 장점에 관해 일련의 공개 토론회를 열자고 제안했다. 그는 대규모 공공 토지 소유자인 옥타비우스에게는 이 법안에 반대할 명확한 동기가 있다고 지적했다. 또 이 법안이 제정되면 옥타비우스가 잃게 될 땅에 대해서는 자신의 사재로 보상해 주겠다고도 제안했다. 그의 제안은 옥타비우스의 이해 충돌을 강조하는 동시에 티베리우스가 옥타비우스에게 개인적인 적의를 품고 있다는 비난을 차단하기 위한 것이었다. 이런 제안들이 먹히지 않자 티베리우스는 새 법안에 대한 표결이 실시될 때까지 모든 공적 활동을 금지한다고 선언했다. 그는 국고에서 돈을 인출할 수 없도록 '사투르누스 신전'을 봉쇄함으로써 이 금지령이 확실히 준수되게 했다. 하지만 옥타비우스는 굴복하지 않았다. [28]

그러자 티베리우스는 다시 투표 실시를 요구했다. 하지만 투표 당일에 투표함이 사라지는 사태가 발생하자, 티베리우스 지지자들이 폭동을 일으킬 지경까지 치달았다. 원로원이 분쟁을 중재할 능력이 없다는 게 확인되자, 티베리우스는 정치적 술수를 동원했다. 그는 교착 상태에 빠진 옥타비우스와의 관계를 해소할 길이 없다고 선언하고, 시민들이 옥타비우스를 호민관으로 선출함으로써 부여한 권력을 정당하게 박탈할 수 있다고 주장했다. 곧이어 그는 자신과 옥타비우스가 공직을 계속 유지할지를 시민들이 투표로 결정하자고 제안했다. 이런 상황에서 유권자들이 누구를 지지할지 잘 알았던 티베리우스는 자신에 대한 불신임투표부터 실시하자고 제안했다. 옥타비우스도 이 상황의 정치적 역학 관계를 파악했다. 그는 이 제안을 거절했고, 그다음 날 평민회는 그의 호민관직 박탈을 위한 투표를 실시했다. 티베리우스가 진정할 것을 촉구했지만 상황은 갈수록 악화되어 옥타비우스는 분노한 군중들로부터 가까스로 피신했다. 이제 호민관에게 부여된 신성불가침의 권리로 보호받지 못하게 되자, 옥타비우스는 복수심을 불태웠다. [29]

옥타비우스 면직 처분은 법률적으로는 모호한 영역에 속하는 문제다. 기원전 3세기에 원로원이 플라미니우스의 집정관직을 사실상 박탈했던 사례에서 이미 봤듯이, 임기를 모두 채우지 못한 공직자들이 있었다. 그러나 티베리우스는 이와 전혀 다르고 훨씬 더 위험한 일을 벌였다. 자신의 제안을 가로막는 걸림돌에 분노한 티베리우스는, 국가가 보통의 로마인의 요구에 부응하는 것을 막은 소수의 지배 집단을 향한 대중의 분노에 불을 지폈다. 그는 추종자들의 폭력을 적극 부추기지는 않았지만, 잠재적으로 도시의 모든 사람을 겨냥함으로써 로마 전체로 번진 물리적 폭력의 위협이 실제 폭동보다 더 큰 공포를 부르게 만들었다. 티베리우스 추종자들의 변덕은 언제 어디서나 예측할 수 없는 이유로 폭발할 수 있는, 강력한 정치적 무기가 되었다. [30]

옥타비우스를 쫓아내자 티베리우스의 개혁안은 거부권에 무산될 위험이 사라졌다. 티베리우스, 그의 동생 가이우스 그리고 아피우스 클라우디우스가 공공 토지를 재분배할 3인 위원회 위원으로 선출됐다. 티베리우스는 이제 아주 현실적인 문제에 직면했다. 토지위원회 구성을 규정한 법안을 통과시키기 위해 정치적 비상 절차와 폭력 위협을 동원하면서, 그의 개혁을 무산시키려는 사람들의 반대도 커졌다. 티베리우스가 토지위원회를 자기 자신과 가문의 출세 수단으로 이용하려는 의도가 분명해지자 반대파의 공포는 더욱 커졌다. 원로원은 토지위원회 구성을 규정한 법률을 폐지할 수 없었지만, 위원회 운영자금의 제공을 거부할 수는 있었다. 토지 재분배를 위해서는 적어도 측량사 같은 전문 인력 집단이 토지 경계를 결정하고, 토지 임차인들이 500이우게룸을 넘는 토지를 사용하고 있는지를 평가하고, 재분배된 토지들의 경계선을 새로 설정해야 했다. 토지를 분배받은 사람들이 농기구, 종자 및 그 밖의 기자재들을 구입하도록 돕는 일도 있었다. 이 개혁이 성공하기 위해서는 공화국이 제대로 작동해야 했고, 원로원은 이 모든 조처에 필요한 자금줄을 쥐고 있었다.

놀랄 것도 없이 원로원은 티베리우스의 토지위원회에 대한 자금 지원을 거부했다. 보통의 상황이라면 이렇게 해서 사태가 종료됐을 것이다. 토지위원회는 법적으로는 계속 존속하겠지만, 자금이 없어 사실상 죽은 목숨이었다. 하지만 원로원은 한 단계 더 밀어붙였다. 티베리우스의 사촌인 스키피오 나스키아의 입김이 작용하면서, 원로원은 티베리우스에게 토지위원회 업무 수행을 위해 쓸 천막조차 승인하지 않았고, 그의 하루 경비도 터무니없이 낮게 책정했다. 반대파가 티베리우스의 친구 한 명에게 독을 먹였다는 소문이 더해지면서 이 호민관의 인기는 여전했지만, 적어도 토지위원회를 통해 뭔가 일을 도모하려면 비용을 스스로 부담해야 한다는 것이 명백해졌다. [31]

그 후 운명이 극적으로 개입했다. 페르가뭄의 왕 아탈루스 3세가 숨지면서 왕국과 국고를 '로마 사람들'에게 남겼다. 재산을 정확히 이런 식으로 물려준 선례가 없었지만, 이를 처리할 명확한 절차는 로마 공화정에 있었다. 원로원은 대외 관계와 공적 자금 지출을 담당했다. 원칙에 입각하면, 원로원이 이 예상치 못한 횡재를 받아 분배를 관리할 것으로 기대됐다. 하지만 티베리우스는 아탈루스의 유언 내용에서 추가적인 기회를 포착했다. 티베리우스는 유언이 수혜자를 로마 사람들로 명시했기 때문에 원로원이 아닌 평민회가 유산 분배를 맡아 아탈루스가 로마에 남긴 영토의 운명을 결정해야 한다고 주장했다. 이어 그는 이 유산을 토지위원회 자금 지원과 위원회가 재정착시킬 소규모 지주들에게 공급할 물품 확보에 쓸 것을 제안했다. 평민회는 아탈루스가 로마에 남긴 영토를 어떻게 처리할지도 나중에 투표로 결정할 터였다. [32]

티베리우스는 이제 로마 정치 체제를 새로우면서도 골치 아픈 방향으로 몰아 갔다. 그는 원로원과 평민회의 제도적 균형이라는 과거의 유산을 청산하는, 일종의 '중재 직접 민주주의'를 옹호하고 나섰다. 티베리우스의 구상대로라면 평민회가 로마 정책의 모든 측면을 이끄는 지배 세력이 된다. 평민회는 자기 주장이 강한 호민관들의 지도력과 평민들의 익명 투표를 가능하게 한 사상 첫 비밀 투표제를 통해 보호 받으면서, 대중의 의지에 따라 법을 만들게 하자는 것이다. 평민회가 통과시키려는 법안을 원로원 의원들과 협력해 저지하려는 호민관은 평민회의 의지에 따라 해임할 수 있게 된다. 호민관과 평민회의 권한 문제 이면에는, 대중의 목소리와 투표 행사가 원로원과 지배 계층의 왜곡된 힘을 극복할 때만 로마인의 진정한 자유가 달성될 수 있다는 혁명적인 새 사상이 자리 잡고 있었다. [33]

처음에 티베리우스는 공화국이 로마의 가난한 시민들에게 자산을 재분배하는, 새로운 역할을 맡게 하자고 제안했었다. 이제 그는 로마 지배 계층의 권위에 도전함으로써 부유하지 않은 이들에게 다시 힘을 실어주는 방향으로 공화정의 핵심 기관인 원로원과 평민회의 권력 균형 조정을 사실상 주장하고 나섰다. 이 두 가지 조처는 원로원 의원들과 로마와 이탈리아 내에 있는 그들의 부자 동맹 세력을 불안하게 만들었다. 무엇보다도 이러한 변화의 중심에 있는 티베리우스의 역할이 가장 불편했을 것이다. 대중의 정서를 능란하게 장악하고 폭력의 위협을 부각시키는 기술도 능했던 티베리우스는 자신이 주창한 제도 혁명의 가장 직접적인 수혜자가 될 위치에 있었다. 많은 원로원 의원들은 티베리우스가 원로원을 주변부로 밀어내고 평민회에 힘을 실어주는 데 성공하면, 그의 재능과 인기가 결국은 대중의 정서 관리 능력을 중심으로 한 티베리우스 개인 통치로 귀결될 것을 우려하기 시작했다.

아탈루스의 유산 처리를 둘러싼 공개 토론은 공화국의 가장 저명한 인사들이 티베리우스를 강력하게 공격하는 자리가 됐다. 전직 집정관 여러 명이 티베리우스가 공화국에서 절대 권력을 노린다고 공격하며 들고 일어났다. 티베리우스와 이웃하며 살던 전직 집정관은, 티베리우스가 왕이 되면 그에게 주려고 아탈루스 왕의 금고에서 왕관과 왕이 입는 자주색 예복을 따로 빼돌렸다는 주장까지 제기했다. [34] 또 다른 사람은, 티베리우스에게 맞서 원로원과 손을 잡는 호민관들이 옥타비우스처럼 내쫓기는 일이 또 일어날 가능성을 제기하면서 티베리우스에게 도전했다. [35] 이튿날 티베리우스는 옥타비우스에게서 호민관직을 빼앗은 것은 자기가 아니라고 해명하며 대응에 나섰다. 시민들이 한 일이라는 것이 그의 주장이다. 당시나 지금이나, 시민들은 스스로 판단하여 호민관의 권한을 부여하고 박탈할 권리가 있다고도 주장했다.

격렬한 공개 토론 끝에 평민회는 다시 표결을 통해 티베리우스의 노선을 따르기로 했다. 아탈루스가 남긴 유산으로 토지위원회 운영 자금을 지원하고 토지위원회의 결정에 따라 분배되는 땅에 정착하는 이들에게 물자를 공급하기로 한 것이다. 이로써 토지 개혁이 시행될 수 있었다. 그러나 티베리우스가 끼친 헌법적 해악이 토지 분배법이 가져다 줄 그 어떤 이익보다 압도적으로 크다는 사실이 곧 명백해졌다. 티베리우스가 폭력 동원을 거론하며 협박했고 급진적인 정치적 조처까지 동원해 토지위원회를 만들었으며 여기에 필요한 자금도 확보했지만, 위원회의 소관 영역은 다소 제한적이었다. 500이우게룸 이상의 토지가 재분배 대상이었지만, 재분배되는 지역은 이탈리아의 특정 지역에 국한됐다. 예컨대, 캄파니아의 비옥한 농지는 거의 손도 대지 못했던 듯하다. [36] 토지위원회가 남부 이탈리아의 공공 토지 전체를 재분배하더라도 당시 이탈리아 전체 인구 수백만 명 중 고작 1만5천 가구의 빈곤층만 땅을 분배받아 재정착했을 걸로 추정된다. 이개혁으로 최상층 부자들이 받은 피해는 예상보다 훨씬 적었다. 토지위원회가 재분배를 제안한 지역에 대규모 토지를 보유한 사람들은 의심할 여지없이 재정적 타격을 입었지만, 이탈리아 최고 부자들은 자산을 다양한 곳에 투자했으며 그중 토지는 일부에 불과했다. 로마나 이탈리아에서 이 개혁으로 몰락한 부유한 가문은 (있더라도) 극히 일부였을 것이다. 그러나 토지

개혁을 위해 제도적 규범을 위반함으로써 결국 많은 로마인이 피해를 입게 될 터였다. [37]

티베리우스는 결정적이고 궁극적으로 운명적인 두 가지 선택을 함으로써, 이 논쟁을 과거 정치적 불만이 터져 나왔던 어느 순간보다 훨씬 더 폭발적인 논쟁으로 만들었다. '계급 갈등' 이후 150년 동안 공화정이 정치적 폭력 사태를 피할 수 있었던 것은 대체로 로마인들이 원로원과 정무관, 민회의 권력 배분 방식을 결정하는 불문율을 존중했기 때문이다. 정치인들은, 엄밀히 따지면 민회가 주장할 수 있는 모든 법적 권한을 기관 간 관계를 규정한 관습을 뒤집는 도구로 이용할 때 어떤 피해가 발생할지 잘 알았다. 민회는 한 세기 넘도록 그러한 행위를 자발적으로 삼갔다. 그런데 티베리우스는 평민회에 직접 호소해 원로원과 현직 정무관에 공개적으로 도전하기로 결심함으로써 이 규범을 철저히 뒤흔들었다. 이제 갑자기 어떤 규칙으로 정치적 분쟁을 다스릴지, 공화정 기관들의 권력을 견제할 장치가 있는지, 또 있다면 무엇이 그 기능을 맡을지, 모든 것이 불분명해졌다.

티베리우스는 정치 대립의 순간에 무력 동원 협박을 전략적으로 사용함으로써 상황을 훨씬 더 위험하게 몰아갔다. 토지위원회를 둘러싼 긴장이 고조되자, 티베리우스는 정적들이 자신을 협박하고 자신의 친구에게 독을 먹였다는 소문을 퍼뜨려 대중의 분노를 부채질했다. 그 뒤 성난 지지자 무리가 종종 그를 따라 도시를 돌아다녔다. [38] 티베리우스의 개인 수행원들은 물리력을 동원해 옥타비우스를 연단에서 끌어내렸고, 티베리우스의 지지자들은 그를 두들겨 패겠다고 협박했다. 티베리우스는 폭력을 지시한 적도 묵인한 적도 없지만, 주기적으로 폭력 사태를 방조했다.

이런 폭력 행태 때문에, 호민관의 1년 임기 종료가 다가오자 티베리우스는 위험을 느꼈다. 호민관 재직 중에는 '호민관 불가침' 덕분에 보호를 받았지만, 다시 일반 시민이 되면 보호 장치가 사라질 터였다. 퇴임하자마자 반대파가 그를 표적으로 삼을 거라는 소문이 떠도는 가운데, 티베리우스는 호민관 연임에 도전하기로 결심했다. 연임은 불법은 아니었지만, 전례가 없었다. 티베리우스도 이 이례적인 결정을 공개적으로 정당화할 필요를 느꼈다. 그는 다시 웅변 실력에 기댔다. 그는 추종자들을 불러 모아 자신의 안전이 호민관직 유지에 달렸다고 말했다. 지역 부족의 표를 충분히 확보할 만큼 많은 지역 지지자들이 투표하러 로마로 오지 않자, 티베리우스는 로마 시내 도시 빈민층을 상대로 직접 유세에 나서기까지 했다. 35개 부족 중 두 부족이 투표를 마친 뒤, 티베리우스의 연임 도전이 적법한지 의문이 제기됐다. 절차적 혼선을 빚는 가운데, 평민회가 그날 하루 휴회했다. [39]

티베리우스는 추종자들에게 직접 보호해 줄 것을 요청했다. 그는 추종자들에게 "적들이 야밤에 집에 침입해 암살을 시도할 것"이 두렵다고 말했다. 많은 지지자들이 그의 저택 밖에서 "보초를 서며" 밤을 지샜다. 티베리우스는 전에도 군중이 폭력을 행사할 거라는 위협을 꽤 능숙하게 활용했지만, 이번처럼 자신의 안전이 정말로 위협에 직면한 적은 없었다. 공포와 불확실성이 지배하는 분위기에서 그는 능숙한 감각을 잃었다. 다음 날 아침 사람들이 투표를 재개하기 위해 다시 모였을 때, 한구석에서 티베리우스 지지자들과 반대자들의 실랑이가 벌어졌다. 그 와중에 원로원은 대응책을 논의할 회의를 소집했다. 집정관 스카에볼라는 선거 관련 소란을 진압하기 위한 무력 사용을 날카롭게 거부했지만, 티베리우스의 사촌인 대사제 '폰티펙스 막시무스' 스키피오 나스키아는 원로원 의원과 수행원들을 이끌고 티베리우스가 서 있는 원로원 건물 밖으로 나갔다. 처음에 군중들은 아마도 로마의 최고 종교 지도자에 대한 존경심 또는 그가 이끌고 온 사람들에 대한 두려움 때문에 뿔뿔이 흩어졌다가 곧이어 벤치를 부수며 달아나기 시작했다. 나스키아를 수행한 이들 중 일부는 곤봉을 갖고 있었다. 곤봉이 없던 이들은 부서진 벤치 조각들을 집어 들고 미처 도망가지 못한 티베리우스 추종자들을 공격하기 시작했다. 혼란 와중에 티베리우스는 토가 자락이 잡혀 바닥에 내동댕이쳐진 뒤 곤봉을 맞아 숨졌다. 그는 그날 아침 살해된 2, 3백 명의

로마인 중 한 명이었다. [40]

로마인들은 기원전 133년 그날 공화국이 돌이킬 수 없이 변했다는 것을 깨달았다. 몇 세기 후, 플루타르코스는 이 사건을 "왕들이 추방된 뒤 로마에서 시민들 사이의 갈등이 유혈 사태와 시민 학살로 이어진 최초 사례"라고 기록했다. [41] 이 사건으로부터 일세가 지난 시점에 키케로는 "티베리우스 그라쿠스의 죽음이, 그리고 죽음 이전에 그가 호민관직을 수행한 방식이 한 국민을 두 파로 분열시켰다."라고 주장했다. [42] 그리고 역사가 아피아노스는 티베리우스를 "시민들 사이의 갈등으로 숨진 최초의 인물"로 묘사하면서, 그가 한 도시를 그의 죽음을 애도하는 이들과 그의 죽음으로 가장 절실한 희망이 이뤄졌다고 여기는 이들로 양분시켰다고 묘사했다. [43] 또한 아피아노스는 티베리우스가 "그 자신이 폭력적으로 추진한, 가장 훌륭한 설계 때문에 호민관 재직 중 수도에서 살해당했다."라고 지적했다. [44]

아피아노스는 티베리우스가 수행한 호민관직의 가장 파괴적인 측면을 예리하게 인식했다. 티베리우스는 토지 개혁이 필수적이라는 개인적 신념으로 무장하고, 자신이 정의롭다고 믿은 정치 프로그램을 추진할 도구로 위협과 협박의 사용을 일상화했다. 아피아노스는 티베리우스의 제안이 훌륭하다는 데 동의했지만, 훌륭한 목표 추구를 위해서일지라도 일반적인 정치 수단 대신 폭력을 사용하는 것은 위험을 부르는 짓이라고 생각했다. 로마 공화정은 불공정할지언정 모든 지배 계층이 인정한, 일련의 정치적 규범들에 따라 타협하고 경쟁하는 원칙 위에 세워진 체제였다. 그들은 공화국이 제공하는 보상을 놓고 경쟁할 기회를 얻는 대가로 순순히 공화정의 규칙에 얽매였다. 아피아노스는 티베리우스의 죽음을 애도한 사람 중 일부는 자기 자신에 대해서도 애도했다고 썼다. 또 그들은 티베리우스의 살해로 "공화정은 더 이상 존재하지 않으며 오로지 무력과 폭력의 지배만 남았다."라는 사실이 드러난 그 순간에 대해서도 애도했다고 덧붙였다. 이 대목은 아피아노스 자신의 생각을 내비친 것인 듯 하다. [45]

후대의 저자들은 사건이 벌어진 뒤 전후 사정을 모두 파악할 수 있었기에 유리한 위치에서 글을 썼다. 이 사건이 충격적이긴 했지만, 기원전 133년 당시의 로마인들이 공화정의 제도와 행동 규범에 심각한 타격이 가해졌음을 얼마나 빨리 이해했는지는 불분명하다. 원로원은 아마도 전체 사건을 마무리 짓기 위해 애초 입안자가 사라진 토지 개혁을 계속 진행하도록 했다. 아탈루스 왕이 남긴 유산에서 운영 자금을 계속 지원했고, 티베리우스를 대신할 새 위원장이 임명됐으며, 토지위원회는 토지 소유 현황의 문서화를 거부한 사람들에 대한 수사를 시작했다. 아마도 위원회는 기원전 118년까지 활동했지만, 그 이후에도 또 다른 토지 개혁 조처가 이어졌다.[46] 티베리우스의 죽음에 연루된 사람들에 대한 대응도 신속했다. 스키피오 나스키아는 호민관 살해 혐의로 탄핵당할 위기에 몰렸다가 아시아로 보내졌다. 그는 로마를 떠난 지 얼마 안돼 숨졌다.[47] 군중들은 스키피오 아이밀리아누스가 민회에서 티베리우스에 반대한다는 뜻을 밝히자 또다시 고함을 질러 그의 발언을 저지시키기도 했다.[48]

그러나 기원전 120년대가 밝아오면서, 로마 정치 체제가 안정을 되찾지 못했다는 것이 분명해졌다. 그라쿠스의 토지위원회로부터 조사와 제소 대상이 된 이탈리아 농장 소유자들은, 로마 시민들이 본인들을 위해 만든 정책을 바꿀 직접적인 힘이 없었다. 그들은 먼저 로마에 영향력을 끼칠 수 있는 정치 동맹 세력을 통해 불만을 해소하려고 했다. 이 시도는 그들의 이익을 소리 높여 대변한 스키피오 아이밀리아누스와 협력하에 이뤄졌다. 기원전 129년 스키피오는 이탈리아 동맹 세력과 관련된 토지 사용 문제는 본질적으로 민회 또는 민회가 임명한 이들이 다룰 문제가 아니며 원로원의 권한에 속하는 국제 관계 문제로 봐야 한다고 주장한 듯하다. 스키피오가 토지위원회를 폐지하려 한다는 소문이 퍼지면서 대중의 분노가 커졌지만, 그가 의문스러운 상황에서 죽으면서 그의 시도는 갑작스럽게 종말을 고했다. 스키피오의 아내 셈프로니아와 티베리우스의 어머니 코르넬리아가 그를 독살

했다는 소문이 곧 도시 곳곳으로 빠르게 퍼졌다. [49]

스키피오가 사망한 후, 이탈리아 동맹 세력들은 로마 공화국이 자신들의 이익을 보호할 의지가 정말로 있는지 의심하기 시작했다. 기원전 126년 혼잡한 도시 로마에서 로마 시민이 아닌 이들을 내쫓는 조처가 시행되자, 로마인과 이탈리아 동맹 세력 사이의 불신은 더 깊어졌다. 이어 기원전 125년에 발생한 두 개의 사건은 문제의 심각성을 드러냈다. 그라쿠스의 토지위원회 위원이었던 풀비우스 플라쿠스 집정관이 이탈리아 동맹 세력들의 시민권 요구를 수용하는 내용의 법안을 내놓았지만 승인을 받지 못했다. 아마도 법안 통과가 좌절된 탓에, 한니발이 이탈리아에 주둔하던 때조차 로마에 충성했던 라틴 식민지 프레겔라이가 로마의 권위에 반기를 들었다. 이 사태는 반로마 성향의 소요가 더 확산되게 재촉했고 결국 로마 군대가 나서 이 도시를 파괴하는 사태로 끝을 맺었다. [50]

티베리우스의 동생 가이우스가 기원전 123년에 호민관에 당선되고 그다음 해에 재선되자, 더욱 큰 불확실성이 로마와 이탈리아 동맹국들을 사로잡았다. 가이우스는 자신의 형이 시도한 토지 개혁 프로그램과 그의 폭력적인 죽음의 여진이 가라앉지 않은 상황에서 호민관직을 시작했다. 가이우스는 그라쿠스라는 성씨를 쓸 뿐 아니라 선거 출마 전에 10년 동안 그라쿠스의 토지위원회에서 일한 인물이었다. 가이우스는 티베리우스가 꿈에 나타난 뒤 호민관을 하기로 결심했다고 주장함으로써 고인이 된 형과의 유대를 강조했다. 이 덕분에 그는 형을 지지했던 사람들로부터 인기를 얻었지만, 한때 티베리우스에 반대했던 원로원 의원들로부터는 배척당했다. [51]

호민관 당선 뒤 가이우스는 형이 상상한 것보다 훨씬 더 많은 입법 프로그램에 착수했다. 티베리우스는 공화정의 정무관들이 농촌 빈민의 경제 상황을 개선하기 위한 조처를 해야 한다는 원칙을 강력하게 주장했다. 하지만 실제로 국가가 감당할 역할의 미래상에 대한 그의 생각은 상대적으로 온건했다. 그런데, 가이우스는 이 원칙을 훨씬 더 넓게 확장했다. 그는 곡물이 필요하거나 구입을 원하는 모든 로마 시민에게 시장 가격보다 싸게 곡물을 제공하는, 공적 자금에 기반한 곡물 유통 체제를 위한 법을 통과시켰다. 그는 토지위원회의 토지 분배 절차도 개혁해서, 이탈리아 내 동맹 세력이 경작하는 토지의 일부를 토지 분배 대상에서 면제해 줬다고 한다. 그는 국가가 군인들에게 장비와 의복을 무상으로 제공하도록 하는 법안을 지지하는 한편 최소 징집 연령을 17살로 정했다. 이어서 땅이 없는 로마 시민들을 위한 식민지 설립 절차를 재정립했고, 과거 카르타고의 도시였던 곳에 식민지를 세우려던 계획도 다시 추진했다. [52]

가이우스는 정부 지출 증가를 감당하기 위해 아시아 속주의 세금 징수 과정을 혁신했다. [53] 징수 사업을 입찰로 따낸 소규모 업자들이 총독의 감독 아래 구역별로 일하던 과거의 단편적인 방식에서, 로마의 감찰관이 전체 속주 단위로 징수 대행 계약을 맺는 방식으로 바꾸었다. 이런 중앙집중 방식은 국가가 거둬들이는 세수를 극대화하는 동시에 지방 총독들의 부패를 최소화하기 위해 고안된 것이다. 가이우스는 새로운 세금 징수 체계와 짝을 이루는 사법 개혁도 실시했다. 원로원 의원이 민사 사건의 판사 역할과 형사 사건의 배심원 역할을 맡던 독점 체제를 폐지한 것이다. 가이우스의 동료 호민관은 직무상 금품 갈취 사건을 기사 신분(로마에서 원로원 의원에 이어 두 번째로 높은 계급)이 맡도록 하는 법안을 추진했다. 이런 중요한 개혁은 원로원 배심원단이 자신의 동료를 재판하는 체제를 끝냄으로써 부패 사건에서 유죄 판결 가능성을 더 높였다. 이 모든 조처가 원로원 의원들의 격렬한 반대를 불러일으켰지만, 티베리우스가 겪었던 절차적 교착 상태가 되풀이되지는 않았다. 가이우스의 인기와 웅변 실력이 자신의 형을 넘어섰을 뿐 아니라, 개혁을 방해하면 기원전 133년의 폭력이 되풀이될 것임을 원로원 의원들이 잘 알았기 때문이다.

가이우스의 호민관 2년차 임기는 별로 성공적이지 못했다. 가이우스가 기원전 122년의 첫 두 달 동안 새 카르타고 식민지 건설 계획 감독을 위해 아프리카에 머물렀기 때문에, 반대파들은 그가 로마에 없는 공백을 노리기로 결심했다. 그들은 그의 인기 있는 개혁안을 반대하기보다는 그것을 압도할 대안 제시에 집중했다. 가이우스에 반대하는 호민관들은 3만6천 가구에게 토지를 제공할 12개의 새 식민지를 이탈리아에 건설하는 방안 등 훨씬 더 정교한 대안을 내놓기 시작했다(하지만 통과되지 못했다). 가이우스가 모든 이탈리아 동맹 세력에게 시민권을 확대 부여하자는 주장을 밀어붙였던 반면, 그들은 가이우스가 로마인이 아닌 사람들에게 너무 쉽게 시민권을 주려 한다면서 대안으로 이탈리아인에 대한 태형 금지를 내놨다. 이 제안 역시 관철되지 못했지만, 통과 여부가 요점은 아닌 듯했다. 이 제안은 가이우스를 극단주의자로 낙인찍는 동시에 반대파를 타협 의지가 있는 이들로 보이게 하는 데 성공했다. 가이우스는 기원전 123년에 많은 걸 이뤘지만, 이듬해인 122년에는 경쟁자들이 그의 제안들을 개선하려고 시도하면서부터 가이우스는 금세 무능하고 감각이 떨어지는 인물처럼 여겨졌다.

기원전 120년대에 그라쿠스 형제 반대파가 기울인 노력은, 앞서 133년 티베리우스에 대응할 때 썼던 대립 전술보다 훨씬 더 효과적인 것으로 확인됐다. 기원전 121년에 가이우스는 호민관에서 물러났고, 그 즉시로 그해 집정관으로 선출된 이들 중 한 명이 가르타고 식민지 설립 자금 지원을 중단하고 나섰다. 호민관 중 한 명이 이 문제에 대한 공식 공개 토론을 이끄는 동안, 가이우스와 그의 동맹세력은 이에 맞설 비공식 공개 토론을 촉구했던 것으로 보인다. 그의 추종자들이 공식 토론 참가자들과 뒤섞이면서 폭력 사태가 발생했고, 집정관의 수행원 한 명이 숨지는 사태로 이어졌다. 원로원은 과거 티베리우스에게 취했던 공격적인 조처를 다시 채택해 강경 대응했다. 원로원은 전례 없는 비상사태를 선포하고, 집정관 루키우스 오피미우스에게 로마 공화정을 방어하는 데 필요한 모든 조처를 허용하기로 의결했다. 이 조처에는 로마 시민을 재판 없이 살해하는 것도 포함됐다. 루키우스는 모든 원로원 의원과 기사 계급에게 무장할 것을 요구했고, 가이우스와 그의 지지자들을 향해 진격해 마침내 가이우스와 플라쿠스 집정관, 그리고 그들의 추종자 3천여 명을 살해했다. 앞서 티베리우스가 나스키아가 이끄는 무리들에게 살해당했을 때 함께 숨진 로마인은 약 300명 수준이었을 것이다. 그로부터 10여 년 뒤, 원로원이 한 명의 로마 시민과 그의 추종자들에게 맞서는 데 집정관이 공화국의 자원을 쓰게 해주면서 수천 명이 가이우스와 함께 숨진 것이다. 정치적 폭력이 로마 정치의 변두리에서 원로원이 승인하는 도구로 빠르게 자리 잡았다. 이로써 어떤 로마인들의 눈에는, 그라쿠스 형제가 공화국의 폭력에 희생됨으로써 개혁가를 막기 위해서라면 (살인을 포함한) 모든 수단을 기꺼이 사용하는 정치 질서를 상징하는 존재가 됐다. [54]

후대 역사가들은 티베리우스와 가이우스 그라쿠스 형제 살해가 불가피했음을 부각하며 이 현실을 수용했다. 예를 들어, 플루타르코스는 『가이우스 그라쿠스의 생애』의 첫머리에서 티베리우스가 가이우스의 꿈에 나타나서 한 말을 이렇게 묘사했다. "탈출구는 없다. 운명은 우리 둘에게 인민들을 위해 살다가 죽으라고 명령했다."[55] 가이우스는 이 꿈을 자주 언급했고, 이 꿈이 자신에게 로마 사람들을 위해 봉사하고 폭력적으로 일찍 죽는 것도 감수하도록 이끌었다고 이해했다. 그러나 사실 가이우스를 죽음에 이르게 한 것은 운명이 아니라 티베리우스였다. 티베리우스는 자신이 기대한 집정관직 진출을 저지하고 그 대안으로 추진했던 입법 프로그램조차 방해하려는 체제에 좌절해서, 지난 150년 동안 공화정에서 신중한 검토와 타협의 문화를 형성해 온 정치 행동 패턴을 공격하기로 결심했다. 그리고 위협적인 분위기 조성을 통해 그 결심을 이행했다. 티베리우스는 그만의 정치적 창조성과 지지자들의 폭력 협박에 힘입어 토지 개혁 법안을 통과시킬 수 있었지만, 오랫동안 로마의 정치 논쟁을 규정해 온 제약들도 함께 무너뜨렸다. 이제 누구도 분쟁이 평화롭게 해결되리라고 확신할 수 없었다. 아무리 사소한 폭력 사건이라도 공화정을 위협하는 것처럼 비칠 수 있었다. 가이우스는 티베리우스처럼 협박을 이용하지 않으려 애썼지만 이는 중요하지 않았다. 폭력과 협박이 정치 도구가 된 이상, 그 어떤 소동도 과잉 대응의 구실을 제공했다. 그라쿠스 형제는 티베리우스가 만든 이 새로운 세상의 첫 번째 희생자였다. 그리고 그들이 마지막도 아닐 터였다.

ROMAN

RE

PUBLIC

5장 국외자의 부상

기원전 121년 가이우스 그라쿠스와 그의 지지자들이 살해된 사건은 로마 공화정 정치의 역학을 바꾸어 놓았다. 국가 통제권은 가이우스와 그의 지지자들을 살해한 책임이 있는 집정관이자 원로원 의원인 오피미우스 같은 이들에게 넘어갔다. 그들은 기원전 130년대와 120년대의 갈등을 과거의 일로 넘기기로 한 것 같다. 그라쿠스 형제의 개혁 프로그램에 공개적으로 도전하거나 그 개혁을 되돌리지는 않았다. 토지개혁위원회는 계속 운영되었고, 로마 시민은 곡물에 대해 보조금을 계속 청구할 수 있었으며, 로마 기사 계급은 여전히 원로원 의원들의 직무상 금품 갈취 사건 재판을 맡았다. 오피미우스는 콩코르디아 여신에게 바치는 신전 건축 비용을 대기도 했는데, 이 신전은 기원전 130년대와 120년대의 혼란이 그라쿠스 형제가 조장한 파벌주의와 폭력 분위기에서 비롯된 것임을 강조하도록 설계된 건축물이다. [1] 많은 원로원 의원들은 그라쿠스 형제의 포퓰리즘적 호소력은 로마 시민들의 피부에 닿는 혜택과 특권을 제공한 데 있었다고 믿는 듯했다. 이렇게 생각한 의원들은 혜택이 유지되는 한 시민들이 조용히 있을 것이고, 운이 좋다면 공화정이 다시 평화롭게 작동할 것으로 믿었다.

그라쿠스 형제를 지지한 많은 사람이 실제로 그들의 개혁 프로그램에서 혜택을 받았지만, 티베리우스와 가이우스의 진정한 호소력은 부유하고 좋은 지위에 있는 이들에 대한 공격이 상징하는 바에 있었다. 반대파들은 이 점만큼은 흡수할 수 없었다. 한편으로 이들 형제의 폭력적인 죽음은 그들을 순교자로 만들었다. 이 사례는 엘리트층의 부패나 오만이 특히 두드러지게 표면 위로 떠오를 때마다 반향을 불렀다. 무엇보다 결정적인 점은, 이들이 구축한 정치적 대결 모델이 정치 권력 쟁취에 목숨을 걸 만큼 야심 찬 정치인이라면 누구에게나 여전히 유효하다는 사실이었다.

기원전 110년대에는 그렇게까지 절박한 정치인이 없는 것으로 드러났다. 이 10년 동안은 소수의 가문이 공화국의 최고위 공직을 독점했던 시대였다. 기원전 123년부터 109년 사이에는 네 가문이 전체 집정관의 거의 절반을 독차지했다. 카이킬리우스 메텔루스 가문은 이 기간에 6명의 집정관을 배출했는데, 같은 해에 M. 카이킬리우스 메텔루스가 처남인 M. 아이밀리우스 스카우루스와 함께 집정관에 선출돼 나란히 직을 수행하기도 했다. [2] 후대의 한 작가는 이 시기를 지배 계층이 권력을 강화하면서 "무한하고 무절제한 탐욕이 만연해 모든 것을 침범하고, 위반하고, 파괴하며, 그 어떤 것도 존중하지도 신성하게 여기지도 않는" 사태를 불러왔다고 썼다. [3] 실제로 기원전 110년대 중반에 이르면, 지배층 가문과 기타 원로원 의원을 배출한 가문들이 연루된 선정적인 추문이 잇따라 로마를 뒤흔들었다. 기원전 114년에는 6명의 '베스타 신녀' 중 3명이 순결 서약을 위반한 혐의로 기소됐다. [4] 베스타 신녀들은 모두 지배 계층 가문 출신이며, 종교 의식에 쓰일 음식을 준비하고 난로의 여신 베스타에게 바치는 신성한 불을 관리하는 등 로마 전체의 의식을 관장하는 여사제들이다. 이런 종교적 역할을 맡는 만큼, 베스타 신녀들은 30년 동안 순결을 유지하기로 서약했다.

여사제단의 절반이 성적으로 부적절한 짓을 했다는 혐의는 모든 로마인에게 심각한 종교적 영향을 초래할 수도 있는 사건이었다. 그런데 세 명의 신녀들은 비리 정도에 따라서가 아니라 그들이 관계를 맺은 남성들의 사회적 지위에 따라 다르게 처리됐다. 기사 계급의 남성과 관계를 한 신녀는 기원전 114년에 유죄 판결을 받고 생매장됐다. 원로원 의원 가문의 남성과 관계를 맺은 혐의로 기소된 다른 두 신녀는 원로원 의원이기도 한 로마 사제들이 주재한 재판에서 무죄 방면됐다. 원로원 의원과 기사 계급에 서로 다른 잣대가 적용되었다고 인식한 대중의 항의가 빗발치자, 기원전 113년에 취임한 호민관 중 한 명이 이 사건을 조사할 특별 독립 위원회 설치 법안을 제안했다. 기원전 137년 배심원 재판에 비밀투표제 도입 법안을 발의한 루키우스 카시우스 롱기누스 라빌라가 이끄는 이 위원회는 베스타 신녀들과 그들의 애인 모두에게 유죄 판결을 내렸다. 이는 사제들의 재판을 주재했던 대사제 L. 카이킬리우스 메텔루스 달마티쿠스의 명성에도 심각한 타격을 입혔다. 그해에는 전 집정관 C. 포르키우스 카토가 트라키아에서 이끈 전투에서 진 뒤 기사 계급이 주재한 재판에서 금품 갈취 혐의로 유죄 판결을 받는 등 여러 원로원 의원들에 대한 재판이 이어졌다.

이런 수사는 대중의 불만이 고조되는 가운데 이뤄졌다. 기원전 110년대 후반과 100년대 초반에 일어난 일련의 로마군 패배와 불길한 종교적 징조는 많은 로마인들에게 지배 계층의 오만과 무능, 불경함이 신의 노여움을 사서 나라가 길을 잃었다고 생각하게 했다. 사제직은 여전히 로마에서 가장 강력한 가문들이 장악하고 있었는데 신들의 불만을 보여주는 증거들이 곳곳에서 나타나자 로마인들은 신을 달랠 방법을 찾기 시작했다. 기원전 114~113년 세 명의 베스타 신녀 처형에 이어 그리스와 갈리아 포로들이 희생 제물로 바쳐졌고, 기원전 109년에는 사상 처음으로 로마 사제단 중 한 명이 부정 행위로 처벌을 받았다. 운 좋은 원로원 가문에 속하지 않은 외부 정치인들은 곧 사람들의 관심을 몇몇 사제들의 신앙 문제에서 견고한 세력을 형성해 온 원로원 가문들의 만연한 정치적 부패로 돌릴 기회를 감지했다. [5]

객관적인 관찰자라면 왜 그렇게 많은 로마인들이 경각심을 느꼈는지에 대해 의문을 품을 것이다. 기원전 110년대에는 로마가 군사 작전에서 패배하는 일보다 승리하는 일이 여전히 많았고, 한니발의 군대가 이탈리아 반도를 활보하던 한 세기 전 상황과 달리 로마 자체가 위협받는 일도 전혀 없었다. 이전 세기의 대부분 기간과 마찬가지로 경제는 계속 성장했고, 부유층은 수십 년 전만 해도 상상할 수 없을 만큼 부를 쌓았다. 그런데, 이와 동시에 로마 하층민과 기사 계급, 심지어 일부 원로원 의원들 사이에서 공화정에 뭔가 심각한 문제가 있다는 공감대가 점차 형성되었다.

기원전 110년대 후반 내내 공화국을 덮친 불안감은, 북아프리카 누미디아의 영리한 왕 유구르타와 관련된 일련의 사건 이후 로마의 정치 지형을 크게 바꾸었다. 아프리카 자마에서 스키피오 아프리카누스와 나란히 싸웠던 누미디아 왕 마시니사의 손자 유구르타는 기원전 134~133년 로마가 스페인 도시 누만티아를 상대로 벌인 전쟁의 막바지 단계에서 스키피오 아이밀리아누스와 함께 싸우도록 파견됐다. 이는 (그의 큰아버지이자) 마시니사의 후계자 미킵사의 명령에 따른 것이다. 유구르타는 능력 있고 정감도 있음을 보여줘, 지휘관인 스키피오에게 군인으로서 깊은 인상을 남겼고 영향력 있는 로마인들과 우정도 쌓았다. 유구르타는 스키피오의 표창을 받아 입지를 다진 후 누미디아로 돌아갔고 곧 미킵사의 아들로 입양됐다. 118년 미킵사가 죽었을 때, 유구르타는 왕의 적자들인 히엠프살, 아드헤르발과 왕국을 분할 상속하기로 되어 있었다. [6]

이 합의는 금방 무너졌다. 유구르타는 곧 반란을 일으켰다. 역사가 살루스티우스는 "명예와 미덕보다는 재물이 더 강력한 동기였던 [로마] 군대 내부의 많은 신참과 귀족"들이 그의 반란을 부추겼고, 로마의 모든 것을 돈으로 살 수 있다는 유구르타의 생각도 반란을 부른 요인이라고 썼다. [7] 116년 전투에서 히엠프살은 죽고 아드헤르발은 패배해 로마로 도주했다. 아드헤르발은 원로원의 개입을 호소했다. 살루스티우스는 격렬한 로비와 유구르타의 노골적인 매수 행위가 난무한 가운데 원로원이 누미디아 왕국을 유구르타와 아드헤르발에게 나눠주는 임무를 맡을 위원회를 파견하기로 결정했다고 썼다. 이런 원로원의 결정과 위원회 위원의 순조로운 매수 덕분에 대담해진 유구르타는 위원회의 왕국 분할 결정을 준수하지 않고 다시 적대 행위에 나섰다고 살루스티우스는 주장했다. 유구르타의 군대는 112년 아드헤르발을 키르타(현재 알제리 북부 도시)로 몰아 넣어 죽게 했다. 그의 군대는 이 도시를 점령하면서 많은 로마와 이탈리아 상인들도 살해했다. [8]

유구르타의 동료 중 일부는 로마인들이 누미디아 내부 투쟁에 더 깊이 개입해서는 안된다고 주장했지만, 키르타에서 로마와 이탈리아 상인들이 학살된 것을 무시하는 건 너무 큰 굴욕이었다. 신임 호민관 가이우스 멤미우스는 원로원 내 일부 세력이 유구르타의 죄를 사면하려 한다고 로마인들에게 알렸다. 원로원은 평민회의 압력으로 기원전 112년 집정관 선거 당선자 중 한 명에게 누미디아 분쟁을 맡기기로 결정했다. 그래서 기원전 111년에 집정관 칼푸르니우스 베스티아가 로마 군대를 이끌고 유구르타와 맞섰다. 이미 로마에서는 유구르타가 앞서 아드헤르발과의 갈등을 중재하기 위해 파견된 위원회 위원들을 매수했었다는 소문이 돌았는데, 그런 상황에서 베스티아가 군사 작전을 잠깐 편 뒤 서둘러 평화 조약을 맺은 사실이 알려지자 지배 계층의 부패 의혹은 공개적인 분노 폭발로 번졌다. 그러나 이 조약에 대한 거센 반대 여론 속에서도 원로원은 대응 방안에 대해 합의하지 못했다. [9]

멤미우스 호민관은 원로원이 이렇게 망설이면서 커져만 가는 대중의 분노를 이용할 기회를 줬다고 느꼈다. 멤미우스는 일련의 공개 모임에서 "사람들에게 복수에 나서라고 촉구"했고 "공화국과 자신들의 자유를 저버리지 말라고 경고"했다. 오피미우스가 가이우스 그라쿠스를 무찌른 뒤 콩코르디아 여신의 정치적 화합 회복을 기념한다며 세운 콩코르디아 신전 앞에서, 멤미우스는 청중들에게 자신들이 엘리트 원로원 의원들로 이뤄진 "오만한 도당의 노리개" 신세였으며 청중들의 보호자였던 그라쿠스가 "복수를 이루지 못한 채 무너졌다."라고 상기시켰다고 전해진다. [10] 멤미우스는 이어 청중들에게 전쟁 범죄를 부주의하게 기소하고 조약을 서둘러 맺은 원로원 의원들의 부패를 척결하기 위해 "무력에 의지하지 말고" 법원을 통해 처벌하자고 촉구했다. 그가 발언한 후에 평민회는 루키우스 카시우스 법무관을 누미디아로 보내 유구르타를 로마로 소환한 뒤 원로원에서 증언하게 하기로 결정했다. 하지만 유구르타가 로마에 도착했을 때, 멤미우스의 동료 호민관 중 (유구르타가 또다시 매수했을 것으로 추정되는) 한 명이 유구르타 왕의 증언을 막고 사건 조사를 사실상 종결시켰다. [11]

멤미우스가 주도한 조사가 실패하자 전쟁이 다시 시작됐다. 그러나 새 집정관이 이끈 전쟁은 지지부진했고, 로마는 항복한 뒤 후퇴했다. 이 패배는 로마 대중의 분노를 더욱 부추겼다. 기원전 109년 호민관인 C. 마밀리우스 리메타누스는 유구르타와의 여러 차례 협상에 관여한 로마 관리들의 부패 혐의를 조사할 법정을 설치했다. 이 법정은 의심스러울 정도로 신속하게 사건을 처리했고, (누미디아에 맨 처음 파견됐던 위원회 위원으로 활동한 오피미우스를 포함한) 4명의 전직 집정관과 1명의 현직 사제에 대해 유죄 판결을 내렸다. 이들의 유죄를 의심하지 않았던 살루스티우스조차, 이 조사가 "소문과 사람들의 비이성적인 격정에 근거한 반감과 폭력"으로 진행됐음을 인정했다. [12]

누미디아의 군사 상황은 기원전 109년 집정관 Q. 카이킬리우스 메텔루스 지휘 아래 점차 개선되기 시작했다. 메텔루스는 한해 전에 누미디아에서 철수한 로마 군대의 남은 병력을 재훈련시킨 뒤, 느리지만 신중하게 유구르타의 영토로 또다시 진격했다. 메텔루스는 꾸준하게 진군한 덕분에 지휘권을 1년 연장받았다. 그런데 기원전 108년이 되자 많은 로마인들은 폐쇄적이고 부패한 도당으로 여겨지는 원로원 가문 출신자들이 공화국의 최고위직을 장악하고 있는 현실에 넌더리를 냈다. 메텔루스가 유구르타와의 전쟁 전황을 바꿨다지만, 다른 곳에서는 로마 북쪽의 이방인들인 킴브리와의 전쟁에서 패배했기 때문에 메텔루스의 성공이 전반적인 분위기를 바꾸지는 못했다.

누미디아에서 메텔루스의 야심찬 참모로 활동한 가이우스 마리우스는 이 순간을 자신이 집정관직에 출마할 기회로 여겼다. 살루스티우스가 "가문이 구시대 유물과 같은 점을 빼곤" 집정관에게 필요한 모든 자질을 갖췄다고 평한 마리우스는 한 점쟁이로부터 집정관이 될 운명이라는 말을 들은 적이 있었다. [13] 마리우스는 이것이 자신의 운명이라고 진심으로 믿었지만, 몇 년 전만 해도 그와 같은 사람에게 집정관직은 불가능한 야망으로 비쳤을 것이었다. 무엇보다, 마리우스는 조상 가운데 원로원 의원이 한 명도 없는 로마 기사 계급 출신자 곧 '노부스 호모'였다. [14] 게다가 그는 항상 최고의 정치적 판단력을 보여주지도 못했다. 그는 카이킬리우스 메텔루스 가문의 피보호인으로 경력을 시작했고, 기원전 119년에 호민관으로 선출된 것도 그들의 도움이 컸다. 호민관 시절 마리우스는 유권자가 투표함으로 가는 통로를 좁혀 참관인이 유권자가 들고 가는 투표 결과를 볼 수 없게 하는 법안을 제안했다. 이 제안은 원로원의 공개 논쟁을 촉발했고, 그 와중에 마리우스는 집정관 두 명을 모두 체포하겠다고 위협했다. 그 중 한 명은 L. 카이킬리우스 메텔루스 달마티쿠스였다. 단기적으로 보면, 자기 후원자의 친척을 공개적으로 망신시킴으로써 마리우스의 정치적 운명에 타격이 가해졌다. 마리우스는 기원전 119년 호민관직을 끝낸 뒤 두 번의 조영관 선거에서 낙선했고 116년에는 법무관에 당선된 후보들 가운데 가장 적은 표를 얻는 데 그쳤다. 마리우스는 법무관직을 마친 뒤 뇌물 수수 혐의로 기소당했다. [15]

하지만 기원전 109년에 이르자 시대 분위기와 태도가 바뀌었다. 마리우스는 카이킬리우스 메텔루스 가문과의 관계를 회복한 덕분에 아프리카에서 메텔루스의 참모 자리를 얻었던 것으로 보인다. 그러나 그가 옛 후원자들과 화해했더라도 그들에 대한 충성심은 예전 같지 않았다. 100년대 초 마리우스가 이제는 평판이 추락한 L. 카이킬리우스 메텔루스 달마티쿠스와 공개적으로 맞서면서, 이 사태는 마리우스가 활용할 수 있는 뜻밖의 정치적 행운처럼 보였다. 로마는 반체제 열풍에 휩싸였고, 거의 15년 동안 집정관 다수를 차지했던 메텔루스 가문만큼 부패하고 무능한 로마 기득권층을 대표할 이들이라곤 없었다. 마리우스는 당시 메텔루스 가문의 참모로 일하고 있었지만, 과거의 은원 관계에 비추어 자신을 메텔루스 가문에 반대하는 후보로 내세울 수 있었다. 필요하다면, 그가 모신 사령관의 과거 군사 작전 비판을 입에 올림으로써 메텔루스 가문에 반대하는 후보라는 점을 더욱 부각할 수도 있었다. 실로 메텔루스와 그 가문에 노골적인 적대감을 보인 신인 정치인보다 더 완벽하게 기존 정치 권력자 집단과 대비될 만한 존재는 없었다.

기원전 108년 마리우스가 집정관 선거 출마를 선언했을 때, 카이킬리우스 메텔루스 가문의 다른 구성원들이 그의 출마를 위험하게 인식했는지는 모르지만, 누미디아에서 마리우스를 지휘한 메텔루스만큼은 분명 이 점을 깨닫지 못했다. 그는 마리우스가 원로원 가문 출신이 아니기 때문에 자동적으로 자격 미달이라고 확신했다. 메텔루스는 당대가 "새로운 인물이 업적에 힘입어 아주 유명해지거나 걸출해져서 명예를 누릴 자격을 얻을 만한" 시기가 아니라고 생각했다. [16]

메텔루스는 마리우스가 집정관 선거 출마를 위해 사령관인 자신에게 휴가를 요청했을 때도 똑같이 말했다. 충격을 받은 메텔루스는 정중하게 마리우스를 만류하려다가 "모든 사람이 모든 것을 얻으려 염원해서는 안 되며 대신 자신의 지위에 만족해야 하기" 때문에 "신분을 넘어서는 생각을 품지 말라."고 경고했다. [17] 마리우스가 계속 휴가를 요구하자 메텔루스는 마침내 격분해 이렇게 답했다. "여기 내 아들과 함께 나설 수 있을 때까지 기다리는 게 낫지 않겠나?"[18] 그가 언급한 아들은 당시 스무 살 정도였으며 23년이 지나야 집정관 출마 자격을 얻게 될 터였다. 그때 마리우스의 나이는 일흔을 넘게 된다. 마리우스는 메텔루스의 우월감을 밑에 깐 겸손한 척이 은연중에 많은 이탈리아 사람들에게 알려지도록 말을 퍼뜨린 것이 분명해 보인다. 마리우스를 무시하는 메텔루스의 태도는 마리우스에게 우호적이든 적대적이든 간에 여러 문헌에 기록되었다.

메텔루스가 보인 반응은 마리우스가 벌일 선거 운동의 행로를 바꿨다. 마리우스는 이제 귀족 메텔루스 가문의 부패, 오만, 자격에 대한 대중적 해독제로서 자처하며 출마할 수 있게 됐다. 마리우스는 로마의 유권자들 사이에 이 메시지를 두루 전할 방법도 잘 알았다. 그는 북아프리카를 여행하는 로마 사업가들과 자주 대화를 나눴다. 마리우스는 그들에게 메텔루스가 전쟁을 일부러 길게 끌어서 최대한 오랫동안 권력을 잡을 수 있었다고 말했고, 자신이 군대를 책임진다면 전쟁을 빨리 끝낼 수 있다고 약속했다. [19] 그는 군대에 복무하는 부유하고 인맥이 두터운 로마의 기사들—굳건한 세력을 이룬 원로원 엘리트들의 무능과 도덕적 부패에 가장 불만이 큰 계층—에게도 자신이 전쟁을 얼마나 다르게 운영할지 이야기했다. 마리우스는 사업가들과 군인들에게 로마에 있는 친구와 동료들에게 편지를 보내 메텔루스가 전쟁을 얼마나 잘못 관리하고 있는지 전하고, 마리우스를 집정관으로 뽑아 누미디아 지휘를 맡겨달라고 요청할 것을 권했다.

기사 계급의 대변자들은 마리우스가 수도 로마에서 빠르게 대중 운동을 구축하도록 도왔다. 마리우스를 지지하는 선출직 관리들은 공개 모임에서 마리우스의 장점뿐 아니라 메텔루스의 배신과 부패 이야기를 잔뜩 늘어놨다. 초기에 마리우스에게 열광한 이들은 기사 계급과 그들의 동료였지만, 마리우스가 집정관직 출마를 공식 발표하려고 로마로 돌아왔을 때는 토지 없는 노동자 무리와 장인들도 합세해서 환영했다. 마리우스는 거듭 메텔루스를 공격했고 자신이 권력을 얻으면 유구르타를 무찔러 신속하게 승리하겠다고 약속했다. [20] 그런데 마리우스를 향한 열광은 그가 실제로 구현할 것에 대한 열광만큼이나 그가 대표하는 것에 대한 열광이었던 듯하다. 나중에 살루스티우스는, 마리우스 지지자들은 마리우스와 메텔루스의 장단점보다는 두 사람이 대표하는 사회 부문에 대한 자신들의 감정에 더 많은 영향을 받았다고 썼다. [21] 마리우스는 로마인들이 얼마 전까지 공공 생활을 지배하던 유서 깊은 가문들에 실망하고 이제 새로운 정치 방향을 갈망하는 가운데 치러진 선거에서 변화의 후보로 자리매김하는 행운을 누렸다.

마리우스는 선거에서 승리했고, 그 결과 지지자들을 흥분시킨 만큼 반대자들의 사기를 떨어뜨렸다. 원로원이 기원전 107년 집정관을 뽑을 때까지 1년 더 메텔루스에게 누미디아 지휘권을 맡겼지만, 마리우스가 선거에서 승리하자 호민관 한 명이 평민회에서 누미디아의 지휘권을 누가 가져야 할지에 대해 의문을 제기했다. 메텔루스는 최근 유구르타와의 교전에서 연이어 성과를 냈지만, 평민회의 평민들은 지휘권을 마리우스에게 넘기라는 결정을 압도적인 표차로 통과시켰다. 마리우스는 자신이 집정관에 당선된 것을 평민들이 "귀족들을 정복하고 그들로부터 획득한 전리품"이라고 규정하면서 평민들의 결단을 소리 높여 축하했다. 그리고는 메텔루스가 누미디아에서 이끌고 있는 군대를 보강할 파견 부대의 편성에 착수했다. [22]

마리우스는 대규모 신병 모집 허가를 요청했고, 원로원은 기꺼이 승인했다. 원로원 의원들은 여기 참여할 의지가 있는 병사들을 찾지 못할 것으로 확신했다. 로마는 티베리우스 그라쿠스가 한 세대 전에 제기했던 문제 곧 군 복무에 필요한 최소 재산 기준을 충족시키는 시민이 감소하는 데 대한 해법을 여전히 찾지 못하고 있었다. 게다가 누미디아에 이미 군대를 파견한 상태였고(이 군대 또한 앞서 파견된 군대를 보강하기 위한 군대였다), 갈리아 남부에서도 다른 군대가 계속 전쟁중이어서 자격을 갖춘 병사를 모집하기가 더욱 어려웠다. 반대파들은 마리우스가 유구르타에 맞설 군대를 갖추지 못해서 그의 신뢰도에 영구적인 손상을 받게 될 것이라고 생각했다. 아마도 미리 문제를 감지한 마리우스는 전례를 깼다. 다른 지휘관들이 무시했던 로마인 계층에서 신병을 모집해 군대를 구성하기로 한 것이다. 마리우스의 가장 열렬한 지지자 중에는 로마 빈민층이 있었다. 그들은 마리우스에게서 군사 분야의 천재성을 봤고, 그 아래 들어가 복무하면 쉽게 승리하고 전리품도 상당히 얻을 수 있다고 믿었다. 마리우스는 이들을 중심으로 군대를 구성하기로 했는데, 그들이 자신의 가장 열렬한 지지자들일뿐더러 군 복무를 통해 얻을 것도 가장 많은 이들이었기 때문이다. [23] 한 세대 전에 티베리우스 그라쿠스가 그랬듯이, 마리우스도 공화정의 규범에 충실하기보다는 자신의 개인적 야망을 우선시하기로 마음을 굳혔다. 토지 없는 이들을 입대시키는 것이 불법은 아니었지만, 로마의 최근 선례에 크게 어긋나는 일이었다.

메텔루스는 마리우스와 그의 군대가 아프리카에 도착했을 때 영접을 거부하고 자신의 대리인에게 로마 군대 지휘권 이양 임무를 맡겼다. 마리우스는 공식적으로 군대를 장악하고 신병들에게 자신감과 역량을 키워주는 작업에 나섰다. 마리우스는 군사 지도자로서 탁월한 능력이 있었다. 그는 병사들이 함께 싸우는 데 익숙해지도록 방어가 취약한 요새와 정착지를 일부러 골라 자신의 군대에게 쉬운 전투를 시켰다. 이와 함께 마리우스는 목표의 난이도를 점차 높여 나갔고, 군대의 실력이 향상되는 가운데 일련의 행운도 겹쳐 유구르타의 힘을 조금씩 약화시킬 수 있었다. 기원전 105년에 유구르타는 그의 장인에게 배신당한 뒤 마리우스의 부하이자 전통적인 유명 가문 출신인 술라에게 붙잡혔다.

마리우스가 유구르타에게 승리를 거두면서, 정치 기득권 밖의 인물이 공화정에 더 낫고 효과적인 지도력을 제공할 수 있다는 그의 주장이 입증됐다. 같은 해에 로마 북부 국경에서 잇따라 발생한 군사 상황의 반전도 공화국에 새로운 지도력이 필요하다는 그의 주장을 더욱 강하게 뒷받침했다. 게르마니아족의 일부인 킴브리족이 109년 전투에서 로마 집정관이 이끄는 군대를 물리쳤고, 107년에는 마리우스의 동료 집정관이 알프스 부족 연합군에게 패해 숨졌다. 하지만 타격이 가장 큰 사건은 105년 10월에 킴브리족이 전현직 집정관 두 명이 이끄는 로마 군대를 아우라시오 도시 외곽에서 전멸시킨 것이다. 아우라시오는 지금의 프랑스 (남동부 해안 도시) 오랑주다. 여기서 8만 명에 이르는 군인이 사망한 것으로 전해졌다. 이 패배는 100여 년

전 한니발이 칸나이에서 로마군에게 거둔 승리 이후 로마군이 당한 최악의 패배였으며, 이 패배는 전 집정관 퀸투스 세르빌리우스 카이피오가 상관인 현 집정관 나이우스 말리우스 막시무스에게 협력하기를 거부했다는 보고가 전해진 와중에 발생했다. 카이피오는 기원전 5세기의 첫 10년부터 집정관을 배출한 오래된 귀족 가문인 세르빌리우스 가문의 사람이다. 그는 집정관이 됐을 때 로마 기사 계급이 원로원 의원의 직무상 금품 갈취 사건 배심원을 맡도록 얼마 전 제정된 법률을 뒤집음으로써 보수적이라는 평판을 뽐냈다. 이 기득권층의 후손이 자기 가문에서 처음 집정관이 된 인물인 말리우스와 논쟁을 벌였을 때, 카이피오의 우월감을 감춘 파괴적인 겸손은 전통적인 로마 엘리트들의 폐쇄적인 질서 속 부패상을 상징하는 듯했다. 엘리트들의 오만과 무능에 대한 분노는 이제 이탈리아가 게르마니아족 침략자로부터 위협받고 있다는 경고와 한데 섞였다. 로마인들은 구세주를 모색했다. 마리우스는 아직 로마로 돌아오지 않은 채 다시 집정관에 뽑혔고 이방인의 침략으로부터 이탈리아를 구할 임무를 부여 받았다. [24]

다른 정치인들도 마리우스를 이렇게 높은 지위에 올려놓은 대중의 분노에 편승하려 했다. 일부에서는 이들을 티베리우스와 가이우스 그라쿠스의 정치적 후계자로 여겼다. 마리우스가 간 길을 따른 이 정치인 무리는 프로그램적 사고라는 가이우스의 재능보다는 도발에 능한 티베리우스의 재능을 더 많이 보여주곤 했다. 그들은 또한 마리우스의 메텔루스 공격을 보고 원로원을 이끄는 의원 개인의 청렴성 공격이 탐스런 보상을 얻을 강력한 공식을 제공한다는 걸 배웠다. 이 젊은 저격수들 중 가장 눈에 띈 인물은 전직 집정관을 기소함으로써 첫 정치적 성공을 거둔 집정관의 아들인 귀족 나이우스 도미티우스 아헤노바르부스(네로 황제의 아버지) 그리고 아우라시오에서 대패해 군대를 잃은 카이피오를 기소했던 호민관 가이우스 노르바누스였다. 두 사람의 도발은 결국 그들이 집정관에 오르게 해줬다. [25]

하지만 루키우스 아풀레이우스 사투르니누스만큼 뻔뻔하게 이런 정치 분위기를 이용한 사람은 없었다. 사투르니누스는 기원전 104년 로마로 수입되는 곡물을 감독하는 검찰관으로 역사 기록에 처음 등장하는데, 임기를 채 마치지 못하고 해임됐다. 그 후 103년 담당 호민관으로 선출됐으며 당시 3연임(통산 4번째 임기)을 노리던 마리우스와 연합하려고 재빨리 움직였다. 사투르니누스는 마리우스의 아프리카 원정에 참전했던 군인들에게 땅을 보상으로 제공하는 내용의 법을 밀어붙여 마리우스와 신뢰 관계를 쌓았다. 그와 마리우스는 굉장한 장면을 공동 연출했다. 마리우스는 집정관 선거에 다시 출마하는 걸 꺼리는 척하고, 사투르니누스는 공화정이 위기에 처한 시점에 마리우스가 출마해 다시 로마에 봉사하지 않으려 한다며 그를 반역자로 낙인찍는 거짓 연출을 한 것이다. 그 뒤 마리우스는 출마를 결심했고, 압도적인 표차로 다시 당선된 뒤 102년 북부로 돌아가 집정관으로서 전투를 감독했다. [26]

관계자 모두에게 다행스럽게도, 마리우스가 4번째 집정관이었던 해에는 지금의 (프랑스 남부) 엑상프로방스 지역 인근에서 게르마니아족 침략자 대군을 두 차례 격파하는 등 로마군이 잇따라 중요한 군사적 승리를 거뒀다. 마리우스는 이 승리로 개선식 자격을 얻었지만 축하 행사를 열지 않기로 결정했다. 대신 그는 로마로 돌아와 101년에 5번째 집정관(전례 없는 4회 연임)에 당선됐다. 마리우스는 군사 지휘권을 연장받은 102년 집정관 퀸투스 루타티우스 카툴루스와 힘을 합쳐 킴브리족과 그들의 동맹인 테우토네스족에게 큰 패배를 안겨 수만 명의 병사를 죽이고 6만 명을 노예로 삼았다. 두 장군이 승리의 공로를 나누고 함께 개선식을 벌였지만, 대중의 마음속에는 승리의 주역이 대체로 마리우스로 각인됐다. 실제로 101년에 발행된 은화에는 마리우스와 그의 여덟 살 난 아들이 승리의 전차를 타고 있는 모습을 묘사한 듯 한데, 로마 은화에 살아 있는 인물이 등장한 것은 이 때가 처음이었다. 많은 로마인들은 로마를 멸망에서 구했다고 평가되는 까닭에 이제 로마의 세 번째 건국자로 추앙받는 마리우스가 이런 전례없는 영예를 얻을 만하다고 봤다. [27] 마리우스는 정치적 기회주의, 창의성, 군사적 능력을 독특하게 결합해 로마의 걸출한 정치인이 되었지만, 그의 부상은 100년대의 정치 환경과 군사적 상황 때문에 가능했다. 유구르타와 게르마니아족 침략자들이 패배하고 엘리트 집단의 집정관 독점이 과거의 일이 되면서, 마리우스가 어디에 적합한 인물인지 불분명해졌다. 마리우스가 처음 집정관에 오른 이후 포퓰리즘 정치가들은 점점 더 과격해졌다. 마리우스의 집정관 당선을 가능하게 했던 그의 메텔루스 공격 전략은 이제 온순해 보일 지경이 됐다.

마리우스는 불편한 선택에 직면했다. 101년 로마로 돌아온 후 많은 영예를 누리고 원로 정치인의 자리에 오를 수도 있었다. 군사적 승리와 여러 번의 집정관직 역임으로 그는 오랫동안 로마인 중에서 가장 영예롭고 큰 성과를 이룬 인물로 오래도록 언급될 것이 이미 확실했다. 거의 200년 전에 파브리키우스가 피로스에게 역설했던 로마의 미덕을 기준으로 판단하면 마리우스는 더 바랄 것이 없었다. 그는 자신을 증명했고, 가족의 부를 늘렸으며, 후손들이 능력이 있다면 그가 이룬 업적에 걸맞은 지위를 얻을 수도 있게 해줬다. 하지만 마리우스는 파브리키우스가 아니었다. 그는 로마의 저명 인사들에게 주어지는 명예 중에서 자신의 몫만 그냥 챙기려 하지 않았다. 그는 가능한 한 오랫동안 로마 정치의 중심에 남는 걸 탐했다.

[5-1] 살아 있는 인물로는 처음으로 로마 은화에 등장한 마리우스와 그의 아들이 승리의 전차를 타고 있는 모습을 표현한 은화. 개인 소장품. 사진: 조 와츠.

가이우스 그라쿠스처럼 마리우스도 추진하고 싶은, 광범한 정책 개혁 프로그램을 입안했다면 이런 욕망이 어쩌면 이해할 만한 것일 수도 있었다. 그러나 마리우스는 내심 개혁가가 아니었다. 그는 사투르니누스 같은 인물이 제시한 개혁안을 지지했지만 (그리고 그 중 일부는 진정으로 좋은 아이디어라고 생각했을 수도 있지만), 결국 자신의 정치적 입지에 도움이 되지 않는 정책은 옹호하지 않았다. 가이우스 그라쿠스는 일련의 원칙을 지지했다. 마리우스는 자기 자신을 지지했다. 이는 마리우스의 개인적 성공과 공화국의 성공이 한데 묶여 있는 군사 작전에서는 문제가 되지 않았다. 그러나 마리우스는 승리를 얻고 나서 지위를 유지하는 방법을 찾는 데는 훨씬 더 큰 어려움을 겪었다. 200여 년 후 플루타르코스가 지적했듯이, "전쟁에서는 그가 필요했기 때문에 최고의 권력이 그에게 주어졌지만, 민간 생활에서는 그의 권한이 제한되었고" 이 권한은 그로서는 더 이상 익숙하지 않은 도전에 직면했다.[28] 대중의 시선에서 밀려나고 싶지 않던 마리우스는 대신 기원전 100년 집정관 선거에 나서기로 결심했다.

플루타르코스는 몇 세기 뒤 마리우스가 어떻게 "처음 공직에 입후보하는 사람의 열정 또는 그 이상의 열정을 품고 여섯 번째 집정관직에 임했는"지 언급했다. 이는 마리우스가 앞서 기원전 108년에 집정관 당선을 위해 이용한 초토화 전술을 생각해 볼 때 주목할 만한 언급이다. 다른 저자들은 마리우스가 득표를 위해 벌인 대규모 매수 행위에 대해 언급했다.[29] 마리우스는 여섯 번째 집정관 임기 동안에 유권자들에게 영합하는 행태를 보였지만, 사투르니누스와 긴밀한 관계를 유지하기로 한 그의 결정은 결과적으로 위험한 선택이 되고 말았다. 사투르니누스 역시 정치 규범의 시대적 변화의 희생자였던 것 같다. 기원전 103년 호민관 시절 그의 행동은 많은 이들에게 터무니없어 보였지만, 이후 몇 년 동안 그는 더 뻔뻔해졌다. 사투르니누스는 101년에 투표 과정에서 폭력이 발생해 신임 호민관 한 명이 숨진 뒤 다시 호민관으로 선출됐다. 그가 이 폭력을 조장하는 데 무슨 역할을 했는지는 불확실하지만, 그는 기원전 100년 법무관 선거에 나가 당선된 후 호민관 C. 세르빌리우스 글라우키아와 협력한 것 같다.

글라우키아와 사투르니누스는 자신들의 의제를 추진할 열망을 품고 취임했다. 기원전 102년에는 마리우스를 돋보이게 만들었던 메텔루스가 감찰관으로 선출되어 사촌 한 명과 나란히 감찰관직을 수행했다. 두 사람은 사투르니누스와 글라우키아를 원로원에서 추방하려 했다. 그들의 시도는 결국 실패했지만 사투르니누스와 글라우키아를 격분시켰다. 마리우스도 여전히 메텔루스에 대한 불만을 품고 있었다. 불만 중 일부는 기원전 109년에 메텔루스가 마리우스에게 드러낸 겸손을 가장한 우월감까지 거슬러 올라가지만, 일부 로마인들이 유구르타왕을 무찌른 로마의 승리를 메텔루스의 공으로 돌리는 것에 대해서도 마리우스는 분개했다. 메텔루스는 아프리카에서 돌아오면서 '누미디쿠스'라는 경칭까지 얻었다. 더 최근의 일로는, 메텔루스가 마리우스가 건축을 제안한 신전 건축에 제동을 건 일도 있었다. 기원전 101년에는 마리우스의 선거 운동을 방해하기 위해 집정관 선거에 나서려 했다. 이 모든 일은 마리우스로 하여금 메텔루스를 파멸시키기 위해 동료들을 전적으로 돕게 만들었다. [30]

세 사람은 메텔루스를 소외시키면서 자신들의 가장 중요한 지지자들에게 혜택을 주는 내용의 입법 전략에 착수했다. 사투르니누스는 기원전 100년 호민관 자격으로 최근 로마가 벌인 전쟁에 참전한 로마와 이탈리아의 참전자들에게 킴브리족에게서 빼앗은 땅을 분배하는 법을 제안했다. 이 법은 마리우스가 재산 자격 요건에 미달하는 이들을 병사로 모집하고 그들이 승전의 보상을 기대하게 만들면서 생긴 문제를 해결하기 위한 것이었다. 이 병사들은 마리우스 밑에서 명예롭게 복무했으며, 아프리카 작전에 참가했던 군인들과 마찬가지로 이제 토지를 분배받고 토지 소유에 따른 안전도 보장받게 될 터였다. 이런 분배는 킴브리족이 전쟁에서 지고 대거 로마의 노예가 되면서 인구가 줄어든 갈리아 땅에 로마인들과 로마에 충성하는 이탈리아 동맹 세력을 정착시킨다는 전략적 필요에도 이바지하는 것이었다.

이 제안은 마리우스 휘하의 참전 군인들에게 아주 인기가 높은 것으로 확인됐다. 로마 시민 중에는 로마 시민 외에 이탈리아 동맹 세력에게도 혜택을 주는 것에 반대하는 사람이 많았지만, 마리우스가 농촌에 거주하는 참전 군인들과 지지자들을 로마로 불러들여 투표하게 한다면 사투르니누스가 제안한 법안이 압도적인 찬성으로 통과될 여지가 컸다. 이 점을 파악한 사투르니누스는 이 법안이 통과되면 모든 원로원 의원이 5일 이내에 법안 준수 서약을 하도록 규정하는 조항을 법안에 추가했다. [31] 서약을 거부하는 의원은 원로원에서 제명하고 벌금을 부과하는 처벌 규정도 포함됐다. 이는 원로원 의원들을 당황하게 만들었고 사투르니누스의 동료 호민관들 사이에서도 상당한 동요를 불렀지만, 사투르니누스 쪽 세력은 이 법안에 거부권을 행사하려는 호민관들을 광장의 연단에서 몰아냈다. 이 법에 반대하는 도시 주민들은 투표를 중단해야 하는 종교적 요건인 천둥 소리를 들었다고 주장했지만, 사투르니누스는 이마저 무시했다. 이렇게 법적, 종교적 규정이 모두 무시되자 법에 반대하는 일부 사람들은 폭력 행사로 기울었다. 그들은 구할 수 있는 모든 무기를 동원해 사투르니누스 지지자 무리를 공격했지만, 사투르니누스 지지자들은 곤봉을 챙겨 든 채 투표를 위해 포룸에 모였다. 그들은 공격을 맞받아치며 법안을 통과시켰다.

주도권은 마리우스에게 넘어갔다. 그는 집정관 자격으로 원로원에 법 규정에 따라 선서를 할지 검토할 것을 제안했다. 선서를 요구하는 규정을 담은 법은 과거에도 있었지만, 일부 원로원 의원들로서는 이 법이 통과될 때 드리웠던 폭력의 먹구름이 특히 문제가 됐다. 이런 식으로 통과된 법을 유지하겠다고 공개적으로 선서하면, 이 법 통과에 사용된 전술을 정당화 하기 때문이었다. [32] 상황 초기에 사투르니누스, 글라우키아, 마리우스는 메텔루스의 선서 거부를 유도할 수 있을 걸로 짐작했다. 원로원 토론이 시작되자 마리우스는 메텔루스를 함정에 빠뜨릴 덫을 놓았다. 마리우스는 원로원 의원들 앞에서 의원들에게 선서를 요구하는 법 조항에 자신은 반대한다고 강력하게 주장했다. 그는 자신은 선서하지 않을 것이라며 다른 의원들의 동참을 촉구했다. 메텔루스가 이에 동의하는 발언을 한 뒤, 마리우스는 원로원을 휴회했다.

법이 통과된 지 5일째 되는 날 검찰관들이 공개 선서를 위해 원로원 의원들을 소환했다. 마리우스는 앞으로 나와서 "이것이 법이라는 한에서"[33] 법을 지키겠다고 선서했다. 이 발언은 나중에 입법 과정의 폭력과 종교적 관습 위반을 근거로 하여 법률이 원천 무효라고 주장할 가능성을 열어둔 것이다. 다른 원로원 의원들도 마리우스의 꼼수를 보고 선서에 동참했다. 하지만 메텔루스는 원칙을 견지하며 선서를 거부했다. 그러자 사투르니누스가 다음 날 메텔루스를 제거하기 위해 원로원 의사당으로 요원들을 보냈다. 다른 호민관들이 항의하자 사투르니누스는 메텔루스를 새 법령을 위반한 혐의로 기소해 평민회에서 재판을 받게 하자는 제안을 내놓았다. [34] 메텔루스는 재판을 (그리고 사투르니누스가 추종자들을 추가로 조종해 불러올 폭력을) 당하느니 차라리 망명하기로 결심했다.

그러자 평민회는 어떤 로마인도 메텔루스에게 물과 불을 제공해서는 안 된다고 의결했다. 이 조치는 메텔루스의 자발적 망명에 법적 강제력을 부여하기 위한 것이었다. 메텔루스는 이제 망명을 무효화하는 다른 법이 통과되지 않는 한 로마로 돌아올 수 없게 됐다. [35]

해가 지나면서 정치는 더욱 암울해졌다. 마리우스는 한때 가졌던 정치적 주도권을 확실히 잃었다. 대신 그의 동맹인 사투르니누스와 글라우키아가 그해를 지배했다. 사투르니누스는 그해 어느 시점에 "로마 국민의 주권 maiestas을 축소하는 행위"를 처벌하는 법을 통과시켰다. 이 법은 일부러 모호한 법적 개념을 동원했고, 실제로는 지휘관들의 어리석은 군사적 결정을 처벌하는 의도였던 듯하다. [36] 기원전 99년 담당 정무관 선거가 다가오면서 도시에 긴장감이 높아졌다. 마리우스는 집정관직에 다시 출마하지 않기로 결정했지만, 사투르니누스는 호민관 재선에 성공했고, 두 명의 동료를 호민관으로 당선시키는 데도 성공했다. 우연인지 모르지만, 그 중 한 명은 자신이 티베리우스 그라쿠스의 사생아라고 주장했다. 글라우키아는 자신이 사투르니누스와 함께 휘두르던 강경 전술을 동원해 법무관에서 집정관으로 도약하려 했다. 하지만 집정관 선거가 치러지자, 글라우키아는 패배할 가능성이 커졌다. 첫 번째 집정관이 정해진 뒤 글라우키아는 두 번째 집정관 자리를 놓고, 자신보다 더 인상적이고 자격도 갖춘 멤미우스와 맞붙게 됐다. [37] 글라우키아와 사투르니누스는 아마도 한해 전의 선거 폭력 사태를 반복하려는 의도에서 곤봉으로 무장한 지지자들을 투표소인 병사회 회의장으로 보냈다. 이들은 투표를 위해 모인 유권자들 앞에서 멤미우스를 때려 죽였다.

혼란이 이어졌다. 사투르니누스 반대파도 다음 날 무장하고 그를 죽이려 했고, 사투르니누스와 글라우키아를 지지하는 무장 집단은 거리에서 이들에 맞서 싸우다가 결국 신전이 있는 카피톨리누스 언덕으로 밀려났다. 그들이 언덕에서 진영을 구축하는 동안 원로원은 '원로원 비상 결의Senatus Consultum Ultimum'를 통과시켰다. 이 결의는 집정관에게 공화정에 해를 끼치는 사태를 막는 데 필요한 모든 조처를 취할 권한을 부여하는 법적 조처다. 한 세대 전에 오피미우스에게 가이우스 그라쿠스를 공격해 죽일 권한을 부여했던 것처럼, 이 조처는 이제 마리우스에게 포퓰리즘 정치인 선두 주자들이 연루된 새로운 폭력 사태에 강경 대처하도록 압박했다. 몇 년 전까지만 해도 사랑을 받는 포퓰리스트였던 마리우스는, 최근까지 가장 가까웠던 동맹 세력에게 무력을 사용하거나 무력 사용을 위협해야 하는 상황에 어떻게 대응할지 결정해야 하는 처지가 됐다.

마리우스는 난감한 상황에 빠졌다. 그는 자신만이 외부의 위협과 내부 귀족들의 오만에서 공화정을 구할 수 있다는 신념을 축으로 삼아 대중적 인지도를 쌓아왔다. 그러나 이제 원로원은 불과 몇 달 전에 마리우스가 메텔루스를 함정에 빠뜨릴 때 사용한 덫만큼이나 완벽하게 짠 덫을 마리우스 앞에 놓았다. 마리우스는 공화정을 구하거나, 자신의 핵심 정치 지지층인 퇴역 군인과 가난한 이들을 대변하는 투사들의 옹호자로 나서 싸워야 했다. 그는 둘 다 할 수 없었다.

마리우스는 어쩔 수 없이 원로원의 조처를 수용하고 마지못해 자기 휘하의 군대를 소집했다. 마리우스는 어쩌면 상황이 저절로 해결되기를 바라며 카피톨리누스 언덕으로 진격을 늦추었다. 하지만 그가 꾸물대는 동안 사투르니누스와 동료들이 바리케이드를 치고 있던 카피톨리누스 언덕 위 신전의 물 공급이 끊겼다. 사투르니누스와 함께 포위되어 있던 이들 중 일부가 신전에 불을 지르고 순교할 것을 주장했지만, 사투르니누스와 글라우키아는 마리우스가 그들을 도울 것이라고 믿고 언덕을 안전하게 통과하는 걸 조건으로 마리우스에게 항복할 것을 권했다. 마리우스는 그들의 제안을 받아들였다. 후대의 문헌들은, 군중들이 가이우스 그라쿠스에게 했듯이, 사투르니누스와 글라우키아 그리고 신전을 점거했던 그들의 지지자들을 재판 없이 즉시 처형할 것을 요구했다고 전한다. 마리우스는 이를 따르지 않을 만큼 양식이 있었다. 그는 대신 옛 동료들을 원로원 의사당에 가뒀다. 짐작건대, 이는 재판 때까지 안전하게 구금하기 위한 것이었다. [38]

하지만 법과 질서를 확립하려던 마리우스의 시도는 극적인 실패로 끝났다. 도시 내 사투르니누스 지지자들은 뿔뿔이 흩어졌고 반대파는 재판을 기다릴 생각이 없었다. 마리우스가 기대했던 중간 지대는 없었다. 사투르니누스와 그의 동료들이 원로원 의사당에 들어가자, 성난 군중이 건물 지붕의 기와를 뜯어 안에 있는 정치인들에게 던지기 시작했다. 사투르니누스와 글라우키아, 그리고 다른 여러 공직자들이 습격을 당해 사망했다. 역사가 아피아노스는, 공직자 중 다수가 휘장을 단 상태에서 숨졌다고 썼다. 그 뒤 며칠 동안 도시 곳곳에서 사투르니누스의 지지 세력들이 공격을 받아 살해됐다. 이 중에는 자신이 티베리우스 그라쿠스의 사생아라고 주장한 신임 호민관도 있었다. 아피아노스는 그날 이후 "누구도 자유, 민주주의, 법, 명예, 공직 덕분에 보호받기를 기대할 수 없었다."라고 썼다. 전통적으로 신성불가침의 존재였던 호민관들조차 끔찍한 집단 폭력 행위에 가담하고 희생되었기 때문이다. [39]

마리우스는 학살을 막을 수 없었지만, 과거 그의 지지자 다수의 마음속에서는 사투르니누스와 글라우키아의 죽음에 그의 책임도 있었다. 게다가 과거 지지자들의 눈에 마리우스는 이제 자신이 한때 싸웠던 원로원 기득권층에 봉사하는 것으로 보였다. 하지만 원로원 기득권층으로서도 그가 메텔루스에게 한 행동을 봤기에 그를 결코 신뢰할 수 없었다. 그리고 아마도 가장 중요한 점은, 이 폭력 사태가 자신만이 로마의 구원자가 될 수 있다는 마리우스의 주장을 약화시켰다는 사실이다. 원로원 의사당 내 학살 사건은 마리우스가 로마인을 외부 침략자로부터는 구할 수 있을지언정 동료 로마인으로부터는 구할 수 없다는 것을 가장 확실하게 보여줬다.

마리우스는 기원전 100년 12월 초에 일어난 이 사건 이후 순식간에 몰락했다. 그의 집정관 임기는 몇 주 뒤 끝났고, 그는 원치 않는 반은퇴자 신세가 됐다. 이듬해 메텔루스가 망명지에서 돌아오는 것도 막지 못했고, 또 그 다음 해에는 메텔루스의 복귀를 막으려고 그에게 협조한 호민관이 폭도들에게 살해당하는 것도 막지 못했다. 결국 기원전 98년 말, 그는 감찰관에 선출되는 명예를 얻지 못할 걸 걱정해 아예 후보로 나서지 않기로 결정했다. [40] 대신 로마에서 벗어나 소아시아로 여행을 떠났다. 표면적으로는 그곳의 제례 행사에 참석해 희생 제물을 바친다는 명분을 내세웠다. 그 후 로마로 돌아온 마리우스는 정치 중심지와 물리적으로 가까운 곳에 있으면 자신의 경력이 다시 활기를 띨까 싶어서 포룸 근처에 집을 지었다. 하지만 효과가 없었던 것 같다. 마리우스는 대체로 정치적 변방에 밀려나 있었고, 그와 대립했던 귀족도, 또 그가 대변한다던 평민들도 그를 원하지 않았다.

마리우스의 몰락은 개인의 패배였지만, 몰락의 방식은 로마 전체의 정치계에 지대한 영향을 끼쳤다. 마리우스는 오랫동안 로마의 유명 인사들에게 동기를 부여했던 명예와 관직의 동시 쟁취를 마음속으로 갈망했다. 기원전 110년대 로마 공화국은 이런 보상을 극소수의 엘리트 집단에게만 허용했기 때문에, 마리우스는 점점 더 오만해지는 기득권의 화신처럼 비친 메텔루스를 공격해야만 집정관직을 얻을 수 있다고 판단했다. 마리우스의 공격은 개인적인 성격이었지만 상징적 공명을 크게 일으켰다. 마리우스가 메텔루스에게 뒤집어 씌운 구체적인 부패와 무능 혐의는 모두 사실이 아니었던 듯하지만, 유구르타에게 뇌물을 받았다고 추정되는 원로원 의원들과 (프랑스 남동부) 아우라시오에서 로마 군대의 패배를 야기한 지휘관들에 대해 다른 이들이 제기한 혐의는 타당했던 것 같다. 그런데 마리우스가 이런 혐의 제기를 집정관 선거 운동의 중심으로 삼으면서, 자연히 지난 세대에 공화정을 운영해 온 엘리트들의 정당성에 대한 대중의 믿음을 약화시켰다. 마리우스는 또한 자기 자신을 이런 도덕적, 제도적 부패로부터 공화정을 구할 수 있는 유일한 인물로 위치 지을 수 있었다.

정당성을 잃은 기득권층은 단기적으로는 마리우스에게 도움이 됐지만, 공화정에는 심각한 손상을 입혔다. 타협을 권하고 정치적 합의를 창출하던 정치 체제는 이제 그 체제를 이끌던 인물들과 함께 불신을 받았다. 사투르니누스와 같은 정치인들은 이런 구조적 약점을 이용했고, 마리우스는 보기 드문 공직 경력을 이미 확보한 데 만족하지 않고 이 새롭고 폭력적인 동맹 세력에 협력하는 쪽으로 기울었다. 기원전 130년대와 120년대에는 드물던 정치 폭력이 이제는 로마의 정치 과정에서 거의 상시적으로 작동하는 도구가 됐다. 이 현상은 사투르니누스가 마리우스 휘하의 참전 군인들에게 토지를 분배하는 법을 통과시키려 할 때 군인들이 로마에 머물면서 무언의 위협을 가하며 시작됐다. 그러나 기원전 110년대가 깊어가면서 협박이 노골적인 폭력으로 바뀌는 일이 주기적으로 나타났다. 처음에는 특정 법안에 대한 투표에 폭력이 스며들었고, 기원전 101년에 이르면 정무관 선거에서 살인 공격이 벌어지는 지경에 이르렀다. 마리우스는 대체로 이를 방관했다.

　마리우스가 처음에 사투르니스와 협력하기로 한 결정만큼이나 나중에 그의 행동에 개입하지 않은 것도 파괴적인 결과를 낳았다. 폭력은 타협을 막고 합의를 무너뜨리며 극단주의를 부추긴다. 추종자들의 피로 얼룩진 사안에 대해 타협해 일부를 포기하는 것은 아주 어렵고, 그 희생을 급진적 대의를 향한 열망을 더 키우는 데 이용하는 것은 아주 쉽다. 마리우스의 지도력이 로마인들을 정치적 극단주의로 몰아갔을지언정, 그렇다고 그가 뼛속까지 극단주의자이거나 무정부주의자는 아니었다. 그는 정치적 국외자로 경력을 쌓았을 뿐 정치 주류로 향해 가는 방법을 찾지 못한 기회주의자였다. 마리우스가 킴브리족과 테우토네스족과의 전쟁을 연이어 끝내고 돌아왔을 때, 그는 더 이상 부패하고 무능한 엘리트에 맞서 싸우는 정치적 국외자가 아니었다. 대신 공화정 정치의 중심에 우뚝 섰다. 그러나 거의 2세기 동안 공화정에 안정을 가져온 구조는 마리우스를 로마의 기존 정치 체제에 통합하기에는 너무 허약해진 상태였다. 마리우스는 로마에서 가장 강력한 인물이었다. 하지만 마리우스가 무너뜨리는 데 기여한 집정관직 독점을 누리던 엘리트들은 그와 협력하는 데 관심이 없었고, 그 때문에 마리우스로서는 사투르니누스와 글라우키아의 폭력과 협박에 의존하지 않고서는 자기 휘하 병사들에게 보상을 제공할 수 없었다. 그래서 그들의 전술이 점점 더 파괴적이 되어가는 중에도 그들과 계속 묶여 있었다.

　마리우스가 자신의 동맹들이 휘두른 폭력과 위협을 그냥 넘긴 것은 당장의 이익에는 도움이 됐지만, 그의 사태 통제 능력은 사라졌다. 결국 사투르니누스가 너무 폭력적인 나머지, 원로원은 마리우스에게 자신의 가장 중요한 지지자들과 공화국의 복지 중 어느 하나를 선택하도록 강요할 수 있었다. 마리우스는 공화국을 선택했고, 그의 지지자들은 배신을 용서할 수 없었다. 그들이 보기에는, 동맹 세력의 선거 폭력으로부터 공화국을 구하는 편에 선 마리우스의 행동이 로마에 대한 봉사로 인정할 만하지 않았다. 그저 대중의 옹호자 위치 포기로 비쳤다. 이러한 시선은 합의의 정치가 이미 죽어가고 있음을 보여줬다. 그리고 고립되고 무시당한 마리우스는 포룸 근처의 아름다운 저택에 앉아 로마 공화정이 시드는 광경을 지켜볼 수밖에 없었다.

ROMAN
RE

PUBLIC

6장 공화국 균열

역사가 아피아노스는 기원전 100년 사투르니누스의 죽음을 "그라쿠스 형제 사건 이후 로마인 사이에서 벌어진 세 번째 시민 폭력 사건"이라고 불렀다.[1] 그의 말은 맞지만, 가장 일반적인 의미에서만 맞다. 티베리우스와 가이우스 그라쿠스 살해는 로마인들에게 충격을 주었지만, 그들의 죽음은 적어도 일시적으로 로마의 정치 역학을 재설정하는 효과를 발휘했다. 그라쿠스 형제가 죽자 그들의 행동이 낳은 정치 폭력도 차츰 잦아들었다. 상황이 정상 같아 보이는 상태로 돌아갔다. 그러나 오래갈 상황은 아니었다. 마리우스, 사투르니누스, 글라우키아의 동맹은 로마 공화정의 정상적인 정치 규칙이 시골에 사는 옛 군인이나 도시 지지자가 충성을 바치는 정치인을 당해낼 수 없다는 현실을 보여줬다. 이런 정치인들은 선거를 조작할 뿐 아니라, 자신들을 분노케 하는 무고한 사람을 처벌할 계획을 짤 수도 있었다. 이제 모든 로마인은 공화국이 협박과 폭력의 정치로부터 공화정과 시민을 보호할 수 없다는 것을 깨달았다.

기원전 99년이 밝아오자 사투르니누스와 글라우키아가 폭력을 휘두르며

선을 넘었다는 것이 대부분의 로마인들에게 분명해졌다. 그러나 위협과 물리적 폭력을 적절히 조합해 교묘하게 사용한다면 지속 가능한 정치 전략의 일부로 활용할 수 있다는 현실은 명백해졌고, 그들의 죽음으로도 변함 없는 사실이었다. 기원전 133년과 121년의 상황과 달리, 100년에 벌어진 두 사람 암살 사건은 로마의 정치 생활을 진정시키는 데 별반 기여하지 못한 이유가 바로 여기에 있다. 사투르니누스, 글라우키아, 심지어 어느 정도는 마리우스 자신도 로마 국가를 지배하고자 폭력이란 도구를 사용했다. 그들은 나쁜 결말을 맞았지만, 초기에 거둔 성공은 폭력과 협박 전술을 너무 무모하게 사용하지 않는 한 정치적으로 효과가 있음을 입증한 것이나 다를 바 없었다.

다시 말해 기원전 90년대는 가이우스 그라쿠스 살해 이후 긴장된 안정을 가져온 것이 아니라 오히려 혼돈을 가중시켰다는 뜻이다. 99년에 푸리우스라는 호민관이 사투르니누스의 재산을 몰수하고 메텔루스를 망명지에서 소환하려는 시도를 저지할 것을 제안했다. 그 뒤 98년에 푸리우스는 다른 호민관에게 기소당했고, 판결이 내려지기도 전에 폭도들에 의해 갈기갈기 찢겨 죽었다. 엄청난 지지를 받은 법 제정 덕분에 메텔루스는 얼마 지나지 않아 망명지에서 돌아왔지만, 이런 합의의 순간은 점점 더 드물어지는 듯했다.[2]

기원전 90년대 후반 로마가 직면한 가장 큰 문제는 로마에 거주하지만 로마 시민이 아닌 이탈리아인 인구가 많다는 것이었다. 기원전 100년경 로마는 의심의 여지 없이 이집트의 알렉산드리아를 제치고 세계 최대 도시가 됐다. 기원전 1세기 중반에는 지구에서 처음으로 인구 규모가 100만 명에 육박하게 된다. 수도가 성장하면서 경제 활동 집중도도 높아졌다. 그라쿠스 형제와 그들의 포퓰리스트 후계자들이 노력을 기울였지만, 공화국과 이탈리아 동맹국들은 기원전 2세기 이탈리아 인구의 폭발적 증가가 초래한 농촌 지역의 경제적 압박을 완전히 해결하지 못했다. 지역의 소농들이 생존을 위해 몸부림치는 동안 로마는 나날이 번성했다. 이에 따라, 이탈리아 반도의 농촌과 소도시 청년들은 고향에서 구할 수 있는 일자리보다 더 흥미롭고 벌이가 좋은 일자리를 찾아 로마로 몰려들었다. [3]

로마에 새로 이주한 이들로서는 안타깝게도, 기원전 90년대 로마는 100만 명에 육박하는 인구를 수용할 규모로 건설된 도시가 아니었다. 기원전 2세기 초중반에 이뤄진 기반시설 구축 사업은 인구 20만 명의 도시에 필요한 수요를 충족하기에도 벅찼다. 기원전 2세기의 마지막 30년 동안 정치적 역경을 겪으면서, 로마는 이주민들의 삶을 개선할 수로, 하수도, 다리 등을 건설하기 위해 막대한 비용을 들일 의지도 없었고, 그럴 만한 자원을 찾기도 어려웠다. 기원전 2세기 후반 로마의 정치가들은 거액의 정부 자금을 투입하되, 장기적 비용이 상대적으로 적은 기반시설 확장보다는 복지 프로그램을 먼저 지원하여 대중의 지지를 확보하기로 마음먹었다. 가이우스 그라쿠스가 보조금을 투입해 곡물을 분배하면서 시작한 복지 프로그램은 로마 시민 수가 늘어남에 따라 비용이 주기적으로 발생하고 그 규모도 증가하는 구조였다. 이에 따라 복지 재원을 충당할 정기적인 자금원이 필요했다. [4]

이런 방식으로 지속되는 복지 프로그램과 이를 뒷받침할 안정적인 세원 확보 필요성은 공화국의 운영 체제를 변화시켰다. 로마 공화국은 기원전 280년대에 피로스와 맞서면서 시민들에게 많은 것을 요구했는데, 그 대가로 제공한 것은 명예와 안전 보장뿐이었다. 하지만 기원전 90년대의 로마는 시민들에게 정기적으로 시혜를 베풀 의무가 있었다. 게다가 시민들에게 요구할 수 있는 수준은 과거보다 훨씬 적었다. 예컨대, 로마 군대의 병사는 시민들이 로마에 봉사하는 주요 수단이었으나, 이제 군 복무자는 대가를 받는 전문 직업인으로 변해갔다. 마리우스가 최소 재산 기준에 미달하는 이들로 군대를 구성하면서 이 변화를 더 심화시켰다. 재산 기준을 갖춘 시민들도 여전히 군복무를 많이 했지만, 가난한 병사들이 참여하면서 군 복무는 이제 모든 계층의 일이 됐다. 그럼에도 군대는 모든 시민이 분담할 의무가 아니라 일부가 선택하는 유급 직업이 됐다. 또한 마리우스가 로마인 군인들에게 땅을 보상으로 제공한 이후로, 많은 로마인들은 공화국이 복무 기간에는 급여를 주고 제대한 뒤에는 땅을 나눠줄 것이라고 기대했다.

이렇게 상황이 전개되면서 로마 시민권은 점점 더 소중한 특권이 되어 갔다. 로마에 거주하는 시민은 보조금을 받아 곡물을 싸게 구매하고, 정무관을 뽑는 선거에 참여하며, 공화정을 만들어가는 정치 과정에 참여할 권리를 누렸다. 공화국이 로마 시민들에게 더 많은 자원을 투입하고 이탈리아 동맹국들에 영향을 끼치는 정책을 계속 내놓으면서, 동맹 도시와 농촌에 사는 주민들은 로마 공화정의 의사 결정에 직접적으로 발언할 권리가 없는 현실을 점점 더 의식하게 됐다. 이탈리아인들이 로마의 정책에 영향을 끼치는 방법이라곤 우호적인 로마인 정무관들에게 자신들의 우려를 원로원이나 평민회에 전달해 달라고 요청하는 것뿐이었다. 이런 구조의 결함은, 기원전 133년 티베리우스 그라쿠스가 토지 개혁의 영향을 받게 될 이탈리아 동맹국 사람들과 그들을 지지하는 로마인들의 격렬한 반대를 무릅쓰고 토지 개혁 법안을 밀어붙였을 때 이미 분명히 드러났다. 기원전 90년대 초반 로마의 정치적 기능 장애가 심해지면서, 이탈리아인들에게 우호적인 로마 시민들이라 할지라도 이탈리아인들의 이익을 제대로 옹호하기 힘들어졌다.

로마로 이주하는 이탈리아인이 늘면서 로마와 이탈리아 동맹국의 관계는 더 빡빡해졌다. 이제 로마의 정치는 이탈리아 도시에 사는 부유한 지도 계층의 경제적 이익에 영향을 끼칠 뿐 아니라 로마에 사는 낮은 지위의 이탈리아인 대중의 삶에도 영향을 줬다. 게다가 이탈리아 도시에서 로마로 사람들이 빠져나오면서, 이탈리아 도시들의 세수가 감소했다. 기원전 95년에 로마 공화국은 외부인이 로마 시민인 것처럼 위장해 세금을 회피하는 편법을 방지하는 법을 통과시켰지만, 이탈리아 도시의 세수 결손이나 로마의 이주민 문제를 해결하는 데는 거의 도움이 되지 않았다. 오히려 이 법은 로마 시민이 누리는 구체적인 특권과 지위를 돋보이게 함으로써 로마인과 이탈

리아인 사이의 긴장을 더욱 고조시켰다. [5]

기원전 90년대에 공화국을 이끌던 이들은 로마 시민, 이탈리아 엘리트 계층, 로마로 옮겨온 이탈리아 이주민들의 요구 사이에서 균형을 맞추기 위해 정책을 신중히 조율해야 했다. 그러나 그들은 정교한 기술이 부족했다. 그들은 언제라도 불타오를 것 같은 상황을 진정시키기는커녕 도리어 불을 붙였다. 리비우스 드루수스라는 호민관이 기원전 91년에 불붙은 성냥을 짚풀에 던져 넣었다. 드루수스는 원로원 의원들의 직무상 금품 갈취 사건 재판의 배심원을 기사 계급에서 다시 원로원 의원으로 바꾸려는 의도에서, 의원들의 부패에 대한 견제 장치를 뒤집는 조처에 대한 지지를 모을 복잡한 계획을 고안해냈다. [6] 드루수스는 의원을 제외한 모두가 자신의 제안을 아주 싫어할 것임을 알았다. 그래서 자신의 개혁안을 구미가 당기는 것으로 포장하려고 이탈리아와 시칠리아의 공공 토지에 로마 시민을 위한 식민지를 건설하는 내용을 끼워 넣었다. [7] 이 식민지 건설 계획은 그의 아버지가 기원전 122년 집정관으로 재직하면서 추진하다가 실패한 식민지 계획을 부활하고 더욱 확장한 것이었다. 드루수스의 구상은 아버지의 초기 계획과 마찬가지로 혜택받는 로마 시민들 사이에서 인기를 끌었다. 누구나 예상한 결과였다. 최근에 주로 이탈리아 외부에 식민지가 건설된 이유는 이탈리아 동맹국들에게서 경작지를 빼앗는 처사가 부당함을 로마 정치인들이 인식했기 때문이다. 그러나 로마 시민들로서는 갈리아나 북아프리카의 식민지보다는 이탈리아 식민지가 당연히 더 좋았다. 드루수스는 식민지 개척에 나설 로마 시민들에게 이탈리아의 땅을 다시 개방한다면 가난한 로마 시민들도 배심원 제도 개편에 동의하리라고 생각했다.

이 법안은 토지 재분배가 로마인이 아닌 이들에게 끼칠 더 큰 결과를 충분히 고려하지 않은 채 그대로 통과됐다. 드루수스는 이탈리아 동맹국 사람들의 경작지 일부를 로마 시민에게 넘겨주는 대가로 시민의 지지를 산 셈이다. [8] 그리고 새 식민지에 정착할 자격을 박탈당한 이탈리아인들에게는 아무것도 주지 않았다. 그들은 로마의 정치 과정에서 또다시 배제되었다. 이번에는 그들의 경제적, 사회적 지위가 달린 땅의 일부를 빼앗기고 말았다. [9]

드루수스의 법안에 따라 이탈리아의 공공 토지를 재분배할 권한을 지닌 농업위원회가 활동을 시작하자, 이탈리아인들의 분노가 들끓었다. 이탈리아인들이 집정관들을 암살할 음모를 꾸민다는 흉흉한 소문과 반란의 움직임이 기원전 91년 봄부터 로마로 전해지기 시작했다. 늦여름이 되자 불안해진 로마인들이 드루수스가 위기를 유발했다고 비난하기 시작했다. 그러자 드루수스는 개혁안을 구하기 위해 로마 시민권을 모든 이탈리아 동맹국으로 급격하게 확대하는 방안을 제안했다. [10] 그의 제안은 로마에서 이탈리아인들의 정치적 대표성 문제와 모든 이탈리아인들에 대한 새 식민지 개방 문제를 한꺼번에 처리할 수 있는 방안이었다. 이 제안이 받아들여졌다면, 이탈리아의 반란을 초기에 가라앉히는 데 충분했을 것이다.

그러나 많은 로마인에게 드루수스의 제안은 굴복처럼 보였다. 로마 시민들은 시민권이 제공하는 지위와 혜택의 진가를 깨달았고, 시민권 확대로 이런 특혜를 희석하고 싶지 않았다. 그들은 드루수스의 제안을 법제화할 의사가 전혀 없었다. 이 아이디어를 내놓은 지 얼마 지나지 않아, 드루수스는 자택 마당에서 지지자들과 어울리던 중 괴한의 칼에 찔려 숨졌다. 범인의 신원은 끝내 밝혀지지 않았다. 범인을 밝힐 유일한 단서는 드루수스의 엉덩이에 박힌 제화공의 칼뿐이었다. [11]

이탈리아 전역이 폭발했다. 로마인들이 동맹시[10]Socii 전쟁이라고 부르는 유혈 사태의 첫 충돌은 드루수스가 살해된 직후 이탈리아반도 중부 아스쿨룸시에서 발생했다. 지역 축제에 참석한 군중들이 폭력 선동에 관한 소문을 조사하러 파견된 로마 관리 두 명을 살해했고, 이어 아스쿨룸시에 있는 모든 로마 시민들을 학살했다. 이 폭력은 이탈리아 중부와 남부 지역 일대가

---

10. 동맹자라는 뜻의 라틴어 'socii'에서 유래한다.

공개적으로 로마에 반기를 드는 광범한 반란으로 확대되었다. 기원전 90년에 접어들자 이탈리아인 반란 세력은 정치 연합으로 뭉쳐 수도를 세웠으며, 이탈리아 황소가 로마의 늑대를 짓밟는 모습을 담은 주화도 자체적으로 발행하기 시작했다. 반란은 이탈리아 중부와 남부의 넓은 지역까지 퍼져 나갔지만, 일부 도시는 여전히 로마에 충성을 다했고, 또 일부 도시는 로마군을 받아들여 소요를 억제하는 데 성공했다. 결정적으로 북부의 움브리아와 에트루리아(현재의 토스카나)도 로마 진영에 남았다. 반란이 성공하려면 로마가 지중해 제국의 자원을 동원해 효과적인 반격에 나서기 전에 이탈리아 동맹국들이 이탈리아 내 로마 영토를 장악해야 했다. 그래서 이탈리아 지역 내 로마 저항 거점을 목표로 삼고 군사 작전이 전개되었다. [12]

로마의 정치적 내분 덕분에 이탈리아 반군은 병력을 동원할 시간적 여유를 얻었다. 공화정의 정치적 기능 장애가 얼마나 심각한지 극명하게 보여 준 징후 중 하나로 꼽힐 만한 예인데, 로마 정치인들은 외부의 위협에 대한 첫 번째 대응으로 내부의 적을 찾기에 나섰다. 그들은 반역죄법 곧 〈바리아 법lex Varia〉을 통과시켰다. 이 법은 동맹국들이 "어떤 로마인의 도움이나 조언을 받아" 반란을 결정했는지 조사할 권한을 부여했다. 또한 법안 발의자인 퀸투스 바리우스 히브리다에게 이탈리아인 옹호 세력이 된 드루수스 지지자들을 처벌할 무기를 쥐여 주었다. [13] 이탈리아 반란 초기에 일부 로마인들은 이 사태를 내부에서 정치적 유혈 사태를 벌일 수 있는 기회로 본 것은 사실이지만, 기원전 90년에 들어서자 사태의 진정한 위험이 명백해졌다. 90년 담당 집정관 두 명은 이탈리아 작전을 위해 꾸려진 군대의 지휘권을 부여 받았고, 91년 담당 집정관 중 한 명은 지휘권을 연장 받았다. 그러나 이런 조처만으로는 이탈리아 군을 물리치기에 역부족임이 확인됐다. 시간이 지나면서 점점 더 걱정이 커진 원로원은 경험이 많은 은퇴 지휘관 몇몇을 소환했다. 여기에는 루타티우스 카툴루스(기원전 102년 집정관), P. 리키니우스 크라수스(기원전 97년 집정관), 그리고 가장 눈길을 끄는 인물로 마리우스가 포함됐다.

마리우스의 귀환은 즉각 변화를 일으켰다. 전쟁 초기 몇 달 동안 로마군 지휘관들은 북부 전선에서 효과적인 전투를 펼치려고 고생했다. 집정관 한 명이 기원전 90년 6월에 전사했다. 후임 사령관은 매복 작전 중에 숨졌다. 세 번째 사령관은 전투에서 패한 뒤 (중동부 아드리아해 인근 도시인) 피르뭄에서 포위됐다. 마리우스는 전쟁의 흐름을 바꿨다. 유구르타, 킴브리족, 테우토네스족과 치른 전쟁에서처럼, 마리우스는 열정적으로 전장에 뛰어들어 이탈리아 군대를 무찌르고 피르뭄의 포위망을 뚫었으며, 이탈리아 군대를 중부의 아스쿨룸으로 몰아간 뒤 포위전을 펼쳐 공격했다.

남부에서 거둔 성과는 다소 못 미쳤다. 기원전 4세기에 강력한 로마의 적들의 하나였던 삼니움족이 또다시 로마인들을 괴롭혔다. 그들은 이탈리아 서해안을 휩쓸며 내려가서 나폴리만에 있는 헤르쿨라네움과 스타비아에 같은 도시들을 잇따라 점령했다. 머지 않아 이 지역에서 많은 전투가 집중적으로 벌어졌다.

이런 전세 역전은 로마의 정치 역학 관계를 바꿔 놓았다. 로마가 전투에서 지고 이탈리아 군대가 놀랄 만큼 치열한 모습을 보이자, 로마는 추가 병력이 필요하다고 인정했다. 특히 다른 이탈리아 도시들이 로마와 결별하고 반란에 합류하지 않도록 막을 방법을 절실히 찾아야 했다. 로마의 즉각적인 대응이라면 해방 노예들을 무장시켜 쿠마에와 로마 사이 해안 방어를 맡기는 것이었을 터인데, 노예의 대량 해방이 끼칠 사회적, 경제적 여파를 고려하면 장기적인 방어 전략이 될 수는 없었다. 이렇게 되자, 드루수스의 시민권 확대 제안이 사실은 그리 끔찍한 것이 아닐 수도 있다는 인식이 로마 정치인들 사이에서 공감을 얻기 시작했다. 로마에 충성하는 동맹군에게 시민권을 부여하면, 이탈리아 반군들의 세력 확장을 저지할 수 있고 더 나아가 로마는 충성스런 병사를 모집할 새 인력원을 확보하게 될 터였다. 집정관 루키우스 율리우스 카이사르는 기원전 90년 10월에 반란에 가담하지 않은 라티움, 에트루리아, 움브리아에 로마 시민권을 부여하는 법안 통과를 관장했다. 또 다른 법인 〈플라우티아 파피리아법lex Plautia Papiria〉이 아마도 기원전 89년에 제정되었는데, 이 법은 법무관에게 시민권을 신청하는 모든 이탈리아인에게 시민권을 주도록 하는 내용이다. 또 다른 법인 〈칼푸르니아법lex Calpurnia〉은 새로 로마 시민권을 받은 이들을 부족별로 나눠 투표권을 부여하는 내용을 담았다. 이어 기원전 89년에는 로마 시민권 바로 아래의 정치적 지위를 보유하는 '라티움 권리ius Latinum'를 갈리아 치살피나의 비이탈리아인까지 확대해 부여하는 내용의 법안을 집정관이 발의했다. 갈리아 치살피나 지역은 현재 이탈리아의 포강 북쪽 지역 대부분에 해당한다. [14]

이런 정치적 변화는 로마의 군사적 성공과 결합하면서 이탈리아 반란의 에너지를 상당히 소진시켰다. 경계심 많은 원로원은 마리우스의 지휘권을 연장하지 않기로 했지만, 로마 군대는 기원전 89년에 다른 지휘관의 지휘 아래 북부 지역에서 계속 승리하면서 사실상 전쟁을 끝냈다. 남부에서는 기원전 90년 로마를 어려움에 빠뜨렸던 삼니움의 군대가 서쪽에서 점령했던 도시들 중 (놀라를 뺀) 모든 도시에서 밀려나는 추세였다. 연말에는 이 지역 지배권을 되찾았지만 로마의 통제력이 아직 완전하지는 않았다.

남부 군사 작전의 영웅은 루키우스 코르넬리우스 술라였다. 그는 역사가 깊으나 쇠락한 귀족 가문의 야심차고 부도덕한 후손이었다. 술라의 조상들은 한때 부와 권력을 누렸지만, 술라가 태어났을 때는 한 세기 반 동안 집정관을 배출하지 못하고 있었다. 술라의 아버지는 여전히 원로원 의원 자격을 갖추고 있었지만, 술라 가문은 더 이상 부나 영향력에서 두각을 나타내지 못했다. [15]

하지만 술라는 정치 신인 때부터 바로 윗대 조상들의 야심에 걸림돌이 됐던 가문의 정치적, 재정적 한계를 스스로 극복할 수 있다고 확신했다. 술라는 행운과 개인적 성취를 예언하는 일련의 환상, 신탁, 그 밖의 신성한 메시지를 신뢰하는 매우 종교적인 인물이었다. [16] 계모와 애정 관계에 있는 연상의 여성이 각각 유산을 물려줘서, 그의 재정 상황은 개선됐다. 술라는 공직 생활에서도 두드러지게 운이 좋았다. 그는 유구르타와의 전쟁 때 마리우스 밑에서 검찰관으로 일했고, 누미디아 왕을 생포했을 때 현장에 있었던 로마 군인 중 최고위직이었다. 유구르타를 물리친 공적은 마리우스가 누렸지만, 이 사건에서 술라가 맡은 일 덕분에 대중적 인지도가 높아졌다. 이를 효과적으로 활용한다면 그가 고위직에 오를 수도 있었다. 술라는 유구르타 체포 장면을 자신의 인장 반지에 새겨 넣었고, 유구르타를 배신해서 술라가 누미디아 왕을 체포할 수 있게 해준 마우리타니아의 지도자 보크후스와의 관계를 거듭거듭 내세웠다. 술라는 먼저 집정관 보좌관이 되었고 이어 마리우스가 킴브리족과 테우토네스족 정벌에 나섰을 때 군 호민관이 되면서, 누미디아에서 거둔 성공을 발판으로 삼았다. 기원전 102년에는 마리우스의 동료 카툴루스 밑으로 자리를 옮겼다. 술라는 이런 경력을 바탕으로 훗날 마리우스의 군대가 작전 중 식량이 부족해졌을 때 군대를 구한 인물이 자신이라고 주장했다. [17]

기원전 90년대가 시작되면서 술라는 주요 활동 무대를 군사 작전에서 정치판으로 옮겼다. 그는 군사적 성과를 내세우며 법무관 선거 운동을 펼쳤다. 그러나 대중은 술라가 거뒀다고 주장하는 전쟁 승리의 대부분을 이미 마리우스와 카툴루스의 공으로 인식하고 있었기 때문에 술라는 낙선하고 말았다. 이듬해에는 기원전 97년 담당 법무관 선거에 또다시 나섰다. 이번에는 보크후스가 술라의 법무관 업무를 위해 제공할 아프리카산 동물의 품질을 강조하는 선거 운동을 벌인 끝에 당선됐다. 유권자를 매수하려는 적극적인 시도도 당선에 도움이 되었을 것이다. 원로원은 술라가 법무관에 당선된 이후 그를 소아시아로 보내 카파도키아 왕을 복귀시키고 이웃 나라 폰투스의 미트리다테스 왕의 세력 확장을 견제하는 임무를 맡겼다. 그는 기원전 93년경까지 이 지역에 머물렀던 것 같다. [18]

술라가 로마로 돌아온 뒤 집정관 선거에 나서려는 듯한 정치 활동이 포착

됐다. 보크후스는 로마 포룸에 유구르타가 술라에게 항복하는 모습을 담은 금도금 조각상을 세웠는데, 이는 술라의 인지도를 높이려는 행동이 분명했다. 반면에 술라의 정치적 반대자들은 술라가 최근까지 협력했던 아시아의 왕들 중 한 명에게서 재산을 강탈해 부를 쌓았다고 고발했다. 그를 고발한 인물은 정작 재판 날 법정에 나타나지 않았지만, 혐의만으로도 술라의 정치적 동력이 떨어졌고 자연히 집정관 선거 출마도 수포로 돌아갔다. [19]

이런 상황이 동맹시 전쟁이 시작되었을 때 술라의 처지였다. 그는 떠오르는 별이었지만 아직 로마 정치의 상층부를 뚫지 못했다. 술라는 운이 좋았지만 이미 40대 후반에 접어들었고 그때까지 그의 아버지가 올랐던 직책보다 높은 직책을 얻지 못하고 있었다. 그가 집정관에 오를 시간은 부족했고, 이제 이탈리아가 전쟁에 휩싸이면서 로마는 얼마 전 로마를 구한 믿음직하고 경험 많은 지도자들에게로 고개를 돌렸다. 그러나 기원전 90년 동맹시 전쟁으로 고위 지휘관들이 타격을 입으면서 술라에게 문이 열렸다. 그는 마리우스의 부하라는 익숙한 위치로 전쟁에 참가했지만, 다른 지휘관들이 숨지거나 지휘권을 연장받지 못하면서 자연히 지휘관으로 승진했다. 술라는 지휘관을 맡아 "성공적인 활동을… 즉각" 수행하는 능력을 보였고, 이는 행운을 불러들이는 데 거의 초자연적인 재능을 과시하는 듯 보였다. 이런 능력은 술라에게 믿기지 않을 정도로 자신감을 심어 줬고, 다른 사람들이라면 경솔하거나 현명하지 못하다고 여길 행동까지 고려하게 몰아갔다. [20]

술라는 행운에 집착했을 뿐더러, 병사들에게 어떻게 동기를 부여해야 충성스러운 군대를 만들 수 있는지 알아채는 재능을 타고났다. 술라는 사령관으로 성장하면서 아무리 까다로운 군대도 능란하게 관리할 수 있음을 보여 줬다. 그는 병사들의 감정을 능숙하게 조종했다. 군인들이 쉬는 시간에 평범한 육체 노동을 시킴으로써 차라리 전투를 갈망하게끔 유도했고, 전투를 이기면 후하게 포상했으며, 또 병사들의 범죄를 처벌하거나 사면을 결정할 때 어떻게 해야 자신의 권위와 명성을 극대화할지를 충분히 고려했다. 예를 들어, 기원전 89년 폼페이를 장기간 포위 공격하는 동안, 술라가 통솔하는 군대가 전임 집정관 포스투미우스 알비누스를 죽이는 일이 터졌다. 술라는 이 반란에 가담한 이들을 처벌하는 대신 진짜 적들과 더 열심히 싸워 속죄하라고 말했다. [21] 술라의 너그러움은 어쩌면 이해할 만했다. 동맹시 전쟁은 심각한 위기였고, 적군과의 교전이 임박해 있었으며, 술라 입장에서는 어떤 군대이든, 심지어 불충스런 군대라도 아쉬운 상황이었다. 그런데 여기에는 장기 전략도 작용했다. 술라는 법과 관습에 따르자면 엄하게 처벌해야 할 군대를 사면했다. 이 군인들은 술라에게 목숨을 빚졌으며, 언젠가는 이 빚을 갚으라고 요구할 수 있음을 술라는 아주 잘 알았다.

술라는 오래 기다릴 필요가 없었다. 그는 다음번 집정관 선거 출마를 위해 기원전 89년 말에 로마로 돌아왔다. 이 무렵에는 동맹시 전쟁을 위한 로마의 군사 작전이 서서히 줄고 있었다. 놀라는 남부 이탈리아의 일부 삼니움족 공동체와 마찬가지로 계속 저항했지만, 로마 시민권을 원하는 이탈리아인들에게 시민권을 부여하기로 했고 술라와 다른 지휘관들이 군사적 승리를 거둠으로써 이탈리아의 위협은 사실상 무력화됐다. 전쟁이 아직 완전히 끝난 건 아니었지만, 그 결과는 더 이상 의심할 여지가 없었다. 바꿔 말하면, 술라가 로마 승리의 일등공신이라는 평가 속에서 선거에 출마할 수 있다는 뜻이었다. 그는 쉽게 당선됐다.

기원전 88년이야말로 집정관이 로마 대중들로부터 더 높은 평가를 받을 수 있는 드문 기회였다. 이탈리아에서 동맹시 전쟁이 벌어지는 동안, 아시아 지방의 로마 총독은 이웃 왕국 두 곳의 폐위된 왕들을 복귀시켰다. 로마는 여유 군대가 없었고, 복귀한 왕들은 자신들을 도운 현지 군인들에게 직접 보수를 지급하기 위해 로마인 재력가들로부터 막대한 자금을 빌릴 수밖에 없었다. 이런 왕들 중 비티니아의 니코메데스 왕은 빚을 갚을 돈이 부족해지자 폰투스 왕국의 영토를 공격해 자금을 마련하기로 결심했다. 폰투스의 왕 미트리다테스는 니코메데스의 경쟁자를 후원하고 있었는데, 비티니아 사람들은 미트리다테스가 자신들의 공격을 권좌 복귀를 위해 벌인 전쟁의 후유증쯤으로 여기고 넘어갈 것이라고 생각한 듯하다. 그러나 미트리다테스는 지난 세대 내내 북부 아나톨리아(현재의 튀르키예)의 왕국을 흑해 연안 지역 대부분을 아우르는 제국으로 확장했던 강력한 왕이었다. 그는 약하고 빚도 잔뜩 진 로마 속국의 왕이 벌인 도발을 그냥 넘어갈 생각이 없었다.[22]

미트리다테스는 로마인들에게 사신을 보내 니코메데스의 침공을 막아달라고 요청했다. 로마인들은 이 요청을 거절했다. 대신 사신의 오만함을 꾸짖고 로마는 니코메데스나 다른 동맹국 왕이 폰투스에게 공격당하도록 놔두지 않겠다고 경고했다. 그러자 미트리다테스는 군대를 동원했다. 미트리다테스는 비티니아 군대를 상대로 잇따라 승리한 뒤, 비티니아에 주둔하던 로마 군대와 대규모 전투를 벌여 승리를 거두고 군대를 로마의 아시아 영토까지 진출시켰다. 그 결과는 적어도 동맹시 전쟁만큼이나 파괴적이었다. 로마는 거의 반세기 동안 아시아를 지배해왔고, 또 많은 로마인이 이 지역과 상당한 상업적 관계를 맺고 있었다. 로마인 수만 명이 아시아, 그리스, 로도스 섬 같은 에게해 인근에 정착해 있었다. 당시 그리스인들은 로마가 이 지역을 지배함으로써 동부 지방의 번성하는 도시에서 막대한 부와 자원을 로마로 가져갔으며, 특히 이 지역에 있는 로마 정착민과 사업가들이 그런 역할에 앞장섰다고 인식하고 있었다. 이 점을 잘 알고 있는 영리한 왕은 자신이 아시아에 대한 로마의 통제를 깼다는 극적인 신호를 보내면, 다른 그리스 지역에서 더 광범위한 반란이 벌어질 것이라고 생각했다. 따라서 미트리다테스는 아시아를 장악하자마자, 이 지역에 사는 8만 명에 달하는 로마와 이탈리아 상인, 사업가, 식민지 정착민을 학살하라고 명령했다.[23]

미트리다테스의 잔인함은 로마 지배 아래 있던 그리스인들의 반란을 선동하는 데 성공했다. 아시아의 많은 지역이 로마의 정치 통제에서 벗어났고, 이러한 손실은 심각한 경제적 영향을 끼쳤다. 수많은 로마 사업가들의 죽음과 그들의 재산 몰수, 그리고 그들이 계약을 맺고 징수를 대행하던 아시아 지역 세수의 손실이 로마의 금융 체제를 무너뜨렸다. 죽은 사업가들이 세금 징수와 현지 사업 자금을 조달하기 위해 빌린 돈은 로마가 회수할 수 없었다. 게다가 회수할 수 없게 된 대출금은 이미 다른 투자자들에게 팔린 뒤였고, 이 투자자들은 또다시 다른 투자자들에게 대출금을 팔았기 때문에 로마의 신용 공급이 완전히 말라 버렸다. 채무 불이행이 로마 금융 체제를 따라 연쇄적으로 일어났다. 이에 따른 금융 공황 속에서, 채권자와 채무자의 분쟁은 종종 폭력으로 비화했다. 심지어 법무관 아셀리오가 법적 수단을 통해 분쟁을 중재하려 하자 채무자 무리가 그를 살해할 정도로 상황은 급박해졌다. 공화국은 일련의 긴급 조치로 공황에 대응했다. 채권자가 회수할 수 있는 대출액을 제한하고, 상환할 수 없는 빚을 조정할 협상을 주선하고, 이미 증발해 버린 서류상 자금을 대체할 실물 화폐가 경제에 더 많이 유입되도록 은화 데나리우스를 평가 절하했다. [24] 이 모든 조처로도 미트리다테스가 끼친 막대한 경제적 피해를 해결하지 못했다. 결국 부유한 투자자들은 손실을 어느 정도 회복하는 데 도움을 받았지만, 미트리다테스의 행동이 초래한 경제적 충격은 로마에 사는 가난한 사람들에게 심각한 영향을 끼쳤다. 로마시의 곡물 분배 프로그램에 투입되는 보조금의 재원은 아시아에서 거둔 세금이었는데, 이 세금이 사라지자 많은 로마인이 생존을 의존하던 프로그램이 위태로워졌다. [25]

로마인들은 이제 과거 한니발을 증오한 만큼 미트리다테스를 증오했다. 미트리다테스는 로마인들을 대량 학살했을 뿐 아니라 로마 부자들의 재산과 가난한 사람들의 생존까지 위태롭게 하며 로마 경제를 파탄냈다. 이런 증오의 대상인 왕을 물리치는 지휘관에게 주어질 영광을 앞설 것이라고는, 이 왕을 물리치고 챙겨올 전리품의 규모뿐일 터였다. 로마의 지휘관들이 이미 아시아의 몇몇 고대 도시들을 약탈했지만, 에페수스와 같은 부유한 중심지들은 로마 군대의 손길이 아직 미치지 않고 있었다. 이 도시들이 미트리다테스 편에 붙자, 로마의 장군과 그의 병사들은 그 도시들의 보물들을 만만한 전리품 대상으로 노릴 수 있게 됐다.

원로원은 기원전 88년 담당 집정관 선거 전에 이미 미트리다테스와의 전쟁을 새로 당선되는 집정관 중 한 명에게 맡기기로 결정했다. 미트리다테스와의 전쟁 지휘권이 술라에게 넘어갔을 때, 그는 행운이 또다시 자신의 편이라는 것을 즉시 깨달았다. 술라는 이미 부자이자 막강한 권력자였지만, 아시아 전쟁의 지휘권은 다른 로마인이 거의 가져본 적 없는 부와 권력을 약속했다. 그리고 술라의 병사들에게도 이 작전은 로마의 극심한 경제 위기를 견디게 해줄 수입원이 될 것이다.

술라의 정치적 경쟁자들도 이 점을 잘 알았다. 기원전 88년에 접어들자, 여러 저명한 인사들이 미트리다테스 침공 지휘권을 술라로부터 넘겨 받으려고 움직였다. 마리우스가 가장 강력한 도전자였다. 마리우스는 비록 그 해에 아무 공직도 맡지 않았지만 호민관 술피키우스와 동맹 관계를 맺을 수 있었다. 믿을 수 없는 인물인 술피키우스는 선거제 개편안을 지지해줄 동맹 세력을 모색하면서 기존의 원로원 귀족 편에서 마리우스 편으로 자연스럽게 옮겨 갔다. 술피키우스는 동맹시 전쟁을 해결하는 과정에서 새로 시민권을 얻은 이들을 새로운 부족으로 통합하는 대신 투표권을 지닌 기존 부족들에 골고루 귀속시키기를 원했다. 술피키우스는 이를 통해 다음번 선거 운동에서 자신을 지지해 줄 강력한 선거인단 연합 구성을 기대했다. 그러나 술피키우스는 이 일을 운에 맡길 인물은 아니었다. 투표권 약화를 우려한 장년층 로마 시민들 사이에서 이 제안에 대한 반대 의견이 고개를 들자, 그는 3천 명에 달하는 지지자들로 사병 집단을 꾸리고 칼로 무장시켰다. 이들 중 일부는 술피키우스의 경호원으로 활동했고, 나머지는 필요할 때 출동할 수 있도록 준비했다. 곧 술피키우스의 무장 지지자들과 반대파의 충돌이 심각해지자, 집정관들이 공공 업무 중단을 명령했다. [26]

술피키우스는 온건하게 정치를 시작했지만 부족 구성의 개편을 둘러싼 폭력은 그를 급진적인 방향으로 몰아갔다. [27] 결국 그는 마리우스와 동맹을 맺게 된다. 지지 군중을 등에 업은 술피키우스는 술라의 미트리다테스 전쟁 지휘권을 자신의 새로운 동맹인 마리우스에게 넘기는 법안을 평민회에 제출했다. 이 법안 자체는 최근의 선례에 근거한 것이었다. 실제로 술피키우스가 제안한 법이 기원전 107년 유구르타에 맞서는 전쟁의 지휘권을 메텔루스에게서 박탈한 평민회 의결과 기원전 104년 킴브리족과 테우토네스족과의 전쟁 도중 세르빌리우스 카이피오의 군사적 권한을 박탈한 평민회 의결을 고스란히 반영한 것은 우연이 아니다. [28] 물론 두 번 모두 지휘권은 마리우스에게 넘어갔다. 그리고 지휘권을 박탈당하는 불명예를 안은 두 사령관은 나중에 원로원에서 추방되어 망명의 길로 내몰렸다.

술라는 이 법의 통과가 뭘 뜻하는지 명확하게 이해했다. 그의 지지자들도 마찬가지였다. 술라에게 충성하는 사람들이 법안 표결 처리에 반대하고 나서면서 급기야 술라 지지자들과 술피키우스 세력이 정면 충돌했다. 이 사태에 대응해 술라와 그의 동료 집정관은 긴장이 진정될 때까지 공공 업무의 무기한 중단을 선언했다. 그 후 술피키우스는 자신의 무장 세력을 소환하고, 공무 중단이 불법이라고 공개적으로 선언했으며, 폭도들이 광분하도록 자극했다. 폭도들은 술라와 그의 동료를 죽일 것을 요구하기 시작했다. 두 집정관은 도망쳤지만 폭도들은 술라의 동료 집정관의 아들을 붙잡아 살해했다. 목숨이 위태롭다고 느낀 술라는 공공 업무 중단을 종료하겠다고 선언한 뒤, 로마를 탈출해서 놀라 외곽에 여전히 잔류했던 자신의 군대에 합류했다. 술피키우스의 사병 집단은 미트리다테스 전쟁 지휘권을 마리우스에게 선사했다.

그 뒤 술라는 로마의 역사를 바꾸는 결정을 내린다. 술피키우스는 사병을 동원해 지휘권을 빼앗아 마리우스에게 넘겼다. 그러나 이제 술라는 훨씬 더 크고 강력하며 의욕이 넘치는 지지 세력, 곧 자신이 지휘하는 로마 군대에 머물게 되었다. 이제 법이 폭력과 협박을 통해 만들어진다면, 술라도 이

게임을 할 수 있었고 술피키우스보다 훨씬 강력한 무기를 갖고 있었다. 술라가 밀려났다는 소식이 병사들에게 전해지자, 술라는 병사들을 불러 모아 자신이 당한 모욕을 폭로했다. 그는 병사들에게 자신이 내리는 명령에 계속 따르겠다고 맹세할 것을 요구했다. "[미트리다테스에 맞서는] 군사 작전을 놓칠까" 두려워한 병사들은 "술라가 원하는 바를 대담하게 입에 담으면서 술라에게 자신들을 로마로 이끌라고 요구했다."[29] 병사들의 이런 태도는 술라 밑에서 복무하던 장교들을 경악하게 했다. 그들 중 한 명을 제외한 전원은 "조국에 대항하는 군대를 이끌 수 없다."라며 군대를 떠나 도시로 도망쳤다. 그러나 술라는 굴하지 않았다. 그에게는 도시로 함께 진군할 의지가 있는 수천 명의 병사들이 있었다. 충성하지 않은 지휘관 몇몇은 무시할 수 있었다.

술라는 자신의 운명을 정치 절차, 곧 과거 두 명에게서 전쟁 지휘권을 박탈해 결국 굴욕 속에 망명을 택하게 만든 평민회의 표결에 맡기는 대신 로마로 진군하는 것을 선택했다. 이 소식이 빠르게 전해지자 로마는 세 차례에 걸쳐 사절단을 파견했다. 뒤에 파견된 사절단일수록 더욱 광분했지만, 술라는 로마 진격의 속도를 늦추지 않았다. 마침내 술라의 군대가 로마 근처에 도달하자, 그는 성벽 바로 북쪽 티베르강 강변에 마르스 신에게 바치는 행사 공간으로 쓰이는 공유지 '캄푸스 마르티우스Campus Martius'에서 마리우스, 술피키우스, 원로원 의원들과 상황을 논의하기로 합의했다. 그러자 마리우스는 시간을 더 달라고 청했다. 마리우스가 이 시간을 이용해 도시 방어 준비를 할 것으로 이해한 술라는 그의 요청을 일단 수용했으나, 원로원 사절단이 떠나자마자 로마 행군을 재개했다.

술라의 군대는 성벽 동쪽의 성문 두 곳을 빠르게 점령했다. 술라가 직접 도시로 진격했다. 마리우스와 술피키우스는 즉석에서 편성된 방어 부대를 보낼 수밖에 없었고, 술라는 이들을 에스퀼리누스 언덕에서 무찔렀다. 패배가 분명해지자 마리우스는 도망쳤고, 그의 지지자 중에서 떠날 수 있는 이들은 모두 도망쳤다. 그 이후 술라가 마주친 유일한 저항은 진격하는 군대를 향해 (돌이나 창 같은) 무기를 던지는 시민들뿐이었다. 술라는 휘하의 궁수들에게 공격해 온 목조 건물의 지붕에 불화살을 조준해 쏘라고 명령함으로써 이 상황을 끝냈다. 로마 군대가 로마인의 목숨을 빼앗고 그들의 재산을 파괴한 것은 400여 년 만에 처음 있는 일이었다. [30]

[6-1] 세르비아누스 성벽의 에스퀼리누스 문. 사진: 매너시 와츠.

그의 행동은 전례가 없었지만, 술라는 도시를 장악한 뒤에는 놀라울 정도로 행동을 절제했다. 비록 무력으로 도시를 점령했지만, 술라는 약탈이나 범죄 행위를 한 병사들을 모두 처벌했다고 공개했다. 그는 곧바로 대중 집회를 소집해 위험한 선동가들의 통제에서 도시를 해방시켰다고 주장하고 자신의 로마 공격을 공화정 회복에 필요한 조처로 규정했다. 술라의 공화정 재건은 두 단계로 진행됐다. 먼저 그는 자신의 지휘권을 박탈하고 마리우스에게 미트리다테스 작전권을 넘긴 술피키우스의 법률들을 무효화함으로써

'선동가' 마리우스와 술피키우스가 끼친 피해를 회복했다. 그런 뒤 마리우스, 술피키우스와 그들의 동료 10명을 공공의 적으로 규정하고 사형 선고를 내렸다. 이 선고는 실제로는 그들을 추방하고 재산을 몰수하는 권한을 부여하는 것이었다. [31]

둘째, 술라는 이런 대중 선동이 다시는 일어나지 않도록 일련의 조처를 했다. 그는 술피키우스 같은 호민관이 법안 통과를 위해 민회를 소집할 수 있는 권한을 제한하는 새 규정을 제정했고, 술피키우스가 약속한 대로 새로 시민권을 얻은 이탈리아인들을 투표권을 가진 모든 부족에 분배하는 것을 거부했으며, 이탈리아에 주둔하고 있는 로마 최대 규모 군대의 사령관을 자신에게 충실한 사람으로 교체했다. 술라는 기원전 87년 담당 집정관 선거를 감독하고 새로 선출된 집정관 킨나가 공개 충성 서약을 할 때까지 로마에 머물렀다. 술라는 그 뒤 미트리다테스와의 전쟁을 위해 동쪽으로 출발했다.

술라가 무엇을 성취했다고 스스로 생각했는지는 불분명하다. 원로원의 명령을 거부하고 군대를 로마로 진군시킨 것이 그라쿠스 시절에 시작된 정치 폭력 유형을 가속화한 것에 불과하다고 생각했을 가능성이 있다. 로마를 점령한 뒤 술라가 보인 행동은 이런 해석을 뒷받침하는 증거다. 그는 집정관직을 유지했고, 원로원으로 하여금 그의 미트리다테스 전쟁 지휘권을 회복시키고 술피키우스가 제정한 법률을 무효화시키게 만든 뒤 원래 계획대로 군대를 이끌고 동쪽으로 떠났다. 술라 자신이 한 행동이 몇 년 전 사투르니누스와 술피키우스가 했던 일과는 전혀 다른 성격임을 곧바로 이해하지 못한 것 같다.

하지만 로마의 다른 모든 사람들은 공화정이 이제 새로운 단계에 접어들었음을 알아봤다. [32] 술라는, 마리우스가 기원전 100년대에 처음 도입한 가난한 시민의 군대 같은 존재는 지휘관이 충분히 부추기고 군인들에 대한 물질적 혜택을 충분히 베푼다면 공화국보다는 지휘관에 충성한다는 사실을 보여 줬다. 한때 로마 군대는 지휘관이 전쟁 승리로 명예와 관직을 얻기 위해 빌려 쓰는 공익 사업체와 비슷했지만, 술라는 이런 군대가 개별 지휘관의 내부 정치 투쟁을 위한 개인적 무기가 될 수 있음을 보여 줬다. 물론 선동가로부터 로마를 지키기 위해서였다고 주장할지 모르지만, 그의 이런 합리화도 로마 군인들이 국가의 이익이 아니라 지휘관의 자존심을 위해 다른 로마인들을 죽였다는 사실을 바꾸지 못할 것이다. 군인들은 술라의 군대가 로마가 아니라 술라에게 충성한다는 것을 입증했다.

이 교훈은 술라의 라이벌들에게도 주목 받았다. 술라는 도시를 점령한 직후 술피키우스를 처형하면서, 현란한 혀를 지닌 다른 선동가들에 대한 경고의 의미로 그의 잘린 머리를 시내 공회소 연단에 매달도록 명령했다. 하지만 마리우스와 다른 망명자들은 로마에서 도망쳐 "술라가 했던 것처럼 무력을 사용해 조국을 점령할 준비를 갖춘 채"[33] 재집결했다. 술라가 동방으로 떠나자마자, 이탈리아는 다시 폭발했다. 전에 술라에 충성을 맹세했던 킨나는 술라에 대항했다. 그는 술라가 측근에게 맡겼던 캄파니아의 군대를 장악한 뒤, 해방 노예들과 마리우스가 새로 시민권을 부여해 준 에트루리아인으로 구성된 군대와 합류했다. 이 두 군대가 로마로 진격하자, 술라에게 충성하는 원로원 의원들은 남부 이탈리아에서 삼니움족과 싸우고 있는 로마 군대 사령관에게 그들과 화해하고 로마로 돌아오라고 연락했다. 에트루리아가 마리우스와 동맹을 맺어 어떤 이득을 얻었는지 알고 있었을 삼니움족은 화해를 거부했다. 그들은 대신 킨나가 보낸 사신과 조약을 맺었다. 이 조약으로 그들은 로마 시민권을 받고 동맹시 전쟁에서 약탈한 모든 전리품의 소유권을 인정받았다. 대신 삼니움족은 킨나를 지원하기 위해 군대를 보냈다. [34]

마리우스와 킨나는 술라의 로마 진격의 교훈을 빠르게 습득했다. 그들이 지휘한 에트루리아인과 삼니움족은 공화국의 대리인들이 아니었다. 에트루리아인들은 불과 3년 전에 로마에 반란을 일으키기 직전까지 갔었고, 삼니움족은 아직도 진행 중인 동맹시 전쟁의 마지막 적들에 속해 있다가 갑자기 로마 시민으로 변신해 내전에 개입했다. 그들 중 누구도, 앞서 술라가 자신의 군대를 두고 주장했듯이, 공화정을 폭정에서 구하겠다는 동기에서 로마로 진군한 것이 아니었다. 그들은 개인적으로 충성하는 지휘관들의 요청을 받아 진군했을 뿐이다. 그리고 그들이 충성을 바친 지휘관들을 대신해 싸우고 싶어 했다. 로마 외곽에서 마리우스의 군대와 술라의 방어군이 치열하게 싸운 뒤, 원로원은 마리우스에 대한 법적 제재를 취소하는 데 합의했고 마리우스와 킨나에게 로마의 성문을 열어 줬다.

마리우스와 킨나는 도시로 들어와 술라와 똑같은 길을 따랐다. 그들은 먼저 반대파가 지지한 모든 법률의 폐지를 밀어붙였다. 곧이어 자신들을 반대했던 술라의 충신들을 처형하도록 명령했다. 또한 술라의 경험으로부터 이들이 도망가게 놔두면 위험하다는 것도 배웠다. 처벌 대상자들을 잡아들여 술피키우스의 시신을 처리한 것처럼 효수한 것이다. 술라에게 계속 충성한 기원전 87년 담당 동료 집정관 옥타비우스, 그리고 킨나가 술라에 등을 돌린 뒤 원로원이 대신 집정관으로 임명한 메룰라, 두 사람의 목은 전직 집정관들과 원로원 의원들의 목과 함께 공회소 연단 위에 걸렸다. 마리우스와 킨나는 유혈 사태와 약탈이 잠잠해진 뒤 자신들을 86년 담당 집정관으로 지명하게 했다. 그러나 마리우스는 이 비열한 승리를 오래 누리지 못했다. 그는 자신의 일곱 번째 집정관 임기가 시작된 지 한 달도 안 된 기원전 86년 1월 숨졌다. 이탈리아 문제를 해결하고 술라의 유령을 다루는 임무는 킨나에게 남겨졌다. [35]

술라는 킨나에 맞서기 위해 이탈리아로 서둘러 돌아오지 않았다. 전쟁에서 승리를 거둬 병사들이 전리품을 챙기게 해 주지 않고는 동방을 떠날 수 없었던 것이 주된 이유였다. 술라가 동방에 도착했을 때 그곳 상황은 악화일로였다. 미트리다테스는 기원전 88년 로마의 혼란을 틈타 그리스에 사령관을 파견해서는 아테네처럼 과거 로마에 충성한 도시들에서 반란을 일으켰다. 이 때문에 술라는 기원전 84년까지 동방에서 군사 작전을 벌여야 했는데, 마침내 미트리다테스를 그리스에서, 궁극적으로는 아시아 내 로마 영토에서 몰아내는 데 성공했다. 이 군사 작전은 놀라울 만큼 파괴적이었으며, 동시에 승리한 술라의 군인들에게는 상당한 이익을 안겨 주었다. 아테네가 약탈당했고 이 도시의 재산은 술라 휘하의 장교와 병사들에게 분배됐다. 델포이의 금고도 똑같이 처리됐다. 이 사건으로부터 약 2세기 뒤 델포이에서 성직자로 일했던 플루타르코스는, 술라가 이런 행동을 한 것은 휘하 군인들의 요구를 충족시켜야 하는 압박 때문이라며 이를 통해 "다른 장군 휘하 병사들을 타락시키고 그들을 자기편으로 만들었다."라고 썼다. [36] 플루타르코스의 지적이 옳다면, 로마의 정치 기능 장애가 이제 해외 군사 작전에까지 영향을 끼쳤음을 이 사태는 보여 준다. 하지만 킨나 지지자들과 벌일 내전의 성공 여부가 병사들에게 호소력을 발휘하는 능력에 달렸음을 술라가 절실히 인식했다는 것은 분명하다. 그의 병사들이 계속 싸우게 만들고 다른 로마인 휘하의 군대도 대의에 동참해 탈영하게 만들려면, 우선 자기 병사들에게 만족스런 지도력을 보여 줘야 했다. 역사가 플루타르코스는 이 전략에 대해 술라가 "배반과 방탕함이라는 두 가지 악을 동시에 부추겼다."라고 표현했다.

술라의 전략은 혐오스럽게 들리지만 효과가 있었다. 킨나의 측근이 이끄는 군대가 기원전 85년 아시아에 도착하자마자 다수가 술라 쪽으로 넘어가는 통에 무기력해졌다. 킨나가 기원전 84년에 그리스에서 술라와 맞서기 위해 군대를 새로 모집했을 때, 전리품이 보장되지 않는 내전 참가를 꺼린 백인대장이 그를 돌로 쳐 죽였다. 이어 기원전 84~83년 겨울 술라의 군대가 이탈리아로 돌아온 뒤, 킨나의 동맹인 루키우스 코르넬리우스 스키피오 집정관이 지휘하는 군대의 병력 이탈이 발생했다. 술라의 군대가 로마를 향해 다가올수록, 이를 관대한 사령관의 성공적인 작전으로 평가한 군인과 민간인들이 동참하면서 그의 "군대는 날마다 규모가 자랐다."[37]

술라 반대 세력 중 여전히 흔들림 없는 집단도 있었다. 그들은 킨나와 협정을 체결해 로마에 합류한 삼니움족이다. 그들은 새로 로마 시민권을 얻은 루카니아인들과 킨나의 남은 군대와 힘을 합쳐 계속 싸웠다. 이 병사들은 술라가 승리하면 무슨 일이 생길지 아주 잘 알았다. 그들의 저항은 "파괴, 죽음, 재산 몰수, 대량 학살"에 대한 두려움에서 비롯됐지만,[38] 그들의 규모는 술라 쪽으로 계속 넘어가는 병력과 다른 지역에서 당한 패배를 상쇄하기에 너무 적었다. 술라는 결국 기원전 82년 '콜리나 성문 전투'에서 이들에 맞서 결정적인 승리를 거뒀다. 술라는 이 전투로 로마 도시를 손에 넣고 반대파의 저항을 끝장냈다.[39]

그 뒤 유혈 사태가 이어졌다. 술라는 6천 명의 삼니움족 병사를 전원 처형하라고 명령했다. 술라가 겁에 질린 원로원 의원들 앞에서 연설하는 때에 딱 맞춰서 처형을 집행했기 때문에, 로마 원형 극장에서 처형당하는 이들의 울부짖음이 그의 연설이 진행되는 벨로나 신전까지 울려 퍼졌다. 죽어가는 삼니움족 군인들이 밖에서 비명을 지르는 동안, 술라는 적들을 엄하게 처벌하고 자신에게 협조하는 이들의 운명은 개선시켜 주며 공화정을 회복하겠다고 약속했다. 술라는 약속한 데로 실천했다. 그는 곧바로 원로원 의원 40명과 로마 기사 1,600명이 적힌 처벌 및 재산 몰수 대상자 명단을 발표하며, 그들을 죽이거나 찾는 데 도움을 주는 제보자를 포상하겠다고 밝혔다. 곧 이탈리아 전역에서 더 많은 사람이 처벌자 명단에 추가됐고, 처벌 대상자들을 돕거나 친절을 베푼다고 의심받는 사람들도 명단에 더해졌다. 술라는 경우에 따라서는 지역 공동체 전체에 무거운 벌금을 부과하거나 토지를 몰수하기도 했다. 처벌 대상에는 땅을 많이 소유한 것 외에는 잘못이 없어 보이는 인물들도 몇몇 있었다.[40]

경제 위기 때 이뤄진 대량의 사유 재산 몰수는 술라에게 로마의 경제 엘리트 집단을 재편할 강력한 힘을 부여했다. 술라는 명단의 처벌 대상자들로부터 빼앗은 땅과 재산을 자신에게 충성한 지지자들의 보상에 썼다. 배경이 보잘것없는 사람들 다수가 술라와의 인연 덕분에 눈부실 만큼 부자가 됐다.

술라 휘하에서 싸운 다른 참전 군인들은 술라의 적들로부터 에트루리아, 캄파니아, 기타 이탈리아 지역에서 몰수한 땅에 정착하게 됐다. 술라가 로마로 진군할 때 그와 함께 동족에 맞서 싸운 이들은 이제 술라의 이탈리아 통제력 유지를 돕는, 강력한 민간 수비대 구실을 하게 됐다. [41]

정치적 반대자들이 사라지고 그에게 반대하던 이탈리아 공동체 다수가 경제적으로 배제되면서, 술라는 로마의 정치 생활을 완전히 장악할 수 있게 됐다. 그는 스스로를 고대 공화국의 독재관으로 여겼다. 과거의 독재관은 구체적이고 즉각적인 위협에 대처하기 위해 최대 6개월 동안 직을 수행했으며, 임기가 끝나기 전이라도 위협이 제거되면 조기에 물러나기도 했다. 하지만 술라는 기한을 정하지 않고 공화정을 정상 상태로 재건하는 데 필요한 만큼 독재관직을 수행하기로 결심했다. 그는 정치 생활의 모든 면면을 엄격히 통제했다. 집정관 선거 실시는 허용했지만, 자신의 승인을 받지 않은 이들의 출마는 허용하지 않았다. 술라의 허락 없이 집정관에 출마하려던 측근 중 한명을 포룸에서 처형하도록 명령한 적도 있다. [42]

술라는 마리우스, 사투르니누스, 술피키우스 같은 인물의 부상을 막을 새로운 공화정을 설계했다. 이들 중 특히 마리우스는 폐쇄적이고 부패한 걸로 비치는 원로원 중심의 질서에 불만을 느낀 부유한 기사 계급의 정서를 활용해 지지층을 구축한 인물이다. 로마에서 가장 중요한 사업가 중 상당수는 이들 기사 계급이었으며 이들은 원로원 의원의 부패 사건 재판에서 배심원단도 맡았기 때문에, 잘 선동하면 술라가 회복하려는 공화국의 엘리트 지배에 위협을 가할 수 있는 주요 유권자 집단이었다. 술라는 기사 계급 중 가장 부유한 이들을 문호가 확대된 원로원에 참여시킴으로써 마리우스와 같은 인물이 미래에 나타나 기사 계급에 호소할 여지를 줄였다. 새로 원로원 의원이 된 이들은 원로원의 정책 심의에서 실제 중요한 역할을 맡기보다는 과거 기사 계급 배심원단이 판결을 내리던 부패 사건을 맡는 게 주 임무가 될 터였다.

술라의 가장 중요한 개혁은 마리우스가 따른 (그리고 아마도 사투르니누스와 술피키우스가 예상했던) 출세 경로를 겨냥한 것이었다. 세 사람 모두 호민관 자격으로 대중의 명분을 지지하면서 정치적 명성을 얻었고, 그런 가운데 특히 마리우스는 호민관 활동을 명성을 쌓는 데 잘 활용해 결국 집정관직에까지 올랐다. 술라는 이런 정치적 출세 경로를 차단했다. 그는 호민관을 지낸 사람은 정부의 다른 공직을 맡지 못하게 함으로써, 호민관 직책을 야심가들의 출세를 위한 발판에서 평민들이 마지막으로 누릴 수 있는 안식처로 바꾸었다. 호민관은 새로운 법률안을 제안하는 것도 금지됐으며, 법률에 대한 거부권 또한 제한됐다. 정무관을 지망하는 이들도 비슷한 제약을 당했다. 이제 정무관이 되려면 일정 연령 이상이어야 한다는 조건이 생겼다. 또 정무관 직렬별로 취임 순서가 정해졌고, 같은 직책을 다시 맡으려면 최소 10년이 지나야 했다. 다시 말하면, 집정관이 되려면 호민관을 거치지 않아야 하고, 나이는 40살이 넘어야 하며, 검찰관과 조영관 그리고 법무관을 두루 역임해야 한다는 것이다. 마리우스 같은 인물이 권력을 잡는 것은 언제나 좁은 길이었지만, 술라는 그 길마저 사실상 차단했다.

　　술라가 로마인과 공화정에 왜 이런 충격을 안겼는지 잠시 생각해 볼 가치가 있다. 역사가 아피아노스는 그럴듯한 설명을 내놓았다. 아피아노스의 기록에 따르면, 기원전 84~83년 겨울 술라가 군대를 이탈리아로 복귀시킬 채비를 할 때, 원로원이 사신을 보내 그의 안전을 보장하면서 내전의 재발을 막을 타협안을 제안했다고 한다. 술라는 군대가 있는 한 "자기와 자기 편으로 도망쳐 온 망명자들에게 영구적인 안전을 제공할" 수 있지만 원로원은 그렇지 못하다고 답했다고 전해진다. 아피아노스는 "그는 이 한 문장의 대답을 통해, 군대를 해산하지 않은 채 권력을 장악하는 것을 고려하고 있음을 분명히 드러냈다."라고 결론지었다. [43]

　　아피아노스는 이 대화를 기록한 유일한 역사가다. 술라가 실제로 이런 말을 하지 않았을지라도, 술라의 진심과 별반 다르지 않았을 것이다. 술라는 공화정보다 자신과 부하들의 능력을 더 신뢰했기 때문에 기원전 88년과 84년 겨울 두 번에 걸쳐 로마로 진군했다. 기원전 88년에는 공화국이 마리우스와 사투르니누스로부터 메텔루스의 자유와 재산을 보호하는 데 실패한 것을 목격했기 때문에 진군했다. 기원전 84년에는 마리우스와 킨나가 자신의 지지자들에게 얼마나 잔인했는지 기억했다. 체제는 술라 본인이나 술라의 지지자들 모두 보호하지 않을 터였다. 전설적인 행운을 타고난 술라는 공화국이 제공할 수 없는 안전을 군대를 통해 보장받는 쪽에 승부를 걸었다.

술라는 이런 승부를 하면서 다른 로마인들의 셈법을 재설정했다. 기원전 3세기 로마에서는 정치적 실패란 불명예나 익명의 존재로 추락하는 것을 뜻했다. 이제 정치적 실패는 죽음을 의미했다. 새로운 세계에서는, 정치적 갈등이 아주 격렬해지면 지도자들이건 그들의 지지자들이건 모두 편을 가르고 무기를 들고 싸워야 했다. 기원전 88년 술라가 승리한 뒤 마리우스와 킨나는 자신들의 정치적 생존이 공화정보다 충성하는 군대를 구성할 수 있느냐에 달렸다는 것을 곧바로 깨달았다. 두 사람은 이런 군대에 들어올 의지가 있는 로마인들을 확인했다. 그러나 동맹시 전쟁이 로마의 내전으로 번진 상황에서, 술라가 무슨 짓을 할지 두려워하는 에트루리아인과 삼니움족이 (잠재적 합류 세력으로: 옮긴이) 존재한다는 것도 인식했다. 이와 대조적으로, 술라는 마리우스에게 처벌을 당했거나 언젠가 처벌을 당할지 모른다고 두려워하는 로마의 엘리트층 중에서 지지자들을 쉽게 찾았다. 그리고 마침내 승리하자 패자들의 재산으로 지지자들에게 보상했다.

옛 로마 공화정의 구조는 폭력을 통해 탄생한 새로운 사회경제적 질서를 지탱할 수 없었다. 술라는 한동안 위협을 동원해 새로운 세계를 유지했지만, 이 세계가 지속될 수 있으려면 술라의 절도 행각을 합법화하고 동맹 세력들의 강력한 입지를 고착시켜 정상 상태로 만드는 새로운 통치 구조가 필요할 터였다. 이것이 바로 술라가 창조한 새 공화정이었다. 기원전 80년에 그는 새 공화정이 과거의 공화정보다 자신을 더 잘 보호하리라고 확신하며 독재관직에서 물러났다. 그는 사생활로 돌아가 회고록을 집필했고, 자신의 개혁이 지속되리라고 믿었다. 불행하게도, 정치적 안정이 이어질 걸로 기대한 로마인이 있다면 잘못 생각한 것이었다.

ROMAN
RE

PUBLIC

7장 잔해 속에서의 재건

동맹시 전쟁과 이를 잇는 기원전 80년대 내전의 엄청난 파괴와 폭력 이후 술라가 공화정을 변형 재건하기로 결심하면서 로마가 영구적인 독재 체제로 전락하는 사태는 피했다. 하지만 로마가 제대로 작동하던 과거의 공화정으로 돌아간 것은 아니었다. 확대된 원로원, 거세된 호민관, 원로원 배심원제를 도입한 술라의 공화정은 사실 그 이전의 정치 체제와 급격하게 결별한 체제였으며, 널리 퍼진 살인과 절도를 기반으로 한 체제였다. 술라가 독재관직을 유지하던 때 소년 시절을 보낸 역사가 살루스티우스는 술라의 성공이 "범죄와 배신"에 의존했으며 "이는 당신들이 걱정하는 것보다 더 악하고 더 혐오스럽지 않으면 자신이 안전할 수 없다고 술라가 생각했기 때문이다"라고 썼다. [1] 그래서 술라는 "조상 중에 훌륭한 모범을 보인 이가 있는 위대한 가문의 이름"을 물려받은 남성들, 곧 다른 시대였다면 제대로 작동하는 공화정의 규칙에 따라 공직과 명예를 놓고 편안한 경쟁을 펼쳤을 남성들이 다른 로마인들에 대한 "지배권을 얻는 대가로 술라에게 복종하는" 분위기를 조성했다. [2] 술라는 자신의 죄책감을 공유할 의도로 사람들을 골랐다. 그는 이들에게 공적 명예를 부여하고 공직 진출을 후원했으며, 자신이 처벌 대상자로 공표한 이들로부터 몰수한 재산을 이용해 이익을 챙기도록 장려했다. 어떤 경우에는 몰수 재산 구입에 필요한 돈을 그들에게 제공하기도 했다. 죄책감은 다른 사람들에게도 오점을 남겼다. 처벌 대상자 명단이 포고된 덕분에 이득을 본 이들은 술라가 고른 로마의 엘리트들만이 아니었다. 술라 밑에서 복무한 수만 명—한 자료에 따르면 12만 명—의 퇴역 군인을 몰수한 땅에 정착시켰고, 그들 중 다수를 재건된 로마 원로원에 진출시켰다. 살루스티우스는 이 술라 추종자들을 가리켜 라틴어로 도덕이 의심스러운 수행원을 뜻하는 단어인 '위성'으로 지칭했다. 술라는 죄를 지은 자들이 너무 많고 힘도 강력해서 청렴한 사람들은 감히 대결을 두려워하는 분위기를 정착시켰다. [3]

술라의 강력한 독기는 기원전 70년대에 접어들어서도 여전히 로마 국가에 남아 있었다. 심지어 술라가 기원전 79년에 은퇴하고 78년에 사망해 더 이상 '위성들'이 보호할 대상이 사라진 뒤에도 사회 분위기는 그대로였다. 어쩌면 술라의 퇴장은 더 큰 혼란을 일으켰다. 기회주의적으로 전향한 일부 사람들은 술라가 더 줄 것이 없자 재빨리 샛길로 빠지기 시작했다. 술라의 영향권 아래 들어온 이들 중에는 술라의 사병을 이끄는 지휘관들도 있었다. 사병들은 가장 먼저 직속 지휘관에게 충성했고 술라에 대한 충성은 2차적이었으며, 로마에 대한 충성심은 전혀 없었다. 이런 군벌들이 곳곳에 도사리고 있었고, 그중 일부는 계속 군대를 이끌었으며 또 다른 일부는 필요하면 다시 사병을 모을 수 있을 만큼 많은 재산을 축적했다. 이들의 사례는, 또 다른 술라가 되려는 이들에게 군대를 꾸릴 만큼 많은 추종자를 끌어모으는 상황을 꿈꾸게 했다. [4]

결과적으로 술라는 이런 짓거리를 할 기회를 많이 만들었다. 이탈리아 밖에서는, 지난 내전에서 반대파에 충성했던 세력이 기원전 72년까지 스페인을 통제했다. 지중해 동부에서는, 술라가 기원전 85년 폰투스의 미트리다테스와 서둘러 평화 조약을 맺은 탓에 미트리다테스가 여전히 로마에 도전할 만한 힘을 갖고 있었다. 로마가 관심을 다른 데 쏟은 탓에, 바다에서는 해적들이 종종 습격을 감행하여 로마의 식량 공급과 안보를 위협했다.

술라의 후계자들은 이탈리아 내부에서 훨씬 더 큰 문제에 직면했다. 이탈리아는 아직도 동맹시 전쟁에서 완전히 회복하지 못했고, 술라는 회복을 훨씬 더디게 만들었다. 술라가 동방에 머무는 동안 킨나와 카르보가 이끄는 로마 정부는 인구 조사를 실시했다. 이 인구 조사를 통해 동맹시 전쟁 해결 과정에서 새로 로마 시민권을 얻은 이탈리아인들의 숫자가 처음 집계됐고, 그들이 사는 도시를 조직할 지방 통치 구조의 기초가 마련됐다. [5] 술라의 가혹한 응징은 이 작업을 상당히 망쳤다. 술라는 새로 시민권을 얻은 이들 가운데 내전에서 자신에게 맞선 상당수에 대해 시민권을 박탈했다. 술라와 그의 동맹 세력이 이탈리아 도시들의 역사적 권력 질서와 경제 질서를 무너뜨리는 작업에 나서자, 이탈리아의 유력 인사들은 훨씬 더 심각한 타격을 입었다. 움브리아에서 13개의 농장을 소유한 부자 섹스투스 로스키우스는 처벌 대상으로 공표되었고, 그의 아들이 가족의 재산을 지키려고 섹스투스를 살해했는데도 땅은 모두 몰수당했다. 이탈리아 남부 도시 라리눔에서는 술라의 이름으로 활동하는 현지인 오피아니쿠스가 지방 자치 위원회를 교체하면서 위원 상당수를 추방했다. 그리고 훗날 폼페이우스 대제로 알려지게 될 23살의 야심 찬 군벌 폼페이우스도 고향 피케눔에서 비슷한 일을 했다. 그렇게 해서 술라 추종 집단은 부자가 되어 많은 유명 인사와 평범한 이탈리아인들을 두루 격분시켰다. 술라가 이탈리아인들이 여러 세대에 거쳐 노동으로 일군 것을 자신의 지지자들에게 넘김으로써 "인류가 기억하는 모든 사람 중 유일하게 미래 세대를 처벌하는 방법을 고안해냈고, 그 결과 미래 세대는 태어나기도 전에 이미 피해를 입었다."라고 살루스티우스가 비판한 것도 타당한 이유가 있었다. [6]

이렇게 몰수한 재산으로 조성된 대규모 토지 중 일부에서 노예 노동이 활발해지면서 사회 불안은 더욱 깊어졌다. 술라가 내전에서 승리한 뒤 이탈리아에서 노예가 얼마나 늘었는지는 불확실하다. 하지만 기원전 90년대 후반과 80년대의 정치적 혼란을 틈타, 동맹시 전쟁이 끝난 시점에 로마 시민권을 얻었어야 할 자유 이탈리아인 일부를 로마 원로원 의원들이 노예로 삼았다는 확실한 증거가 있다. [7] 기원전 70년대에 이르면, 많은 농업 부문 노예들(이 중 일부는 과거에 자유를 누린 이탈리아인이었다.)이 캄파니아 등 남부 이탈리아 지역의 비옥한 땅에서 일했다. 많은 경우는 술라한테서 재산과 시민권을 박탈당한 이탈리아 가문 출신자들이 이들과 함께 일했다. 술라는 자신의 지지자들이 지배하는 새로운 이탈리아를 위해 이탈리아인과 로마인의 생명, 자유, 재산권을 보호하는 기본적인 사회 협약을 파괴했다. 땅을 유지하게 된 이탈리아 농부들조차 이웃에 있는 술라 지지자들의 더 크고 효율적인 농장과 경제적으로 경쟁하느라 고생했다.

로마 내부에서도 긴장은 은근히 커졌다. 술라는 많은 도시 주민의 식량 문제를 해결해 왔던 곡물 구매 지원금을 없앴다. 곡물 값이 너무 비싸지지 않도록 예방하는 가격 통제도 풀었다. 도시민들을 위해 법을 만들거나 그들의 목소리를 효과적으로 대변할, 야심차고 유능한 호민관들이 없어지자, 많은 도시민들은 식량 가격 폭등에 대한 불만을 표출할 유일한 방법으로 폭동을 떠올렸다. 이에 따라, 호민관의 권한, 그리고 이보다 더 폭넓은 사안인 정치적 대표성 문제가 점점 더 논쟁거리로 부상했다. [8]

이런 도전들 중 어떤 것이든 술라 이후 로마 공화정을 무너뜨릴 잠재력이 충분했고, 기원전 78년에서 70년 사이에 이 각각의 문제들이 실제로 로마의 안정을 위협했다. 술라가 죽자마자 문제가 불거졌다. 기원전 78년 담당 집정관으로 뽑힌 카툴루스와 레피두스는 곧장 술라의 장례를 국장으로 치를지를 놓고 논쟁을 벌이기 시작했다. 술라는 레피두스의 집정관 입후보에 반대했고, 레피두스는 아마도 이에 대응해 술라의 장례를 전례 없이 호화로운 국장으로 치르자는 제안을 강하게 반대했다. 그는 결국 카툴루스의 지지를 끌어냈다. 장례 행렬에는 무장한 병사들, 열정적인 신임 원로원 의원들, 그리고 "그(술라)의 군대를 두려워하는" 사람들이 참여해, 술라의 시신을 포룸으로 운반했다. [9]

레피두스는 장례식 뒤 카툴루스와 술라 지지자들에게 더 공격적인 태도를 취하기 시작했다. 그는 보조금으로 운영되는 곡물 배급제의 부활을 주장했다. 또 이탈리아인들에게 술라가 빼앗은 땅을 돌려주겠다고 약속했다. 그는 기껏 몇 달 전만 해도 호민관 권한 강화를 강하게 반대했었는데, 이제는 공개적으로 호민관 권한 회복을 옹호했다. [10]

이 시기는 집정관 사이의 분열이 적절하지 못한 때였다. 지금의 피렌체 위쪽 언덕에 위치한 도시 파에술레에서는 술라에게 땅을 빼앗긴 주민들이 식민 통치를 위해 주둔해 있던 술라 군대 출신자들을 공격했다. 에트루리아에서는 더 큰 반란의 조짐이 있자, 원로원은 레피두스와 카툴루스에게 군대를 이끌고 가서 반란을 진압하라고 지시했다. 원로원의 조처는 "에트루리아 전체가 레피두스와 함께 반란을 일으킬 것으로 의심된다."라는 소문이 파다한 상황을 무시한 것이다. [11] 사태는 예상대로 진행됐다. 파에술레의 폭력 사태가 더 큰 반란으로 번지지 않은 것은 두 집정관이 힘을 모아 반란을 진압했기 때문이라기보다는, 레피두스가 반란자들을 자신의 야심을 뒷받침할 세력으로 끌어들였기 때문에 가능했다.

반란 세력의 지원을 받은 레피두스는 카툴루스와의 다툼을 더욱 공격적으로 밀어붙였다. 두 집정관 사이의 긴장이 고조되자 원로원이 개입해 평화를 지키겠다는 서약을 강요했다. 원로원은 이어 레피두스를 갈리아 트란살피나(현재의 프랑스 남부 해안 지역)로 보내 상황을 더 누그러뜨리려 했다. [12] 레피두스는 임기가 끝나기 전에 로마로 돌아올 생각 없이 임지로 떠났다. 원로원은 레피두스가 결국엔 로마를 공격할 군대를 꾸리지 않을까 의심해서, 곧 그를 로마로 소환해 78년 담당 집정관 선거 감독을 맡겼다. 그런데 레피두스는 로마 군대와 에트루리아 반란군을 이끌고 로마로 돌아와서는 두 번째 집정관직을 요구했다. 군대의 로마 진입이 저지되자, 그는 부하들에게 무기를 들라고 명했다. 이들은 금세 진압됐고 레피두스도 곧 살해됐지만, 살아남은 군인들은 이탈리아에서 스페인으로 탈출해 술라 반대파 로마 사령관 세르토리우스 아래로 들어갔다. [13]

모든 로마인은 레피두스가 다소 서툴지만 아주 위험하게 술라를 흉내냈다고 인식했다. 레피두스는 로마를 실제로 장악하기에는 지지 세력도, 자원도, 전략적 지능도 부족했지만, 그런 상황에 처한 사람이 할 만한 행동을 한참 넘어섰다. 어쨌든 그의 시도는 술라가 만들어 놓은 새 정치 질서 내부가 태생적으로 불안정하다는 사실을 부각시켰다. 그리고 레피두스는 패배했지만 그의 지지자들이 스페인에 주둔한 세르토리우스의 군대를 강화시켰다는 점은 아무도 주목하지 않았다. [14]

이후 몇 년 동안 상황은 나아지지 않았다. 기원전 75년 곡물 부족 사태가 로마, 갈리아의 로마 영토, 심지어 스페인에서 싸우는 로마 군대에까지 영향을 끼쳤다. 세르토리우스와 싸우던 로마 지휘관들은 원로원이 군대에 추가 보급품을 보내지 않으면 이탈리아로 돌아가겠다고 위협했다. [15] 로마에서는 식량 부족이 다른 종류의 문제를 일으켰다. 호민관이 일반 시민의 문제를 효과적으로 해결할 능력을 박탈당하고 호민관의 정책 영향력 최소화를 목표로 한 정치 체제에 발이 묶이자, 로마인들은 식량 가격 폭등에 맞서기 위해 자신들이 지닌 유일한 무기를 들었다. 거리로 나선 것이다. 기원전 75년의 시위는 대중의 불만이 자발적으로(그리고 표면상 지도자 없이) 폭발했지만, 90년대와 80년대에 사투르니누스나 술피키우스 같은 인물이 동원한 무장 집단보다 덜 위험할 것도 없었다. 굶주린 시민들이 메텔루스 가문 사람을 포룸으로 안내하던 가이우스 코타와 루키우스 옥타비우스 집정관을 공격한 적도 있다. 시민들이 릭토르[11]Lictor들을 제압하자, 집정관들은 황

---

11. 고대 로마에서 집정관과 정무관들을 경호하는 하급 관리이며, 고위 행정관의 위엄을 나타내는 상징물인 파스케스(속간)을 들고 다녔다.

급히 옥타비우스의 집으로 피신해야 했다. [16]

이 시위는 즉각 로마 공화정에 몇 가지 중요한 파장을 일으켰다. 역사가 살루스티우스는, 코타가 상복으로 갈아입고 군중 앞에 나서 전쟁에는 민간인의 희생이 필요하다는 내용의 연설을 한 뒤 집정관들의 잘못 때문에 식량 가격이 급등했다고 생각하면 자신을 처벌하라고 말했다고 묘사했다. 그의 극적인 모습은 상황을 한동안 진정시킨 게 분명하다. 그 이후 곡물 부족의 원인으로 추정되는 지중해 동부 해적들을 제압하기 위해 군대를 보내기로 한 결정도 대중을 진정시키는 데 도움이 되었다. [17] 그러나 집정관과 원로원은 술라가 정착시킨 제도를 개선하지 않으면 이와 유사한 문제가 또다시 불거질 것이라고 인식했다. 코타는 첫 번째 조처로 평민들의 호민관이 이후에 다른 집정관직을 맡지 못하게 한 술라의 조처를 폐지하는 법 곧 〈아우렐리아 법lex Aurelia〉 제정을 추진했다. 73년에는 집정관들이 일부 시민들에게 매달 소액의 곡물 수당을 주는 〈곡물법〉을 발의했다. [18] 로마 공화정이 술라가 없애려고 했던 옛 질서로 서서히 되돌아갔다.

이런 조처에도 로마 안밖의 정치 생활이 진정되지 않았다. 또다시 국민의 투표에 부칠 법안 제안 권한을 갖는, 더 강한 호민관을 요구하는 대중의 소요가 커졌다. 기원전 73년 호민관 마케르는 평민과 호민관의 전통적인 권한을 완전 복원할 것을 격렬하게 주장했다. 살루스티우스는 이 순간을 극적으로 서술하면서 그의 연설이 "여러분의 조상들이 물려준 권리와 술라가 여러분에게 부과한 노예 상태"를 대비시키고 로마인들에게 "여러분의 비겁함을 감추느라 '노예 상태'라는 말을 '평온 상태'로 바꾸는 것을 중단하라."고 촉구했다고 묘사했다[19]. 기원전 71년이 되자 호민관의 권한과 그의 입법권을 완전히 회복하라는 요구가 집정관 선거 운동의 성패를 가르는 핵심 요소가 됐다. 그러나 아직은 어느 집정관도 술라 시대 이전에 호민관이 누리던 권한을 실제로 복원하지 못했다.

로마 밖에서는 스페인의 세르토리우스 세력과의 전쟁 그리고 기원전 73

년 트라키아의 검투사 스파르타쿠스가 이끈 노예 반란이 일어나 로마 공화국은 계속 흔들렸다. 세르토리우스 전쟁과 스파르타쿠스 반란은 술라가 공화정을 바꾼 이후 뒤로 밀려난 사람들의 분노에 힘입어 가열됐다. 스페인에서 세르토리우스는 술라와 그의 후임자들로부터 도망친 로마인과 스페인 사람들로 꾸린 군대를 이끌었다. 이탈리아에서는 스파르타쿠스가 반도 남부의 검투사 훈련소, 농지, 대규모 농원에서 수만 명의 노예를 동원했다. 자유 이탈리아인들 가운데서도 적지 않은 사람이 농촌 들판을 떠나 그의 군대에 합류했다. 이는 술라가 실시한 토지 몰수로 타격을 가장 심하게 입은 사람들의 절박함을 극적으로 부각시켰다. 로마는 결국 두 반란을 모두 진압하게 된다. 세르토리우스 전쟁은 스페인으로 도망친 레피두스 추종자 페르펜나가 세르토리우스에 등을 돌려 그를 암살한 뒤 치른 전투에서 폼페이우스에게 패배하며 끝났다. 스파르타쿠스는 법무관들이 이끄는 군대 둘을 무찌르고 기원전 72년에 집정관 두 명이 공동으로 이끈 군대도 물리쳤다. 그러나 그의 반란은 이듬해에 잇따른 패배로 추종자 대부분이 죽으면서 진압됐다. 그를 패배시킨 전투는 폼페이우스와 마찬가지로 독재관에게 바치려고 사병들을 모집해 명성을 쌓은 엘리트 가문 출신의 술라 지지자 크라수스가 이끌었다. 크라수스가 전쟁터에서 스파르타쿠스의 군대를 무찌른 뒤, 폼페이우스는 북부 이탈리아로 도망치는 패잔병들을 학살했다. [20]

세르토리우스와 스파르타쿠스가 모두 패했지만, 그들이 촉발한 갈등은 술라의 공화정이 여전히 허약함을 모두에게 부각시켜 줬다. 로마 제국에서는 여전히 분노가 상당히 강했다. 게다가 술라가 승리한 지 10년이 더 지났음에도, 로마 공화정은 독재관(술라)이 무너뜨린 공권력의 폭력 사용 독점을 완전히 회복하지 못했다. 로마 공화국은 반란을 진압하고 폭동을 결국 끝냈지만, 반란과 폭동이 일어나는 원천 자체를 막을 능력은 보여주지 못했다. 그래서 폭력이 발생했을 때, 로마는 재력과 사병을 통해 술라의 집권을 가능하게 해준 군벌들인 폼페이우스와 크라수스에게 여전히 의존했다. 이런 사람들이 없이 로마 공화정이 살아남을지 불확실했다. 더 우려스럽게도, 기원전 71년 스파르타쿠스 반란을 진압한 폼페이우스와 크라수스가 군대를 이끌고 로마로 돌아오자, 많은 로마인들은 두 경쟁자가 맞붙기로 결심하면 과연 로마 공화국이 그들의 군대 동원을 막을 능력이 있을지 의심했다. 폼페이우스나 크라수스가 싸움을 원하면, 공권력이 또 다른 내전을 막을 어떤 조처도 못 할 것처럼 비쳤다.

두 사람 가운데 폼페이우스가 더 위협적으로 여겨졌다. 그는 그나이우스 폼페이우스 스트라보의 아들이다. 스트라보는 잔인하고 계산적이며, 자신의 직계 가족 중에서 처음으로 원로원 의원과 집정관이 된 인물이다. 그는 기원전 89년에 누구도 부인할 수 없는 군사적 기술에 권력의 정치학에 대한 완벽한 이해를 결합시켜 집정관직을 차지했다. 스트라보는 공화국이 공식 승인한 통상의 직책과 군 지휘권을 매개로 권력을 얻겠다고 다짐했지만, 초법적인 조치를 은근히 내비치는 협박을 동원하는 것을 꺼리지는 않았다. 스트라보는 출신 배경 때문에 이런 외부자의 게임이 필요했고, 또 그 게임을 능숙하게 수행했다. 동맹시 전쟁이라는 긴급 상황에서 지휘관직을 떠안은 스트라보는 기원전 90년에 이룬 군사적 성공에 힘입어 89년에 집정관이 됐다. 이듬해 그는 식민지 총독 자격으로 다시 군 지휘권을 얻었다. 그는 로마에 대한 술라의 1차 공격에서 빠졌고 자신에게서 지휘권을 뺏으려고 술라가 보낸 인물을 죽였다. 스트라보는 기원전 86년까지 군 지휘권을 유지하면서 한 번은 킨나편에서, 또 한 번은 킨나에 맞서서 싸웠다. 이는 전쟁을 장기화하면서 이득을 취하기 위한 것이었다. 그는 군대를 두 번째 집정관직을 위한 협상 도구로 사용했다. 비록 협상이 타결되기 전에 그는 죽었지만, 그가 내보인 탐욕과 공익에 대한 무시는 공공 질서 회복을 노심초사 기다리던 로마인들의 분노를 불렀다. 스트라보가 살아 있을 때는 그가 지닌 권력 때문에 무너뜨릴 수 없는 존재였지만, 그가 죽자 그 무엇도 사람들의 분노를 막지 못했다. 장례 행렬이 도시를 지나갈 때, 군중은 그의 시신을 관에서 끌어

내 더러운 거리 여기저기로 끌고 다녔다. [21]

아버지가 죽었을 때 폼페이우스는 스무 살이었고 내전에 개입하지 않으려 할 만큼 어렸지만, 그렇게 하면 무사하지 못할 걸 깨달을 만큼 총명했다. 그의 아버지는 미움을 받으며 죽었지만, 아들에게는 상당한 이점을 남겼다. 그중에는 충성스러운 피보호자 집단을 구축하는 데 쓸 돈과 이탈리아 중부 피케눔 지역의 땅도 있었다. 폼페이우스는 스트라보가 재산과 지지자들을 이용해 기원전 80년대 초 비틀거리는 공화정에서 특정 형태의 권력을 공고히 했음을 잘 알았다. 폼페이우스는 다가올 내전에서 살아남아 영화를 누리려면 재산과 지지자가 필수라는 사실도 잘 알았다. [22]

폼페이우스는 권력 정치의 방법도 아버지로부터 배웠다. 스트라보는 술라나 마리우스, 킨나에 버금가는 권력을 가진 적은 없었으며, 그들처럼 로마를 장악하려 했다가는 철저하게 패하리라는 것도 알았다. 그는 초법적으로 권력을 잡을 수 없었다. 그러나 초법적 조처를 취할 수 있다는 위협만으로도, 공화정에 계속 협력한 대가를 요구할 수 있었다. 그는 자신이 설정한 대가가 공화정의 통상 관행에 어긋나지 않는 직책이거나 군 지휘권이라면 요구가 받아들여질 걸 알 만큼 영리했다.

폼페이우스는 이 교훈을 마음에 새겼다. 아버지가 죽자마자 그의 집은 약탈당했다. 폼페이우스 자신도 아스쿨룸을 점령하면서 확보한 약탈물을 공화국에 귀속시켜야 함에도 개인적으로 챙겼다는 이유로 재판을 받았다. 그러나 폼페이우스는 자신이 유죄 판결을 받기에는 너무 가치 있고 카리스마가 넘치는 사람임을 증명했다. 그를 옹호해준 원로원 의원 중에는 나중에 집정관이 되는 카르보도 있었다. 폼페이우스는 재판을 주재한 P. 안티스티우스의 마음을 사로잡아, 결국 그의 딸 안티스티아와 약혼했다. 결혼식은 폼페이우스가 기정사실처럼 여겨진 무죄 판결을 받은 지 나흘 뒤 열렸다. [23]

폼페이우스는 기원전 84년까지 킨나, 카르보, 술라 반대파와 동맹을 유지했지만, 킨나의 입지가 약화되는 걸 감지했는지 킨나를 죽음으로 몰아간 반란 직전에 그들의 진영을 떠났다. 나중에 그는 자신의 목숨을 겨냥한 음모에 관한 소문을 들었다고 주장했다. 그는 피케눔으로 돌아가 칩거하며 내전이 어떻게 전개될지를 지켜봤다. 폼페이우스는 술라가 이탈리아에 상륙했다는 소식을 들었을 때 술라 편에 서기로 결심했다. 많은 엘리트들이 혼자 또는 가족과 함께 술라 편으로 옮겨갔지만, 폼페이우스는 아버지의 사례에서 보고 배운 게 있었다. 그는 실질적인 무언가를 갖고 술라에게 접근해야만, 내전에서 편을 바꾼 것을 기회로 활용할 수 있다고 생각했다. 그래서 폼페이우스는 피케눔에서 지지자들을 결집시켜, 카르보가 이끄는 원로원 정권에 맞서는 반란을 부추겼다. 폼페이우스는 아욱시뭄시 재판소의 우두머리가 되어 카르보에게 충성한 정무관들에게 도시를 떠나라고 명령했고 이어 "군대를 모집하고 그들을 이끌 백부장들과 장교들을 임명했다." 아욱시뭄에서 군대 모집이 끝나자, 그는 다른 도시들에서도 같은 일을 반복했다. 이 군대는 술라를 섬기게 되지만, 폼페이우스가 모집하고 급여도 주는 집단이었다. 그는 적절한 때가 오면 같은 지역에서 뽑은 두 개의 군단을 더 합류시킬 터였다. [24]

폼페이우스는 술라 진영을 향해 이동하면서 도중에 적군과 여러 차례 전투를 벌였는데, 이는 자신이 이끌고 가는 지원 세력의 수준이 술라에게 전해지게 하려는 것이었다. 폼페이우스는 술라의 진지에 도착하자 술라에게 자신이 모집한 군대를 바쳤다. 또 자신이 군대를 모집한 지역의 충성심을 전하고 술라가 필요하면 추가 병력도 제공하겠다고 약속했다. 그러자 술라는 자리에서 일어나 모자를 벗고, 23살의 젊은 장군을 '대장군imperator'이라고 부르며 맞았다. 대장군이라는 호칭은 폼페이우스가 지휘관으로서 이미 이룬 업적에 대한 존경심을 담은 것이었다. 술라는 그 뒤 폼페이우스와 그의 군대를 갈리아 치살피나(포강 북쪽 지역)로 보내 메텔루스 피우스가 그곳의 저항 세력을 뿌리 뽑는 작전을 돕게 했다. [25]

술라는 이탈리아를 거의 장악하고 나서 폼페이우스와 그의 군대에게 시칠리아와 북아프리카를 장악한 적들을 물리치는 임무를 맡겼다. 원로원은 폼페이우스에게 시칠리아에 대한 일종의 사령권을 줬다. 이는 폼페이우스에게 자신의 사병을 지휘할 공적 지위를 처음 부여한 조처다. 폼페이우스는 먼저 82년 카르보를 물리치고 이어 아프리카 지역을 그나이우스 도미티우스 아헤노바르부스(네로의 아버지)로부터 빼앗은 뒤 두 사람을 처형했다. 카르보는 당시 집정관이었는데도 폼페이우스는 처형을 강행했다. 폼페이우스는 카르보를 무거운 쇠사슬로 묶고 처형 전에 몸을 더럽히게 함으로써 더 큰 모욕감을 안겼다. 두 사람은 술라의 적들이었고 분명 사형 대상이었지만, 그들에 대한 잔인한 처형은 사람들에게 큰 충격을 주었다. 사람들이 폼페이우스에게 십대 학살자라는 뜻의 '아둘레스켄툴루스 카르니펙스adulescentulus carnifex'라는 별명을 붙일 정도였다. 하지만 폼페이우스는 몇몇 지도자들에 대한 가혹한 복수가 다른 사람들에게는 자비를 보여 줄 기회를 열어주고, 살아남은 사람들을 자신의 지지자로 만들 기회도 제공한다는 걸 깨달았다. 폼페이우스는 시칠리아와 북아프리카에서 거둔 승리를 활용해, 그 지역 주민들과 나중에 유용할 수도 있을 관계를 구축했다. [26]

폼페이우스가 전투에서 승리하고 이탈리아 밖에서 정치적 동맹 네트워크를 구축하는 수완을 발휘하자, 술라는 불안을 느낀 것 같다. 폼페이우스는 독재관을 직접 위협할 만큼 강하지 않았지만, 술라는 이 젊은 사령관이 도전할 능력을 키우기 전에 길들이는 게 현명하다고 판단했다. 술라는 82년에 폼페이우스에게 과거 그의 재판을 이끈 판사의 딸인 안티스티아와 이혼하도록 설득(내지는 강요)했다. 그리고 대신 술라의 의붓딸인 아이밀리아와 결혼시켰다. 술라는 이 결혼을 성사시키려고 아이밀리아의 남편에게도 이혼을 강요했다. 술라는 이 결혼을 통해 폼페이우스를 술라 자신 그리고 아이밀리아의 메텔루스 쪽 친척들에게 묶어두기를 바랐지만, 얼마 지나지 않아 아이밀리아가 전남편과의 사이에서 임신한 아이를 낳다가 숨지면서 이

계획은 무산됐다. [27]

술라는 아프리카에서 도미티우스를 물리친 뒤 더 강력한 조처를 취했다. 그는 폼페이우스에게 휘하의 세 개 군단 가운데 둘을 이탈리아로 돌려보내고 본인은 다른 장군이 자리를 물려받으러 올 때까지 나머지 군단과 함께 아프리카에 머물라고 명령했다. 술라는 이 조처를 통해 병사들을 그들이 개인적으로 충성하는 지휘관과 떼어놓음으로써 폼페이우스의 사병들을 로마 국가의 군사 구조에 통합시킬 수 있기를 바란 게 분명하다. 아마도 이와 마찬가지로 중요한 건, 폼페이우스의 권력을 약화시키는 것이었다. 폼페이우스는 로마의 어떤 관직도 맡은 적이 없었다. 그리고 비록 폼페이우스가 원로원의 승인을 받아 지휘했지만 그 휘하의 군대는 여전히 폼페이우스의 사병이었다. 그들에 대한 폼페이우스의 권위 또한 로마의 권위가 아니라 그의 개인적 성격과 가문의 권력에서 비롯된 것이었다. 술라는, 폼페이우스가 자신의 군대 지휘권을 포기하게 유도한다면 그가 극도로 (그리고 어쩌면 치명적으로) 약해진 채 이탈리아로 귀환하게 될 것임을 알았다.

폼페이우스도 이를 알았다. 그는 술라의 명령에 자신의 아버지 스트라보처럼 반응했지만, 아버지보다는 훨씬 더 능숙했다. 폼페이우스는 소환 명령에 공개적으로 반응하지 않은 채 군인들 사이에서 이 소식이 퍼져 나가게 만들었다. 병사들은 곧 깜짝 놀랐고 "절대 장군을 저버리지 않을 것"이라며 폼페이우스에게 "본인을 폭군에게 맡기지 말라."고 요구했다. [28] 폼페이우스는 병사들을 소집해 술라의 명령을 따르라고 하면서 다르게 행동하면 반역 행위라고 말했다. 폼페이우스가 이렇게 말했지만 그가 진짜로 원하는 바는 군대가 술라의 명령을 거부하는 것임이 너무나 분명한 듯했다. 그리고 군인들은 그렇게 했다. 폼페이우스는 자신의 말이 군대의 분위기를 바꾸지 못하자 천막으로 들어갔다. 그의 군대가 술라의 명령을 거부하라고 계속 시끄럽게 요구하자, 그는 군인들 가운데로 나와 "그들이 원하는 대로 행동하기를 강요하면 목숨을 끊겠다고 엄숙하게 맹세했다."[29]

폼페이우스는 반란을 일으키지 않았지만, 부하들이 그에게 충성을 약속했다는 소문이 술라에게 전해졌다. 이 소식은 폼페이우스의 군인들에게 사령관을 떠나라고 강요하는 건 상당히 위험하다고 술라가 생각하게 만들기에 충분했다. 술라는 폼페이우스와 그의 사병들이 함께 이탈리아로 돌아오도록 허락했다. 이 스물네 살짜리 젊은 사령관이 도착하자, 술라는 그를 "폼페이우스 마그누스" 곧 "폼페이우스 대제"라고 부르며 맞았다. 하지만 이 정도로는 폼페이우스의 군대를 빼앗으려던 시도를 만회할 수 없었다. 폼페이우스는 술라의 환영에 개선식을 열어달라는 뻔뻔한 요구로 대응했다. 이런 일은 전례가 없었다. 폼페이우스는 지금까지 개선식을 열었던 그 어떤 지휘관보다 훨씬 젊었다. 또 그는 로마의 어떤 직책도 없이 군대를 지휘해 승리를 거뒀다. 게다가 원로원 의원도 아니었다. 술라는 폼페이우스에게 로마법이 집정관과 법무관에게만 개선식을 허락하기 때문에 그에게 개선식을 베푸는 건 불법이라고 지적했다. 또 폼페이우스가 요구를 굽히지 않으면 자신이 개인적으로 나서 개선식을 막겠다고 말했다. [30]

폼페이우스는 집요하게 버텼다. 그는 술라에게 "더 많은 사람이 지는 해보다 떠오르는 해를 숭배한다."는 사실을 기억하라고 말했다. 폼페이우스의 별은 떠오르는 반면 술라의 별은 곧 빛을 잃을 거라고 암시한 것이다. [31] 폼페이우스는 다시 자신의 아버지가 했던 게임을 했다. 다만 이번에는 자기 개인의 잠재력과 병사들의 충성심을 활용해 로마 공화정이 다른 종류의 지휘관들을 위해 남겨둔 명예를 얻으려고 했다. 술라는 다시 한발 물러섰다. 폼페이우스는 말이 아니라 아프리카 코끼리 네 마리가 끄는 전차를 타고 로마 시내로 진입하려 했으나 성문이 너무 좁아 이 계획을 포기했지만, 개선식은 로마인들에게 강렬한 인상을 주며 화려하게 진행됐다. [32]

폼페이우스는 개선식 직전에 군대를 해산했고 기원전 79년에 세 번째 부인 무키아(아이밀리아처럼 술라와 메텔루스 가문과 연결된 인물)와 결혼했다. 그해에 폼페이우스는 술라와 결별하고 78년 집정관 선거에서 레피두스를 지지하는 전략적 결정을 내렸다. 이는 아마도 레피두스가 승리하면 정치적 혼란이 빚어지면서, 폼페이우스가 이득을 볼 수 있다고 기대했기 때문일 것이다. [33] 폼페이우스는 (나중에) 레피두스가 술라의 공개 장례식을 막으려 하자 나서서 반대하게 되는데, 그의 레피두스 지지는 술라를 격분시켰다. 술라는 죽기 전에 자신의 유언장에서 폼페이우스의 이름을 뺐다. [34]

79년과 78년 초에 벌어진 사건들은 폼페이우스에게 술라 휘하의 '십대 학살자' 이상의 존재로 부상할 기회를 줬다. 그는 자신이 집정관 선거에서 지지했던 레피두스와 술라의 공개 장례식 지지로 인연을 맺은 술라 가문 사이에서 신중을 기했다. 폼페이우스가 술라의 유언장에서 빠진 것은 그가 진정으로 어느 진영에도 속하지 않고 그 사이에서 실용적인 중간 위치를 개척했음을 부각시켰다. 따라서 원로원이 반란을 일으킨 레피두스를 공공의 적으로 규정했을 때, 원로원이 폼페이우스에게 집정관 카툴루스를 도와 반란을 진압하라며 군 지휘권을 준 것은 자연스러웠다. [35]

원로원이 폼페이우스에게 군 지휘권을 부여했지만, 집정관 카툴루스가 레피두스와의 첫 전투에서 이긴 뒤 폼페이우스에게 군대를 해산하라고 요구하자 그는 이를 거부했다. 그는 대신 갈리아 치살피나를 통치하던 레피두스의 동맹 세력 마르쿠스 유니우스 브루투스를 공격해 무찌르고 처형했다. 그 이후 군대 해산을 다시 거부한 폼페이우스는 스페인으로 가서 세르토리우스와 힘을 합친 레피두스의 군대를 추격할 권한을 원로원에 요청해 승인을 받았다. 이제 폼페이우스의 군사적 권한은 레피두스 진압을 위한 긴급 지휘권에서 집정관과 비슷한 지위에서 집행하는 지휘권으로 바뀌었다. 그가 지휘하는 군대는 이제 개인이 구성한 사병이 아니었다. 폼페이우스가 원로원의 승인을 받아 합법적으로 지휘하는 공화국의 군대였다. 하지만 폼페이우스는 이 지휘권을 쉽게 빼앗기지 않으려고 영리하게도 모호한 입장을 취했다. 폼페이우스는 식량 부족을 더는 견딜 수 없게 된 75~74년까지는 자신의 돈으로 병사들에게 봉급을 주고 전쟁 경비도 스스로 감당했다. 이런 상황은 공개적으로 알려졌고 의심의 여지 없이 병사들의 충성심을 얻는 탁월한 방법이었다. 그는 또 시칠리아와 북아프리카에서 했던 것처럼 스페인의 영향력 있는 인물들과 관계를 맺었다. 때로는 그들의 로마 시민권 획득을 지원했다. 세르토리우스가 죽고 반란이 수그러들자 기원전 72년 담당 집정관이 폼페이우스가 추진한 시민권 확대를 승인했다. 이로써 스페인 유명인사들과 그들의 후원자인 폼페이우스의 관계는 더욱 긴밀해졌다. 폼페이우스는 레피두스와 세르토리우스의 오랜 동맹이었던 페르펜나가 건네준 서류 더미들을 불태우는 극적인 행동도 취했다. 이 서류는 원로원 의원 다수의 반역 행위를 기록한 것으로 추정되었다. 반역 혐의를 받은 의원들이 스페인의 피보호인들만큼 폼페이우스에게 얽매이지는 않았지만, 그에게 빚을 졌다는 건 의심할 여지가 없었다. [36]

폼페이우스가 기원전 71년 스파르타쿠스 반란군을 모두 진압하고 로마로 돌아왔을 때는 로마 공화국에서 가장 힘이 센 권력자가 되어 있었다. 그는 경험 많고 충성스런 군대를 이끌었고, 이탈리아와 로마의 서부 지역 속주 모두에서 많은 지지자를 확보했다. 게다가 대중적 지지를 더 얻기 위해 호민관의 권한을 완전히 복원하자고 요구하는 세력에 합류했다. [37] 폼페이우스는 이 때 권력을 장악할 수 있었지만 권력 장악을 원하지 않았고 그럴 필요도 없었다. 대신 그는 70년 담당 집정관 선거 출마를 결심했다. 술라가 개편한 제도에 따르면 그는 집정관이 되기에 너무 어린 데다가 집정관의 법률적 요건인 하급 관직 경력도 없었지만, 이런 결심을 한 것이다. 자격 조건은 문제가 안됐다. 폼페이우스는 유능하고 인기 많고 호감도 얻었기 때문이다. 그는 그동안 로마의 전통 엘리트층과 관계를 강화해 왔고 로마 대중의 사랑을 받는 경력도 구축해 왔다. 역사가 살루스티우스는 폼페이우스가 "지배 행위를 뺀 모든 면에서 온건"했다고 인상 깊게 언급했다. 폼페이우스가 집정관 선거 운동을 시작하자, 그의 온건함은 그를 유력 인물로 키운 "뻔뻔한 가슴"에 고결한 얼굴을 입히는 구실을 했다. [38]

기원전 70년에 폼페이우스의 가장 강력한 집정관 경쟁자였던 크라수스는 다른 자질을 내세워 선거 운동을 했다. 크라수스는 로마가 개선식을 베풀어 준 집정관이자 감찰관이었던 리키니우스 크라수스의 아들이다. 그의 가문은 기원전 87년 마리우스와 킨나가 이탈리아를 점령했을 때 큰 타격을 입은 명문 가문이다. 로마가 함락되자 크라수스의 아버지는 승리한 이들에게 죽임을 당하는 대신 자살을 선택했다. 그 뒤 새 정권에 충성하는 군인들이 크라수스의 형을 죽였다. [39] 크라수스는 스페인으로 도망쳐 죽음을 면했고 술라의 이탈리아 복귀가 임박했다는 소식을 들었을 때까지 계속 머물렀다. 폼페이우스와 마찬가지로 크라수스도 술라에게 바칠 군대를 직접 모집하기로 작정했다. 그는 많은 지원자 중 2,500명을 선발해 북아프리카로 데려갔고, 메텔루스 피우스가 지휘하는 친親술라 군대에 합류했다. 크라수스는 곧 아프리카를 떠나 이탈리아에서 술라를 만났다.

크라수스와 폼페이우스가 각각 군대를 이끌고 술라에게 갔지만, 두 사람이 술라한테서 받은 대접은 극명하게 달랐다. 폼페이우스는 크라수스보다 어렸지만 크라수스보다 두 배 많은 병력을 술라에게 제공했고, 크라수스가 지휘한 군대와 달리 폼페이우스의 군대는 이미 이탈리아에서 치른 전투를 통해 가치를 입증한 상태였다. 술라는 폼페이우스를 사령관으로 맞은 반면, 크라수스는 확연히 영향력이 떨어지는 인물로 취급했다. 크라수스는 내전이 벌어졌을 때 움브리아시를 점령해 얻은 전리품의 대부분을 자신이 챙겼고, 이 때문에 술라는 그의 지위를 훨씬 더 낮게 봤다. 크라수스가 콜리나 성문 전투에서 영웅적인 행동으로 술라의 승리를 굳혔지만, 이런 행동만으로는 그의 탐욕이 초래한 평판 하락을 완전히 만회할 수 없었다. [40]

크라수스는 술라가 내전에서 승리한 뒤에도 술라와의 관계 덕분에 이득을 취했다. 그는 술라가 공표한 처벌 대상자들로부터 빼앗은 자산을 가장 열성적이고 전략적으로 사들인 사람들 중 하나다. 그는 심지어 자산을 빼앗아 챙기려고 처벌자 명단에 자신이 직접 사람을 추가하기도 했다고 한다.

그는 광산, 농지, 심지어 로마의 악명 높은 공동 주택까지 사들이면서 자산을 점점 다각화했다. 그는 건축 기술을 익힌 많은 노예들을 활용해 자신이 사들인 집을 수리하고 재건축했다. [41]

크라수스는 자신의 부를 정치 권력을 강화하는 도구로 봤다. [42] 크라수스는 80년대에 겪은 걸 통해 돈으로 군대의 보호를 받을 수 있음을 깨달았고, 한 개 군단쯤을 살 능력이 없으면 부자가 아니라고 말하곤 했다. [43] 그러나 크라수스는 술라 이후 공화정에서는 극도로 많은 재산이 훨씬 더 미묘하게 활용될 수 있다는 것 또한 알아봤다. 술라가 원로원 규모를 확대하면서 로마의 공직자를 배출한 역사가 없는 가문 출신의 남성들도 원로원 의원이 됐다. 술라는 이들 새로운 의원들이 주로 배심원 구실을 할 걸로 예상한 게 분명했다. 하지만, 이들 중 다수는 메텔루스 피우스 같은 오래된 로마 가문의 후손과 같은 지위를 차지하자 자신들의 조상이 꿈도 꿀 수 없던 공직에 도전하고 나섰다. 하지만 포부를 이루려면 비용이 많이 들었고, 크라수스는 고위 공직을 노리는 사람들이 마지막에 의존할 돈줄을 자처했다. 크라수스는 술라 시절 신인 원로원 의원들과 동료들의 정치 운동에 자금을 댔다. 그는 자신의 정치력 영향력을 전략적으로 제공하는 한편 자금은 무이자로 빌려줬다. 크라수스는 소송에서 그들을 옹호했고, 스파르타쿠스와의 전쟁 중에는 그들을 장교로 임명했다. 심지어 크라수스가 지원하면 법안 통과에 도움이 될 것 같은 경우에는 자신이 법안을 지지한다는 사실을 그들이 선전하고 다니는 것도 허용했다. [44] 이런 도움을 받은 이들은 크라수스의 정치적 동맹이 되었고, 크라수스가 돈으로 사거나 확보한 충성심을 통해 크라수스에게 묶이게 됐다.

크라수스는 자신의 재산이 일반 로마 유권자 중에서도 추종 세력을 구축하는 데 도움이 될 것임을 잘 알았다. 역사가 플루타르코스는 "그의 집은 누구에게나 열려 있었고" 그가 베푼 정기적인 저녁 잔치에 "그가 초대한 이들은 큰 가문 출신들이 아니라 평범한 이들이었다."라고 썼다. 크라수스는 비싸지 않은 식사를 제공했지만 "음식이 훌륭했고, 참석자 사이에 친근감이 형성되어서 가장 호화로운 잔치보다 더 기분이 좋았다."[45]

크라수스가 이런 종류의 대중적 인지도를 쌓기로 한 것은, 부분적으로는 자신이 결코 폼페이우스처럼 군사 지휘관으로서 잔인한 평판을 얻지 못할 것임을 깨달았기 때문인 것 같다. 폼페이우스는 공직도 없는 상태에서 몇 차례 군대를 지휘해 명성을 쌓은 반면, 크라수스는 술라 이후 공화정의 구조적 틀 안에서 자신의 권력과 영향력을 선출직 공직에 쏟았다. 호민관들과 동맹을 맺고 법무관에 당선됐으며, 신임을 잃은 전 집정관 카시우스 롱기누스로부터 스파르타쿠스와의 전쟁 지휘권을 넘겨 받음으로써 지휘권을 확장했다.[46] 폼페이우스는 공직이라는 틀의 제약 없이 군대 지휘권을 얻음으로써 영향력을 확대했고, 크라수스는 자신의 정치적 지지자 네트워크를 이용해 명망 있는 군 지휘권을 얻을 때까지 공화정 공직의 사다리를 올라갔다. 크라수스는 아마도 정식 정치 절차를 통해 지휘권을 부여받았기 때문에 스파르타쿠스와의 전투에서 폼페이우스와는 다른 방식으로 군대를 운영했다. 폼페이우스는 자신의 권위 상당 부분이 휘하 병사들의 열의에서 비롯됐다는 걸 잘 알았다. 이런 열정이 식으면, 폼페이우스의 병사들은 지휘관이 상부의 명령에 불복하고 지휘권을 고집하려 할 때 결코 따르지 않을 터였다. 하지만 크라수스는 6개의 새 군단을 이끌고 전쟁에 나섰고, 기원전 72년 스파르타쿠스에게 패배한 2명의 집정관 휘하 2개 군단의 지휘권을 넘겨 받았다. 이 군대에 대한 그의 권위는 병사들에게 개인적으로 인기를 얻어서가 아니라 그가 맡은 직책 덕분이었다. 이 때문에 그는 규율을 회복할 극적인 조처를 자유롭게 취할 수 있었다.

규율은 노예 반란을 물리치는 데 필수 요소임이 확인됐다. 스파르타쿠스가 초기에 로마 지휘관들을 상대로 얻은 승리의 상당수는 그의 군대가 로마 병사들에게 공포심을 줬기 때문이었다. 그의 추종자들은 잃을 게 없었다. 로마군과 싸우다 죽거나 항복해 처형당할 터였다. 그래서 그들은 반란군과 대결하기 위해 처음 모집된 로마군과는 비교할 수 없이 사납게 싸웠다. 크라수스는 작전 초기에 자신을 대리한 지휘관 휘하의 2개 군단이 무기를 버리고 도망쳐 무너지자, 상황의 위험성을 알게 됐다. 크라수스는 대규모 탈영에 대응해 오래된 로마의 잔혹한 제비뽑기 참수형을 부활시켰다. 생존자 500명을 골라 10명씩 50개 그룹으로 나눈 뒤 각 그룹에서 무작위로 한 명을 처형했다. 로마 군인들은 이제 전투에 나서면 힘든 싸움을 해야 하고, 도망치면 잔인한 처벌을 당하리라는 걸 깨달았다. [47]

크라수스가 이 전술로 병사들의 사랑을 받지는 못했어도, 기원전 72년과 72~71년 겨울 군사 작전에서 열심히 효율적으로 싸우게 하는 효과는 거뒀다. 크라수스는 스파르타쿠스가 시칠리아로 건너가는 걸 막은 뒤 겨울 내내 그를 이탈리아 남부에 묶어 뒀다. 71년 봄이 되자, 로마의 지원군이 동쪽에서 그리고 폼페이우스의 스페인 파견 군대가 이탈리아로 귀환하며 북쪽에서 이탈리아로 진입했다. 크라수스는 지원군과 공적을 나누게 되기 전에 스파르타쿠스와 결정적인 전투를 벌이기로 결심했다. [48]

과거 많은 로마 지휘관들, 특히 2차 포에니 전쟁에서 한니발의 함정에 계속 걸려든 집정관들은 이런 성급한 결정으로 역풍을 맞은 바 있다. 하지만 어려운 시절이던 기원전 70년대에는 크라수스의 이런 결정이 역설적이게도 지난 수십 년 동안 무너져 내린 규범을 중시하는 이들에게는 희망의 신호로 비쳤다. 크라수스는 로마 공화정의 전통 방식으로 정통 정치 경력을 쌓으려 했기 때문에 스파르타쿠스에게 승리한 공을 홀로 챙기고 싶어 했다. 크라수스는 기원전 280년대의 파브리키우스처럼 로마 공화국만 제공할 수 있는 명예와 관직을 원했고, 공화국이 권한을 부여한 국가 기관의 동의를 거쳐 이를 획득하길 바랐다. 크라수스는 무력을 사용하거나 무력 사용을 위협해서 집정관직을 얻고 싶지 않았다. 그는 집정관직을 자신이 로마 사회 전반에 구축한 인맥과 스파르타쿠스를 물리침으로써 얻게 될 명성으로 쟁취하려 한 것이다. 크라수스는 150년 전 플라미니우스가 그랬듯이, 승전의 이득이 아주 클 것이라고 확신했기 때문에 재앙 같은 군사적 패배의 위험을 감수하기로 결심했다.

크라수스의 도박은 부분적 성공만 거뒀다. 크라수스는 스파르타쿠스를 결정적인 전투로 끌어들여 그가 이끄는 노예 군대를 물리쳤고, 보아하니 스파르타쿠스도 살해했다. 그리고 크라수스는 "야전에서 노예들을 정복했다."는 공로를 공식 인정받았다. 하지만 크라수스의 공격을 피해 탈출한 도망자들은 폼페이우스가 붙잡아 죽였다. 폼페이우스가 자기 혼자 전쟁을 끝냈다고 주장할 수 있다는 뜻이다. [49]

크라수스와 폼페이우스는 71년 중반에 군대를 이끌고 로마로 돌아와 공개 승전 축하 행사에 나란히 참석했다. 실로 그해의 마지막 몇 달은 지중해 전역에서 로마가 거둔 군사적 성공을 기념하는 공개 행사로 가득했다. 루쿨루스는 자신이 트라키아에서 거둔 승리를 기념하는 승전 행렬에 전시할 거대한 조각상들을 잔뜩 가지고 그리스에서 귀환했다. 메텔루스 피우스는 스페인에서 세르토리우스의 군대를 꺾은 공로를 인정받았다. 그리고 폼페이우스는 전쟁을 이끄는 데 필수적인 관직 없이 두 번째로 거둔 스페인전 승리를 기념했다. 크라수스는 법무관으로서 전쟁을 이끌어 개선식을 치를 자격이 충분했지만, 개선식은 외국의 적을 무찌른 지휘관만 누릴 수 있는 것이었다. 노예였던 스파르타쿠스는 이런 외국의 적에 해당하지 않았다. 대신 크라수스는 장군이 승리의 전차를 타는 대신 걸어서 행진하는 약식 개선식인 '오바티오ovatio' 대상으로 뽑혔다. 그나마 원로원의 동료 의원들이 영향력을 발휘해, 크라수스는 개선식을 하는 지휘관들이 보통 착용하는 월계관을 쓰도록 허가받았다. [50]

메텔루스와 루쿨루스는 개선식 전에 자신들의 군대를 해산한 것 같지만, 크라수스와 폼페이우스는 군대를 해산하지 않았다. 폼페이우스는 이미 자신에게 부여된 군사 목표를 달성한 뒤에도 군대를 계속 유지하는 성향을 보였다. 크라수스는 자신의 군대를 해산하지 않음으로써 폼페이우스가 장

난짓을 할 가능성을 견제할 수 있었다. 그런데 로마 안에서 정치적 경쟁자 둘이 각자의 군대를 유지하는 건 술라와 마리우스에 대한 불편한 기억을 떠올리게 했다. 폼페이우스와 크라수스는 집정관 선거 출마를 희망했고, 대중의 분위기를 감지했는지 결국은 승리 축하 행사 뒤에 군대를 해산하기로 결정했다. [51]

크라수스는 그 뒤 폼페이우스에게 선거 동맹을 제안하는, 주목할 행보를 결심했다. 폼페이우스가 군사적 성공을 거둔 데다가 얼마전 호민관 권한 복원을 강하게 지지한 덕분에 그의 당선은 기정사실이었기에, 크라수스는 자신이 집정관 자리 둘 가운데 나머지 한자리를 놓고 다른 후보들과 경쟁해야 할 처지임을 잘 알았다. 폼페이우스의 지지를 받으면 크라수스가 집정관직을 차지할 가능성이 높지만, 이렇게 되면 그는 폼페이우스를 보조하는 동료 집정관이 될 판이었다. 폼페이우스는 크라수스의 제안을 재임 기간에 "자신에게 헌신하는 보조 동료"를 얻는 것으로 여겼기 때문에 받아들였다. 게다가 폼페이우스는 이렇게 하면 집정관 임기가 끝난 뒤에 크라수스에게 자신의 도움에 보답할 의무를 부과할 수 있다고 봤다. [52] 예상대로 폼페이우스와 크라수스는 70년 담당 집정관직을 차지했다.

폼페이우스와 크라수스가 맺은 동맹은 선거 뒤 오래 가지 못했다. 이렇게 된 건 부분적으로는 폼페이우스가 자신의 개혁 의제를 공격적으로 추진한 것과 무관하지 않다. 폼페이우스는 선거 뒤 처음 행한 공개 연설에서 술라가 시행한 로마 공화정 관련 개혁 상당수를 되돌리겠다고 약속했다. 폼페이우스는 술라가 호민관직에 부과한 제약 중 남은 것들을 모두 철폐하는 한편 호민관이 법안을 제안하고 이를 평민회에서 표결로 승인하는 체제를 재도입할 것을 촉구했다. 폼페이우스는 추측컨대 시칠리아에 있는 피보호인들의 불만을 해소해 주는 차원에서, 원로원 의원들이 지방에서 돈을 갈취하기 힘들게 만드는 지방 정부 개혁안도 제안했다. 그리고 아마도 가장 논란이 큰 개혁안으로, 원로원 의원의 위법 행위를 다루는 법원의 배심원단에 원로원 의원이 아닌 이들을 포함시키는 법원 개혁도 밀어붙였다. 게다가 이런 개혁안에 못지 않게 야심찬 일들을 더 추진하려 했다. 70년 하반기에, 한 우호적인 호민관이 폼페이우스와 메텔루스 피우스의 지휘 아래 스페인 전쟁에 참전했던 퇴역 군인들에게 토지를 보상으로 주는 법안을 제안했다. 폼페이우스는 술라 휘하에 있던 퇴역 군인들이 그랬듯이 다양한 지역에서 충성심 강한 추종자들을 확보하는 한편 앞으로 복무할 군인들에게서 자신에 대한 충성심을 더 끌어낼 기회로 확신했다. [53]

크라수스는 관직을 얻은 뒤에 폼페이우스와 결별할 생각을 계속 했는지 모르지만, 호민관 권한 회복을 위해 폼페이우스와 협력한 뒤 로마와 각 지방 폼페이우스 지지자들의 열광하는 분위기에 놀란 것 같다. 크라수스는 폼페이우스가 기대한 충성스러운 보조 협력자에 머무는 대신, 폼페이우스를 막기 위해 할 수 있는 한 모든 자원을 동원하기 시작했다. 하지만 크라수스는 대체로 실패했다. 폼페이우스는 배심원 구성을 바꾸는 데 성공했고 퇴역 군인에게 토지를 제공하는 법안도 통과시켰다. 다만 원로원이 분배용 토지 구매 자금이 부족하다고 주장하면서 토지 분배는 지연됐다. 70년 중반에 이르자, 크라수스는 폼페이우스의 제안을 막지 못한 데 좌절하면서 공익을 위해 뭔가 성취하기보다 동료인 폼페이우스를 비방하는 데만 바쁜 것처럼 비쳤다. [54]

그해가 지나가면서 로마인들은 폼페이우스와 크라수스의 경쟁이 어디로 갈지 다시 불안해 했다. 이런 불안감은 임기가 끝날 무렵 두 사람이 공동 주재한 공개 모임에서 끓어오르는 지경에 달했다. 이 사건에 대한 자세한 내용은 현재 남아 있는 기록마다 조금씩 다르다. 플루타르코스는, 한 남성이 집정관들이 앉은 단상으로 뛰어올라가 주피터 신이 자신의 꿈에서 폼페이우스와 크라수스가 화해하지 않는 한 그들이 집정관직에서 물러나게 두면 안된다고 했다고 외쳤다고 썼다. 아피아노스는 화해 촉구가 예언자들 사이에서 나왔다고 내비쳤다. 그러나 두 역사가는 신의 영감을 받은 화해 촉구가 모임 참석자들에게 두 사람의 경쟁에 우려를 표할 용기를 줬다는 점에는 일치했다. 참석자들은 과거 마리우스와 술라의 개인적 불화에서 비롯된 공포를 상기시키며 폼페이우스와 크라수스에게 화해를 간청했고, 두 사람 누구도 이견 해소에 나서지 않자 점점 더 목소리를 높이며 흥분했다. [55]

크라수스가 결국 반응했다. 그는 집정관 좌석에서 내려와 폼페이우스에게 다가가 손을 내밀었다. 그러자 폼페이우스가 일어나 그를 맞았다. 로마 국가의 두 지도자가 악수를 나누고 로마와 공화정, 그리고 동료 시민들을 위해 경쟁 관계를 제쳐놓기로 합의했다. 아피아노스는 이런 식으로 "또 다른 내전이 일어날 것이라는 확신에 찬 예감을 다행스럽게 떨쳐냈다."라고 썼다. 두 집정관은 서로를 별로 좋아하지 않았을지언정, 공화국의 이익을 개인적 경쟁보다 우선시하기로 했다. 로마의 가장 부유한 인물과 가장 힘 있는 장군이, 기원전 80년대에 술라와 마리우스가 그랬고 78년에 레피두스와 카툴루스가 그랬던 것처럼 서로 맞서려 막대한 자원을 동원하는 대신 휴전에 합의한 것이다. 크라수스와 폼페이우스는 그 뒤 몇 년 동안 공화국이 제공하는 관직과 명예를 계속 추구하게 되지만, 정치 체제가 허용하는 도구만 이용했다. 로마에서 가장 힘 있는 권력자들이 거의 20년 만에 처음으로 체제가 자신을 경쟁자로부터 보호해 주고 그 체제가 정한 규칙 안에서 공정하게 경쟁할 여건을 제공한다고 신뢰를 표시한 것이다. 로마인들은 잠깐 동안 공화정이 다시 확고한 규칙을 정하고, 야심이 있는 이들이 공직과 군사적 영광을 추구할 때 기존의 규범으로 규율하는 걸 상상할 수 있었다. 이렇게 된다면 로마는 내전의 공포와 술라의 여파로 생긴 사회, 정치, 경제적 왜곡에서 마침내 완전히 벗어나게 될 것이었다.

ROMAN
RE

8장 이류들의 공화국

기원전 70년 집정관 임기 말에 폼페이우스와 크라수스가 이룬 화해는 술라가 로마로 진격하면서 잉태한 정치 실험의 시기를 끝내는 듯했다. 폼페이우스와 크라수스는 사병을 동원해 술라를 지지했고 기원전 70년대 대부분을 로마에서 가장 강력한 인물이 되는 데 바쳤다. 그들이 갈등을 접고 공화정 정치 체제 안에서 경쟁하기로 한 결단은, 공화정의 규칙이 가장 영향력 있는 이들까지 규율하고 있다는 것을 세상에 분명히 알렸다.

그 결과 예상 밖의 갑작스런 정치 경쟁이 시작됐다. 크라수스의 재산과 폼페이우스의 군사적 명성은 여전히 막강했지만, 그들은 이제 직책 없는 전직 집정관이었다. 그들은 계속 특권을 누렸지만, 그 지위는 다른 사람들과 공유하는 것이자, 많은 이가 노려볼 수 있는 것일 뿐이었다. 두 사람이 임기 종료 뒤 기꺼이 공직에서 물러나게 되자, 그들보다 능력과 재력이 떨어지는 이들이 국가 최고의 공직을 놓고 경쟁했다. 그러나 경쟁의 장은 여전히 힘 있는 쪽으로 기울어져 있었다. 크라수스나 폼페이우스와 같은 강력한 인물에 맞서려는 이들은 공정하게 경쟁해서는 목표를 이룰 수 없었다. 그들은 할 수 있는 한 유리한 위치를 찾아내 기회를 움켜잡아야 했고, 지난 75년의 역사는 야심 찬 로마인들에게 출세하거나 선발주자들을 따라잡으려면 규칙을 어떻게 왜곡해야 할지 많은 사례로 교훈을 알려줬다. 몇몇 사람은 공화정이 다시 건강해진 것 같으니 규범을 왜곡해도 해가 될 게 없다고 생각했고, 또 다른 몇몇은 공화정을 개인의 장래 전망보다 신경쓰지 않았다. 그러나 결국 크라수스와 폼페이우스가 일궈 낸 표면적 안정의 순간은, 공화정의 장기 건전성보다 개인의 단기 야망을 우선시하려는 새로운 인물들에게 공간만 열어 주고 말았다.

기원전 60년대가 시작되자, 여러 인물들이 영향력 있는 자리를 차지하려 다투기 시작했다. 그들 중 일부는 메텔루스 가문처럼 오래된 가문 출신이었는데, 안정된 정치 질서의 회복을 자기 가문이 전통적으로 차지했던 고위직을 다시 주장할 기회로 여겼다. 그래서 퀸투스 메텔루스와 마르쿠스 메텔루스는 기원전 69년에 각각 집정관과 법무관이 됐고, 루키우스 메텔루스는 두 사람을 이어 다음 해 집정관에 올랐다. 티베리우스 그라쿠스와 사투르니누스의 발자취를 좇아 분열을 부르는 정치 행위를 한 호민관들도 있었다. 기원전 67년 호민관 가비니우스는 공격성이 높은 지지자 무리를 동원해서 동료 호민관을 협박해 자기가 낸 제안에 대한 거부권을 철회하도록 했다. 다른 호민관들은 기원전 110년대 후반의 전임자들처럼, 원로원의 부패를 뿌리 뽑겠다고 나서며 명성을 쌓았다. 가비니우스가 활동하던 해에 함께 호민관을 지낸 코르넬리우스는 원로원이 원로원 의원에게 면책권을 주지 못하게 하고, 법무관들에게는 호민관들의 칙령을 따르도록 하는 일련의 법안들을 발의했다. 외국에 대한 자금 대출을 금지하고 유권자 매수를 억제하는 법률도 추진했으나 끝내 관철시키지는 못했다. 자금 대출과 매수는 특히 원로원 의원들에게 유리한 것이었다. 야심 찬 호민관들은 선거 체제 조작으로 지지층을 모으려고도 했다. 기원전 67년의 마지막 날, 호민관 만리우스(기원전 66년 그의 호민관 임기는 다른 호민관들과 마찬가지로 전년도 가을부터 시작했다.)는 호민관 취임 시기가 전임 집정관과 정무관들의 임기가 끝나갈 때와 맞물린다는 점을 노렸다. 만리우스는 공직자 교체기를 이용해 투표권을 가진 부족의 구성을 바꾸는 법안을 통과시켰다. 그 내용은 자유인이 된 이들을 각 부족에 고르게 할당하는 것이었다. 그는 더 높은 정무관에 당선될 가능성이 높다고 생각하고 이런 개편을 추진했다. 만리우스로서는 안타깝지만, 새 집정관들이 기원전 66년 새해 첫날 취임하면서 이 법을 무효화시켰다. [1]

폼페이우스와 크라수스가 호민관의 다른 고위직 출마 자격을 회복시켰기 때문에, 가장 진취적인 호민관들은 이제 술피키우스를 본받아서 더 힘 있는 인물들을 동맹으로 끌어들여 영향력을 키웠다. 67년에 호민관들이 추진한 가장 중차대한 사업 중 하나는 지중해 전역에서 3년 동안 해적과 맞서 싸울 특별 부대를 창설하는 것이다. 가비니우스가 만든 관련 법률은 이 임무를 맡을 지휘관을 전직 집정관 중에서 선발한다고만 명시했지만, 이 자리가 폼페이우스를 위한 것임은 의심의 여지가 없었다. 이 자리는 폼페이우스가 전에 종종 맡았던 전통적인 정치적 관직에 얽매이지 않고 군사적 영광을 얻을 기회를 주는 것이었는데, 그렇다고 그가 특별 사령관 자리를 차지하려고 적극적으로 움직이지는 않았다. 다만, 굳이 자신의 군사적 업적을 상기시킬 필요도 없는 청중을 상대로 자신의 많은 업적을 나열하는, 아주 의도가 분명한 연설을 행했다. 그의 연설 뒤 가비니우스는 해적과의 전쟁을 폼페이우스에게 맡기자고 제안했다. [2]

해적 퇴치를 담당하는 부대를 창설하고 지휘권을 폼페이우스에게 맡기자는 가비니우스의 제안은 원로원과 그의 동료 호민관 양측으로부터 강한 반발을 불러일으켰다. 원로원에서는 율리우스 카이사르라는 야심 찬 젊은 의원이 유일하게 가비니우스의 법안을 강하게 두둔하고 나섰다. 그 다음으로 긍정적인 발언을 한 사람은 웅변가 호르텐시우스였다. 그는 누구도 그런 권한을 쥐어서는 안되지만, 누군가에게 준다면 자신의 선택은 폼페이우스라는 미온적인 발언을 했다. 나머지 원로원 의원들은 특별 지휘권 신설과 그 지휘권을 폼페이우스에게 주는 것에 강하게 반대했다. 가비니우스의 동료 호민관들 사이에서도 저항이 나타났다. L. 트레벨리우스와 L. 로스키우스 오토는 특별 부대 창설에 거부권을 행사하려 했지만, 가비니우스가 트레벨리우스를 호민관에서 축출하려고까지 하자 거부권 행사를 실행에 옮기지 않았다. 로스키우스는 자신의 발언이 폼페이우스 지지 군중들의 외침 때문에 중단되자, 두 손가락을 들어 올려 이 지휘권을 두 명 이상에게 부여해야 한다는 뜻을 표시하는 것 외에 다른 행동을 할 수 없었다. 결국 법이 통과되고 폼페이우스에게 지휘권이 주어졌다. 그가 지휘할 군대의 규모는 애초보다 늘어나, 배 5백 척, 기갑부대원 5천 명, 보병 12만 명에 달했다. 폼페이우스가 해적을 근절할 것이라고 사람들이 확신한 덕분에 빵 값이 곧바로 떨어졌다고 한다. [3]

훗날 역사가 디오 카시우스는 이 순간에 대해 쓰면서, 기원전 60년대 초 안정된 것처럼 보였던 공화정의 저변에 깔린 긴장을 예리하게 파악했다. 쟁점 하나는 새로 취임한 호민관들이 험난한 정치 환경에서 폼페이우스의 개인적 야망을 자신들의 경력 쌓기에 기꺼이 이용하려 했다는 점이다. 가비니우스는 폼페이우스의 사주를 받아 특수 부대를 구상했거나, 지휘권 부여를 그의 후원을 끌어낼 미끼로 생각한 듯했다. 이 중 후자의 가능성이 더 크다. 두 번째 쟁점은 폼페이우스가 기원전 60년대 공화국 내에서 자신의 위치를 어떻게 인식했는가이다. 그는 술라처럼 권력을 장악하고 싶지는 않았지만, 다른 사람들보다 우위에 서는 특별 지위를 분명 갈망했다. 폼페이우스가 해적 퇴치 사령관으로 임명될 것이라는 소문이 퍼지자, 그는 이 임무를 명예가 아니라 권리로 생각하게 됐다. "이 임무를 맡지 못하면" 감당할 수 없을 만한 "수치"였다. 원로원 의원들의 반응은 당시의 구체적 상황에서 비롯되었다. 폼페이우스는 지휘권을 얻으려 공개적으로 움직이지 않았지만, 그의 이름이 거론되자 원로원은 불안하게 반응했다. 역사가 디오 카시우스의 기록을 보면, 레피두스가 기원전 78년 반란을 일으켰을 때 집정관이었던 카툴루스는 "법을 무시한 권력 욕심"이 로마에 초래할 재앙을 경고하는 연설까지 했다. "큰 명예는 위대한 사람마저 망친다."라는 그의 불길한 말은 디오의 다른 로마 공화정 서술에도 마찬가지로 불길한 기운을 드리웠다. [4]

디오는 열망에 가득 찬 호민관들의 포부와 폼페이우스처럼 이미 거물이 된 인사들의 야심, 빛을 잃을 위기에 처한 원로원 의원들의 두려움이 빚어내는 정치의 잠재적 파괴성을 강조했다. 그러나 이 잠재적 위험이 곧바로 현실화되지는 않았다. 원로원은 폼페이우스의 새 지휘권 장악을 걱정했지만, 그가 지휘한 해적 소탕 작전은 놀랄 만한 성공을 거뒀다. 폼페이우스는 해적 소탕이 군사 문제일 뿐 아니라 사회적, 경제적 문제라는 점을 알아차렸다. 해적들의 공격이 가장 극성을 부린 때는 미트리다테스의 군대가 소아시아의 농경지를 대거 황폐화한 뒤였다. 이 황폐화가 야기한 빈곤은 지역 주민들을 범죄로 내몰았다. 선박들을 공격한 해적들 중에는 자신들이 사는 지역에서 로마의 영토 확장에 맞서려는 부분적 동기를 품은 이들도 있었다. 기원전 2세기 후반에 로마가 에게해의 해상 무역을 지배하려 했을 때, 본거지를 잃은 상인들은 로마의 권위에 복종하거나 도전하는 양자택일을 강요당했다. 폼페이우스는 해적 대부분은 구제할 길 없는 악당이 아니라는 것을 알았기에 자비를 베풀었다. 그는 소아시아에서 뉘우치는 해적들을 죽이지 않고 내륙에 정착시켰다. 이는 미트리다테스가 폐허로 만든 지역에 다시 주민을 정착시키려는 의도였다. 폼페이우스의 정책은 해적 출신자 다수를 로마 제국의 구조에 빠르게 통합시켰다. 이 정책은 결정적으로 그들을 자신의 충성스런 정치적 피보호인으로 만드는 조치이기도 했다. [5]

폼페이우스가 너무나 빠르게 해적 문제를 통제하자, 로마인들은 놀라움을 금치 못했다. 그의 특별 지휘권은 3년 동안 유지될 예정이었다. 하지만, 그에게 필요했던 시간은 3개월 정도였다. [6] 이로 인해 기원전 66년 초에 폼페이우스에게 또 다른 특별 지휘권을 주려는 시도가 나타났다. 이번에는 미트리다테스와의 전쟁을 추진하려고 했다. 고통스럽게도 이 전쟁은 그때까지도 매듭이 지어지지 않고 있었다. 표면적으로 보면 폼페이우스에게 이 전쟁을 맡기는 게 당연해 보일 수 있다. 그는 해적 소탕을 위해 이끌던 군대와 함께 상황을 총괄할 지역에 와 있었고, 로마인들은 현재 사령관인 루쿨루스가 폰투스의 왕 미트리다테스와 맞붙은 싸움에서 성과가 더디다고 생각했기 때문이다.

이 제안은 사실 아시아의 군사 상황과 무관했다. 호민관 만리우스가 이 제안을 했는데, 루쿨루스의 성과가 별로 없었기 때문이 아니라 만리우스에게 정치적 반등이 필요했기 때문이다. 만리우스는 기원전 66년 1월에 새로 자유인이 된 이들을 모든 부족에 균등하게 나눠 배속시키려던 자신의 시도가 실패한 직후에 폼페이우스에게 지휘권을 주는 문제를 제기했다. 만리우스는 정치적 속셈이 노출됐다고 느끼자 처음에는 크라수스가 부족 구성 개혁을 지지했다는 점을 강조하려 했다. 그래도 입지가 나아지지 않자, 인기를 얻지 못한 자신의 제안에서 발을 뺐다. 그는 강력한 새 후원자를 얻기 위해 폼페이우스에게 눈을 돌렸다. 만리우스는 대중적 호소력을 위해 미트리다테스 전쟁 지휘권을 세심하게 구성했다. 폼페이우스의 권한은 무기한 지속되고, 그의 권한은 (루쿨루스를 포함한) 다른 모든 사령관의 권한을 대체하며, 폼페이우스는 원로원과 협의 없이 다른 곳에서도 전쟁을 시작할 권한을 갖는다는 내용이었다. 만리우스는 이 지휘권 논의를 원로원 대신 평민회를 거치게 함으로써, 대중의 승인을 받고 싶어하는 폼페이우스의 욕구를 겨냥했다. [7]

폼페이우스는 크레타섬에 있는 동안 이런 내용을 담은 법안에 대해 알게 된 것 같다. 그의 정확한 반응은 알려지지 않았지만 로마의 반응은 열광적이었다. 폼페이우스의 환심을 사려는 이들이 만리우스의 제안을 지지하려 나섰다. 율리우스 카이사르는 다시 한번 원로원에서 폼페이우스 지지 연설을 했고, 기사 가문 출신의 야심 찬 연설가 키케로(당시 법무관)도 목소리를 보탰다. 한편, 카툴루스 같은 원로원 의원들은 한 개인에게 추가로 권력이 더 집중되는 것에 강력 반대했다.

역사가 디오 카시우스는 이 논쟁을 다루면서 또 한번 예리한 분석력을 보였다. 논쟁에 참여한 주요 인물 다수에게는 군사 작전의 더 큰 목표도, 그렇다고 특수 부대 설립으로 생겨난 전례 문제도 중요한 논점이 아니었다는 걸 보여준 것이다. 폼페이우스는 아무도 따라올 수 없는 군사적 권한을 유지하고 싶어 했다. 만리우스는 자신의 정치적 운명을 회복하기 위해 폼페이우스에게 그런 권한을 제시했다. 카이사르는 단기적으로는 인기를 얻고, 장기적으로는 폼페이우스를 부러워하는 마음을 부추겨 결국 폼페이우스의 입지를 약화시킬 걸로 생각해 이 제안을 지지했다. 역사가 디오는, 키케로가 이 제안이 통과될 걸 예상해 지지했고 어떤 문제든 자신이 지지하는 쪽이 이긴다는 걸 확실히 보여줌으로써 원로원의 지도자로 자리잡고 싶어했다고 주장했다. 디오가 주장한 것은 아니지만, 카툴루스와 다른 원로원 의원들은 폼페이우스가 더욱 강력해지며 자신들의 영향력이 줄 걸 걱정해 반대한 것 같다. [8]

결국 만리우스가 제안한 법은 통과됐고, 전쟁 수행을 위해 새로운 보좌관들이 폼페이우스에게 보내졌을 때 호민관 출신의 가비니우스도 보좌관 중 한명이었다. 이를 계기로 로마는 전례가 없는 정복 작전에 나섰다. 폼페이우스는 3년이 조금 넘는 기간 동안 미트리다테스를 공격하며 아르메니아까지 쫓아갔다. 또 소아시아 상당 부분과 시리아 전역을 정복했고, 지중해 동부의 나머지 지역 대부분을 매년 조공을 바치는 로마의 속국으로 만들었다. 폼페이우스는 해적들을 상대할 때 보여줬던 정치적 기술을 이번 정복에서도 발휘했다. 폼페이우스는 새로 로마에 속하게 된 지역의 지방 정치를 아주 능숙하게 통제해, 그가 제정한 지역 법령은 거의 300년이나 효력을 유지했다. [9] 그는 군대 동원을 주저하지 않았지만, 승리를 거두면 그 지역의 왕들과 도시에 호의적인 동맹 관계를 제안했다. 이는 그들이 특히 폼페이우스에게 우호적인 태도로 대하게 했다. 폼페이우스는 이제 북쪽의 아르메니아에서 남쪽의 유대까지 이어지는 우호 군주의 세력군을 확보했다.

폼페이우스가 지중해 동부를 새로 구축하는 동안, 로마에 있던 이들은 그의 공백을 메우려고 서로 다퉜다. 크라수스는 집정관직을 얻게 해준, 영향력 있는 지지자 네트워크를 소리소문없이 확장했다. 그는 기원전 65년 감찰관으로 취임하자마자 포강 북쪽 주민들에게 로마 시민권을 주는 조처를 추진했다. 자신에게 충성하는 대규모 유권자 집단을 구축하려는, 너무나 의도가 투명하게 드러난 이 시도는 동료 감찰관 카툴루스에 의해 무산됐다. 크라수스는 이집트 왕국을 로마에 합병하는 것도 추진했다. 그의 구상은 율리우스 카이사르에게 합병 감독을 맡기는 내용도 담고 있었다. 카툴루스는 이 또한 저지했다. 크라수스는 아시아 지역 세금 징수 담당자 몇몇과 경제적 관계와 후원 관계도 발전시켰다. [10] 적어도 이것만큼은 카툴루스도 막을 수 없었다.

여러 뛰어난 기량을 지닌 새 인물들도 등장했다. 그들 중 키케로와 율리우스 카이사르는 폼페이우스가 떠나기 전부터 공공 생활에 이미 영향을 끼치고 있었다. 두 사람은 나름의 공적 인물상을 신중히 구축했다. 키케로는 장황하고 자화자찬을 일삼지만 종종 아주 설득력 있는 연설에 능한 기사 가문 출신자다. 그는 기원전 80년 26살의 나이로 존속살인 혐의를 받은 섹스투스 로스키우스를 변호하면서 처음 두각을 나타냈다. 하지만 그의 초기 경력을 규정한 것은 기원전 70년 시칠리아의 부패한 총독 베레스를 비판한 연설이었다. 키케로는 이 연설에서 세련된 문장가이자, 유쾌하면서도 강력하게 청중들의 관점 형성을 유도하는 독특한 능력을 갖춘 변론가의 면모를 보여줬다. 그는 이런 재능 덕분에 정치 경력을 쌓아, 이탈리아 기사 신분으로 원로원 의원이 됐으며 마침내 집정관까지 올랐다. 그러나 이런 재능은 키케로의 심각한 인격적 결함을 완전히 상쇄하지 못했다. 역사가 디오는 키케로에 대해 "현존하는 최고의 허풍쟁이었으며 그 누구도 자신과 동등하게 보지 않았다. … 그는 싫증나고 부담스러웠으며, 결과적으로 그가 다르게 행동했다면 호감을 가졌을 만한 사람들조차도 그를 싫어하고 미워하게 됐다."[11] 라고 썼다. 키케로는 자주 혀를 자제할 수 없었고, 자신의 말이 적을 만들 수 있음을 신경쓰기보다 자신이 던지는 수사적 공격에 몰입할 때가 많았다.[12] 키케로는 강력한 우군이 될 수 있는 인물이었지만 거만함, 예측 불가능, 전반적으로 참아줄 수 없는 성격 때문에 스스로 정치적 성과를 까먹을 위험이 컸다.

카이사르는 많은 면에서 키케로와 정반대였다. 키케로는 집정관을 배출한 적 없는 이탈리아 기사 가문 출신이었다. 카이사르는 로마의 오래된 귀족 가문 출신으로, 그의 조상은 (신화 속 영웅) 아이네아스의 아들이자 여신 베누스의 손자인 이울루스의 후손이라고 주장했다. 키케로는 참을성이 없었다. 카이사르는 상냥하고 인기가 있었다. 둘은 글조차 달랐다. 카이사르도 뛰어난 문장가였지만, 그의 짧고 힘 있는 문장과 정확한 단어 사용은 키케로가 선호한, 길고 복잡한 구성과는 확실히 대비됐다. 둘의 문체 차이는 (미국의 유명 작가들인) 헤밍웨이와 포크너의 산문을 구별짓는 차이만큼 현격했다. 카이사르는 또 키케로보다 훨씬 더 능숙하게 개인적 관계를 관리했다. 키케로는 한때 우호적이었던 사람들조차 화를 내게 만드는 독특한 소질이 있었던 반면, 카이사르의 인간성은 동료들과 지속적인 우정을 쌓을 뿐 아니라 심하게 대립하는 경쟁자들까지도 의기투합하게 만들었다.

그렇지만 카이사르의 가장 큰 재능은 로마 대중의 인기를 얻고 유지하는 놀라운 능력에 있었다. 기원전 100년에 태어난 카이사르는 아주 일찍부터 정치적 브랜드를 개발하려 노력했다. 그의 가족은 마리우스와 킨나의 열렬한 지지자였다. 카이사르의 숙모 율리아는 마리우스의 아내였고, 카이사르는 젊어서 킨나의 딸 코르넬리아와 결혼했다. 카이사르는 술라가 권력을 쥔 뒤에 공표한 처벌자 명단에 오르지 않았지만 이 독재관 아래서 고생했다. 그의 가족 재산과 아내의 지참금은 압수됐고, 그는 유피테르 신을 섬기는 사제직도 박탈당했다. 술라가 코르넬리아와 이혼하라고 명령하자 그는 이를 따르지 않고 로마를 떠나는 쪽을 선택했다. 카이사르를 위협하는 것들을 제거하는 데는 그의 어머니와 베스타 신녀들의 개입이 필요했다. [13]

카이사르는 술라 치하에서 겪은 불운이 술라 이후 공화정에서 정치적 정체성을 세우는 데 유용할 수 있다는 걸 이해할 만큼 정치적 천재성이 있었다. 기원전 85년 그의 아버지가 죽었을 때 주피터의 사제로 나섰던 것만 빼면, 그는 아직 어린 덕분에 마리우스와 킨나 정권을 지지하는 행동으로 평판을 깎아내리는 것을 피할 수 있었다. [14] 그럼에도 그는 여전히 불이익을 당했다. 자기 가족과 처가에 지속적인 충성심을 보인 동조 희생자였던 것이다. 실로 카이사르는 술라의 이혼 명령을 거부함으로써 나중에 마리우스와 킨나가 저지른 범죄와 무관함을 주장하면서도 그들이 남긴 긍정적인 유산은 챙길 수 있는 위치를 차지했다.

마리우스와 킨나 지지자들 중 유명인들이 무더기로 학살당했지만, 두 사람이 한때 누렸던 대중의 지지까지 사라지지는 않았다. 실로 술라의 독재가 낳은 공포와 그가 만든 새 공화정의 무질서가 더 분명해지면서 마리우스에 대한 기억은 훨씬 좋아졌다. [15] 그럼에도 술라는 마리우스를 이어 받는다고 설득력 있게 주장할 만큼 친분이 있었던 사람들은 거의 모두 제거했다. 마리우스의 정치적 후계자 자리가 비었고, 후계자라는 위치에서 나올 만한 힘은 잠자고 있었다. 카이사르가 등장할 때까지는 말이다.

카이사르는 때를 신중하게 골랐다. 그가 기원전 69년 검찰관으로 선출된 직후 숙모 율리아가 숨졌다. 카이사르는 로마 포럼의 연단에서 추도사를 낭독했다. 그리고 이어진 장례 행렬에서 그는 마리우스와 마리우스의 아들 그림을 공개적으로 내세웠다. 술라가 마리우스를 공공의 적으로 규정한 이후 두 사람의 모습이 로마 거리에 등장한 것은 이때가 처음이었다. [16]

마리우스는 기원전 100년대에 이방인들로부터 로마를 구한 업적과 80년대에 로마에 끔찍한 폭력을 가한 것 등을 포함해 복잡한 유산을 가진 복잡한 인물이었다. 카이사르는 전자를 강조하고 후자는 무시함으로써 마리우스에 대한 대중의 기억을 되살릴 수 있다고 믿었다. 카이사르는 마리우스 그림을 등장시킴으로써 당장은 술라 지지파에게 비이성적인 분노를 촉발해 그들이 마리우스의 첫 집정관 시절 영웅적 업적조차 인정하지 않게 몰아가려 한 것 같다. 카이사르의 장소 선택도 아주 중요했다. 어쨌든 마리우스의 아내 장례식이었다. 유가족에 대한 독설에 찬 공격은 이런 상황에서 특히나 천박해 보일 터였다. 술라 지지자들의 과잉 반응은 마리우스를 더 추모하게 만들고 카이사르로서는 삼촌의 유산을 살려내 내세울 길을 열어줄 터다.

카이사르는 기대한 반응을 얻었다. 마리우스 초상 전시는 술라 지지자들을 분노케 했지만 로마 군중의 열광적인 박수갈채가 그들의 외침을 잠재웠다. 그리고 그해 말, 그의 아내 코르넬리아의 죽음이 술라 반대파 지도자들과 연이 닿는 여성을 다시 공개적으로 추모할 기회를 줬다. 코르넬리아처럼 젊은 여성의 장례식에서는 일반적으로 추도사를 낭독하지 않았다. 그러나 카이사르가 분명히 이해했듯이, 전례를 깬 추도사 낭독은 그를 인간미 넘쳐 보이게 했고 동시에 그가 껴안으려는 마리우스의 유산을 더욱 세련돼 보이게 했다. [17]

카이사르는 장례식 뒤 검찰관직 임무를 수행하러 스페인으로 떠났고, (임기가 끝나기 전인) 기원전 68년 로마로 돌아와 경력을 이어갔다. 카이사르는 검찰관직 덕분에 원로원 의원 자격을 얻었다. 그리고 그가 폼페이우스에게 해적 퇴치 지휘권을 주자고 발언한 때는 원로원 의원 중 최연소 의원 축에 속하던 시절이었다. 카이사르는 또한 시민들에게 기예를 장려하고 자신의 피보호인들과 잠재적 지지자들을 접대하는 데 아낌없이 돈을 썼는데, 그의 씀씀이는 동년배 대부분이 감당할 수 없다고 여기는 수준이었다. [18]

카이사르는 65년 조영관으로 선출됐을 때도 계속 공적 이미지를 다듬어 갔다. 조영관은 행정 책임을 맡는 것 외에 공공 경기 대회를 후원하는 일도 했다. 카이사르는 이런 행사에 큰 잠재력이 있다고 봤다. 공공 경기 대회의 비용과 조직을 꾸리는 책임은 동료 조영관 마르쿠스 비불루스와 나눠 맡았지만, 카이사르는 직접 비용을 부담해 자신의 사망한 아버지를 기리는 검투사 경기를 320회 추가로 치름으로써 국가 자금 지원을 받은 이 행사를 성공시킨 공을 크게 인정받았다. [19]

카이사르는 조영관 시절 마리우스의 유산에 대해 또다시 도발적인 주장을 폈다. 그는 카피톨리누스 언덕에 마리우스가 킴브리족을 물리친 것을 기념하는 비문을 새기고 금으로 장식한 마리우스 조각상과 '트로피를 든 빅토리아 여신상'을 세웠다. 이 기념물들은 마리우스를 공화정을 구한 인물로 찬양하면서 기원전 80년대에 그가 폭정을 저지른 것은 생략했다. 기념물을 통한 마리우스의 부활은 다시 한 번 카이사르가 딱 바라던 방식으로 격정을 불러 일으켰다. 조각상이 공개되자 마리우스에 반대했던 정치인들이 공개적으로 분노했지만, 기원전 69년과 마찬가지로 마리우스를 기억하는 이들의 열광적인 환호가 카이사르가 혁명을 꾀한다는 날카로운 외침을 귀엽게 잠재웠다. 역사가 플루타르코스는 카이사르가 "마리우스의 친족이라 할 만하다는 걸 보여줬다."라는 외침이 기쁨의 눈물과 요란한 박수 속에 울려 퍼지는 장면을 묘사했다. 조각상을 둘러싼 논란을 다루기 위해 원로원이 소집되었을 때, 공화정 가치의 오랜 옹호자를 자처한 카툴루스는 동료들에게 카이사르가 정부의 토대를 허물고 있다고 주장했다. 그러나 그의 거친 경고는 설득력을 발휘하지 못했다. 원로원 내 나이 든 술라 지지자 다수는 사라져 가고 있었고, 카이사르의 자기 변호는 마리우스 지지 군중의 열광과 결합하면서 원로원이 논의 자체를 폐기하게 만들었다.

폼페이우스가 동방에 머물던 시대에 떠오른 세 번째 인물은 크라수스나 카이사르, 키케로가 구축한 대중적 이미지와 완전히 다른 이미지를 구축했다. 그 주인공은 마르쿠스 포르키우스 카토다. 그는 기원전 2세기 초중반 로마 정계에 우뚝 솟아 있던 마르쿠스 포르키우스 카토의 증손자다. '젊은 카토'라고 불리게 되는 그는, 자기 조상이 보여준 엄격함과 정치적 적절성이라는 모호한 (그리고 때로는 일관성 없이 적용되는) 원칙에 대한 특이한 헌신을 물려받았다. 그리고 조상처럼 젊은 카토 또한 견고한 미덕을 지닌 인물이라는 이미지를 신중하게 구축했다. 그래서 후대의 저자들은 그에 대해 "가장 무시무시하고, 최고의 자제력을 타고난 남성이자, 최고의 원칙에 대한 헌신이 어떤 로마인에도 뒤지지 않는다."라고 찬사를 쏟아내게 된다.[20]

카토는 이런 정치적 브랜드를 일생 동안 아주 잘 구축했기에, 그의 유산은 사후 몇 세기 동안 로마의 정치 생활 위에 우뚝 솟아 있게 된다. '세속의 성자' 카토가 공화정이 종말을 고한 뒤 로마 원로원의 저술에 단골 등장 인물이 됐기 때문에, 인간 카토를 재구성하는 것은 극도로 어려워졌다. 카토는 분명 공화정의 토대를 허물고 그 아래서 자신과 같은 엘리트들이 누리는 자유를 훼손한다고 판단되는 문제들에 대해 목소리 높여 비판했다. 이는 말년의 활동인데, 이 활동은 그의 젊은 시절을 묘사하는 방식마저 규정했다. 역사가 플루타르코스는 카토가 운동을 열심히 하며 말이 유창하지만 웃지도 화를 내지도 않는 아이였다고 묘사했다. (플루타르코스는 그가 드물게 미소를 짓기는 했다고 인정했다.) 카토의 젊은 시절에 대한 다른 이야기도 마찬가지로 우스꽝스러웠다. 플루타르코스와 발레리우스 막시무스는 당시 리비우스 드루수스의 집에 살던 네 살짜리 고아였던 카토가 모든 이탈리아인에게 시민권을 부여해야 한다는 데 동의하지 않아 창문 밖에 매달렸다는 일화도 이야기했다. 마찬가지로 믿기 어려운 이야기로, 독재관 술라가 카토와 이야기하기를 좋아해서 카토가 그의 집을 방문하곤 했다는 내용도 있다. 또 카토가 열네 살이던 어느 날, 술라의 집에 갔다가 저명한 남성 여러 명이 고문 당하는 장면을 목격했다고 한다. 이를 본 카토가 가정교사 사르페돈에게 왜 아직 아무도 술라를 죽이지 않았는지 물었다고 전해진다. 사람들이 술라를 미워하지만 훨씬 더 두려워한다는 답을 듣고, 카토는 술라를 "죽여 조국을 노예 상태에서 해방시키게" 칼을 달라고 부탁했다. 물론 이 이야기는 말이 안되지만, 카토가 공화정을 지키기 위해 무엇이든 할 거라는 강렬한 관념을 강화시켜주는 것이어서 그 이후 몇 세기 동안 반복해서 전해졌다. [21]

지금까지 전해지는 카토의 성년 직후 시절 이야기는 좀더 그럴듯하다. 카토는 가족 재산을 상속받을 수 있는 나이가 되자, 72만 데나리우스를 받았다. 이는 편안하게 살 만큼 많은 액수였지만, 크라수스 같은 정치적 경쟁자들의 재산이나 키케로가 갖게 될 재산에 비하면 별 것 아니었다. 그래서 카토는 스토아 철학자 튀루스의 안티파테르의 제자가 되기로 결심한다. 그는 소박하게 살기로 결심했지만, 아침에 신발을 신지 않거나 헐렁한 웃옷 튜닉도 걸치지 않고 로마의 더러운 거리를 걷는 것 같은 행동으로 자신의 소박함을 과시하듯 드러내기도 했다. [22]

이 시기에 카토는 가끔 집회나 법정에서 연설을 했지만, 그의 공적 경력이 본격 시작된 것은 23살 때 세르토리우스와의 전쟁에 참전하려고 군대에 들어가면서다. 다시 한번 카토는 느슨하기로 소문난 이 군대에서 자신의 소박함과 규율이 잘 드러나게 행동했다. 그리고 이 군사 작전이 끝난 뒤에도 카토는 올곧음을 과시하는 행동 방식을 이어갔다. 그는 군 호민관(엘리트 정치 경력의 다음 단계로 종종 선택하는 군대 내 중간 직위) 선거에 나섰지만, 보좌관이 따라다니며 만나는 사람들의 이름을 알려주는 관습을 따르지 않은 채 선거 운동을 치렀다. 보좌관 고용은 법으로 금지됐지만 로마처럼 큰 도시에서는 어쩔 수 없는 걸로 암묵적으로 인정됐다. 카토는 법을 준수한 유일한 후보였으며, 유권자 모두가 이 사실을 알게 말을 퍼뜨렸다. [23]

원칙을 지키는 것으로 비치는 행동을 기회주의적으로 드러내는 행태는, 카토가 군 호민관과 검찰관을 거쳐 기원전 64년 말에 원로원 의원 자리에 오를 때까지 그의 경력을 규정지었다. 카토는 군 호민관 시절에 다른 지휘관들이 말을 타고 갈 때 병사들과 함께 걷고, 지휘관 복장 대신 일반 병사처럼 옷을 입음으로써 병사들의 사랑을 받았다. 그의 군 임기가 끝났을 때 병사들은 주체할 수 없이 울었고, 그가 진지를 떠나면서 땅을 밟지 않도록 자신들의 옷을 바닥에 깔았다고 전해진다. 그는 검찰관 재임 중 재정 담당자들의 자금 처리 업무 조사와 전임 검열관들의 비리를 드러낼 회계 장부 조사에 집중했다. 카이사르, 폼페이우스, 크라수스와 마찬가지로 카토도 나이 많은 전 집정관 카툴루스의 측근 중 한 명을 부패 혐의로 기소하려다가 실패하면서 카툴루스와 충돌했다. 또 독립성을 더 강하게 보여주고 싶었던 카토는 술라가 처벌 대상으로 공표한 이들을 죽인 자들이 보상으로 받았던 공공 자산의 일부를 환수하는 법적 절차에 나섰다. [24]

카토는 원로원에 진출해서도 부패하지 않고 철학적으로 순수한 공화정의 자유 수호자라는 공적 정체성을 아주 효과적으로 구축했다. 그는 로마의 전통적 미덕 수호와 동의어나 다름 없는 가문 출신인 데다가, 소박함을 정기적으로 과시했고, 타락한 세상에서 도덕적으로 올곧은 목소리를 내는 정직성을 보여주는 데 적합한 공공 행사를 신중하게 골랐다. 카토는 카이사르처럼 포퓰리스트가 아니었고 키케로처럼 화려한 웅변가도 아니었지만, 그가 주장하는 도덕적 권위는 키케로, 카이사르, 폼페이우스, 크라수스 같은 인물들의 재능과 재주, 업적으로도 무력화하기 어려운 힘이 있었다.

카이사르와 카토는 정치적 위기가 끊이지 않는 것 같던 기원전 60년대 중반에 원로원에 합류했다. 기원전 67~66년 폼페이우스의 군 지휘권을 둘러싼 논쟁은 〈뇌물 규제법〉에 대한 새로운 논란으로 이어졌고, 66년 말 이 법이 시행되자 65년 집정관으로 선출된 두 사람 모두 자격을 박탈당했다. 그리고 그다음 해에 치른 집정관 선거는 또 다른 정치 위기의 빌미가 됐다. 이 선거에서 키케로는 루키우스 세르기우스 카틸리나(오늘날은 흔히 카틸리네라고 부르는 인물)와 가이우스 안토니우스 히브리다와 맞붙었다. 두 후보 모두 원로원 의원을 배출한 가문 출신이었다. 집정관 선거에는 막대한 비용이 들기 때문에 유력 후보들은 종종 지지를 얻기 위해 연합했다. 카틸리나와 안토니우스는 선거 기간에 동맹을 맺었고, 키케로의 출신이 낮기 때문에 집정관과 같은 고위직을 맡을 자격이 없다는 주장을 내세우며 지지를 호소했다.

이들의 집중 공격에도 키케로는 선거에서 1위를 차지했다. 이로써 기원 전 89년 폼페이우스의 아버지 이후 처음으로 '노부스 호모新人'가 집정관에 오르는 기록을 남겼다. [25] 키케로의 승리는, 선거운동 기술 덕분인 동시에 경쟁 후보들의 경력이 파란만장하고 기복이 심해서 수사적 공격을 벌일 수 있었던 덕분이었다. 키케로는 특히 카틸리나를 집중 공략했다. 카틸리나는 기원전 80년대에 술라가 처벌 및 재산 압수 대상자를 공표한 덕분에 금전적 이득을 취했고, 기원전 67~66년 아프리카에서 총독직을 수행한 뒤 재산 갈 취 혐의로 기소된 인물이다. [26] 키케로와 그의 적수들이 가장 극적으로 충 돌한 것은 선거 매수 문제를 다룬 원로원 회의에서였다. 키케로는 이 자리 에서 카틸리나의 부패 혐의와 정적에 대한 비밀 암살 음모 혐의를 제기하며 그를 맹공격했다. [27] 카틸리나와 안토니우스는 키케로의 출신 가문에 대 한 지겨운 공격으로 맞서는 데 그쳤다.

키케로는 자신과 함께 집정관으로 선출된 안토니우스와 협력하는 효과적 인 방법을 빨리 찾아냈지만, 카틸리나와의 화해는 필요하지도, 특별히 바람 직하지도 않았다. 카틸리나는 기원전 64년 가을 살인 혐의로 기소됐다. 많 은 원로원 의원들이 그를 변호하고 나섰지만 키케로는 여기에 동참하지 않 았다. 카틸리나는 날로 절박해지는 것 같았다. 그다음 해로 접어들면서 그 에게 빚이 많다는 소문이 돌았다. 그는 다시 집정관 선거에 나섰지만 이번 에는 전년도보다 후보가 훨씬 많았다. 카틸리나는 차별화를 위해 억압받고 탄압받는 이들의 옹호자를 자처했다. 그는 보통의 논평자가 생각한 것보다 이들과 자신을 훨씬 더 동일시한 것 같다. 그는 많은 로마인이 불공정한 경 제 구조 때문에 로마가 두 계층으로 나뉘었다고 믿고 있음을 알아챘다. 그 는 이 격차를 가장 잘 해결할 후보로 자신을 위치 지으려 했다. 나쁘지 않은 선거 전략이었다. 기원전 63년 초 키케로는 토지 재분배를 위해 호민관이 제안한 법을 저지했다. 그리고 그해 말에는 술라의 처벌 및 자산 압수 대상자 공표 덕분에 자산을 취득했던 술라 지지자들 중 다수마저도 재정 문제에 직면했다. 그런데 귀족인 카틸리나는 이런 빈부 격차 주장을 하기에 적합한 인물이 아님이 입증됐고, 카토가 선거를 몇 주 앞두고 그를 뇌물 수수 혐의로 기소하겠다고 위협하면서 카틸리나의 승산은 더욱 줄었다. 그는 후보가 난립한 선거에서 승리하지 못했고 이제 그의 정치 경력도 끝난 것 같았다. [28]

카틸리나는 선거에서 패배한 지 몇 달 안에 반란을 계획하기 시작했다. 그 중심에는 궁극적으로 1만 명까지 늘어난 군대가 있었다. 카틸리나는 이 군대를 복잡하고 (다소 비현실적인) 반란 계획의 핵심으로 봤는데, 이 계획은 알로브로게스라는 갈리아 부족을 참여시켜 (키케로를 포함한) 주요 공직자들을 암살하고 로마에 잇따라 불을 지르는 내용이었다. 이 음모가 그 자체로 어떻게 성공할 수 있을지 불확실했지만, 카틸리나는 이를 더 큰 시도의 일부로 봤을 가능성이 있다. 카틸리나는 동방 원정을 마무리짓고 있던 폼페이우스가 술라와 마찬가지로 이탈리아로 귀환할 것으로 예상했다. 만약 폼페이우스가 권력을 잡을 의도가 있다면, 카틸리나의 허술한 군대가 그의 권력 장악을 쉽게 만들어줄 선봉대 구실을 할지도 몰랐다. [29] 이렇게만 되면, 카틸리나와 그의 추종자들은 20년 전 술라한테서 받았던 것과 같은 재정적, 정치적 횡재를 마땅히 기대할 만했다.

카틸리나의 계획에는 중요한 문제 두 가지가 있었다. 첫째, 그 이후 사건 전개에서 분명해졌듯이, 폼페이우스는 권력 장악에 군대를 동원할 의도가 없었다. 카틸리나는 결코 일어나지 않을 혁명의 선봉장을 자처한 셈이다. 둘째로 더 중요한 점은, 카틸리나의 음모가 꽤 빨리 발각됐다는 것이다. 기원전 63년 10월 20일, 크라수스와 몇몇 원로원 의원들은 로마에서 꾸며지고 있는 학살을 경고하는 편지 한 묶음을 키케로에게 전달했다. 키케로는 원로원에 이 사실을 알렸고, 원로원은 집정관에게 국가 보호에 필요한 모든 조처를 할 권한을 주기로 의결했다. 이렇게 되자, 카틸리나 휘하의 장군 만리우스는 서둘러 반란의 깃발을 들어올리기로 결심했다. 10월 29일에 반란 소식이 로마에 전해졌다. 카틸리나는 10월 30일에 기소됐다. 11월 7일 키케로 암살 시도가 실패하자 키케로는 카틸리나를 공격하면서 로마를 떠나라고 요구하는 연설을 했다. 카틸리나는 11월 8일 밤에 도망쳤다. 이어 12월 2일 밤에는 알로브로게스족의 사절단이 로마의 반란 공모자들을 만나 편지를 받았다. 키케로는 이 만남에 대해 알았고, 로마를 떠나는 사절단과 공모자 중 한 명을 체포하게 했다. [30]

원로원은 그 뒤 사흘 동안 매일 만나 이 상황을 어떻게 처리할지 논의했다. 카토와 카이사르, 키케로는 이 논의에서 중요한 구실을 했다. 12월 3일 키케로는 콩코르디아 신전에서 원로원 회의를 주재했고, 이 자리에는 공모자들이 소환됐다. 그들은 전날 밤 압수된 미개봉 편지에 자신들의 봉인이 찍혀 있는지 확인하라는 요구를 받았다. 원로원이 봉인 확인 뒤 편지를 뜯어 큰 소리로 읽음으로써, 수도 로마까지 마수를 뻗은 음모의 전모가 드러났다. 공모자 5명이 체포됐고, 이들은 한 명씩 원로원 의원 5명에게 맡겨졌다. 원로원은 키케로에게 공식적으로 상을 주기로 의결했다. 그 뒤 키케로는 공개 연설을 통해 도시를 불태우려는 음모자들의 계획을 설명하고 그들이 체포됐음을 전했다. 군중은 환호성을 질렀다. [31]

키케로는 12월 3일의 사태를 능숙하게 처리했지만 다음 날 사태는 별로 잘 통제하지 못했다. 12월 4일 원로원은 카틸리나한테 가다가 체포된 또 다른 공모자 루키우스 타르퀴니우스를 불러 진술하게 했다. 타르퀴니우스도 음모가 카틸리나 반란군의 방화, 암살, 공격을 포함하고 있다고 설명했지만, 이 음모에 크라수스가 연루됐음을 내비쳤다. 크라수스의 피보호인들과 친구들은 즉시 이 혐의가 완전히 거짓이라고 항의의 목소리를 높였고, 원로원은 논의 끝에 이에 동의했다. 타르퀴니우스는 다시 구금됐고, 그가 왜 거짓말을 했는지에 대해 추측이 난무했다. 하지만 크라수스는 키케로가 타르퀴니우스에게 자신이 음모에 연루됐다고 말하게 했다고 확신했다. [32] 같은 날 카툴루스와 가이우스 피소는 율리우스 카이사르에 대한 거짓 혐의를 제기하도록 키케로를 매수하려 했고, 매수에 실패하자 카이사르도 음모에 연루됐다는 소문을 퍼뜨리기 시작했다. 원로원 회의가 휴회에 들어간 동안, 콩코르디아 신전을 지키던 이들 중 일부는 이 소문을 듣고 카이사르에게 칼을 겨누기까지 했다. [33]

12월 5일 체포된 다섯 사람 처리를 논의하기 위해 원로원이 소집됐다. 기원전 62년 담당 집정관 당선자는 사형을 권하며 논의를 시작했다. 그러자 율리우스 카이사르가 일어나 로마 역사상 로마인들이 복수 욕심보다 존엄성을 우선했던 많은 순간을 상기시키는 연설을 했다. 카이사르는 음모자들이 꾸민 범죄가 끔찍하다는 점을 인정했지만, 사형은 로마 역사에서 전례가 없다고 강조했다. 그동안 유죄 판결을 받은 로마 시민은 처형 대신 추방을 선택할 수 있었다. 카이사르는 또한 "모든 나쁜 선례는 좋은 선례에서 비롯된 것"이라고 강조하고, 사형 집행은 앞으로 무능하거나 사악한 관리들이 사형을 받으면 안 될 시민들을 죽일 빌미를 제공할 것이라고 경고했다. 카이사르는 음모에 연루된 이들의 재산을 몰수하고 그들을 로마 밖 마을에 평생 감금하는 편이 더 나은 대응이라고 주장했다. [34]

토론이 조금 이어진 뒤 카토가 발언에 나섰다. 그는 동료 의원들에게 카탈리나가 혁명을 일으키면 자신들의 재산, 집, 그림, 조각상 같은 물건들을 빼앗길 걸로 생각할지 모르지만, 카탈리나가 진정 위협하는 것은 자유라는 점을 명심해야 한다고 상기시켰다. 공화정이 살아남지 못하면 그들의 소유물, 사치품, 심지어 권력도 아무 의미가 없다고 강조했다. 원로원의 기본 의무는 로마 공화정을 지키는 것이고, 원로원 의원들이 개인적 이익과 즐거움 추구를 중단하면 이 사안이 어떤 실수도 용납할 수 없을 만큼 중차대함을 이해할 것이라고도 했다. 카토는 공모자들이 의도한 범죄를 실제로 저지르다가 잡힌 것처럼 처벌해야 한다고 결론지었다. 그들을 폭력적인 국가의 적으로 간주해 처형하자는 주장을 내비친 것이다. [35]

카토가 연설을 끝내자 그의 주장이 먹혔음이 분명해졌다. 심지어 온건한 처벌을 옹호한 카이사르를 원로원이 처벌해야 한다는 말들로 웅성거릴 정도였다. 원로원이 공모자들을 처형하기로 결의하자, 키케로는 정무관들에게 공모자들을 카피톨리누스 언덕 아래 지하 감옥으로 데려가 교수형에 처하라고 명령했다. 그날 저녁 키케로는 횃불을 든 호위병들의 호위를 받으며 당당히 집으로 향했다. 키케로는 가장 큰 승리의 여운을 만끽하며 곧 자신에게 "조국의 아버지"라는 칭호를 부여하는 결정이 내려질 것으로 거의 확신했다. [36]

키케로로서는 불행하게도, 카틸리나의 음모는 12월 5일 끝나지 않았다. 카틸리나는 자신의 군대와 에트루리아에 머물고 있었고, 카이사르의 예측대로 로마 시민을 재판 없이 처형한 키케로의 결정은 곧 끔찍한 오판으로 판명됐다. 12월 10일에 새로 취임한 호민관 일부가 카틸리나가 유발한 위기와 키케로의 대응이 불러일으킨 공포, 불안, 회한이 뒤섞인 감정을 곧바로 이용하고 나섰다. 기원전 63년 12월 29일 키케로가 집정관으로서 마지막 대 국민 연설을 준비하고 있을 때, 62년 담당 호민관으로 당선돼 이미 취임한 메텔루스 네포스가 키케로의 연설을 막으려 거부권을 행사했다. 키케로가 재판 없이 로마 시민을 죽였다는 것이 이유였다. 키케로는 대신 자신이 공화정을 구했다는 공개 선서를 하기로 했다. [37]

네포스는 키케로 퇴임 뒤에도 카틸리나 반란 정국을 이용하려 계속 노력했다. 그는 1월 3일 폼페이우스를 소환해 카틸리나에 맞설 군대를 이끌게 하자고 제안했다. 전년 12월 5일 음모자 처형 이후 카틸리나 휘하 군인의 70%가 탈영했기 때문에 네포스의 제안은 완전히 불필요한 것이었다. 하지만 이 제안이 폼페이우스가 군대를 해산하지 않고 이탈리아로 돌아올 구실이 될 걸로 의심한 이들은 불안감을 감추지 못했다. 네포스가 폼페이우스가 로마로 돌아오지 않더라도 집정관 선거에 나서도록 허용하는 조처까지 제안하자, 우려는 더욱 커졌다. 네포스의 제안을 저지하려고 호민관 선거에 나선 게 분명했던 카토는, 그가 제안한 법안이 공개적으로 낭독되지 않도록 물리력으로 막았다. 그는 먼저 전령관의 낭독을 저지했고 이어 네포스가 기억에 의존해 법안을 낭독하려 하자 그의 입을 손으로 막았다. 카토는 카이사르(그는 당시 법무관이었고 이 법안을 지지했다.)가 주재하는 모임에서 이런 일을 감행했다. 무장한 이들이 양옆에 배치된 가운데 많은 폼페이우스 지지자들이 이 장면을 직접 목격했다. 무장한 이들이 대부분의 군중을 해산시키며 카토를 공격했고, 카토는 카스토르와 폴리데우케스 신전으로 도망쳤다. 원로원은 결국 집정관들에게 질서 회복에 필요한 모든 조처를 하도록 지시하고 네포스와 카이사르의 직무를 정지시켰다. 명분에서 밀린다고 생각한 카이사르는 재빨리 후퇴해 직무 복귀가 가능했다. 그러나 네포스는 로마를 떠나 폼페이우스에게 합류했다. [38]

기원전 63년 말과 62년 초에 걸친 이 5일은 폼페이우스가 해외에서 군사 작전을 펴는 동안, 재능으로 두각을 나타냈지만 결함도 있는 인물들이 카틸리나가 일으킨 혼란을 어떻게 이용하려 했는지 보여준다. 키케로는 카틸리나의 음모를 진압함으로써 자신의 경력에서 가장 큰 정치적 승리를 얻었다. 키케로는 아주 강력한 연설을 이 사건 와중에 선보였고 로마에서 가장 권위 있는 칭호들 중 하나를 얻었다. 그러나 뛰어난 지도자의 능력을 보여주려는 기대를 품고 로마 시민 5명을 재판 없이 처형한 키케로의 결단은 곧바로 역풍을 맞았다. 한 달도 지나지 않아, 키케로가 한 일의 진정한 의미가 분명해졌고 로마인들은 이에 경악했다. 12월 초에는 칭송을 받던 그의 행동이 한 달 뒤에는 심각한 정치적 골칫거리가 됐다. 키케로의 웅변 실력은 그가 다른 이들에게 유용한 정치적 동맹으로 남을 여지를 줬지만, 카틸리나에 대한 그의 행동은 집정관으로서의 뛰어난 능력을 내세우던 그의 핵심 주장을 약화시켰다. 그리고 미래의 영향력에 영원한 족쇄가 될 정치적 약점도 남겼다.

카토는 카틸리나의 음모 사건을 거치면서 키케로와는 또 다른 기회와 한계에 직면했다. 그는 공모자들 처형을 공개적으로 주장했지만, 키케로와 달리 그들의 죽음에 직접 책임은 없었다. 카토는 또한 공화정으로 대표되는 자유를 보존하는 것이 모든 정치 활동의 최우선 목표가 되어야 한다는 전반적인 소신에 어울리는 태도를 명확히 보여줬다. 카토의 대중적 인지도는 온전히 이런 이상에 대한 완벽하고도 흔들리지 않는 헌신에서 비롯됐다. 그가 네포스의 입을 막은 데서 나타나듯이, 카틸리나가 꾸민 음모는 카토가 이런 종류의 입장을 더 강하게 견지할 힘을 보태줬을 뿐이다. 기원전 62년 1월에 이르면 그는 공화정을 훼손할 수 있다고 판단되는 정책이라면 무엇이든 원칙에 입각해 반대하는 로마의 대표적 목소리로 스스로 규정했다. 실로 카토가 어떤 정책에 반대하면, 그 정책이 로마를 온전히 보전하는 데 위협이 된다고 비판하는 행동으로 해석될 정도였다. 카토의 비판은 매우 강력한 힘을 지녔지만, 국가가 해결해 주길 바라는 진짜 문제들에 직면한 로마 시민들의 현실 세계에서 추상적인 원칙에 대한 카토의 확고한 헌신은 한계 또한 분명했다.

카이사르는 카틸리나가 초래한 혼란에 키케로나 카토와 전혀 다르게 대응했다. 키케로와 카토는 이 사건에서 곧바로 정치적 이익을 얻으려 한 반면, 카이사르는 장기적인 게임을 계속했다. 기원전 63년 12월부터 62년 1월까지 카이사르가 취한 행동은 대중의 인식을 신중히 고려하는 장기적인 행태에 어울렸다. 카이사르의 태도는 능력을 앞세우는 키케로나 자유의 원칙에 대한 헌신을 내세운 카토의 태도보다 훨씬 미묘했으며, 그들 못지않게 신중하게 구축한 것이었다. 카이사르는 마리우스가 남긴 포퓰리즘 유산의 상속자였고 자신도 그의 유산을 주장하고 나섰지만, 마리우스보다는 훨씬 유능한 포퓰리스트였다. 카틸리나의 음모에 대한 카이사르의 대응은 언뜻 봐서는 꽤 산만해 보이지만, 실제로는 대중의 정서가 어디로 귀결될지 예리하게 파악하는 감각을 보여준다. 살루스티우스가 재구성한 원로원 연설을 보면, 카이사르가 불법적인 로마 시민 살해를 왜 우려하는지 알 수 있다. 그는 술라가 로마를 점령해 처음 실시한 처형을 정당화하려고 똑같은 논리를 동원했다는 점을 청중들에게 상기시켰다. 그러나 살인은 거기서 멈추지 않았다고 카이사르는 덧붙였다. 초기 처형에 기뻐하던 이들은 "얼마 지나지 않아 자신도 끌려가는 신세가 됐고, 술라가 자신의 추종자 전원에게 두둑한 재물을 안기기까지 살인은 끝나지 않았다."[39] 이 재물 중 일부는 카이사르 가족이 소유하던 자산에서 빼앗은 것이었고, 다른 일부는 카이사르가 연설에서 호소의 대상으로 삼은 이들에게서 가져간 것이었다.

카이사르는 기원전 62년 초까지 유권자 사이에서 인기를 얻고 강력한 동맹 세력과 우정을 쌓는 데 심혈을 기울여, 관측통들에게 충격을 줄 정도의 선거 승리를 잇따라 쟁취했다. 카이사르는 기원전 63년 한 해에만 로마 대사제 선거에서 승리한 데 이어 법무관 선거에서도 이겼다. 두 번의 승리에는 막대한 비용이 들었고 카이사르는 사실상 파산으로 내몰렸지만 정치적 이익은 엄청났다. 카이사르는 멀리 떨어져 있는 폼페이우스의 인기를 이용할 방법을 찾는 데도 예리한 감각을 키웠다. 카이사르는 폼페이우스에게 특별 지휘권을 부여하자는 호민관들의 제안을 하나같이 지지했지만, 직접 제안한 적은 없다. 이로써 그는 인기 있는 장군을 지지하는 모습을 보이면서도 아부하지는 않았다. 이런 태도 덕분에 그는 관철되지 못한 제안에서는 쉽게 발을 뺄 수 있었다. 네포스가 폼페이우스의 군대를 이탈리아로 부르자고 했을 때나 폼페이우스가 동방에 머물면서 집정관 선거에 출마하도록 허용하자고 했을 때가 이런 경우였다. 카이사르는 훨씬 더 미묘하지만 잠재력이 큰 영향력을 구축해갔다. 그리고 카토나 키케로와 달리, 인구 다수를 소외시키지 않으면서 그의 영향력을 구축했다.

이것이 바로 기원전 62년 폼페이우스가 복귀를 준비했던 세계였다. 폼페이우스가 수도에서 벌어진 사건을 계속 추적한 게 분명하지만, 이 도시의 정치적 역학이 어떻게 변했는지는 제대로 파악할 길이 없었다. 이제 폼페이우스는 강력하고 독특한 세 명의 새로운 경쟁자들과 겨뤄야 했을 뿐 아니라, 지지자들의 희망과 반대자들의 두려움이 실린 한 척의 배가 되어 공화국 전체를 상대해야 했다. 폼페이우스는 한 개인으로 돌아올 터였지만, 로마인들은 영웅 또는 괴물을 기대했다. 폼페이우스의 도착이 자신의 계획대로 이뤄지지 않은 것도 놀랍지 않았다.

ROMAN
RE

9장 휘청거리며 독재를 향해

폼페이우스는 예리코에서 유대 지역 문제를 다루던 중 미트리다테스 왕의 사망 소식을 들었다. [1] 수만 명의 로마인 학살을 부추기고 로마 경제를 추락시켰으며, (술라와 폼페이우스를 포함해) 2대에 걸쳐 로마 최고의 지휘관들을 패배시키거나 피할 수 있었던 이 늙은 왕은 결국 자신의 아들 파르나케스가 꾸민 암살 음모로 죽음을 맞게 됐다. 하지만 로마인들은 미트리다테스가 어떻게 죽었는지 신경 쓰지 않고 그가 죽었다는 사실에만 집중했다. 미트리다테스의 사망 소식이 로마에 전해지자 로마는 열흘 동안 감사 축제를 열고 기쁨을 만끽했다.

폼페이우스가 천천히 이탈리아로 돌아오는 동안 일부 로마인의 기쁨은 걱정으로 바뀌었다. 폼페이우스의 독보적인 군사적, 정치적 권위는 특별히 미트리다테스 격퇴 임무와 연결되어 있었다. 이 적이 죽고 카틸리나를 무찌를 지휘권을 폼페이우스에게 부여하려던 네포스의 시도가 실패로 돌아가자, 폼페이우스는 명확한 법적 권한 없이 대규모 군대를 통제하는 처지가 됐다. 해외 파견 중 지휘관이 군대를 해산하길 기대하는 건 비현실적이지만, 기원전 62년 겨울과 봄 동안 폼페이우스의 활동 일부는 의심스러웠다. 예컨대, 폼페이우스는 귀국 길에 미틸레네, 에페수스, 로도스, 아테네에 들렀다. 각 도시는 잘 짜인 폼페이우스 업적 축하 행사로 그를 맞았다. 미틸레네에서는 폼페이우스를 기리는 시 경연대회가, 로도스에서는 웅변가들의 공개 행사가, 아테네에서는 철학자들의 행사가 열렸다. 폼페이우스는 아테네시에 30만 데나리우스를 지급하는 등 각 도시와 공연자들에게 선물로 보답했다. [2]

로마의 관측통들은 이 승전 여행이 폼페이우스가 이룬 업적을 기념하는 동시에 동방의 피보호민들과 구축한 유대를 강화하기 위해서라고 깨달았다. 그러나 그들은 이런 행보가 수도 로마인들에게 어떤 의미를 지니는지는 몰랐다. 폼페이우스가 지금 평화를 가져다주고 과거에 은혜를 베푼 걸 진정으로 고맙게 여겨서 그 지역 사람들이 폼페이우스를 축하했을까? 아니면 폼페이우스가 임박한 내전 대비책의 하나로 로마 밖에서 지지를 강화하려 한 것일까? 적어도 키케로는 의심했다. 키케로는 기원전 62년 6월에 쓴 편지에서 로마 시민들은 폼페이우스가 이탈리아에 상륙하면 로마로 진군할 거라는 희망을 품고 있다고 내비쳤다. 키케로는 이어 이런 상황에서 폼페이우스에게 적절한 행동은 공화정을 구한 키케로 자신에게 축하를 전하는 것이라며 전형적인 자화자찬을 늘어놨다. 그러나 폼페이우스가 이탈리아에 가까이 오자, "군대를 곧바로 도시로 이끌고 올 것"이라는 소문을 들은 크라수스는 "정말 두려웠기 때문이거나, 아니면 좀더 그럴 듯한 이유, 곧 이 소문을 믿을 만한 것처럼 만들어서 [폼페이우스에 대한] 악의를 더 부추기고 싶었기 때문에" 자녀들과 돈을 챙겨 도망쳤다고 역사가 플루타르코스는 썼다. [3]

폼페이우스는 이 소문의 내용과 자신의 인기에 끼칠 영향을 알았던 듯하다. 그는 이탈리아에 도착하기도 전에 원로원에 편지를 보내 평화롭게 귀환하겠다고 밝혔다. 그리고 기원전 62년 말 이탈리아 브룬디시움 항구에 도착한 폼페이우스는 개선식조차 기다리지 않고 군대를 해산했다. 폼페이우스가 내린 결정이 이례적이라는 점을 디오 카시우스만큼 분명히 설명한 저술가는 없다. 폼페이우스가 누린 "권력이 해상과 육상 모두에서 엄청났고, 막대한 부를 자신의 힘으로 챙겼으며… 많은 통치자와 왕들을 친구로 삼은 데다가, 그가 다스린 거의 모든 공동체를 행복하게 유지했다. … 그리고 이를 통해 그는 이탈리아를 차지할 수 있었고 로마가 통제하는 모든 것을 얻을 수도 있었지만, … 실제로는 그렇게 하지 않았다."라고 디오는 기록했다. 그 대신 폼페이우스는 배에서 내리는 군대를 불러 모아, 함께 이룬 모든 성과에 대해 진심으로 감사를 표하고 그들의 출신 마을로 돌아갈 자유를 허락했다. [4]

많은 로마인은 디오가 2세기 이상 뒤에 보인 반응과 같은 식으로 반응했다. 폼페이우스가 술라의 전례를 따라 무장하고 로마로 진군하지 않기로 결정한 데 대한 놀라움은, 폼페이우스가 비무장 상태로 이탈리아를 지나가자 환호로 바뀌었다. [5] 대부분의 고대 저자들은 이렇게 즉각적인 찬사를 받은 폼페이우스의 결정이 결국 끔찍한 오산으로 귀결됐다는 점을 언급하지 않았다. 어쨌든, 저명한 지휘관들이 해외 전투에서 돌아와 곧바로 군대를 해산하지 않는 데에는 그럴 만한 이유가 있었다. 지휘관이 로마 진군을 상상할 수 없을 만큼 허약할 때도, 휘하의 군대는 지휘관과 병사들이 정치적 반대자들로부터 공평한 대접을 받게 해주는 지렛대로 작용했다. 그리고 그들은 공평한 대우를 받아 마땅했다. 속주나 도시를 보상으로 분배하려는 장군들은 이에 대해 원로원의 승인을 받아야 했다. 그리고 폼페이우스처럼 아주 성공한 군 지도자들은 참전 군인들의 봉사를 토지 분배로 보상할 수 있기를 바랐다. 그런데 토지 분배는 그를 둘러싼 지저분한 정치 문제 때문에 관리가 아주 어려운 일이었다. 후대 저술가 디오가 아주 놀랐듯이, 폼페이우스는 "원로원이나 시민의 투표를 기다리지도 않고, 개선식에서 이 병사들을 어떻게 활용할지도 신경쓰지 않은 채" 군대를 해산했다. [6] 디오는 이어서 로마인들이 "마리우스와 술라의 경력을 혐오스럽게 여기는 것"을 폼페이우스가 잘 알았고 "그들이 단 며칠 동안일지언정 비슷한 일로 걱정하게 만들고 싶지 않았다."라고 썼다.

술라는 공화정이 자신과 자신의 이익을 보호해 주리라고 믿지 않았기 때문에 로마로 진군한 반면, 폼페이우스는 개선식, 동방 개척지, 그가 이끈 정복의 성격, 참전 용사들에 대한 보상 문제 등을 놓고 정치적 논쟁이 시작되기도 전에 일방적으로 무장을 해제했다. 기원전 62년에 폼페이우스가 취한 다른 몇몇 행동을 살펴보면, 그가 왜 이렇게 극적으로 행동했는지 짐작할 수 있다. 폼페이우스는 술라보다 공화정의 절차를 더 신뢰했지만, 로마가 성공한 장군들로 하여금 명예와 인정을 받으려면 인내심을 갖고 기다리도록 만드는 체제가 됐다는 것은 상상하지 못했다. 게다가 그는 자신이 이룬 업적의 규모로 볼 때 아무도 감히 이를 반박하거나 보상하기를 거부하지 못할 것으로 추정한 것 같다. 폼페이우스가 지휘권을 쥔 것은 포퓰리스트 호민관들과 동맹을 맺고 일종의 군사적 협박을 동원한 결과지만, 그는 자신의 영향력이 너무 압도적이어서 로마 사회와 정치 기득권층의 중심부로부터 환영 받으리라고 믿은 듯했다. 그는 로마로 돌아오기 전부터 카이킬리우스 메텔루스 가문의 일원이자 호민관 네포스의 누이인, 자신의 아내 무키아와 이혼하기로 결심했다. 표면적으로는 자기 부인이 간통을 저질렀다고 의심했기 때문에 내린 결정이지만, 이 결혼은 줄곧 정치적인 결혼이었다. 기원전 79년 무키아가 폼페이우스와 결혼할 당시에 그는 공화국의 가장 힘 있는 가문 중 하나와 동맹을 구축하려는 야심에 찬 젊은이였다. 하지만 기원전 62년에 이르면 벼락출세한 인물을 넘어섰다. 그는 자신이 메텔루스 가문을 앞질렀다고 느꼈고, 특히 처남 네포스와 차별화할 필요를 느꼈다. 이제 그는 로마에서 가장 영향력 있는 인물이었고, 로마를 대표하는 시민이라는 지위에 걸맞은 결혼을 원했다. [7]

폼페이우스는 메텔루스 가문과의 혼맥을 카토와의 동맹으로 바꾸기로 결심했다. 카토에게는 두 명의 조카가 있었는데, 폼페이우스 본인과 그의 아들이 각각 이들과 결혼하기를 제안했다. 폼페이우스는 기원전 80년대 술라가 결혼을 통해 메텔루스 가문과 동맹을 맺은 데서 영감을 받았을 수 있지만, 카토는 메텔루스와 달랐다. 카토는 이 제안을 서로에게 이로운 동맹 제안이 아니라 "자신을 타락시키려는 음모임을 감지했다."[8] 카토는 이미 폼페이우스에 적대적인 원로원 의원들과 연합하고 있었다. [9] 폼페이우스는 이 젊은 원로원 의원이 로마 최고 권력자와의 혼맥을 과시하듯 거부할 기회를 줌으로써 자신도 모르게 카토가 가장 헌신적이고 원칙적인 반대자의 입지를 굳히게 해줬다. [10]

이는 몇 달 동안 이어질 카토의 폼페이우스 거부의 시작이었지만, 수도로 돌아온 폼페이우스에게 문제는 카토만이 아니었다. 기원전 61년 1월부터 5월까지 로마의 정치 생활이 중단되었는데, 이는 전 집정관 아피우스 클라우디우스의 아들 푸블리우스 클로디우스가 여장을 하고 율리우스 카이사르의 집에서 열린 남성 금지 종교 행사인 보나 데아 여신*Bona Dea의 축제에 참석한 사실이 적발된 탓이다. 로마 대제사장의 집에서 벌어진 이 사건은 심각한 신성모독인 데다가 카이사르의 아내와 클로디우스의 불륜을 암시하는 음란한 추문이었다. 보통의 로마인은 물론 원로원 의원들도 클로디우스 이야기와 그의 재판 진행 상황 이야기에서 헤어나지 못했다. 이는 폼페이우스에게 필요한 사안들을 원로원이 제때 처리하는 데 방해 요소였다. 게다가 폼페이우스 주변에는 군대가 없었으니, 원로원의 관심을 돌릴 지렛대도 없었다. [11]

그 사이 폼페이우스의 영향력은 서서히 약해졌다. 폼페이우스는 클로디우스 기소에 관여하기를 거부했다. 자신의 견해를 묻자, 그는 원로원과 원로원의 모든 법령을 지지한다는 진부한 말을 중얼거렸다. 폼페이우스가 참

---

* 순결과 정결, 다산을 관장하는 로마의 여신.

전 군인들에게 나눠줄 땅을 구하는 것도, 그의 정복 성과에 대한 원로원 승인도, 동방을 안정시키기 위해 제안한 기타 정치적 조치 승인도 진전이 없었다. 폼페이우스는 개선식 개최 승인을 받았고, 그해 9월에 치러진 이 행사는 로마 역사상 가장 화려한 행사가 됐다.[12] 폼페이우스는 이 행사에서 자신이 정복한 모든 국가와 지역을 나열함으로써 자신이 이룬 업적의 규모를 생생히 묘사하려 했다. 폼페이우스는 그 이후 이어진 기념식에서 자신의 정복 덕분에 공화국이 확보하게 될 재원까지 언급했다. 그러나 원로원이 계속 행동을 미루자 폼페이우스는 다른 문제들의 처리는 새로 정무관들이 취임할 때까지 기다리는 것이 최선이라고 판단했다.[13]

폼페이우스로서는 낙관할 이유가 있었다. 기원전 60년에 새로 취임한 집정관들은 두 명 모두 폼페이우스 밑에서 근무한 적이 있고 과거에 폼페이우스에게 우호적인 인물들이었다. 한 명은 폼페이우스의 보좌관이었던 아프라니우스이며, 그는 폼페이우스의 재정적 지원 덕분에 당선됐다. 다른 한 명인 메텔루스 켈레르는 네포스의 형이자 폼페이우스의 전처 무키아의 오빠였다. 클로디우스 재판이 기원전 61년 초반 거의 내내 집정관들과 원로원의 관심을 분산시켰지만, 폼페이우스의 화려한 개선식(그리고 이어진 기념식)은 로마인들에게 비교할 데 없는 그의 성과와 함께 원정에서 풀리지 않은 문제들도 미묘하게 상기시켰다. 폼페이우스는 자신에게 우호적이라고 상상한 집정관들이 취임하면 처리되지 않은 사안들이 빠르게 해결되리라고 기대했다.

폼페이우스는 또다시 오판했다. 아프라니우스는 금세 자신의 무능을 드러냈고, 켈레르는 폼페이우스가 자신의 여동생 무키아와 이혼한 후부터 이 오만한 장군을 혐오했다.[14] 켈레르는 카토와 루쿨루스한테서 강력한 동맹 세력을 발견했다. (이 중 루쿨루스는 폼페이우스가 미트리다테스와의 전쟁에서 자기 대신 사령관이 된 데 여전히 분노하고 있었다.) 폼페이우스가 자기 휘하 군인들에게 토지를 나눠주려고 호민관 플라비우스와 함께 작업에 나서자, 켈레르가 막고 나섰다. 폼페이우스가 동방에 마련한 정착지를 둘러싼 대립은 더 심했다. 이 문제들이 마침내 원로원 논의에 부쳐지자, 루쿨루스가 반대에 앞장섰다. 그는 폼페이우스의 일부 조처는 자신이 앞서 합의했던 사항을 파기했고, 이 때문에 폼페이우스의 소아시아, 시리아, 유대 지역 정착지를 각각 개별적으로 조사해 따로 따로 표결 처리해야 한다고 주장했다. 카토와 켈레르도 재빠르게 이 방안에 찬성을 표명했다.

그러자 호민관 플라비우스는 토지 분배와 동방 정착지 문제를 한데 묶어 표결에 부치려고 했다. 그는 켈레르 집정관이 폼페이우스 휘하의 병사 수만 명을 적대시하니 자세를 누그러뜨려 동의할 것으로 기대했다. 그러나 폼페이우스 휘하 군인들이 해산해서 고향으로 흩어진 지 오래여서 이미 눈앞의 위협은 사라지고 없었다. 켈레르는 플라비우스가 허풍을 떤다며 그를 공격했고, 플라비우스는 호민관 모독을 내세워 그를 감옥에 가뒀다. 상황은 곧 웃음거리가 됐다. 켈레르는 물러서지 않고 감옥 앞에서 원로원을 소집했다. 그러자 플라비우스는 감옥 문 앞에 호민관 의자를 놓고 앉아 누구도 감옥에 들어가지 못하게 했다. 켈레르는 원로원이 바깥에 모였을 때 자신이 회의를 주재할 수 있게 일꾼들에게 감방 벽에 구멍을 뚫으라고 시켰다. 결국 폼페이우스는 플라비우스에게 물러날 것을 요청했다. 폼페이우스는 켈레르, 카토, 루쿨루스가 단지 자신을 질투하는 거라고 화를 내는 신세가 된다. 그는 개인적으로 "군대를 너무 빨리 돌려보내 자신을 적들의 권력 아래 처하게 한 행동을 후회했다."[15] 그 사이 지중해 동부 지역 수천만 명의 정치적 운명과 로마의 참전 군인 수십만 명의 경제적 미래가 불확실해졌다. 이는 폼페이우스의 과신, 켈레르와 루쿨루스의 개인적인 원한, 작심하면 누구든 방해하려는 카토의 욕망이 빚어낸 것이다.

폼페이우스는 기원전 60년대 말 카토와 그의 동맹 세력의 방해로 이해 관계에 영향을 받은 많은 인물 중 그저 가장 유명한 인물일 뿐이었다. 기원전 61년 말 소아시아에 평화가 정착된 뒤 처음 징수된 세금의 징수 대행 계약을 따낸 기사 집단은 그 지역의 전쟁 피해 때문에 세수가 너무 줄어 (로마에 세금을 선납해 생긴) 비용을 회수할 수 없다고 불평하기 시작했다. 이 사업가들 중 일부에게 돈을 빌려줬을 크라수스는 기사 집단에게 징수 대행 계약을 취소하고 선납한 돈의 환불을 요구하라고 부추겼다. [16] 크라수스는 그들이 환불을 요구하자 강력히 지지했다. 키케로는 이 요구가 "수치스러운 것"이자 "어리석음을 자백하는 것"으로 봤다. 하지만 키케로 스스로 원로원 내 기사 계급 옹호자를 자처한 만큼 이 요구를 지지하지 않으면 입지가 위태로워지기 때문에 어쩔 수 없이 지지해야 한다고 느꼈다. 원로원이 이 문제를 처음 논의할 당시 집정관 당선자 신분이었던 켈레르는 이 요구를 수용하지 않겠다고 밝혔고, 회의에서 예정된 발언을 할 시간이 없던 카토 역시 반대 의사를 분명히 표했다.

켈레르가 취임한 뒤 카토가 방해하면서 이 계약의 재개정 움직임이 멈췄고, 이는 특히 개정 지지자의 분노를 촉발했다. 키케로는 계약 재개정을 내용으로 하는 법안은 여전히 수치스러운 것이라고 말하면서도 원로원이 로마 기사 계급의 선의를 유지하기 위해서는 법안을 승인해야 한다고 주장했다. 키케로는 기원전 60년 6월에 쓴 글에서 카토는 "가장 선량한 의도와 의심의 여지 없는 정직성"을 지녔지만, "그가 제시하는 의견은 (로마 건설자) 로물루스왕[이 세운 공화정]의 더러움에 속하는 것이 아니라 (이상적인) 플라톤의 저서 『국가』에 속하기 때문에 로마 공화정에는 해를 끼친다."라고 지적했다. [17] 그는 카토가 추상적인 적절성의 원칙을 고집해 기사 계급이 원로원을 본질적으로 거부하게 만들었다고 불평했다. 키케로로서는, 원로원과 기사 계급의 협력 관계가 깨지면서 개인적 명성에도 흠집이 났다. 아마도 돈을 잃었고 피보호인들에게 정치적으로 무력하다는 인상을 주게 된 크라수스로서는, 카토의 방해가 정치와 금전 두가지 측면 모두에서 피해를 끼치는 것이었다. 키케로는 당황한 반면 크라수스는 분노했다.

카토와 그의 동맹 세력들이 세금 징수 계약 문제로 키케로와 크라수스를 동시에 저지했지만, 그해 카이사르와도 싸우기 시작했다. 카이사르는 기원전 62년 법무관에 취임한 뒤 스페인 루시타니아의 총독직을 맡는데, 그는 이 직위를 집정관으로 가는 발판으로 활용하고 싶었다. 카이사르는 부임지에 도착한 뒤 곧 개선식 자격을 얻을 만한 큰 군사적 승리를 거두려고 스페인 부족들과의 충돌을 유발했다. 그는 전장에서 스페인 부족을 물리친 뒤 후임자가 도착하기 전에 부임지를 떠났다. (로마로 돌아가: 옮긴이) 일단 개선식을 치르고 이어 기원전 59년 집정관 선거 운동을 벌이기 위한 것이었다. 카이사르는 선거 운동을 위해 기원전 60년 봄에 이탈리아로 돌아왔는데, 서두르는 바람에 문제가 생겼다. 승리한 장군은 개선식 개최 때까지 도시로 들어갈 수 없는데, 집정관 후보자는 7월 초에 로마의 신성한 구역 안에 들어와 입후보 선언을 해야 했다. 개선식 일정을 빠르게 잡을 수 없었기 때문에 카이사르는 도시 밖에서 부재중 출마 선언을 하는 예외를 허용해달라고 청원했다. [18]

원로원 의원 대부분은 카이사르의 제안에 이의를 제기하지 않았지만 카토는 단호히 반대했다. 카토는 카이사르를 싫어했을 뿐 아니라 자신의 처남 비불루스도 집정관 선거에 나설 계획이었다. 카이사르와 비불루스가 조영관으로 있을 때 공동으로 운동 경기 행사를 후원했음에도 그 공로는 대부분 카이사르가 챙긴 일이 있기에, 비불루스는 또다시 카이사르에게 가려서 득표에서도 밀릴까 봐 걱정한 듯하다. 원로원이 카이사르의 요청을 심의하던 날, 카토는 표결을 저지하기 위해 필리버스터에 들어가 회의 시간 내내 의사 진행을 방해했다. 카이사르는 카토의 방해가 끝나지 않을 것임을 인식하고 집정관 선거 출마를 위해 개선식 포기를 선택했다. 그러나 카토가 확실히 뒷받침한 조처에 따라, 기원전 59년 담당 집정관들은 갈리아처럼 수비대가 밀집한 지역이 아니라 이탈리아의 "숲과 목초지"를 속주로 받게 됐다. 이는 카이사르가 집정관 선거에서 승리할 경우 군대를 통제하지 못하게 하려는 이들이 로마에 존재한다는 분명한 신호였다. 선거 운동이 시작되고 카이사르가 루키우스 루케이우스와 동맹을 맺자, 역사가 수에토니우스는 "카토 조차 이런 상황에서는 [선거] 매수가 공화정 공동체에 이로운 것임을 부인하지 않았다."라고 전했다. 카토는 원칙에 입각해 오래도록 매수에 반대한 태도를 버리고 비불루스 지지표를 얻으려 돈을 쓰기 시작했다. [19]

카토의 방해와 위선으로 인해 폼페이우스, 크라수스, 키케로 등 아주 많은 사람이 희생되었고, 카이사르는 이 덕분에 자신이 유난히 광범하고 강력한 지지자 연합을 구축할 기회를 잡았다고 인식했다. 키케로가 결국 카이사르의 연합 제안을 거부하는 바람에 폼페이우스와 크라수스가 연합 구성의 두 핵심 인물이 됐다. 두 사람은 카토를 미워한 만큼이나 서로를 미워했지만 카이사르는 아주 오래전부터 두 사람 모두와 굳건한 관계를 유지해 왔다. 카이사르는 원로원에서 해적과 미트리다테스에 대항한 군사 작전의 지휘권을 폼페이우스에게 부여할 때 가장 강하게 지지한 인물이었다. 기원전 62년에는 카틸리나에 맞서기 위해 폼페이우스를 소환하자는 네포스의 제안을 지지한 탓에 정직 처분을 받기도 했다. 카이사르는 크라수스와도 돈독한 관계를 유지했다. 크라수스는 기원전 61년 카이사르가 채권자들에게 빚을 갚는 데 필요한 돈을 빌려줌으로써 그가 스페인 총독직을 맡으려고 로마를 떠날 수 있게 해 줬다. [20]

크라수스와 폼페이우스는 카이사르의 득표를 위해 각자 유지하던 정치적 파당을 동원했다. 카이사르가 집정관 선거에서 승리했지만 비불루스도 2위로 집정관이 됐다. 카이사르는 집정관으로 뭐라도 이루려면 폼페이우스, 크라수스와의 동맹 관계를 선거 운동 기간에 그치지 않고 더 오래 유지해야 한다는 걸 알았다. 세 사람의 유대 관계가 더욱 공고해지면 그들은 지난 2년 내내 원로원을 교착 상태에 빠뜨렸던 걸림돌들을 밀어낼 기회를 잡을 수 있을 터였다. 그래서 카이사르는 크라수스와 폼페이우스 사이의 불화를 해소하는 데 나섰다. 그는 "두 사람의 도움 없이는 결코 큰 힘을 쥘 수 없다는 것"을 알았다. 또 "둘 중 한 사람만 친구로 삼으면 바로 이 사실 때문에 다른 한 사람을 적으로 만들게 되고, 친구를 통해 얻을 성공보다 적을 통해 겪을 실패가 더 클 터였다." 역사가 디오에 따르면, 카이사르의 큰 통찰은 폼페이우스나 크라수스 같은 인물은 친구를 돕기보다 적을 막는 싸움에 훨씬 더 열심이라는 깨달음에 있었다. 위대한 장군과 부유한 사업가와 맺은 동맹에서 제대로 이익을 챙기는 유일한 방법은 그들을 화해시켜 한 무리를 이룬 뒤 협력하는 것이었다. [21] 카이사르는 또한 폼페이우스와 크라수스의 경쟁 관계가 "키케로, 카툴루스, 카토 같은 인물들, 바꿔 말하면 크라수스와 폼페이우스가 단결만 하면 아무 영향력도 없을 인물들의 힘만 증가시키기" 때문에 두 사람의 경쟁은 자신들의 정치적 운명을 침체시킬 뿐임을 설득력 있게 제시했다. [22]

두 사람의 화해 과정은 카이사르가 집정관에 취임하기 전 시작돼 취임 초기 몇 주 동안 이어졌으며, 기원전 59년 봄 폼페이우스가 카이사르의 딸 율리아와 결혼함으로써 사실상 마무리됐다. 이 결혼은, 폼페이우스가 혼맥을 통해 카토와 동맹을 맺는 걸 포기하고 대신 크라수스, 카이사르와 결속하는 놀라운 과정을 마무리했다. 세 사람의 대화가 도출한 것은, 나중에 학자들이 1차 삼두정치라고 부르게 되는 잠정 협약이었다. [23] 이로부터 기껏 몇십 년 만에 로마인들은 이 협약이 공화정 종말의 시작이었음을 알게 되지만, 당시에는 아무도 상상하지 못한 성과였다. 폼페이우스, 카이사르, 크라수스는 국가 전복을 작정하지 않았다. 그들은 단지 "서로를 위해 공통의 일을 하기로" 합의했을 뿐이다. [24] 이들은 각자 자신의 목표를 추구하되, 필요할 때 서로 도움을 요청하고 또 요청을 받으면 도움을 제공했다. 이들은 또한 적극 나서서 다른 두 사람의 야심을 방해하지 않기로 합의했다. 이것이 전부였다. 그러나 이걸로 충분했다. 이제 카토를 비롯한 방해 세력은 세 사람이 중요하게 여기는 일을 저지하려 할 때마다 카이사르의 정치 기술, 폼페이우스에게 헌신하는 피보호인들과 퇴역 군인들, 크라수스의 재력이 결합한 대응에 압도당할 가능성이 있었다. 세 사람은 이제 자신들의 활동에 대한 공화국의 견제를 극복할 수 있었다.

이 동맹의 성공 이유 중 하나는, 기원전 61~60년에 카토가 쓴 전술이 로마 사회 거의 모든 집단에게서 엄청난 불만을 샀다는 점이다. 기사 계급과 그들의 원로원 내 후원자들은 아시아 조세 징수 대행 계약의 개정 협상을 희망했고, 폼페이우스 휘하에서 싸웠던 군인들은 군 복무에 대한 보상으로 땅을 원했으며, 로마의 최고 권력자들은 고상하지만 위선적인 철학자 카토와 그의 동맹 세력이 자신들을 무기력하게 만드는 데 진저리를 냈다. 카이사르는 이런 불만을 이해했다. 그는 누군가 정치적 교착 상태를 깨뜨리기를 로마인들이 갈망하는 것을 감지했고, 어쩌면 더 중요하게는 공화정이 제대로 작동하도록 보장한다면 관습에서 벗어난 정치 방식을 용인할 의지도 커지고 있음을 인식했다. 그리고 이제 카이사르는 폼페이우스, 크라수스와 동맹을 맺음으로써 로마에서 다시 뭔가 일이 이뤄지도록 만들 자원을 손에 넣었다.

카이사르가 집정관으로서 처음 발의한 주요 법안은 혼잡한 수도 로마에서 일부 인구를 이주시키고, 폼페이우스 휘하에 있던 퇴역 군인 일부에게 정착지를 제공하며, 이탈리아 특정 지역을 경작지로 되돌리는 걸 겨냥한 〈토지법〉이었다. 새로운 농장은 로마 국가 소유 토지에 건설될 예정이었지만, 캄파니아의 비옥한 공공 토지는 분배 대상에서 제외됐다. 추가로 필요한 토지는 폼페이우스가 전쟁에서 확보한 전리품으로 사유지를 사들여 확보할 예정이었다. 카이사르는 토지위원회 설립도 제안했다. 과거 그라쿠스의 토지위원회가 토지법 제안자들이 이끄는 작은 위원회였던 것과 달리 카이사르의 위원회는 (크라수스와 폼페이우스를 포함해) 20명의 위원으로 구성되었으며, 부패 의혹을 피하기 위해 카이사르는 참여하지 않기로 했다.

이 법은 다루기 아주 힘들어 보였던 정치 문제에 합당한 해법을 제시했다. 카이사르는 필요한 경우 법 시행을 강제할 영향력이 자신에게 있다는 걸 알았지만, 누구도 이 법에 대해 타당성 있는 반대를 제기할 수 없을 만큼 완벽하게 법을 설계했다. 게다가 이 법안이 원로원에서 최대한 투명하게 논의되도록 했다. 그는 법안 전문을 큰 소리로 읽은 뒤, 원로원 의원을 한 명씩 호명해 비판할 거리나 반대하는 조항이 있는지 물었다. 카토와 그의 동료들은 상당히 분해했지만, 누구도 법안에서 잘못을 찾지 못했다. 역사가 디오는, 자신들의 개인적 이익을 "강하게 압박하는 법인데도, 카이사르가 아주 정교하게 법안을 만들어 혹평할 거리가 없음을 인정해야 한다는 사실에 특히 분개했다."라고 썼다. [25]

원로원 의원들은 아직 파악하지 못했지만, 카이사르는 완벽한 덫을 이미 깔아 놨다. 어떤 의원도 반대 발언을 하지 않았지만, 의원들은 과거의 관례대로 법안 처리를 지연시킬 행동에 나섰다. 카토가 다시 이 행동을 주도했다. "카토는 법안에서 어떤 결함도 발견할 수 없었지만, 전반적으로 현행 제도를 유지하고 여기서 벗어나지 말자고 촉구했다."[26] 카토는 너무 나갔다. 카이사르는 카토를 감옥에 가두겠다고 위협했지만, 카토가 기꺼이 가겠다고 하자 카이사르는 진로를 바꿨다. 카토와의 갈등을 중단한 것이다. 카이사르는 티베리우스 그라쿠스 같은 대중 선동 호민관들의 각본에서 일부를 베껴, 원로원을 건너뛰고 법안을 일반 대중 투표에 부쳤다. 원로원이 이런 조처는 안된다고 항의하자 카이사르는 원로원에 법안에 대한 의견 개진과 반대 조항 삭제의 기회를 줬다고만 답했다. 아무도 문제가 되는 조항을 찾지 못했으니 이제 국민이 스스로 결정할 자유를 줘야 한다는 논리였다.

카이사르는 과거 2개 집단의 집정관들이 겪은 좌절에서 교훈을 얻었다. 카토와 그의 동료들은 실제로 원로원을 폐쇄할 수 있었지만, 국민 투표를 막을 직접적인 권한은 없었다. 카이사르는 집정관으로서 얼마 전 호민관들이 원로원의 방해를 피하려고 썼던 전술, 곧 원로원을 무시하고 일을 계속 밀어붙이는 전술을 채택했다. [27] 보통이라면 이는 적개심을 부를 수 있지만, 카이사르는 상황을 아주 잘 조율해서 합리적인 관찰자라면 그가 법안을 국민에게 직접 제시하는 것 외에 선택지가 없었다는 데 동의하게끔 했다.

카이사르는, 이 법안을 자신이 주장했고 폼페이우스에게 이익이 될 거라는 사실 외에는 어떤 실질적 반대도 없음을 원로원 의원들이 스스로 드러내게 상황을 몰아갔다. 카토와 그의 추종자들이 뭐라고 하든, 이 법안에 적대적인 원로원 의원들의 진짜 의도는 어느 누가 봐도 분명했다.

카이사르는 토지 개혁에 대한 국민의 지지를 얻는 데 폼페이우스와 크라수스를 현명하게 이용했다. 두 사람 모두 토지 개혁에 찬성했다. 그리고 카이사르의 반대파가 민회의 표결을 막으려 폭력을 사용할 것이 분명해지자 폼페이우스는 법안 통과 저지를 위해 무력을 쓰면 자신도 법안 통과를 위해 무력에 의존할 수밖에 없다고 내비쳤다. 카이사르가 폼페이우스 등 두 사람에게 전략적으로 호소한 것은, 그들을 예우하는 것이자 자신이 로마에서 가장 영향력 있는 두 사람의 지원을 받는 걸 과시함으로써 반대파들을 겁줬다. [28]

지난 몇 년 동안 이어진 원로원의 방해 때문에 로마인들은 결과를 내기 위한 강압 조처에 이례적으로 관대해졌지만, 카이사르는 너무 강압적으로 비치는 것도 위험하다고 생각했다. 그래서 그는 비불루스에게 이 법안을 지지하거나(카이사르조차 가능성이 없음을 알았을 것이다.) 아니면 적어도 투표 방해를 거부하라고 공개적으로 호소했다. 그러나 비불루스는 카토에게 충성하면서 세 명의 동료 호민관을 동원해 투표를 최대한 지연시켰다. 비불루스는 투표를 더 미룰 명분이 없어지자 그해 말까지를 민회 개최와 투표가 금지되는 신성한 기간으로 선포했다. 카이사르는 그의 터무니없는 선언을 그냥 무시하고 투표 일정을 잡았다. 투표 당일이 되자 비불루스는 군중을 강제로 뚫고 나와 법안 반대 연설을 시작했다. 사람들이 비불루스에게 몰려들었고, 호민관 경호원이 휴대하던 의식용 도끼束桿가 부러졌으며, 비불루스 편을 든 호민관들이 구타 당했다. 그러자 비불루스는 도망쳤고 이어 카이사르의 법안이 통과됐다.

카이사르 반대파는 상징적인 항의 행위 외에 더 할 것이 없었다. 비불루스는 다음날 원로원에 이 법을 무효화해 달라고 호소했지만, 대중이 카이사르의 제안에 열광하는 게 두려워 아무도 이 제안을 받아들이지 않았다. 그러자 비불루스는 자택으로 물러나 집정관 임기 마지막 날까지 나오지 않았다. 남은 임기 동안 그가 취한 공식 행동은, 후속 표결 처리가 있을 때마다 카이사르에게 표결 예정일은 신성한 날이며 표결을 강행함으로써 신성모독을 범한다고 통보하는 것뿐이었다. 비불루스 편에 선 호민관들도 비불루스를 따라 그해 말까지 공공 업무를 거부했다.

카토의 대응도 별로 다를 게 없이 애처로웠다. 카이사르가 만든 법에는 모든 원로원 의원이 법을 지키겠다고 맹세해야 한다는 조항이 있었다. 물론 이 규정은 기원전 100년 사투르니누스가 통과시킨 〈토지법〉에도 있었으며, 메텔루스 누미디쿠스는 서약을 거부해 유배자 신세가 됐다. 카토와 메텔루스 켈레르는 대중들이 도를 넘는 행동을 했던 이 사건을 상기시키며 메텔루스 누미디쿠스처럼 자신들도 처리 과정이 폭력으로 얼룩진, 이 무례한 법을 지킨다는 선서를 거부하겠다고 밝혔다. 하지만 선서 거부로 처벌받기 바로 전날이 되자, 카토와 켈레르는 선언을 파기했다. 역사가 디오는 이에 대해 "약속하고 위협하기는 쉽지만 실제 행동으로 옮기는 건 더 어려운 게 인간 본성이기 때문이거나… 공화정에 도움이 되지 않으면서 고집 때문에 목적도 없는 행동으로 처벌 받게 될 것이기 때문"이라고 설명했다. [29]

카이사르는 토지 개혁을 추진하면서 보여준 천재성 덕분에 폼페이우스 휘하에 있던 군인들에게 보상을 제공함으로써 폼페이우스에게 보답할 수 있었다. 또 폼페이우스 충성파가 아닌 로마 시민 다수에게도 혜택을 줬다. 이제 그들은 카이사르를 은혜를 베푼 주요 후원자로 보게 될 터였다. 카이사르는 아시아 세금 징수 대행 권한을 사면서 손해를 본 기사 계급을 구제하는 법안도 통과시켜 같은 효과를 거뒀다. 이 법은 세금 징수 대행 업자들이 공화국에 납부해야 할 돈을 3분의 1 깎아주는 내용인데, 〈토지법〉 통과 몇 주 뒤인 59년 4월 중순에 통과됐을 것이다. 이 법은 크라수스를 만족시켰고, 카이사르 자신은 기사 계급 옹호자로 입지를 다짐으로써 부분적으로 키케로의 입지를 약화시켰다. 카토는 또다시 심술 사나운 수동적 공격자가 되고 말았다. 그는 이 법에 반대하지 않았지만, 법무관 자격으로 법을 시행해야 할 때가 되자 이 법에 카이사르 이름이 들어 있다는 점을 입에 담지 않는 식으로 저항했다. [30]

카이사르는 5월에 폼페이우스의 동방 처리 방안을 비준하는 세 번째 주요 법 제정을 추진했다. [31] 이 법안은 소아시아 여러 지역에 대한 로마의 속주 통치 구조를 상당히 바꾸고, 시리아에 로마 속주를 세우며, 친로마 독립국들의 소아시아와 유대 지역 통치권을 승인하는 내용이다. 카이사르의 법은 폼페이우스가 동방의 피보호인들과 맺은 복잡한 관계를 승인함으로써, 폼페이우스가 공화국에서 가장 영향력 있는 인물로 지위를 확고히 하게 해줬다. 게다가 폼페이우스가 동방 원정을 통해 쌓은 막대한 개인적 재산도 인정해줬다.

이 법은 공화국이 상당한 세원을 확보하게 했고, 카이사르는 이 세원을 활용해 이탈리아에 있는 공공 토지에 더 많은 로마인을 정착시키기로 했다. 카이사르의 초기 토지 개혁 대상에서 빠졌던 캄파니아의 비옥한 공공 토지는 자녀를 셋 이상 둔 로마인 가정에 분배됐으며, 분배 시기는 동방 처리 방안의 승인 시기와 거의 같았다. 이는 캄파니아 땅 분배로 잃게 될 임대료 수입을 동방에서 들어오는 세금으로 메우는, 영리한 행동이었다. [32] 그리고 이 법 덕분에 캄파니아에 새 농장을 확보해 정착한 로마인들한테서 법 제정 공로를 전적으로 인정받은 건 말할 것도 없다.

5월 또는 6월 초가 되자, 카이사르는 법 제정 덕분에 얻은 인기를 이용하려고 움직였다. 카이사르와 가장 긴밀하게 협력했던 호민관 바티아누스가 카이사르에게 집정관 임기 종료 뒤 갈리아 치살피나와 일리리쿰 지역의 군사 지휘권을 주는 법안을 발의했다. 법안에는 3개 군단 지휘권과 보좌관 임명 권한이 담겼다. [33] 이 법은 카토와 그의 동맹 세력이 폼페이우스, 크라수스, 카이사르의 야심을 저지하려고 짠 방해용 그물망이 최종적으로 찢겨 나갔음을 뜻했다. 이제 카이사르는 이탈리아 숲과 목초지 오솔길에 대한 지휘권이라는 의미 없는 권한 대신 이탈리아 북쪽의 속주 두 곳을 장악하게 됐다. 이어 그해 말 폼페이우스는 원로원에서 국경 지역인 갈리아 트란살피나를 카이사르 지휘 지역으로 추가하고 그가 이끌 군단을 하나 더 편성하는 내용의 법안을 발의했다. 이 발의는 아마도 갈리아의 헬베티족이 로마 영토로 이동하고 있다는 소식에 자극 받은 것 같다. 이 조처로 카이사르는 갈리아 지역 속주 두 곳을 통합 지휘할 권한을 얻었다. 이 움직임은 로마 국경 너머에서 벌어질 군사 작전을 명확히 예상한 것이었다. 하지만 기원전 58년 초 카이사르가 갈리아로 출발할 당시에는 누구도 카이사르가 실제로 전개할 군사 작전의 규모와 범위를 상상하지 못했다.

카이사르는 단 몇 달 만에 기원전 60년대 후반 로마 정치 생활을 지체시킨 원로원의 교착 상태를 돌파했다. 이를 통해 그는 많은 성과를 이뤘다. 그는 폼페이우스 휘하에서 전쟁을 치른 군인들과 땅이 없는 로마인들에게 토지를 분배했다. 또 동방 전반에 걸친 로마의 피보호 왕국들의 정치적 재편과 함께 폼페이우스의 소아시아와 시리아 영토 병합을 합법화했다. 그는 크라수스의 동맹 세력인 기사 계급을 위해 아시아 조세 징수 계약 재협상도 성사시켰다. 가장 중요하게는, 대규모 군대를 거느리고 상당한 재량권도 발휘할 갈리아 지역 지휘권을 챙김으로써 자신의 경력에서 화려한 다음 단계를 준비했다. 카이사르는 막강한 개인적 인맥, 능숙한 정치적 책략, 방해나 저지 시도를 폭력으로 대응하겠다는 위협을 적절히 섞어서 이 모두를 이뤘다. 야심 찬 로마인들은 이 교훈을 빠르게 습득했다. 카이사르가 갈리아로 떠날 무렵 로마에서 다시 정치적 혼란이 시작됐다. 이번 혼란은 카이사르가 보여준 전례와 그가 집정관 시절 저지른 몇 가지 오판 중 하나가 원인이었다.

푸블리우스 클로디우스 풀케르가 폭풍의 중심에 있던 인물이다. 클로디우스는 카이사르의 집에서 열린 남성 금지 종교 행사인 '보나 데아 여신' 행사에 여장을 하고 참가했다가 발각돼 악명이 높았다. 카이사르는 간통 혐의로 아내와 이혼하기로 결심한 상태였지만, 이 사건에 연루된 클로디우스를 용서했다. 하지만 다른 원로원 의원들은 클로디우스에 대한 재판 당시는 물론 그 이후에도 그를 비난했다. 키케로보다 이 상황을 더 즐긴 인물은 없다. 키케로는 클로디우스를 맹렬히 공격했을 뿐 아니라 자신이 원로원에서 말로써 클로디우스를 어떻게 죽였는지 친구들에게 즐겨 떠벌였다. 키케로로서는 불행하게도, 이 사건은 연설가가 자신의 중요성과 말의 실질적인 힘을 극적으로 과대평가한 또 다른 사례였다. 클로디우스의 상황은 파멸과 거리가 멀었다. 도리어 그는 활력을 되찾고 복수의 열정으로 가득 찼다. [34]

클로디우스는 집정관의 아들이자 유명 귀족 가문 출신이지만, '보나 데아' 추문의 악명 때문에 아버지와 할아버지가 누린 정치 경력에 버금가는 경력을 쌓기 쉽지 않음을 깨달았다. [35] 그러나 클로디우스에게는 다른 선택지가 있었다. 크라수스가 그의 무죄 선고를 위해 배심원들을 매수하기로 결심할 만큼 두 사람은 아주 가까웠다. 카이사르도 클로디우스에게 계속 적개심을 품지는 않았다. 클로디우스에게는 개인적 카리스마가 있었고 그가 세운 목표를 위해 폭력을 동원할 의지가 있는 지지자들도 빠르게 늘려 갔다. 클로디우스는 명문 귀족 가문의 후손에서 평민들을 선동하는 호민관으로 변신할 터였다.

유일한 문제는 클로디우스가 귀족이어서 호민관 출마 자격이 없다는 것이었다. 그래서 그는 기원전 59년에 평민인 P. 폰테이우스의 양자가 되기로 했다. 이는 터무니없지만 아주 공개적으로 이뤄졌다. 클로디우스의 새 아버지 폰테이우스는 심지어 클로디우스보다 나이가 어렸다. 클로디우스는 새 가족의 성을 따르는 로마의 관습까지 어겼다. 그는 귀족 가문의 성 클라우디우스를 평민 느낌이 나는 클로디우스로 바꿨다. 이어 로마 법 규정에 따라 사제들의 입양 승인 작업에 착수했다. [36]

이 과정에서 카이사르는 집정관 시절 최대의 정치적 실수를 저질렀다. 카이사르의 집정관 활동이 가장 활발했던 임기 초반인 기원전 59년 3월에 과거 키케로의 동료 집정관이었던 안토니우스가 재판에 회부됐다. 키케로는 카틸리나 위기 때 그가 자신을 도와준 것 때문에 의무감을 느껴 변호를 맡았다. 키케로는 법정 발언 중 흥분해서 카이사르와 그의 동맹 세력이 폭력과 협박을 구사해 로마 정치를 지배하는 데 이용했다며 맹렬히 비판했다. [37] 카이사르는 평소와 달리 성급하게 행동했다. 그는 보통 누군가가 불쾌한 행동을 할 때 직접 대응을 피해 왔다. 종종 용서하기도 했고, 보복이 필요하다고 느끼면 중재자에게 힘을 실어줘 상대가 또 공격할 능력을 억제하는 식으로 대응했다. 그러나 이 사건에서는 카이사르와 폼페이우스 두 사람 모두 과잉되게 행동했다. 이는 아마도 카이사르가 집정관 임기 초반의 어려움 때문에 지친 데다가 폼페이우스 암살 음모 소문까지 돌았고 이 소문에 키케로도 거론된 때문인 듯하다. [38] 키케로가 아침에 집정관을 공격하자, 카이사르는 바로 그날 오후 대제제 자격으로 클로디우스의 입양 처리를 위한 행사를 주재했다. 행사 집전은 복점관 자격으로 폼페이우스가 맡았다. 이 문제는 규정에 따라 정확하게 병사회에 상정되지 않았지만, 카이사르가 주도한 사제단의 승인으로 사실상 클로디우스에게 호민관 입후보 자격이 부여됐다.

카이사르와 폼페이우스는 클로디우스가 '보나 데아' 추문이 터졌을 때 자신을 공격한 웅변가 키케로에게 복수하고 싶어하는 걸 알았다. 두 사람은 키케로가 클로디우스의 호민관 당선 가능성이 두려워 침묵하리라고 보지 않았다. 막상 키케로는 침묵했지만, 폼페이우스와 카이사르는 곧 이 오만한 웅변가의 입을 막기 위해 엄청난 대가를 치렀다는 걸 깨닫게 된다. 클로디우스는 극도의 카리스마를 지닌 데다가 예측할 수 없었고 오직 야망에만 충실했다. 이 때문에 로마의 생활을 상당히 개조하는 법률을 얼마 전 제정했던 사람들로서는 신뢰할 수 없는 동반자이자 잠재적인 골칫거리가 생겼다. 폼페이우스와 카이사르는 클로디우스에게 해외 대사관 파견을 제안함으로써 그가 호민관 선거 운동에서 눈을 돌리게 만들려 했다. 그들은 키케로에게도 로마를 떠나는 방안을 제안했다. 카이사르는 키케로에게 자신의 군대에서 보좌관으로 일하지 않겠냐고 했고, 폼페이우스는 알렉산드리아 대사관으로 가라고 제안했다. 모두 먹히지 않았다. 키케로는 로마를 떠나길 거부했고 클로디우스는 그저 짜증만 냈다. 여름으로 접어들자 클로디우스는 심지어 카이사르와 폼페이우스의 권력을 호민관 선거에서 쟁점화할 수도 있다고 시사했다.

그해 여름 선거에서 클로디우스는 승리했고, 임기를 시작하자마자 인기를 의식한 법안을 잇따라 발의했다. 기원전 58년 1월 4일에 그는 시민들과 원로원 양쪽을 겨냥한 법안 묶음을 발표했다. 시민들을 겨냥한 것은 로마 도시 내 주민들을 위한 무료 곡물 수당을 신설하는 것이었고, 원로원을 겨냥한 것은 인구조사 때마다 원로원 의원 자격을 정하는 관직인 감찰관의 권한을 제한하는 법안이었다. 시민들과 원로원 모두가 만족하면서 법안은 거부당하지 않고 통과됐다. [39] 이어 클로디우스는 키케로를 겨냥하고 나섰다. 그는 시민을 재판 없이 사형에 처한 로마인을 추방하는 법안을 제안했고, 집정관의 지휘 관할 지역을 더 좋은 지역으로 바꾸는 법안도 함께 내놓음으로써 집정관들의 묵인을 꾀했다. 추방 위기에 직면한 키케로는 로마에서 물러났다. 클로디우스는 키케로가 로마를 떠나자 그가 로마에서 640㎞ 이상 떨어진 곳에 머물게 강제하는 법안을 내놨다. 폭도들이 팔라티노에 있는 키케로의 집을 공격하자, 클로디우스는 파괴된 그의 집 건물을 리베르타스 여신(자유를 의인화한 여신)의 신전으로 바꾸게 했다. 이는 자신이 폭정에서 공화정을 구했다는 키케로의 주장을 조롱하는 동시에 그의 집 터를 신성한 공간으로 지정해 집을 재건하지 못하게 하려는 속셈이었다.

무자비하면서도 약삭빠른 클로디우스는 자신이 정한 의제를 추진하는 동안 카이사르와 폼페이우스를 견제하고, 심지어 카토가 균형을 깨지 못하게 하는 방법도 알았다. 당시 갈리아에서 전쟁을 치르던 카이사르에 대해서는,

과거 비불루스가 선포한 투표 금지 조처를 자신이 인정할 경우 카이사르에게 갈리아 지역 지휘권을 부여한 법률과 카이사르가 제정한 모든 법률이 무효가 된다는 점을 내세워 견제했다. 폼페이우스의 경우는 그에 대한 암살 음모 소문과 인기 하락 걱정을 이용해 겁을 줄 수 있었다. 그리고 클로디우스는 카토에게 키프로스 병합 작전 지휘권을 제시함으로써 그의 공직에 대한 헌신 약속과 야망을 이용해 먹었다. 이 모든 일의 배후에는, 민회와 거리에서 위협이 될 강력하고 폭력적인 지지자 조직망을 갖춘 채 움직이는 클로디우스의 놀라운 능력이 숨어 있었다.

클로디우스가 조직화한 정치 폭도의 지도자로 떠오르면서, 기원전 50년대 후반부 거의 내내 로마의 정치 생활이 마비됐다. 클로디우스 지지자들은 머지 않아 그의 경쟁자들이 조직한 폭도들과 맞닥뜨리게 된다. 그 중 가장 주목할 만한 집단은 밀로가 이끈 이들이다. 그가 이끄는 폭력적 지지자들은 클로디우스를 따르는 무리를 효과적으로 견제할 수 있음을 보여줬다. 그러나 밀로는 단순히 클로디우스의 방법을 모방하는 수준을 한참 넘어섰다. 서로 경쟁하는 이 폭도 집단과 그들의 우두머리들은 60년대보다 훨씬 더 치명적인 훼방의 문화를 빠르게 만들어냈다. 카토는 원로원에서 경쟁자들의 정책 주도권을 저지하려고 입법 방해 도구를 사용한 반면, 클로디우스와 밀로는 공화정의 많은 부분을 사실상 멈추기 위해 거리에서 폭력을 썼다.

문제 많은 이 역학 관계가 첫 징후를 보인 때는 기원전 57년 클로디우스파와 밀로파가 충돌하면서 키케로의 귀환을 논의할 평민회와 원로원 회의 개최가 사실상 봉쇄된 때였다. 이 법안은 그해 8월에야 통과됐는데, 이를 통과시킨 곳은 부자들이 더 많은 투표권을 갖는 민회여서 보통은 법안 의결을 하지 않는 병사회였다. 그해가 갈수록 상황은 더 나빠졌다. 클로디우스를 반대하는 사람들은 클로디우스가 출마한 조영관 선거를 지연시키려고 폭력을 썼다. 클로디우스가 조영관이 되어 기소 면제 권한을 얻기 전에 그를 재판에 회부하려는 시도였다. 상황이 너무나 경색되면서 밀로 지지자들은 11월 중순 며칠 동안 집회 공간 구실을 하는 공유지 '캄푸스 마르티우스'를 물리적으로 점거해 클로디우스 쪽이 흉조를 발표하지 못하게 했다. 흉조가 발표되면 공공 업무가 중단될 수 있었다. 그러자 클로디우스 지지자들은 클로디우스의 폭력 문제를 논의하는 원로원 회의를 해산시켰다. [40]

기원전 56년의 상황은 더 나빴다. 클로디우스는 1월에 조영관으로 선출됐다. 그는 그 뒤 밀로를 재판에 회부하고 폼페이우스를 연설로 공격하기 시작했다. 걱정이 깊어진 폼페이우스는 2월에 처음으로 지방의 지지자들을 소환했고 봄이 다가오자 이듬해 집정관 선거에 출마하기로 결심했다. 그는 4월에 토스카나 지역 도시 루카에서 카이사르를 만났고, 카이사르가 크라수스와 맺은 이면 합의에 따라 세 사람은 정치적 동맹 관계를 갱신했다. 그들은 폼페이우스와 크라수스가 이듬해 집정관 선거에 나서기로 합의했다. 또 카이사르에게는, 그가 지난 몇 년 동안 점령한 지역 곧 현재의 프랑스, 벨기에, 스위스, 네덜란드 지역 대부분을 통합할 수 있도록 지휘권을 5년 연장해 주기로 합의했다.

이는 말처럼 쉽지 않았다. 폼페이우스와 크라수스는 카토의 처남 L. 도미티우스 아헤노바르부스와 집정관 선거에서 맞붙었는데, 선거 운동이 폭력으로 얼룩지면서 투표는 해를 넘겨 55년 초까지 실시되지 못했다. 폼페이우스와 크라수스는 카이사르의 군대가 겨울을 이탈리아에서 보내기 위해 돌아온 뒤에야 오래 지연된 선거에서 승리했다. 카이사르가 군대를 동원해 선거에 개입하겠다고 위협하지는 않았지만, 폼페이우스와 크라수스의 동맹이 지휘하는 군대가 주둔해 있는 것만으로도 반대 세력에게 더 이상 방해는 현명하지 못하다는 생각을 심어 줬다. 새로 뽑힌 집정관들은 카이사르의 군 지휘권을 5년 더 연장하고 이 결정을 막으려는 카토의 시도를 저지했다. 기원전 55년 말에 집정관 임기가 끝나자 크라수스는 시리아로 출발했다. 그는 이 지역을 발판 삼아 현재의 파키스탄에서 이라크에 이르는 거대한 왕국인 파르티아 제국을 정복함으로써, 폼페이우스와 카이사르를 넘어설 희망을 품었다. 폼페이우스는 스페인 주둔 군대 지휘권을 받았지만, 지휘권을 부관들에게 위임했다. 대신 그는 로마 상황을 주시하기 위해 로마 외곽에 머무를 터였다.

그 후 발생한 사건들은 폼페이우스의 결정이 현명했음을 입증했다. 기원전 53년 집정관 선거 운동이 폭력과 언쟁으로 지연되면서 투표는 그해 여름에야 실시됐다. 그해 대부분을 집정관 없는 상태로 보낸 것이다. 선거가 너무 늦어진 통에 투표가 실시됐을 때는 이듬해 집정관 선거 운동이 이미 시작된 뒤였다. 5월에는 크라수스가 메소포타미아 북서부 도시 카라이 외곽에서 매복 공격에 당하면서 상황이 더 나빠졌다. 이 지역은 현재의 터키와 시리아 국경에 인접한 곳이다. 크라수스는 대략 3만 명의 병사와 함께 사망했다. 이 사건으로 로마의 동방 국경이 불안해졌다. 카이사르의 딸이자 폼페이우스의 아내 율리아가 숨진 지 몇 달 만에 발생한 이 사건으로 삼두정치도 무너졌다. 카이사르, 폼페이우스, 크라수스의 동맹이 잘 작동한 것은 어느 누구도 다른 두 사람이 가진 자원을 합친 것보다 강하지 않았기 때문이다. 크라수스가 숨지고 카이사르와 폼페이우스를 묶어주던 혼맥이 끊기면서 이제 살아남은 두 사람이 경쟁자가 되는 것을 막을 장치가 없었다.

하지만 두 사람의 경쟁 관계가 곧바로 형성되지는 않았다. 카이사르는 기원전 50년대 후반에 기존 정복지를 통합하고 영국으로 진격하는 한편 라인 강을 넘어 독일로 쳐들어가는 작전을 펼치느라 갈리아에 여전히 머물렀다. 그는 이 와중에 자신의 업적을 축하하는 (또는 독일에서의 작전 실패를 감추기 위한) 연례 논평을 로마로 보냈고, 이를 통해 정복의 규모를 대중이 실감하게 만들었으며 강력하고 감화를 주는 지휘관이라는 기존의 명성을 전반적으로 더 드높였다. 로마 대중에게 카이사르는 실제보다 더 위대하고 더 많은 걸 성취한 인물로 비쳤다. [41]

한편 폼페이우스는 로마를 안정시키는 세력이라는 새 역할을 떠맡게 됐다. 폼페이우스는 이미 기원전 57년에 이 방향으로 작은 걸음을 내딛은 바 있다. 키케로로부터 로마의 곡물 가격 폭등을 통제할 권한을 부여받아, 로마를 안정시킨 것이다. 그러나 폼페이우스가 공화정의 기존 체제를 떠받치는 기둥으로 변모하게 재촉한 진짜 촉매제는 기원전 52년에 나타났다. 포퓰리스트 성향의 경쟁자들인 클로디우스와 밀로는 전해 중반부터 일찌감치 공직 선거 운동을 시작했다. 두 사람 추종자 간 폭력 사태로 기원전 53년 선거는 관례대로 치러지지 못했고, 52년에 접어들자 그들은 투표를 무기 연기하겠다고 위협했다. 기원전 53년의 집정관 임기가 끝나자 집정관 서리가 52년 집정관이 선출될 때까지 임무를 대행했다. 그리고 1월 18일 밀로의 지지자들이 로마 외곽의 아피아 가도에서 여행하던 클로디우스를 우연히 만났다. 이어 실랑이가 벌어졌고, 그들은 클로디우스와 그의 추종자 다수를 죽이고 말았다. 다음 날 열린 클로디우스의 장례식장 상황이 나빠지면서 엄청난 폭동이 벌어졌다. 애도하는 군중이 원로원 건물을 불태우고 밀로의 경쟁자를 즉각 집정관으로 임명하거나 임명이 여의치 않으면 폼페이우스를 독재관으로 선출하라고 공개적으로 요구하기 시작했다. [42]

폭동 후 집정관 서리는 폼페이우스를 기원전 52년의 단독 집정관으로 선출하기 위해 빠르게 움직였다. 이 계획은 모든 정규 정무관은 단독으로 일하지 않고 동료가 있어야 한다는 로마 공화정의 기본 관념을 명백히 깨는 것이었다. 폼페이우스는 이미 클로디우스 사망 이후 폭력을 진정시키기 위해 군대를 동원할 권한을 원로원에서 승인 받은 상태였다. 원로원은 결국 폼페이우스의 단독 집정관 임명도 지지했다. 역사가 아스코니우스는 많은 의원들이 폼페이우스가 독재관으로 권력을 잡는 것보다는 이것이 낫다고 판단해 동의했다고 암시했다. [43]

폼페이우스는 그해 남은 기간 동안 많은 사람이 불가능하다고 여겼음직한 일을 해냈다. 그는 군대의 지원을 받아 도시를 안정시키고, 폭도의 폭력이 정치적 도구로 작동하는 일이 없도록 일련의 개혁에 착수했다. 이 노력의 핵심에는 폭력 가담자 기소를 더 쉽게 하는 법이 있었다. 이 법 때문에 클로디우스의 죽음을 부른 아피아 가도 충돌 연루자 다수가 유죄 판결을 받았다. 폼페이우스는 이어 나머지 기간 동안 자신과 함께 일할 집정관 선출을 주관했고, 스페인 지역의 군대 지휘권도 연장 받았다. 이어 기원전 51년 담당 정무관 선거를 질서 있게 감독해, 1월 1일 임기 시작에 맞춰 취임할 시간 여유를 확보해 줬다.

하지만 폼페이우스의 이런 성과는 그해 불거진 위험한 현실의 일부분을 시아에서 가리는 데 그쳤다. 공화정은 이제 로마의 최고 권력자가 감독자로 나서 군대를 동원할 때만 작동할 수 있었다. 폼페이우스가 물론 독재관처럼 통치하지 않았지만, 공화정 체제는 이제 반복되는 위기에 빠지지 않으려면 독재자의 손이 보여야 하는 상황에 처했다. 당시에는 누구도 인정하려 하지 않았을지언정, 폼페이우스는 공화정이 의지하는 기둥이었다.

이런 현실은 또 하나의 중요한 의미를 담고 있었다. 공화정을 안정시키는 폼페이우스의 역할은 로마에서 그에 대한 인식을 바꾸고 그와 카이사르의 관계도 변화시켰다. 카토와 같은 보수적인 인물들은 여전히 폼페이우스를 결코 믿지 않았지만, 정례 선거 실시와 질서 있는 정무관 교체에 폼페이우스의 역할이 중요하다는 건 잘 알았다. 폼페이우스가 보호한 공화정에서는 집정관, 법무관, 조영관, 검찰관을 계속 뽑을 수 있었고, 원로원 의원들이 명예를 누릴 수 있었으며, 지도자들은 조상들이 사용하던 지표로 자신들의 업적을 측정할 수 있었다.

카이사르는 로마인들에게 이런 확신을 주지 못했다. 그는 기원전 53~52년 겨울 어느 시점에 자신의 정치 경력에서 다음 단계를 탐색할 행동에 처음 착수했다. 그는 아직 갈리아 지역 담당 사령관 임기가 2년이나 남았지만, 로마로 돌아오지 않고도 집정관 선거에 궐석 출마할 법적 승인을 받았다. [44] 카이사르가 승인을 받으려 했을 때 무엇을 계획했는지와 상관없이 갈리아 상황이 개입하게 된다. 기원전 52년에 대규모 반란이 일어났다. 비록 알레시아 요새 점령으로 대부분의 위험이 제거됐지만 소탕 작전은 51년 담당 집정관 선거 기간까지 이어졌다. 카이사르는 그때까지 폼페이우스를 뺀 그 어느 로마 사령관보다 더 많은 땅을 정복했지만, 갈리아 전쟁을 확실히 마무리해 업적을 독차지하고 싶어했다.

이는 카이사르가 기원전 51년 말까지 갈리아에 머물고 싶어 했다는 뜻이고, 어쩌면 다음해까지도 계속 작전을 이끌고 싶어 할 수도 있다는 뜻이었다. 하지만 문제는 51년 담당 집정관들이 카이사르에게 노골적으로 적대감을 드러내고, 임기 중에 카이사르의 지휘권을 다음해인 50년 3월에 종료시켜야 한다고 제안했다는 점이다. 폼페이우스는 지휘권 종료 날짜를 못박는데 반대했지만, 카이사르의 갈리아 지휘권을 언제 어떻게 종료시킬지를 둘러싼 논의는 집정관 선거가 끝날 때까지 이어졌다. 사실상 카이사르는 아무 직책도 맡지 못한 채 로마로 돌아와야 할 처지가 됐다.

기원전 51년 9월 하순에 이르자, 이 문제가 더욱 급박해졌다. 원로원은 카이사르의 지휘권 문제를 둘러싸고 격론을 벌였다. 이 토론에서는 일부 군인들을 제대시키고 갈리아 트란살피나를 이듬해인 50년 담당 집정관 중 한 명에게 할당하자는 제안이 검토됐다. 폼페이우스는 관련 회의에 출석해 카이사르가 맡고 있는 속주를 누구에게 넘길지는 이듬해 3월 1일 이후에 논의하자는 의견을 지지했다. 그는 카이사르가 갈리아 군대를 이끌면서 집정관을 맡아도 되느냐는 질문이 나오자, 그런 일은 상상할 수 없다며 이렇게 답했다. "내 아들이 나를 몽둥이로 치고 싶어하면 어떻겠는가?" 이 발언은 큰 반향을 불렀다. 카이사르가 폼페이우스보다 열등하고, 로마를 이끄는 시민인 자신의 희망을 거스를 엄두를 내지 않을 것이며, 만약 거스른다면 폼페이우스 자신이 쉽게 그의 도전을 물리칠 수 있다고 암시했기 때문이다. 폼페이우스는 카이사르가 자신에게 반기를 드는, 가능성 희박한 사태가 발생하면 공화정의 안정을 지킬 행동에 나설 것임을 원로원 의원들에게 다시 한 번 암묵적으로 확인해준 것이다. [45]

폼페이우스가 카이사르의 지휘권이라는 집단의 문제를 자기 개인 문제로 만든 것은 지난 몇 년 동안 로마 정치가 어떻게 변했는지 가장 두드러지게 보여주는 증거다. 광범한 정치적 합의 도출을 위해 협력하는 엘리트 집단이 통치하던 로마 공화정이 이제 강력한 개인 두 명이 정치 역학을 형성하는 체제로 바뀌었다고 인식한 이가 폼페이우스만은 아니었다. 다른 이들도 이 점을 이해했다. 그들은 이 두 사람 사이의 긴장이 고조되는 걸 이용해 얻을 잠재적 이익을 파악했다. 호민관 가이우스 쿠리오가 가장 앞서 나갔다. 쿠리오는 카이사르에 저항하겠다고 공약하고 선거에서 이긴 게 분명하다. 그런데 그는 카이사르가 캄파니아에서 실시한 토지 개혁 일부를 철회하는 조처를 취하고도 기대보다 주목받지 못하자, "카이사르를 대변하기 시작했다." 그리고 카이사르의 정치적 입지를 돕는 주장들을 옹호했다. 기원전 60년대의 호민관들이 폼페이우스에게 유리한 법안을 제안해 그와의 관계 구축을 적극 시도한 것처럼, 쿠리오의 태도 변화도 카이사르가 직접 개입한 결과는 아니었던 것 같다. 쿠리오의 행동은, 공화국의 거물들 중 한 명의 옆자리를 개척하면 로마에서 주목받게 된다는 점에 주목한, 한 정치적 야심가의 기회주의적 행동이었다. [46]

기원전 50년대 중반에 이르자, 쿠리오는 카이사르와 폼페이우스에게 휘하의 군대를 해산하라고 요구하기 시작했다. 폼페이우스의 지휘권은 아직 몇 년 더 남아 있었기 때문에 이는 완전히 터무니없는 요구였다. 그러나 많은 로마인들은 공화국이 무력 충돌을 피하게 해 줄 동시 무장 해제 제안에 환호했다. 물론 카이사르는 폼페이우스와 자신을 동등한 위치에 놓는 이 조처를 특히 환영했다. 하지만 폼페이우스는 양보를 거부했다. 그는 대신 카이사르의 지휘권을 기원전 50년 11월에 종료하는 일종의 타협안을 제안했다. 이 날짜는 카이사르가 여름 동안 궐석 상태에서 집정관 선거에 출마하고 집정관 취임 직전까지 군대를 계속 통제할 수 있다는 의미였다. 이는 표면적으로는 합리적으로 보였다. 그러나 선거가 정기적으로 연기되는 상황에서 집정관 선거가 그해 여름에 실제로 실시될지는 누구도 장담할 수 없었다. 그래서 카이사르는 이 날짜를 거부했고 집정관 후보로 나서지도 않았다. 이는 자신이 군대를 해산한 뒤로 선거가 연기될 거라는 걱정 때문이었고 이렇게 생각할 몇 가지 이유도 있었다. 이렇게 되면, 그는 관직이나 군 지휘권이 없는 탓에 기소될 위험에 노출될 수 있다. 게다가 군대의 보호를 받지 못하면 암살을 당할 잠재적 위험도 감수해야 한다. [47]

기원전 50년의 마지막 원로원 회의는 공화국이 카이사르와 폼페이우스의 개인적 갈등을 막을 능력이 없음을 보여줬다. 원로원은 세 가지 결의안을 표결에 부쳤다. 폼페이우스에게만 군대 해산을 요구하는 안은 부결됐다. 카이사르에게만 지휘권 포기를 요구하는 안은 가결됐다. 쿠리오가 그해에 앞서 제기한 요구를 반영해 두 사람 모두에게 군대 해산을 요구하는 안도 370 대 22로 승인됐다. [48] 원로원과 로마인들은 두 사람이 분쟁에서 물러나기를 바랐다. 폼페이우스는 이를 거부하고 이탈리아에 주둔하던 군대 통제에 나섬으로써 타협의 희망을 꺾었다.

원로원과 로마인들은 자신들이 원치 않는 전쟁을 폼페이우스가 준비하는 동안 끌려 다녔다. 기원전 49년 담당 집정관 당선자들은 갈리아와 일리리쿰에서 카이사르를 이을 후임자를 임명하라고 원로원을 압박했다. 카이사르에게 충성하는 호민관들이 카이사르의 군대 지휘권을 계속 유지하기 위해 이에 거부권을 행사하려 하자, 원로원은 긴급 포고령을 통과시켰다. 호민관들은 자신들의 안전을 걱정하며 카이사르에게로 도망쳤다. 이렇듯, 공화정을 마비시킨 카토 주도의 정치적 교착 상태를 카이사르가 깨뜨리면서 시작된 10년은 두 지도자가 내전으로 치닫는 동안 공화국이 저항하지도 못할 만큼 허약해진 채 끝을 맺게 됐다. 공화정 체제는 더 이상 개인을 제약하지 않았다. 이제 로마의 정치 생활은 로마와 로마 제국의 자원을 완전히 장악해 명예와 권력을 다투는 개인들의 투쟁으로 점철됐다. 그리고 술라 이후 처음으로 이 투쟁은 한쪽이 죽을 때까지 이어질 싸움임이 분명했다. 패자의 생명이나 재산을 보호할 제도는 존재하지 않았다. 공화정에서 제국으로 향하는 마지막 행진이 시작됐다.

ROMAN
RE

PUBLIC

10장 카이사르 공화국의 탄생과 멸망

로마 공화정을 끝장내는 전쟁은, 물리적으로는 중요하지 않은 강을 건너는 정치적으로 중차대한 사건으로 시작됐다. 기원전 49년 1월 10일 즈음 카이사르는 군대를 이끌고 루비콘강을 건넜다. 병참 측면에서는 대단한 성과가 아니었다. 현재 루비콘강은 폭이 너무 좁아서, 하구에서도 사람이 강을 뛰어넘을 수 있을 정도다. 하지만 당시에는 군대를 이끌고 루비콘강을 건너는 것에 엄청난 정치적 의미가 있었다. 이 강은 이탈리아와 갈리아 치살피나의 정치적 경계였고, 카이사르는 이 강을 넘음으로써 공화국에 대한 공개 반란에 나섰다. 이를 계기로 폼페이우스와의 갈등을 평화적으로 해결할 기회를 사실상 배제했다.

그렇다고 해도, 카이사르가 그 전해의 상당 기간 동안 이를 위한 군사적, 정치적 준비 작업을 꼼꼼하게 했다는 사실이 가려져서는 안된다. 몇 년 뒤에 공개된 카이사르의 기원전 50년 사건 관련 전쟁 논평은 갈리아 전쟁 종료와 내전의 시작을 연결하는 부분으로 끝난다. 이 부분을 보면, 카이사르가 갈리아 전쟁 막판에 한 행동이 다가올 전쟁 준비와 어떻게 조화를 이루는지 알 수 있다. 로마인 대부분이 여전히 카이사르와 원로원의 갈등이 평화롭게 해결되기를 바랐고 카이사르는 아직 벨기에에 머물던 기원전 50년 처음 몇 달 동안, 카이사르는 최근 정복한 영토 관리를 책임지는 갈리아 족장들에게 관대한 선물을 주면서 정복지를 확고히 지키려 했다. 이들의 지지를 굳힌 카이사르는 군인과 장교 대부분을 현지에 남겨두고 남쪽의 갈리아 치살피나로 이동했다. 이 지역은 그가 이미 현지인들과 관계를 돈독히 해둔 곳이었다. 표면적으로는 카이사르가 자신의 부관인 검찰관 마르쿠스 안토니우스 선거 운동을 지원하기 위해서였다. 안토니우스는 공석인 사제직 선거에 나선 상태였다. 하지만 카이사르가 이 지역에 도착하기도 전에 안토니우스가 당선되면서 이 허약한 구실마저 사라졌다. 이렇게 되자 카이사르는 이 여행을 안토니우스를 지지해준 유권자들에게 감사를 표하기 위한 여행, 아니면 향후 기원전 48년 담당 집정관 선거 출마 계획을 위한 지지 확보용 여행으로 재구성했다. 하지만 실제로 카이사르의 방문은 주민들에게 자신의 갈리아 통합 업적을 상기시키기 위해 신중하게 조율된 것이었다. 이 지역 마을 전체가 카이사르를 맞으러 나왔고, 그의 도착을 기념하기 위한 제사가 거행됐으며, 지역 공동체는 마치 축제 기간의 연회를 준비하듯 시장과 신전에 잔치용 긴 의자를 설치했다. [1]

그 뒤 카이사르는 군대로 복귀했다. 군대가 있던 장소는 현재의 프랑스 북부 도시 릴에서 멀지 않은 곳이었다. 그는 이 군대를 현재 서부 독일 지역에 있던 군대로 보강했고, 이들을 꾸준히 남쪽으로 이동시켰다. 이 남하 움직임은 로마에서 카이사르의 동맹 세력인 호민관 쿠리오가 카이사르와 폼페이우스의 동시 무장 해제를 요구하기 시작한 시점에 이뤄졌다. 카이사르의 지지자들은 쿠리오의 요구를 "자유가 있고 자체 법에 따르는 국가"를 확립하려는 행동으로 규정했다. "폼페이우스의 무력 지배dominatio가 (로마의 토론 공간) 포럼에 작지 않은 공포를 조성했기" 때문이라는 것이 그들의 논리였다. [2] 쿠리오가 보호 필요성을 제기한 자유를 폼페이우스 그리고 그를 지지하는 원로원 세력의 무력에 의한 로마 지배와 대비시킨 것은, 절실한 느낌을 주는 '로마 공화주의' 개념에 호소한 것이었다. 카이사르에 맞섰던 키케로는 언젠가 "우리 모두는 자유로워지려고 복종하는, 법의 노예다."라고 썼다. 이 말은 모두의 이익을 위해 집단적으로 정한 규칙의 통치를 받는 로마인 전체에 의존하는 체제라는 공화정의 일반 원칙을 간결하게 표현했다. [3] 쿠리오는 폼페이우스가 오직 자기 자신과 동맹 세력의 이익을 위해 다른 모든 로마인을 힘으로 억압할 의지가 있는 파벌의 우두머리라고 암시했다. [4] 이런 사고 구조에 따르자면, 폼페이우스가 계속 스페인 주둔 군대를 지휘하면 로마의 자유가 위협받게 된다.

기원전 50년 중반부터 49년 1월 카이사르가 루비콘강을 건널 때까지 일어난 사건 대다수는, 폼페이우스가 카이사르의 힘 제거를 목표로 하는 무장 파벌을 이끌고 있다는 주장에 신빙성을 더했다. 카이사르의 관점에서는, 그해 여름에 한계가 드러났다. 이 때는 원로원이 파르티아 제국에 대한 군사 작전을 위해 갈리아에 있던 카이사르 휘하의 군단 하나와 폼페이우스 휘하에 배치될 예정이던 군단 하나를 소환한 시기다. 카이사르는 명령대로 군단을 보냈지만, 폼페이우스는 자신에게 충성하는 군대 대신 갈리아 원정을 위해 카이사르에게 빌려준 군단을 소환 대상으로 지정했다. 그래서 실제로는 카이사르가 휘하의 두 개 군단을 잃었고 폼페이우스는 한 군단도 잃지 않았다. 이 두 군단은 이탈리아 도착 뒤 동방으로 파견되지 않았다. 대신 이탈리아에 머물다가 기원전 50년 12월에 폼페이우스에게 배속됐다. 이 조처로 폼페이우스는 스페인과 이탈리아에 주둔한 군대를 통제할 수 있게 됐다. [5]

폼페이우스와 그의 동맹 세력은 기원전 49년 1월 초에 다시 카이사르에게 걱정거리를 안겼다. 카토, 새 집정관 렌툴루스, 그리고 카이사르의 오랜 정적들이, 카이사르의 지휘권 박탈 관련 논쟁을 막으려던 카이사르 쪽 호민관들의 거부권 행사를 저지하고 나선 것이다. 카토와 그의 동료들은 정치적 냉소주의라는 독특한 재능을 다시 한 번 보여줬다. 그들은 공화정이 제대로 작동하는 데 필요한 권력 견제는 존중하지 않으면서도 공화정 보호를 내세 웠다. 공화정의 선례가 깨지자 겁을 먹은 호민관들은 카이사르에게 도망쳤다. 그러자 원로원은 "집정관, 법무관, 호민관, 그리고 도시 근처의 모든 지방 총독들은 공화정에 해가 가지 않도록 보장할 것"을 선언했다. 이는 가이우스 그라쿠스 살해 사건 이후 공화정에 위협이 된다고 판단되는 로마인에게 치명적 폭력을 사용하도록 허가하는 비상사태 선포의 공식이다. [6] 카이사르는 이제 사실상 공공의 적이 된 셈이다.

원로원과 집정관들은 카이사르에게 충성하는 호민관들을 내쫓고 카이사르에 맞설 군대의 지휘권을 폼페이우스에게 줬다. 이 조처는 폼페이우스와 원로원 내 일부 파벌이 카이사르에 대한 음모를 꾸미고 있다는 카이사르의 주장을 뒷받침하는 것 같았다. 그들 모두가 (로마법과 민의에 반해) 호민관들의 거부권 행사를 막았고, 이는 카이사르가 폼페이우스와 "같은 수준의 위엄을 얻는 걸" 막기 위함이었다는 주장이 설득력을 얻게 됐다. 카이사르의 군대, 그의 갈리아 내 피보호민들, 이탈리아 내 지지자들은 카이사르가 극명한 선택의 기로에 있음을 잘 알았다. 로마로 진격할 것인가, 아니면 폼페이우스가 갈리아에서 카이사르를 죽음으로 내몰 만큼 막강한 군대를 구축할 때까지 기다릴 것인가의 선택뿐이었다. 그리고 카이사르의 정세 분석을 믿는다면 로마의 자유는 카이사르와 함께 살거나 죽을 상황이었다. [7]

카이사르와 폼페이우스의 투쟁에는 개인적인 요소와 정치적인 요소가 섞여 있었다. 폼페이우스의 우월감에서 비롯된 겸손 그리고 카이사르가 갈리아에서 이룬 업적의 범위가 자신이 동방에서 이룬 것과 비슷하다는 걸 인정하지 않으려는 태도는, 자존심 강한 사령관 카이사르를 자극했다. 게다가 카이사르는, 폼페이우스 쪽 세력이 군대를 빼앗고 자신의 공직 출마를 저지함으로써, 결국 카이사르가 공공의 적으로 선포되기 전에 호민관들이 도망갈 수밖에 없게 한 것은 그들이 수호한다는 공화정의 모든 규범을 심각하게 위반했다고 봤다. 그러나 폼페이우스와 그의 지지자들이 보기에, 카이사르는 국가에서 유명해지는 데 필요한 것이라면 무엇이든 할 만큼 야심이 과한 인물이었다. 폼페이우스는 이를 로마 내 자신의 개인적 입지를 위협하는 걸로 봤다. 그리고 그와 그의 동맹 세력들은 자신들이 무슨 조처를 하든 상관없이 카이사르는 통상의 정치 경력을 추구하지 않을 것이고 공화정 제도의 제약도 존중하지 않을 것이라고 판단했다.

양측 모두 전쟁을 원할 만한 이유가 있었지만, 내전 초기에는 카이사르의 승리 가능성이 극히 희박해 보였다는 점을 이해해야 한다. 폼페이우스는 스페인과 이탈리아에 주둔한 군대를 지휘하고 있을 뿐 아니라 지난 30년 대부분을 지중해 전역에서 피보호인들과 지지자 네트워크를 구축하며 지냈다. 여기에는 기원전 60년대 후반에 소아시아 및 근동 지역에서 그가 지배권을 인정해준 피보호 군주들, 60년대 중반 소아시아 연안에 정착한 해적 출신자들, 70년대에 세르토리아와 전쟁을 벌인 이후 관계를 구축하고 유지해 온 스페인 사람들, 80년대 자신이 술라를 지원하기 위해 처음으로 구성한 군대에 참여한 고향 사람들 곧 피케눔 주변의 이탈리아인들도 망라하고 있었다. 게다가 이제 폼페이우스는 원로원의 공식 지원과 원로원을 이끄는 의원 대부분의 적극적인 지지를 받고 있었다. 원로원은 이런 이점을 주목하면서 폼페이우스에게 이탈리아에서 카이사르와 대결할 13만 명 규모의 새 군대 편성 임무를 맡겼다. 그는 과거 참전 군인들을 소집하고, 가능한 한 많은 병력을 모집하기 위해 이탈리아 지역 사회와의 유대 관계를 활용하며, 카이사르가 진격해 오더라도 충분히 격파할 만큼 규모가 큰 군대를 구축해야 했다.

원로원이 새 군대 구성을 의결한 바로 그 주에 카이사르가 이탈리아로 진격할 것을 예상한 이는 없었다. 카이사르는 전략적으로 크게 불리하다는 점을 인식했지만, 폼페이우스와 원로원이 즉각 대응할 수 없는 자신만의 두 가지 장점도 잘 알았다. 첫 번째 장점은 지휘권의 특성에서 비롯된 것이다. 카이사르 휘하에는 10개 군단뿐이었지만 경험이 풍부하고 잘 훈련된 정예 부대였으며, 카이사르의 지도력에 깊은 감명을 받아 충성심이 강했다. [8]

카이사르는 빠르게 움직이는 능력도 있었다. 규모 면에서는 폼페이우스의 군대가 월등했지만, 원로원이 이탈리아에서 모으라고 명령한 13만 명의 병력은 아직 소집되지 않은 상태였다. 1월 10일에 폼페이우스가 이탈리아에 보유하던 병력은 전해 원로원의 명령에 따라 카이사르가 보내준 두 개 군단 뿐이었다. 카이사르가 이탈리아로 빠르게 진격하면, 폼페이우스는 그에 맞서 이탈리아 반도에서 동원할 추가 병력이 없었다.

카이사르가 1월 10일 휘하의 10개의 군단 중 3개 군단만 이끌고 루비콘 강을 건넌 것도 이 때문이다. 나머지 7개 군단은 스페인의 폼페이우스 군대가 후방에서 공격할 때를 대비해 갈리아에 남았다. 카이사르는 강을 건너기 전에 소규모 병력을 먼저 보내 이탈리아 쪽 국경에 있는 첫 번째 마을인 아르미니움을 점령했다. 카이사르는 10일 동트자마자 직접 아르미니움으로 들어갔고, 이탈리아 북부의 다른 마을 점령을 위해 군대를 신속하게 보냈다. [9] 카이사르의 군대가 계속 남쪽으로 이동하자 로마에 공포가 퍼졌다. 폼페이우스는 도시를 탈출하면서 주변 지역에서 징집을 중단시켰다. 그는 먼저 카푸아로 이동한 뒤 이탈리아 남부의 아풀리아로 갔고, 집정관들과 원로원 의원 대부분을 이끌고 마침내 그리스로 건너갔다. 그가 모으려던 13만 명의 군대는 결국 모으지 못했다. [10]

동방의 친구들과 피보호민들 근처로 간 폼페이우스의 결정은 전략 면에서는 타당했지만 뚜렷한 단점도 있었다. 폼페이우스는 로마를 너무 빨리 포기함으로써 싸움도 하지 않은 채 카이사르에게 세계 최대 도시와 국고를 내주었다. 카이사르는 자신은 마리우스나 술라가 했던 것처럼 적대 세력을 다루지 않을 것이라는 말로 두려움에 떠는 도시를 안심시켰다. 그는 적들을 죽이는 대신 사면하고, 그들이 두려움에 떨거나 재산을 빼앗기지 않은 채 이탈리아에 머물거나 원하는 곳 어디든 무사히 갈 수 있게 허용하겠다고 했다. 카이사르의 지지자들은 카이사르가 관용을 보인 증거로 카이사르의 갈리아 지휘권을 넘겨받도록 원로원이 총독으로 파견했던 루키우스 도미티우스 아헤노바르부스에 대한 처분을 거론했다. 아헤노바르부스는 카이사르가 이탈리아로 진격할 때 홀로 꽤 저항했지만 폼페이우스가 지원을 해 주지 못하자 체포됐다. 그런데 카이사르는 그를 처벌 없이 풀어 줬다. [11] 이런 조처는 자신이 폭군이 아니며 자비로운 인물인데 폼페이우스, 카토, 그리고 권력에 굶주린 원로원 파당에게 부당한 취급을 당했다는 카이사르의 주장을 더욱 강화시켰다.

폼페이우스는 이탈리아를 탈출해 카이사르에게 정치적 승리를 안겼을 뿐 아니라 중부 지중해의 군사적 주도권도 대부분 넘겨주고 말았다. 카이사르는 수도의 식량 공급원 확충을 위해 재빨리 사르디니아, 코르시카, 시칠리아를 통제할 지방 총독을 파견했다. 시칠리아 방어 임무를 맡았던 카토는 피할 수 없는 상황에 굴복해 싸우지도 않고 섬을 내준 뒤 폼페이우스에게 합류하려 퇴각했다. 사르디니아와 코르시카도 금방 카이사르에게 넘어갔다. 폼페이우스의 동맹 세력은 북아프리카를 유지했지만, 기원전 49년 봄이 되자 카이사르는 이탈리아와 주변 섬들을 확보했다. [12]

카이사르에게는 아직 이탈리아 남부, 동부, 서부에 배치된 폼페이우스 군대 문제가 있었다. 카이사르는 곧바로 그리스에 있는 폼페이우스를 추격하는 대신 스페인에 있는 폼페이우스 군대를 공격하기로 결정했다. 그는 군대를 이끌고 이탈리아 북쪽을 거쳐 한 달도 채 지나지 않아 스페인에 도착해서는 폼페이우스의 보좌관들을 격퇴시켰다. 그는 포로로 잡힌 그들을 다시 사면했다. 그들이 무사히 풀려난 후, 카이사르는 병사들과 장교들에게 그들이 받은 처분을 폼페이우스와 동방에 결집한 폼페이우스 휘하 군대에 전하라고 했다. [13] 카이사르가 12월 로마로 돌아왔을 때는 아드리아해 서쪽 유럽의 로마 영토 모두가 그의 손에 들어와 있었다. 더 중요한 점은, 그가 공개적으로 보여준 관용 조처 때문에 카이사르를 새로운 술라로 규정한 폼페이우스와 그의 지지자들의 주장이 신뢰를 얻을 수 없게 됐다는 사실이다.

이 덕분에 카이사르는 다음 행보를 위한 정치적 보호막을 얻었다. 카이사르는 로마로 돌아와 독재관으로 임명됐는데, 임명 작업은 집정관들이 폼페이우스 진영으로 피신한 탓에 법무관 레피두스가 처리했다. 카이사르는 11일 동안 독재관으로 있으면서 기원전 48년 담당 집정관 선거를 주재했다. 그는 이 선거에 직접 출마해 당선됐으며, 자신에게 충성하는 동료 집정관과 함께 업무를 수행했다. 카이사르는 새해가 오기 전 군대를 이끌고 로마를 떠나 브룬디시움 항구로 향했다. 이 항구에서는 아드리아 해협을 건너 그리스로 갈 수 있다. 폼페이우스는 카이사르가 배 부족 때문에 군대를 그리스에 상륙시키지 못할 것으로 판단한 채 기원전 49~48년 겨울에 꼼꼼하게 병력을 모았다. 그러나 카이사르는 또다시 놀라움을 안겼다. 폼페이우스는 기원전 59년에 카이사르와 함께 집정관직을 수행했던 비불루스에게 자기 휘하의 배 600척을 지휘해 카이사르가 바다 건너로 군대를 보내는 걸 막게 했다. 하지만 카이사르는 기원전 48년 1월 4일 작은 배를 이용해 군대 일부를 브룬디시움에서 지금의 알바니아 남부로 이동시켰다. 이어서 나머지 군대를 싣고 바다를 건넜으며 비불루스가 가로챈 배는 일부에 불과했다.

카이사르는 폼페이우스를 따라잡았지만 그의 군대는 여전히 수적으로 크게 열세였다. 폼페이우스는 병력이 더 많았을 뿐 아니라 최소 200명의 로마 원로원 의원과 로마 군대에 대한 일종의 명령권을 지닌 지휘관들을 거느리고 있었다. [14] 폼페이우스의 대규모 군대, 원로원 의원, 저명 인사의 연합은 기본적으로 카이사르에 대한 증오로 뭉쳐 있었다. 그리고 폼페이우스는 7월 7일 디라키움 외곽에서 카이사르에게 큰 패배를 안긴 뒤 경쟁자를 최종적으로 끝장낼 계획을 세웠다. 폼페이우스는 카이사르가 남쪽 방향인 그리스 중부 테살리아로 후퇴했지만 그의 군대가 아직 무너지지 않았음을 잘 알았다. 다만 군인들의 사기는 계속 떨어졌다. 디라키움 전투가 끝나자 카이사르 휘하 군대 일부가 반란을 일으켰다. 폼페이우스는 군대가 굶주림과 보급품 부족에 부닥치면 결국 카이사르에게 반항하고 항복할 것이라고 믿었다.

이 전략은 성공할 여지가 있었다. 제국 시대에 벌어진 로마 내전 대부분은, 지휘관이 대의명분을 잃은 걸로 비치면 군대가 지휘관을 배신하는 방식으로 끝났다. 하지만 카이사르는 후대의 많은 제국 지휘관들이 갖지 못한 재능, 곧 병사들의 감정을 관리하는 재능이 있었다. 로마의 장군들은 종종 반란군 중에서 군인들을 무작위로 뽑아 처형하는 식으로 반란을 응징했지만, 술라가 그랬듯이 카이사르도 내전 막바지에는 공포보다 자비가 사기 회복에 더 좋다고 판단했다. 그는 반란군 일부를 공개적으로 망신시켰지만 그 외 경우에는 다른 처벌을 고려하지 않았다. 이는 반란 군인들과 나머지 군대 모두가 자신에게 더 충성하게 만드는 전략이었다. [15]

한편 폼페이우스와 함께 군사 작전을 전개한 원로원 의원, 지휘관, 기타 저명 인사들로 구성된 무리는 이미 사실상 승리했다고 여겼다. 그들은 로마로 돌아가고 싶은 열망에 빠져서, 카이사르를 끝장낼 공세에 나서도록 폼페이우스를 압박했다. 분명 폼페이우스는 공세에 나서는 게 현명하지 못하다고 생각했고 카이사르의 군대가 항복하기를 기다리고 싶었지만, 당시의 이런 상황에서는 공세에 나서는 게 정치적으로 편해 보였다. 그래서 폼페이우스는 자신의 군대를 메텔루스 스키피오가 지휘하는 군대와 결합했고, 이 연합 군대는 테살리아 지역 마을 파르살루스 외곽에서 카이사르를 공격했다. 폼페이우스와 스키피오가 이끈 군대는 카이사르의 군대보다 보병 규모는 2배 많았고 기병은 7배 많았지만, 카이사르의 뛰어난 전술과 병사들의 실전 경험은 폼페이우스 군대의 수적 우위를 압도했다. 카이사르는 적의 기병대를 무력화했고 보병을 압도한 뒤 결국 폼페이우스의 근거지를 점령했다. 폼페이우스는 말을 타고 전쟁터에서 도망쳤다. 그는 먼저 라리사 항구로 갔다가 결국 바다를 건너 이집트로 향했다. [16]

파르살루스에서의 전세 역전이 너무 갑작스럽고 철저했기 때문에, 폼페이우스는 전열을 재정비하기 위해 프톨레마이오스 왕국으로 건너갔다. 그는 이 왕국을 로마가 공식 인정한 동맹국 대열에 포함시키기 위해 당시 이집트 왕 프톨레마이오스 13세의 아버지인 프톨레마이오스 12세와 긴밀히 협력한 바 있기 때문에, 호의에 보답하는 차원에서라도 이집트 왕이 알렉산드리아에 피난처를 제공해 주기를 바랐다. 폼페이우스가 이집트의 도움을 받을 수 있다면 어떻게든 전쟁을 승리할 수도 있었다. 그러나 이 젊은 이집트 왕과 그의 참모들은 폼페이우스가 이미 패했다고 판단한 듯했다. 그들은 당시 프톨레마이오스의 아내이자 누이였던 클레오파트라 여왕과 내전을 벌이고 있었고, 로마의 내전에 개입하는 데는 관심이 없었다. 프톨레마이오스의 사신은 폼페이우스가 확실히 알렉산드리아에서 피난처를 구할 수 있을 거라는 뜻을 내비쳤지만, 이와 달리 왕은 폼페이우스가 도시에 도착하자마자 목을 베도록 했다. [17]

폼페이우스의 죽음으로도 로마 내전은 끝나지 않았다. 카이사르는 폼페이우스가 알렉산드리아를 근거지로 전쟁을 계속하지 못하도록 알렉산드리아까지 쫓아갔다. 카이사르는 폼페이우스가 살해된 뒤 이 도시에 도착했는데, 자신과 그의 군대가 들어옴으로써 왕의 주권을 침해했다고 분개하는 군중과 맞닥뜨렸다. 카이사르는 곧 이집트 내전에 휘말리는 처지가 됐고, 클레오파트라가 왕위를 차지할 때까지 기원전 48년의 나머지 기간과 47년의 상당 기간을 이집트 정국 수습에 허비했다. 카이사르가 이집트에서 지체하는 동안 다른 문제들도 발생했다. 미트리다테스의 아들인 파르나케스가 폰투스를 침공한 탓에, 카이사르는 시리아와 소아시아를 거쳐 로마로 돌아와야 했다. 파르나케스와의 전쟁은 기원전 47년 8월에 빠른 승리로 마무리됐고, 이 승리는 카이사르의 유명한 발언 "베니, 비디, 비키(왔노라, 보았노라, 이겼노라)"를 낳았다. [18] 그러나 로마 내전이 계속되는 가운데 카이사르가 이 짧은 말을 하기까지 필요했던 원정 준비와 병참 준비는 실질적인 결과를 초래했다.

폼페이우스 편에 섰던 사람 모두가 파르살루스 전투 패배 이후에도 계속 싸운 건 아니었다. 많은 로마인이 그냥 편을 바꿨고, 카이사르의 사면 제안에 편승했다. 키케로도 그 중 하나였다. 그러나 핵심 원로원 의원들은 계속 싸웠고, 폼페이우스가 지휘하던 군대 중 남은 병사들은 카이사르가 동방에 머무는 동안 전열을 가다듬었다. 카토는 이 집단에 영감을 주는 지도자로 부상했다. 폼페이우스는 카토에게 300척의 배 지휘를 맡겼는데, 그는 파르살루스 전투 이후 이 함대와 남은 군대를 이끌고 북아프리카로 갔다. 그는 거기서 누미디아의 왕 유바가 제공한 군대와 연합군을 결성했다. 카이사르는 그곳까지 이들을 추격했고, 초기에 전세를 바꾼 끝에 기원전 46년 4월 탑수스시 외곽에서 연합군을 격파하고 다시 승리했다. 카토, 유바, 루키우스 스키피오는 전투 뒤 자살했다. 폼페이우스의 두 아들 그나이우스와 섹스투스는 아프리카에서 스페인으로 탈출해 계속 저항했지만, 카이사르는 그들 또한 기원전 45년 3월 (스페인 남부) 문다에서 무찔렀다. 그나이우스는 전사했지만 섹스투스 폼페이우스는 잡히지 않았고 그 뒤 10년 거의 내내 이탈리아에 대한 해상 공격을 이어 갔다.

카이사르의 극적인 군사 작전은 그가 당시 로마의 정치 생활을 어떤 식으로 바꿨는지를 제한적으로 파악하게 할 뿐이다. 카이사르는 자신이 오래 살아남기 위해서는 로마와 로마 제국의 원활한 운영에 절대적으로 필요한 존재가 되어야 한다는 것을 직관적으로 이해했다. 이런 역학 관계는 파르살루스 전투에서 이기기 전인 기원전 48년에 이미 분명했다. 카이사르가 폼페이우스와 원로원 내 그의 지지자들을 이탈리아에서 몰아낸 뒤 신용 시장이 붕괴했다. 카이사르가 술라처럼 처벌자를 공표하고 그들의 자산을 압류할 거라는 예상이 사람들 사이에 퍼진 탓이었다. 사유 재산에 대한 이런 위협은 이탈리아 땅값을 떨어뜨렸을 뿐 아니라 채권자들로 하여금 담보 가치가 모두 사라지기 전에 빚 회수에 나서게 했다. 또다시 빚 탕감 요구가 로마 전역에서 들끓었다. 빚 탕감 요구는 기원전 88년 미트리다테스가 로마의 세금 징수원들을 학살했을 때보다 더 큰 타격을 로마 금융 시스템에 가했다. 더 불길하게도 카이사르의 의중에 대한 공포감이 이탈리아 내에서 금, 은, 주화 사재기를 불러일으켰다. 사람들이 도망쳐야 할 때를 대비해 재산을 휴대

하기 쉬운 귀금속으로 최대한 많이 바꾸려 하면서 빚어진 일이다. [19]

카이사르는 운신의 폭이 좁다는 것을 인식했다. 빚 탕감은 막대한 경제적 피해를 끼치지 않고는 이뤄질 수 없었지만, 카이사르는 대출의 담보가 된 자산의 가격 폭락을 어떻게든 안정시켜야 한다고 인정했다. 내전에서 카이사르에 맞섰던 이들의 사면이 해법의 한 부분이었다. 이는 술라가 했던 처벌 대상자 공표 및 재산 몰수가 반복되지 않을 것이라고 로마인들을 안심시키는 데 도움이 됐다. 그러나 이것만으로 도시를 완전히 진정시킬 수는 없었다. 카이사르가 술라의 처벌자 공표를 반복하지 않을 거라고 로마인들이 믿는다 해도 전쟁이 여전히 미해결 상태였다. 카이사르가 결국 패배하면 그의 적들이 무슨 일을 할지, 이탈리아에서 전투가 재개되면 어떤 재산이 파괴될지 아무도 예측할 수 없었다.

이렇게 두려움이 가시지 않자, 카이사르는 자산 가치를 더 안정시키고 더 나아가 신용 시장을 진정시키는 행동에 나섰다. 그는 사람들이 대출 담보로 제공한 자산의 가치 결정에 이의를 제기할 수 있는 중재 절차를 만들었다. 중재자는 아마도 자산의 현재 가격이 아니라 위기 이전의 더 높았던 가치를 고려해 담보 가치를 정하게 될 터였다. 자산의 가치를 인위적으로 높게 책정하면, 훨씬 낮은 가격에 팔 수밖에 없는 토지나 상품을 압류할 의욕을 꺾을 수 있게 된다. 그래서 카이사르의 조처는 담보물을 압류해 매각하느니 대출 재협상을 하는 게 금전적으로 더 합리적인 상황을 조성했다. 이 조처가 너무 잘 작동해서 아무도 중재자에게 이의를 제기할 필요를 느끼지 못했다. [20]

하지만 평온은 오래가지 못했다. 카이사르가 폼페이우스와 싸우려고 로마를 떠나 그리스로 가자, 로마의 정적들은 이 중재 절차에 대한 지지를 약화시키는 작업에 들어갔다. 처음엔 법무관 마르쿠스 카일리우스 루푸스가 대출금 이자 징수를 6년 동안 중단하자고 제안했다. 이 제안이 대중의 호응을 얻지 못하자, 그는 모든 부채와 땅 임대료를 탕감하는 법안을 지지했다.

카일리우스와 그의 추종자들은 도시행정 담당 법무관이 이 법안을 지지하지 않자 그를 공격했고, 반대로 카이사르를 지지하는 원로원 의원들은 카일리우스의 직무를 정지시켰다. 카일리우스의 다음 움직임은 클로디우스의 오랜 정적 밀로와 손잡고 이탈리아에서 친폼페이우스 반란을 조장한 것이다. 두 사람은 반란이 심각한 위협으로 발전하기 전에 벌어진 작은 충돌에서 살해됐지만, 카일리우스는 카이사르가 로마를 떠나 있을 때 부채와 땅 임대료 걱정을 정치적으로 악용할 여지를 보여 줬다. [21]

카일리우스와 밀로의 죽음으로 폭력이 그치지는 않았다. 부채와 임대료 문제를 대중 선동에 악용하는 또 다른 사태가 불안을 촉발하자, 카이사르의 부관 마르쿠스 안토니우스는 군대를 이끌고 도시로 들어와 포룸을 점령하고 폭동을 벌인 시민들을 죽일 수밖에 없다고 느꼈다. 기원전 47년 9월 카이사르가 카토와 싸우기 위해 아프리카로 가려고 동방에서 잠시 로마로 귀환했을 때가 되어서야 로마는 안정을 찾았다. [22]

카이사르의 존재 자체가 수도 로마 시민의 소요를 진정시켰지만, 그는 이제 새로운 문제에 직면했다. 10년 넘게 싸워온 병사 등 최정예 병사들이 제대하겠다며 카이사르가 약속한 보너스 지급을 요구한 것이다. 병사들은 너무 화가 나서, 카이사르가 그들의 아프리카 원정 참여를 기대하면서 1,000 데나리우스의 보너스를 추가로 주겠다고 제안한 것도 거부했다. 그들은 협상을 위해 자신들을 만나러 온 역사가 살루스티우스를 거의 죽일 뻔했다. [23]

카이사르가 이 위험한 상황에 대처한 방식은 개인이 돈과 카리스마를 이용해 군대의 충성심을 관리하는 방법의 본보기가 됐다. 이는 향후 수십년 동안 로마 세계에 영향을 끼쳤다. 카이사르는 먼저 안토니우스가 로마 시민의 소요 진압에 동원했던 군단에게 자신을 경호하도록 명령했다. 이어 폭동을 일으킨 병사들을 직접 찾아가 창피를 줌으로써 반성하게 만들었다. 구체적으로 아프리카 전투에는 다른 병사들과 가겠다고 밝히면서 폭동을 일으킨 병사들의 제대를 승인했다. 그는 군인들에게 약속한 보너스를 지급하되, 지급 시기는 아프리카 작전이 끝나고 그들 대신 다른 군인들이 참여하는 개선식 뒤가 될 거라고 밝혔다. 수치심을 느낀 군인들은 다시 복무하게 해달라고 간청했다. 카이사르는 가장 뛰어난 성과를 이룬 제10 군단을 뺀 나머지 병사들을 모두 복귀시켰는데, 제10 군단을 뺀 것은 그들의 배신에 가장 기분이 상했기 때문이다. 이어 특별한 약속을 했다. 그는 앞에 모인 병사들에게 전쟁이 끝나면 모두에게 땅을 주겠다고 했다. 하지만 술라처럼 다른 로마 시민의 재산을 훔쳐서 병사들에게 보상하지는 않겠다고 말했다. 공공 토지 중에서 땅을 주되, 공공 토지가 부족하면 카이사르가 자기 돈으로 구입한 땅과 농기구를 주겠다고 했다. [24]

카이사르는 본인을 병사들에게 절대 없어서는 안될 존재로 만들었다. 확실히 과거의 지휘관들은 공공 재산으로 병사들에게 보상하느라 공화국에 의존했다. 술라가 몰수한 재산조차 실제로 추종자들에게 분배하기 전에 공적 통제를 거쳤다. 하지만 카이사르는 공공 재원과 자신의 사재를 활용해 땅을 분배하겠다고 약속했다. 이 계획이 제대로 이뤄지려면 양측 모두의 지원이 필요했기 때문에, 카이사르의 군대로서는 이제 그가 살아 남아서 약속한 보상책을 시행할 권한을 유지해야 했다. 그들은 공화정과 공화정을 이끄는 개인 둘을 동시에 섬기는 처지가 된 것이다. 카이사르는 자신이 로마를 책임질 때만 로마가 안정되는 여건을 조성했다.

카이사르는 기원전 46년에서 44년 사이에 개인 재산으로 공화국의 공공 활동을 뒷받침하는 시스템을 더 확장했다. 그는 아프리카에서 전쟁을 성공적으로 마친 뒤 병사들과 로마 시민들에게 금과 은을 분배하면서 4번의 승리를 대대적으로 축하했다. 개선식에는 음악 공연, 검투사 경기, 모의 육상 · 해상 전투, 심지어 코끼리 20마리로 구성된 두 팀이 싸우는 행사까지 곁들여졌다. 그는 자신이 궁극적인 선조로 내세운 베누스 여신을 '어머니 Venus Genetrix'로 모시는 신전 옆에 새로운 광장도 건설하기 시작했다. 필요한

자금은 공공 자원과 사재에서 조달했고 이제 두 재원 모두를 카이사르가 관리했다. [25]

카이사르는 세심하게 준비해 공화정의 정치 절차에도 개입했다. 기원전 48년 말에 그는 임기가 47년까지 연장되는 독재관으로 다시 임명됐다. 그리고 46년 1월 이후에는 이 직책을 유지한 채 매년 초 취임하는 집정관직도 겸직했다. 카이사르는 기원전 45년 스페인에서 전쟁을 이긴 뒤 로마의 공공 지출과 군대도 완전히 통제하게 됐다. 카이사르의 연례 집정관직 취임은 그가 명예를 돌려온 지지자들에게 보답하는 도구가 됐다. 아마도 당시의 상황보다 카이사르의 집정관직 통제력을 더 잘 보여주는 것은 없을 것이다. 카이사르는 그해를 집정관으로 시작했지만 곧 사임하면서 퀸투스 파비우스를 남은 임기를 수행할 집정관으로 임명했다. 그런데 파비우스는 집정관 임기 마지막 날 숨졌다. 그러자 카이사르는 가이우스 카니니우스 레빌루스에게 남은 몇 시간 동안 집정관으로 봉사하게 했다. 이를 두고 키케로는 레빌루스가 집정관 임기 동안 단 한 순간도 잠을 자지 않을 만큼 용감하고 빈틈 없는 모습을 보였다고 농담조로 말했다. [26] 집정관직은 한때 공화국이 제공하는 최고의 영예였다. 이는 여전히 엄청나게 명예로운 직책이었지만, 이제는 카이사르가 원하면 누구에게나 줄 수 있는 일종의 개인적 선물이 됐다.

기원전 44년이 되자, 공화정이 공로를 인정하고 명예를 높여주는 매개체였던 공직에 대한 카이사르의 통제가 거의 완성됐다. 그는 집정관을 임명할 뿐 아니라 다른 하위 공직 선거 결과를 승인하거나 거부할 권한까지 장악함으로써 하급 공직자도 사실상 임명했다. 그 뒤 카이사르는 장기화할 것으로 예상되는 파르티아 제국에 대한 군사 작전을 준비하면서 향후 몇 년 동안 정무관을 맡을 인물 명단을 만들었다. 이 명단에는 43년도 정무관 전원과 42년도 집정관과 호민관이 있었다. 물론 카이사르는 계속 독재관직을 유지했다. 또 자신의 부관(로마인들이 '사마관'으로 부른 직책)으로 40년대 초에 부관이었던 마르쿠스 안토니우스나 44년 초부터 43년까지 부관이었던 레피두스를 임명하지 않음으로써 많은 로마인들을 당황하게 했다. 그는 레피두스가 (현재 프랑스 남부 지중해 연안인: 옮긴이) 갈리아 나르보넨시스와 (현재 스페인 동남부 지중해 연안인: 옮긴이) 히스파니아 키테리오르 통치를 위해 떠나자마자, 새로운 사마관으로 가이우스 옥타비우스라는 열여덟 살 청년을 임명했다. 당시에는 아무도 이 청년이 자라서 아우구스투스 황제가 될 것을 상상하지 못했다. [27]

다만 카이사르는 로마의 감성을 거스르지 않는 방식으로 자신의 권력을 규정하고 권위를 표현하려 애썼다. 많은 로마 사람은 그가 직면한, 구체적인 도전 과제에 공감했다. 기원전 46년에 4번의 승리를 거두는 동안, 그의 병사들은 그를 향해 한목소리로 이렇게 외쳤다고 한다. "옳은 일을 하면 벌을 받을 것이고, 잘못을 저지르면 왕이 될 것이오."[28] 카이사르를 포함해 모두는 군인들이 옳다고 생각했다. 만약 카이사르가 옳은 일을 하면서 권력을 자발적으로 포기했다면 그는 기소되거나 처형됐을 것이다. 하지만 그가 권력을 계속 유지한다면 로마 공화국이 4세기 전에 없앤 왕처럼 되는 것 외에 선택의 여지가 없을 것이었다.

카이사르는 기원전 48년부터 44년 사이에 결국 스스로 왕으로 선포하는 길로 갈 가능성을 살짝 살짝 내비쳤다. 카이사르가 이렇게 하리라는 소문이 기원전 45년에 퍼지기 시작한 게 분명하다. 이 소문은 이듬해 초반에 카이사르를 왕으로 영접하는 행동까지 촉발했다. 사람들이 이런 행동에 대해 불평하자 카이사르는 원로원 내 반대파들이 자신을 폭군처럼 보이게 하려고 음모를 꾸민다고 비난했다. 그러나 집정관 마르쿠스 안토니우스가 기원전 44년 2월 루페르쿠스 축제에서 카이사르의 머리에 왕관을 씌우면서, 카이사르가 공식적으로 왕위에 오를 순간을 찾기 위해 대중의 정서를 점검하는 것을 부인할 수 없게 됐다. [29]

여러 면에서 카이사르의 칭호 자체는 로마와 제국 운영 방식에 아무 영향을 끼치지 않을 터였다. 로마에는 거의 500년 동안 왕권이 존재하지 않았

[10-1] 율리우스 카이사르 포룸과 베누스 여신 신전. 사진: 조 와츠.

고, 왕권을 공식 복원하려면 상황이 완전히 달라진 공화정의 현실에 맞춰 왕의 직책과 권한을 새로 구상해야 했다. 그러나 카이사르는 자신을 왕으로 선언하면 갖게 될 권한을 이미 모두 실제 행사하고 있었다. 카이사르는 기원전 63년부터 로마 대사제직을 맡았다. 이 직책으로 그는 로마 최고의 종교 지도자가 됐다. 공화정에 대한 그의 법적 권한은 궁극적으로 독재관직에서 비롯된 것이다. 그는 기원전 48년, 47년, 46년에 세 차례 독재관으로 연속 지명됐고, 44년에는 영구 독재관이 됐다. 카이사르가 44년에 독재관의 공식 권한 외에 갖고 있던 권한은 국고에 대한 권한, 로마 군대 전체에 대한 전적인 지휘권, 공공 관저 이용권, 사실상의 정무관 임명·승인 권한 등이었다. 또 시간이 지나면서 원로원 의원 자격을 갖춘 정무관들로 원로원을 재구성할 자유도 누렸다. [30] 그는 칭호와 상관없이 이미 사실상의 절대 군주였다.

그러나 칭호는 아주 중요했다. 대부분의 로마인은 왕이라는 개념을 몹시 혐오했지만, 왕위는 카이사르가 한때 자신과 동등했던 로마인들은 물론 자신의 상사였던 로마인들 모두와도 자신을 구별할 잠재적 방안을 제공하는 것이었다. 공화정 이전의 로마 왕들은 왕위를 물려받지 않았고, 동료들에게 자신의 가치를 보여주고 선택받아 왕위에 올랐다. 카이사르가 왕이라는 칭호를 원했다면(실제로 원했는지는 확실히 알 길이 없다.), 왕위는 현재 그의 권위를 인정하는 동시에 로마 원로원 의원들로부터 받는 지지를 확인하는 의미였다. [31]

그러나 카이사르를 장엄한 우월감으로 감싸려는 노력은 단순한 왕 칭호의 실험을 한참 넘어선 것이었다. 후대의 자료는 기원전 45년부터 44년까지 원로원이 카이사르에게 수여한 온갖 명예의 목록을 기록하고 있다. 그중 가장 주목할 만한 것은 아래와 같다. 카이사르의 몸은 신성불가침하고 거룩하다는 것, 그는 신에게 제사를 지낼 때 개선식의 주인공 남성들만 입는 특별한 의복을 입어야 한다는 것, 그는 금과 상아로 꾸민 왕좌에서 모든 공무를 수행해야 한다는 것, 로마가 "영웅에 관한" 축제를 4년에 한번씩 열고 로마 내의 모든 신전과 로마가 지배하는 모든 도시에 카이사르 조각상을 세우는 등 그를 숭배하는 의식을 해야 한다는 것. [32]

카이사르의 차별성 강조가 어떻게 변천하는지는 아마도 기원전 49년부터 44년 사이에 그가 발행한 은화에서 가장 분명하게 볼 수 있다. 주목할 만한 첫 번째 은화는 기원전 49년 카이사르의 군대가 이탈리아를 통과할 때 주조한 데나리우스다. 이 은화 앞면에는 'CAESAR'라는 글씨 위에 용을 짓밟는 코끼리가 새겨졌고 뒷면에는 사제와 관련된 요소가 들어갔다. 이는 카이사르의 대사제 지위와 내전의 시작을 상징하는 것이다. [33] 기원전 47년이 되면, 은화의 도안은 카이사르가 베누스 여신의 후손이자 로마 건국자들의 선조인 트로이의 전설적 영웅 아이네아스의 후손이라는 주장을 더 분명히 암시하는 것으로 바뀐다. 그해에 그의 군대가 아프리카를 여행할 때 발행한 은화는 앞면에 베누스가, 뒷면에 'CAESAR'라는 글씨 위에 아이네아스가 그려져 있었다. [34] 그런데 기원전 44년에 발행된 은화는 카이사르가 다른 모든 로마인보다 우월하다는 인식을 수용 가능한 방식으로 규정하려는 노력이 더욱 발전되었음을 보여준다. 기원전 49년과 47년에 군대가 발생한 은화와 달리, 기원전 44년의 은화는 공인 화폐 발행인이 만든 것이다. 그리고 발행을 책임진 정무관의 이름도 은화에 새겨져 있다. 이 은화는 공화국의 통상적인 공직을 가진 사람들이 발행한 것임에도, 카이사르의 얼굴을 새겨 넣음으로써 살아 있는 인물을 주화에 그려넣지 않는다는 로마의 중요한 금기를 깼다. 그해 첫 두달 동안 카이사르의 직책이 바뀌면서 주화의 카이사르 묘사도 바뀐다. 처음에는 카이사르의 얼굴과 함께 카이사르의 네 번째 독재관 임기를 뜻하는 'CAESAR DICT QUART'라는 문구가 새겨졌다. 그 뒤 원로원이 카이사르에게 '황제Imperator'라는 칭호를 부여하자, 앞면에 카이사르의 얼굴과 함께 'CAESAR IMP' 또는 'CAESAR IM'이라는 문구가 적힌 은화가 등장했다. 마지막으로 카이사르의 독재관직이 영구화되자 문구는 다시 'CAESAR DICT PERPETUO' 또는 'CAESAR DICT IN PERPETUO'로 바뀐다. [35]

기원전 44년 초가 되자 카이사르의 전제 정치 실험이 로마의 일부 부류를 불안하게 만든 게 분명해졌다. 왕들을 축출하고 공화정을 세운 인물로 로마인들이 인정하는 브루투스의 조각상에 그가 더 이상 살아 있지 않다는 걸 한탄하는 낙서가 나타나기 시작했다. 어떤 이들은 브루투스의 후손들에게 그 이름에 걸맞은 모습을 보여줄 것을 촉구했다. [36] 그들은 특정 인물을 염두에 두고 있었다. 바로 마르쿠스 유니우스 브루투스였다. 아마도 카토를 제외하고는 브루투스만큼 원칙에 입각한 공화정 수호, 그리고 공화정이 대표한다고 간주되는 자유와 자신의 공적 태도를 그토록 밀접하게 연결시킨 로마인은 없었을 것이다. 브루투스는 기원전 54년 화폐 발행인을 맡았을 때 두 종류의 은화에 자신의 이름을 새겨 넣었다. 하나는 앞면에 리베르타스 여신의 초상과 이름이 들어갔고, 뒷면에는 'BRUTUS'라는 글짜 위에 공화정을 세운 브루투스와 호위병 릭토르들이 함께 걷는 모습이 새겨져 있었다. 다른 은화는 앞면에 브루투스라는 글자와 함께 초상이 새겨져 있었고, 뒷면에는 기원전 5세기에 스푸리우스 마일리우스가 왕이 되지 못하게 살해한 로마 정치인 세르빌리우스 아할라의 초상이 그려져 있었다. [37]

이 두개의 은화는 로마인들이 믿고 싶어한 초기 공화정의 이야기에 딱 어울렸다. 이 이야기에 따르면, 공화정은 로마인들이 일인 정치 지배를 견딜 수 없어 했기 때문에 생겨났다. 이 구상 아래서 자유는 시민의 참여를 보장하고 그들을 정치적 지배로부터 보호하는 구조적, 법적 틀 아래서 영위되는 삶을 뜻했다. [38] 아할라의 마일리우스 살해는 마일리우스의 불법적이고 구조에 반하는 권력 장악으로부터 로마인들을 자유롭게 해 주는 영웅적인 행동이었다. 로마 공화정의 창시자와 공화정을 구한 폭군 살해자의 이미지는 로마의 법 질서를 지킨다면 살인이 정당하다는 (그리고 심지어 존경받을 만하다는) 신념을 널리 퍼뜨렸다.

기원전 50년대에 브루투스가 공화정의 창시자와 구원자를 환기시킨 것은, 클로디우스와 밀로 같은 이들이 조장한 폭력적인 정치 환경에서도 법 아래의 자유를 옹호하고 필요하면 폭력으로도 이를 지키겠다는 강력한 성명을 내놓은 것이었다. 하지만 기원전 44년에 이르면 자유, 합법성, 심지어 공화주의라는 관념조차 훨씬 더 복잡해졌다. 카이사르가 로마를 사실상 통제했음에도 공화정은 법적 측면에서 여전히 작동하고 있었다. 공직 선거는 계속 치러졌고, 로마법이 여전히 상업 및 개인 거래를 지배했으며, 배심원단이 재판을 계속 심리했고, 로마인들은 항소할 권리를 계속 누렸다. 심지어 카이사르의 왕위 장악을 논의하는 와중에도, 카이사르는 사실 공화국의 공식 관직인 독재관 임기를 연장해가며 권력을 행사했다. 임기 연장은 공화정의 진짜 선례를 거스린 것이지만, 이 또한 합법적인 수단을 통해서 명백한 대중의 지지 속에 이뤄졌다. 카이사르는 (적어도 사전 계획에 따라 파르티아와 싸우기 전 사임하기까지는) 집정관으로서도 권력을 행사했다. 카이사르가 로마의 법적, 구조적 질서의 일부에 속하는 직책을 갖고 지배했고 그의 지배가 대중의 지지를 받았다면, 그를 죽이는 것을 자유 수호 행위로

[10-2] 앞면에 베누스 형상이, 뒷면에 자신의 아버지를 옮기는 아이네아스 형상이 그려진 1데나리우스 짜리 율리우스 카이사르 은화. 이 형상들은 카이사르가 베누스 여신의 후예이자 로마를 건국한 가문의 후손이라는 주장을 암시한다. 개인 소장품. 사진: 조 와츠.

정당화할 수 있을까?[39]

가이우스 카시우스 롱기누스라는 정치인이 기원전 44년 초에 브루투스로 하여금 이 질문을 마주하게 한 것 같다. [40] 브루투스와 카시우스는 내전 초기에 폼페이우스와 함께 참전했고, 그 뒤 카이사르의 사면 제안을 받아들여 카이사르의 공화국 내 행정 구조에 다시 편입됐다. 그러나 두 사람 모두 점점 강해지는 카이사르의 독재에 염증을 느끼게 됐다. 그들은 자신들과 비슷하게 느끼는 집단을 쉽게 찾을 수 있었던 것 같으며, 그 집단에는 카이사르의 강력한 반대자들은 물론 그의 오랜 지지자들도 있었다. 이 집단은 카이사르가 3월 19일 파르티아 원정을 떠나기 전에 그를 살해하기로 결심했고, 3월 15일 원로원 회의가 그 계획을 실행할 마지막이자 최선의 기회라고 판단했다.

3월 15일 바로 그 날, 원로원 의원들은 현재의 '캄포 데 피오리 광장' 자리에 폼페이우스가 기원전 55년에 세워 기증한 넓은 극장과 정원 단지 근처 건물에 모였다. 카이사르가 이 건물에 들어서자 암살 공모자 중 한 명이 이 독재관을 멈춰 세우고 도와달라고 청했다. 카이사르가 응하자 그의 겉옷을

[10-3] 앞면에 리베르타스 여신 초상이, 뒷면에 공화정의 전설적 설립자 브루투스가 새겨진 1데나리우스 짜리 브루투스 은화. 개인 소장품. 사진: 조 와츠.

잡고 목 쪽에서 당기며 동료들에게 공격을 재촉했다. 그들은 숨겨둔 단검을 꺼내 폼페이우스 조각상 아래서 카이사르를 공격했다. 그들은 칼을 23번이 나 찔렀다. 나중에 부검 결과, 이 원로원 의원들이 저지른 23번의 칼부림 중 치명적인 것은 단 한 번뿐인 것으로 드러났다. [41] 카이사르 암살자들조차 자신들이 저지른 행동이 마음 편하지 않았던 듯하다.

많은 공모자들이 느낀 것 같은 카이사르 살해에 대한 불안감은 로마 전체 로 번져나갔다. 브루투스가 암살을 위해 원로원 회의를 고른 것은, 이 음모 를 모르는 원로원 의원들도 암살이 성공하면 곧바로 박수를 칠 걸로 생각했 기 때문이다. 그는 카이사르를 살해하면 로마의 자유가 달성될 것으로 믿고 이를 축하하는 연설문까지 작성해뒀다. 그러나 브루투스는 연설을 하지 못 했다. 원로원 의원들은 공포에 질려 도망쳤다. 그들은 원로원에서 폭력이 이어질까 봐 두려워했고, 안정을 보장하던 인물을 갑자기 잃은 도시에 자신 들이 우려하던 불안이 들이닥칠 것을 걱정했다. 암살 소식이 퍼지면서 공황 이 들이닥쳤다. 검투사들은 공연을 준비하던 극장에서 뛰쳐나갔고, 관객들 도 그 뒤를 따라 뛰었다. 일부 군중은 시장으로 쏟아져 들어가 상점 주인들이 도망가는 동안 약탈했다. 집에 무사히 도착한 이들은 다시 나갈 엄두를 내지 못했다. 창문을 막고 문을 닫았으며, 유사시에는 옛날 피로스를 죽였을 때처럼 지붕의 기와를 무기로 삼아 집을 지킬 채비를 했다. [42]

기원전 44년 3월 15일, 자유라는 매혹적인 이름으로 벌인 살인에 어떻게 대처할지 아무도 몰랐다. 내전의 끔찍한 혼란이 재점화될 위험에 처해 있었지만 말이다. 카이사르는 죽었고, 그가 공화정에 가한다고 많은 이가 느낀 위협도 사라졌다. 그러나 중심을 차지하던 그가 없이도 공화정이 살아남을 수 있을지는 두고 볼 일이었다.

ROMAN

RE

11장 옥타비아누스의 공화국

기원전 44년 3월 15일의 사건은 카이사르가 죽는 순간까지 브루투스, 카시우스 그리고 그들의 동료 공모자들의 계획대로 정확하게 흘러갔다. 하지만 놀랍게도 그들은 그 뒤에 무엇을 할지 전혀 몰랐다. 원로원은 박수가 터져나온 게 아니라 공포로 텅 비었다. 홀로 살아남은 집정관이자 카이사르의 동맹이었던 마르쿠스 안토니우스는 자신도 살해될지 모른다는 두려움에 자택으로 도망쳤다. 암살 공모자들은 되찾았다고 느낀 자유를 상징하기 위해 창을 들고 모자를 쓴 채 도시에 등장했지만, 로마가 자신들을 해방자로 축하하기는커녕 혼란에 빠진 것을 보고 당황했다. [1] 그 순간 브루투스, 카시우스 그리고 그들의 동료 공모자들은 카이사르가 수도의 안정을 회복함으로써 성취한 것이 무엇인지, 동료 시민들이 카이사르를 어떻게 생각하는지 자신들이 전혀 몰랐음을 깨달았다. 이제 그들은 자신들이 폭군으로 여겨 죽인 인물이 내전에서 채 벗어나지 못한 제국이 혼란에 다시 빠지는 걸 막고 있었다는 사실을 알았다. 브루투스는 안전이 없으면 자유도 존재할 수 없음을 아마 이때 처음 깨달았을 것이다.

당시 로마에는 독재관 카이사르의 사마관 자격으로 보좌했던 레피두스가 지휘하는 무장 군단 하나가 있었다. 기원전 44년 집정관 중 한 명인 안토니우스도 로마에 있었다. 카이사르가 제거된 상황이어서, 그는 암살 공모자들에 대한 법적 조처를 민회에 제기할 권한이 있는 유일한 인물이었다. 로마 시민들도 못지않게 버거운 과제를 제기하는 상황이었다. 로마는 카이사르라는 후원자와 그가 약속했던 자원을 느닷없이 박탈당한 퇴역 군인들로 가득했다. 도시의 나머지 상당수는 이 살인을 어떻게 봐야 할지 확신하지 못했지만, 암살이 촉발한 폭동은 암살 공모자들의 자유가 카이사르의 독재가 제공하던 질서보다 더 낫다는 확신을 심는 데 도움이 되지 못했다. 이 모든 광경을 보면서 암살 공모자들은 어쩌면 당연한 일을 했다. 그들은 카피톨리누스 언덕으로 달려가 자신들이 고용한 검투사들을 동원해 진지를 구축했다. 후대의 문헌들이 믿을 만하다면, 그들은 사람들을 자기 편으로 끌어들이려 뇌물을 주기 시작했다. [2]

암살 공모자들과 카이사르의 지지자들은 3월 15일 오후와 저녁을 광란의 도가니 속에 보냈다. 음모에 관여하지 않은 원로원의 기회주의자들은 후폭풍에서 이익을 취할 태세를 갖췄다. 키케로는 브루투스에게 원로원 소집을 권하려고 카피톨리누스 언덕을 올랐고, 카이사르를 폭군으로 비난하면서 필요하면 안토니우스도 처형해야 한다고 조언했다. 언덕 아래 포룸에서 법무관 킨나는 폭정의 더러운 열매라며 법무관 관복을 벗어 던지는 모습을 연출했다. 독재관 카이사르가 3월 18일 로마를 떠나면 집정관직을 이어받을 예정이었던, 카리스마 넘치는 젊은이 돌라벨라는 집정관 복장을 하고 나타나 자신의 이전 후원자 카이사르를 비난했다. 레피두스로서는 자신이 카이사르 살해에 분노하는 군대를 지휘할 위치라는 걸 잘 알았다. 그는 군인들의 복수 요구를 이용해 독재관의 믿을 만한 후계자로 자리매김할 수 있다고 봤다. 16일 아침이 되자, 레피두스는 병력 일부를 동원해 포룸을 점령했다. 그들은 여기서 브루투스와 카시우스가 진 치고 있는 언덕을 올려다봤다. [3]

중요 인물 세 명은 어떻게 대응할지 아직 결정하지 못했다. 브루투스와 카시우스는 15일을 카피톨리누스 언덕에서 보냈다. 브루투스는 원로원을 소집할 권한이 있었지만 키케로의 조언을 따르지 않기로 했다. 대신 키케로에게 안토니우스를 찾아가 집정관 권한을 이용해 공화국에 엄습한 혼돈에서 공화정을 지키라고 설득할 것을 부탁했다. 키케로는 이 부탁을 거절했지만 다른 전령들이 안토니우스와 레피두스에게 가서 긴장 해소를 위한 협상을 시도했다. 하지만 군대 덕분에 용기를 낸 레피두스는 이미 카이사르의 유산을 지키기로 결심한 상태였다. 한편 집에 숨어 있던 안토니우스는 카이사르 암살의 충격에서 아직 회복하지 못했다. 키케로는 안토니우스가 이런 상황이어서 공모자들이 무얼 제안하든 동의할 걸로 생각했다. [4]

이들은 밤새 각자 행동 방침을 정했다. 16일 아침이 되자 브루투스는 자신의 행동을 옹호하는 동시에 카이사르가 퇴역 군인들에게 약속한 보상을 보장한다는 연설을 포럼에 모인 군중들에게 하기로 결심한 듯하다. 물론 이는 카이사르가 모은 군대가 포럼을 장악했고 분노한 전직 군인들이 거리를 배회하는 현실을 마지못해 인정하는 것이었다. 그러나 자신이 폭군으로 규정한 인물이 취한 비전통적인 조처 몇 가지를 명시적으로 지지하는 행위이기도 했다. 이는 중요한 양보였고, 머지 않아 안토니우스는 이 양보를 이용하게 된다. [5]

안토니우스의 집은 에스퀼리누스 언덕 위 텔루스 신전 근처에 있었으며, 자칭 '해방자'들이 숨어 있는 카피톨리누스 언덕과는 포럼을 가운데 두고 마주 보는 위치였다. 안토니우스는 정신을 차리고 16일 오후 카이사르 지지자들을 이끄는 이들과 만났다. 일시적으로 유리한 위치를 점한 레피두스는 자신이 지휘하는 군대를 동원해 반란 공모자들에게 즉각 복수하자고 카이사르 지지자들에게 촉구했다. 레피두스는 기원전 78년 집정관으로 있으면서 반란을 일으켰던 자신의 아버지처럼 자신의 권력 장악 시도를 위장할 교묘함이 없었고, 그의 이런 야심을 지지하고 싶어한 사람은 아무도 없었던 것 같다. [6] 카이사르가 기원전 43년 담당 집정관으로 지명한 이들 중 한명인 히르티우스는 안토니우스가 암살 공모자들과 일종의 화해를 도모할 것을 제안했다. 안토니우스는 화해 추진이 표면적으로 합리적인 동시에 자신의 입지를 강화하는 데 가장 유력한 방법임을 깨달았다. 그는 암살 사태에 대한 효과적인 대응 방안을 짜기 위해 대중과 군대를 모을 시간이 필요했다. 그는 군대의 폭력을 억제하는 기간이 길수록 레피두스의 위치가 약해진다는 걸 잘 알았다. 게다가 브루투스가 카이사르가 취한 조처 일부의 타당성을 인정하는 전술적 실수를 저지른 통에 이 독재관이 남긴 법률적 유산을 더 많이 살릴 가능성이 열렸다. 그래서 자신이 카이사르 추종자들을 위해 이런 유산을 살려낸 사람으로 비친다면, 강력한 지지를 얻을 수 있다고 믿었다.

안토니우스와 카이사르 지지자들의 모임은 17일 텔루스 신전에서 원로원을 소집하기로 결정하고 끝났다. 안토니우스는 이미 카이사르의 부인 칼푸르니아로부터 카이사르의 문서들을 넘겨 받았고 카이사르 소유의 돈도 일부 챙겼다. 이는 안토니우스에게 카이사르의 정치적 후계자를 자처할 자신감을 심어줬다. 게다가 그는 카이사르와의 관계를 내세워 입지를 강화하기에 충분한 기간 동안 정국 안정 권한을 인정받겠다는 목표를 갖고 곧 열릴 원로원 회의에 접근했다. 원로원 회의는 카이사르가 암살된 지 이틀이 지나서도 상황이 아주 유동적이라는 현실을 보여줬다. 원로원 의원들은 신전에 도착해, 레피두스의 군대와 카이사르 휘하 퇴역 군인 집단이 신전을 포위한 광경을 똑똑히 봤다. 브루투스와 카시우스는 당연히 회의 참석을 거부했다. 이틀 전 법무관 옷을 벗어 던지는 모습을 공개적으로 연출했던 킨나는 다시 법무관 옷을 입고 나타났다. 돌라벨라도 호전성을 상당히 잃었고 키케로는 이제 공개적으로 화해를 주장했다. 누구도 너무 극단적인 태도를 보이지 않으려 했고, 여러 발언자들이 원로원의 합의점을 찾으려 애썼다. 안토니우스는 끼어들 때를 참을성 있게 기다렸다. 토론이 카이사르를 폭군으로 규정하는 제안 문제로 흐르자, 안토니우스는 이날 발언 중 가장 강력한 주장을 제기했다. 이 주장은 브루투스가 카이사르 휘하의 참전 군인들을 향해 화해의 말을 한 덕분에 가능했던 것인데, 카이사르가 폭군이었다고 선포하면 그가 집권 기간에 한 모든 행위를 원로원이 무효화하는 게 필요하다는 것이었다. 여기에는 이 회의에 참석한 원로원 의원 다수에게 카이사르가 부여한 모든 명예와 관직, 그리고 그들을 위해 배정한 미래의 관직도 포함될 터였다. [7]

원로원 의원들은 이 무엇도 원치 않았다. 앞으로 몇 년 동안 자신들이 차지할 것으로 예상되는 직책을 박탈당할 가능성을 인식한 의원들이 앞의 제안들에 반대하면서 회의는 혼돈으로 빠져들었다. 의원들이 다투는 동안 안토니우스와 레피두스는 밖에 모인 군중에게 연설하기 위해 나갔다. 군중 속에서 카이사르처럼 되지 않도록 조심하라는 말이 나오자, 안토니우스는 갑옷을 보여주려고 헐렁한 웃옷을 열어 보였다. 집정관이 원로원 회의에 참석하며 갑옷을 입다니 생각할 수 없는 일이었다. 갑옷을 드러내자 군중이 흥분했고, 많은 이들이 카이사르를 위해 복수하라고 요구하기 시작했다. 안토니우스는 개인적으로는 카이사르의 원수를 갚고 싶지만 집정관으로서는 공공선을 따라야 한다고 말했다. 카이사르 지지 무리들은 그렇다면 레피두스가 복수에 나서라고 요구했지만, 레피두스는 복수에 동참할 동맹 세력이 없이는 불가능하다고 말했다. [8]

원로원으로 돌아온 안토니우스는 점점 더 짜증을 내며 불안해하는 원로원 의원들에게 돌라벨라가 자신의 집정관직에 대해 장황하게 떠드는 장면을 목격했다. 안토니우스는 주도권을 쥐기로 작정했다. 그는 원로원에 카이사르가 독재관 자격으로 한 모든 행위를 비준하는 동시에 암살자들을 사면할 것을 제안했다. 이 타협안은 암살 공모자들에게 안전을 제공하고 원로원 의원, 군인, 퇴역 군인 모두를 진정시켜 평화를 유지할 수 있는 것이었다. 흡족해진 원로원은 카이사르의 유언장을 낭독하고 공개 장례식을 치르기로 동의한 뒤 이 타협안을 승인했다. 3월 17일 저녁 안토니우스와 레피두스는 사면을 기념해 브루투스, 카시우스와 함께 식사를 했다.

카이사르의 공개 장례식을 허락하고 유언장 공개 낭독을 허용하기로 한 결정이 향후 로마의 1500년 역사를 모양 짓게 되리라는 걸 이해할 수 있는 원로원 의원은 거의 없었다. 안토니우스에게 카이사르가 직접 쓴 유언장이 전달됐다. 이를 바탕으로 독재관이 로마 시민들에게 남긴 유산을 분명히 밝힐 공개 행사가 준비됐다. 그리고 안토니우스는 며칠 뒤 이 기회를 포착했다. 유언장이 낭독되자 로마 시민들은 폭군이라는 말을 듣던 카이사르가 도시 내 모든 로마인에게 돈을 남겼고 테베레 강변의 개인 정원을 공공 공원으로 기부했다는 사실을 알게 됐다. 돈도 좋았지만, 공원은 인구 100만 명의 혼잡하고 더러운 도시에서 돈 못지않게 중요했을 것이다. 유언장의 다른 두 개의 조항도 똑같이 중요했다. 첫째 조항은 카이사르 누이의 손자인 18살의 옥타비아누스를 카이사르가 입양하고 주요 재산 상속자로 지정하는 것이었다. 둘째 조항은 카이사르 암살자 중 한 명인 데키무스 브루투스(더 유명한 마르쿠스 브루투스의 먼 친척)도 주요한 상속자로 지정하는 것이었다. 다른 암살 음모자들도 유언장에 이름이 있었다. 이는 카이사르를 배신한 이들의 인성을 분명히 보여주는 것이었다. [9] 아피아노스는 아마도 당대 인물인 아시니우스 폴리오의 기록에 의존해, 데키무스 브루투스 같은 암살 공모자들이 카이사르를 지키겠다는 공개 서약과 그와의 사적 관계를 배신하면서 소름 끼치는 신성모독을 저질렀다는 정서가 조문객 사이에 널리 퍼졌다고 묘사했다. [10]

극적인 카이사르 유언장 낭독은 안토니우스가 곧 있을 카이사르 장례식을 위해 계획한, 능수능란한 대중 감정 조작의 무대를 마련했다. 장례식 시간이 되자 카이사르의 시신은 포룸으로 옮겨졌고 곧 애도하는 군중에게 둘러싸였다. 시신은 아직 씻기지 않은 상태였다. 말라붙은 피 아래 '갈라진 상처'가 그대로 드러나 있었다. [11] 안토니우스가 일어나 추도사를 했다. 이 추도사는 훗날 셰익스피어가 그의 입을 통해 묘사한 것보다 훨씬 더 강력한 것이었다. 발언 중 안토니우스 자신의 말은 거의 없었다. 그는 지난 몇 년 동안 암살 공모자들과 나머지 원로원 의원들이 의결해 카이사르에게 바친 찬사들 중에서 뽑은 말들을 낭독하고 자신의 논평을 약간 덧붙였을 뿐이다. 군중은 기원전 390년 갈리아의 로마 약탈을 마침내 카이사르가 어떻게 홀로 복수했는지 전하는 연설을 들었다. 갈리아의 약탈은 지난 3세기 반 동안 모든 로마인의 역사적 기억 속에 깊은 상처를 남긴 충격이었다. 안토니우스의 추도사는 카이사르가 관용의 모범을 보인 이로 선정됐었고, 피란처를 찾는 적들 모두에게 쉴 곳을 제공했으며, 그가 신성한 불가침의 존재라고 모두 함께 선언했음을 상기시켰다. 그런데 몇 달 전 이런 찬사를 늘어놓고 맹세했던 이들이 무참히 훼손한 카이사르의 시신이 이제 그들 앞에 있었다.[12] 군중의 분노가 끓어오를 지점에 이르자, 안토니우스는 카이사르의 피 묻은 관복을 머리 위로 들어 올려 군중이 볼 수 있게 했다. 이어 누군가가 카이사르 시신의 밀랍 모형을 기계 장치에 얹어 올려서는 천천히 돌리면서 찔린 상처 23곳을 군중 모두에게 보여줬다.

아피아노스는 "사람들은 가장 가엾은 이 장면을 더는 참을 수 없었다."라고 썼다.[13] 그들은 걷잡을 수 없는 분노와 슬픔의 도가니에 휩싸여 거리로 쏟아져 나왔다. 군중은 카이사르의 시신을 포럼에서 불태우는 의식을 벌였고, 군인과 일반 시민들은 숨진 독재관이 마치 신이라도 되는 것처럼 갑옷과 옷, 보석을 불 속에 던짐으로써 제물로 바쳤다. 성난 로마인 일부는 원로원 건물을 불태웠고 카이사르를 살해한 자들의 불충을 벌하기 위해 그들을 찾아 도시를 샅샅이 뒤졌다. 한 무리의 폭도는 호민관 킨나를 살해했는데, 지난 15일에 (카이사르를 비난하면서: 옮긴이) 자신의 옷을 과시하듯 벗어 던진 법무관과 이름이 같다는 게 이유였다. 또 다른 이들은 암살 음모 가담자들의 집을 공격했다. 도시 전체로 불이 번지지 않도록, 각 가정의 노예들과 이웃 주민들이 가까스로 막았다. 카이사르의 지지자들은 곧 그의 유해를 소각한 자리에 죽은 독재관을 위한 제단을 세웠다. 마리우스의 손자이며 그래서 카이사르의 친척이라고 주장하는 인물인 아마티우스가 이끄는 무리는 독재관 암살에 복수할 기회를 노리면서 브루투스와 카시우스를 쫓아다니기 시작했다. [14] 아마티우스는 극단적인 인물이었지만, 그와 그의 추종자들이 보여주었듯이 로마인 상당수는 안토니우스가 보여준 것을 통해 브루투스가 잘못했다는 확신을 얻었다. 카이사르는 자유를 위해 제거해야 할 폭군이 아니라 로마의 영웅이었으며 이 영웅의 죽음은 무질서와 비극을 예고했다.

앞으로 며칠, 몇 주 동안 무슨 일이 벌어질지 아무도 몰랐다. 음모 가담자 다수는 도시를 떠났다. 카이사르로부터 지방 통치 임무를 받은 이들은 서둘러 임지로 향했다. 데키무스 브루투스는 갈리아 치살피나로 갔고, 트레보니우스는 소아시아로 향했다. [15] 마르쿠스 브루투스와 카시우스는 여전히 로마에서 관직을 맡고 있었다. 카이사르는 그들의 임기가 끝나면 각각 마케도니아와 시리아 감독 임무를 맡도록 해뒀는데, 아마티우스에게 위협을 받자 두 사람은 일찍 로마를 떠나 자신들을 지킬 군대를 구축하기로 결심했다. 지중해의 다른 지역에서는 폼페이우스의 아들 섹스투스 폼페이우스가 아버지의 전쟁을 계속 이어가고 있었지만, 객관적인 관찰자라면 당시 그를 공화국의 일원이라기보다 해적에 더 가깝다고 제대로 평가했을 것이다. 로마 안에서는 키케로가 원로원을 이끄는 역할을 자처하며 로마의 정치 노선을 공화정처럼 보이는 방향으로 되돌리려 애쓰고 있었다. 그러나 그는 아주 어려운 싸움을 하고 있었다. 카이사르의 장례식은 로마 대중이 더 이상 본능적으로 독재를 싫어하지 않는다는 걸 보여줬다. 독재자가 자비롭고 질서를 유지할 능력이 있는 한에서는 말이다. 대중은 나라를 궁극적으로 통제할 또 다른 로마인을 받아들이도록 설득될 수 있는 상황이었고, 여러 인물이 독재관 카이사르의 유산을 이을 권리를 주장하면서 그의 길을 따를 야심을 품고 있었다.

아마티우스 같은 몇몇 인물은 성가신 선동가를 대표할 뿐이었고, 키케로 같은 이들에게 훨씬 더 위협적으로 비친 이들은 따로 있었다. 레피두스는 군대가 있었고 최고 권력 욕심도 있었지만, 카이사르의 정치적 재능은 없었다. 마르쿠스 안토니우스가 더 위험했다. 그는 휘하에 군대가 없었지만 카이사르의 장례식에서 보여주었듯 정치 기술은 당시 로마의 그 누구보다 뛰어났다. 그는 레피두스와 결혼 동맹을 맺고 그를 카이사르 사망 이후 공석이었던 대사제로 임명함으로써 레피두스를 재빨리 매수했다. 이 정도면 레피두스를 애초 예정됐던 임지인 스페인과 갈리아 남부 지역으로 보내기에 충분했다. 한편, 안토니우스는 카이사르 지지자들에게 호소하는 동시에 원로원 합의에 반하는 행동을 하지 않겠다고 의원들을 안심시킴으로써 권력을 구축하기로 결심했다. 안토니우스는 카이사르 암살자 사면을 주선했을 뿐 아니라 4월 중순에는 아마티우스와 그의 추종자 몇몇을 체포해 결국 재판 없이 처형했다. 이에 대응해, 원로원은 대중의 분노로부터 그를 보호할 경호원을 고용할 권한을 줬다. 물론, 안토니우스가 검투사 수십 명이 아니라 6천 명의 전직 백부장들을 경호원으로 모집하자 원로원은 충격에 빠진다. [16] 안토니우스는 한 달 조금 넘는 기간에 경험 있는 병사들로 경호원을 구성하는 일을 아주 능숙하게 처리했고, 카이사르 이후에 떠오를 정치 질서의 핵심 인물로 입지를 다졌다.

그런데 이제 막 전장에 뛰어든 인물이 하나 있었다. 카이사르의 양아들이자 법적 후계자인 옥타비아누스는 카이사르와 그의 군대가 계획한 파르티아 원정에 동행하려고 아폴로니아(지금의 알바니아)에서 기다리고 있었다. 사람들이 옥타비아누스를 진지하게 받아들이지 않은 데는 여러 이유가 있었다. 그는 로마 대중에게 널리 알려지지 않은 허약한 18세 청년이었고 공화국에서 중요 직책을 맡기에는 너무 어렸다. 그의 미래가 너무 어두워 보여서 그의 어머니 아티아와 양아버지이자 전 집정관 마르키우스 필리푸스는 아들에게 카이사르가 제안한 입양과 유산 상속을 포기하고 안전하게 있으라고 재촉했다. [17]

옥타비아누스는 그들의 조언을 따르지 않기로 결심했다. 그는 아폴로니아에서 카이사르의 병사들과 함께 지내면서 양아버지 휘하의 몇몇 장교와 강한 유대감을 형성한 덕분에 그들로부터 이탈리아에 들어오면 보호해 주겠다는 약속을 받았다. 그가 브룬디시움에 상륙하자, 그를 맞은 병사들도 그를 카이사르의 아들로 인정했다. 카이사르의 유언에 따라 이름을 율리우스 카이사르로 바꾸자 "사방에서 수많은 사람들이 카이사르의 아들인 그에게 몰려들었다. 그 중 일부는 카이사르와의 교우 관계 때문에 나왔고… 마케도니아 주둔 군대에 보급품과 돈을 전달하거나 다른 지역에서 돈과 공물을 받아 브룬디시움으로 가져온 군인들도 그들 중에 함께 있었다."[18] 그가 로마로 향하는 동안 빠르게 형성된 지지자 군대에 카이사르 휘하의 퇴역 군인 집단도 합류했다. 그가 자신과 이름이 같은 피살자를 위해 복수에 나설 것이 분명해지자 이 군대의 규모는 더욱 커졌다.

옥타비아누스가 4월 11일께 로마에 도착했을 때는, 도시 내에서 벌어지는 권력 투쟁의 소용돌이에서 어떻게 하면 입지를 가장 잘 다질지 이미 냉정한 계산을 끝낸 뒤였다. [19] 그는 이탈리아 남부를 여행하면서 카이사르의 이름이 가진 힘을 봤고, 죽은 독재관의 유산에 흔들림 없이 헌신하면 어떤 반향을 얻을지도 확인했다. 안토니우스나 레피두스와 달리, 옥타비아누스는 암살자들과 타협했다는 오점이 없었다. 그리고 과격한 아마티우스와 달리, 카이사르의 유산을 주장할 정당성이 있었다. 상당히 넓은 정치적 공간이 그 앞에 열려 있었다.

하지만 옥타비아누스는 이 공간을 어떻게 채울지 극도로 신중하게 처신하기로 했다. 카이사르를 살해한 자들을 너무 과격하게 뒤쫓거나 반대로 너무 타협적으로 용서해서는 안됐다. 옥타비아누스는 또한 나이 많고 경험 많은 로마 정치인들이 자신을 과소평가하는 데서 오는, 뚜렷한 이점도 잘 알았다. 노련한 정치인들 중 그 누구도 이 청년이 이례적으로 조숙한 정치 감각을 지녔기 때문에 카이사르가 그를 후계자로 지명했으리라고는 상상하지 못했을 것이다. 안토니우스부터 키케로까지 모두가 젊은 옥타비아누스를 쉽게 조종할 수 있다고 봤고, 수완을 발휘해 그 청년을 이용하고 처리할 수 있다고 생각했다. 그러나 옥타비아누스는 사람들이 이렇게 접근할 걸 알았다. 그는 자신을 이용하고 내치려는 사람들을 예의와 존중으로 대하는 것이 아주 유용한 정치 도구가 될 수 있음을 파악했다. 나이 많은 정치 수완가들은 이런 상징적 행동을 나약함의 징표로 봤겠지만, 이 때문에 옥타비아누스가 어떤 대가를 치를 리도 없었다. 그는 속임수를 모르는 것처럼 비치겠지만, 독자적으로 행동할 능력은 여전히 유지할 터였다. 젊은이를 통제하고 있다고 생각하는 이들은 옥타비아누스가 마침내 공격을 선택하면 가장 쉬운 표적이 될 것이었다.

때는 4월이었고 아직 갈 길이 멀었지만, 옥타비아누스의 등장은 수도 로마의 극적인 정국 개편을 재촉했다. 그가 로마로 들어왔을 때, 아마티우스는 여전히 포룸을 점령하고 있었고 브루투스도 로마에 남아 있었다. 옥타비아누스가 며칠 뒤인 4월 15일께 로마를 떠날 시점에는 이런 상황이 모두 바뀌어 있었다. 4월 12일부터 4월 14일 사이에 안토니우스는 아마티우스를 체포해 처형했고 브루투스는 도망쳤다. 두 사건은 부분적으로는 옥타비아누스가 카이사르의 후계자라는 특권을 주장하면서 촉발된 측면이 있었다. 4월의 며칠 동안 옥타비아누스가 취한 세 가지 행동이 두드러졌다. 첫째, 그는 당시 마르쿠스 안토니우스의 형이 맡던 시민 전담 법무관 사무실에 나타나 유산 상속을 공식 제기했다. 둘째, 그는 카이사르의 양자로서 카이사르 이름을 쓰는 걸 공인받으려 했다. 마지막으로, 그는 카이사르가 모든 경기에서 사용을 허락받은 왕좌와 왕관을 곧 열릴 케레스 여신 기념 경기 대회에 전시하려 했다. [20] 이 모든 것이 옥타비아누스의 뜻대로 된다면, 그는 카이사르의 후계자로서 정당성을 주장하면서 카이사르의 독특한 지위에 대한 공개 찬양을 주도할 수 있게 될 것이었다.

안토니우스도 옥타비아누스만큼이나 이 점에 민감했다. 그는 옥타비아누스의 카이사르 유산 상속을 막지는 않았지만, 이 젊은이가 카이사르의 이름을 쓰거나 카이사르의 공적 유산을 관리하게 두지는 않을 생각이었다. 안토니우스는 입양을 막으려고 절차를 지연시켰는데, 이는 아주 쉬운 일이었다. 로마 사제들이 승인하고 사제단 우두머리가 병사회에 상정해야 하는 사안이었기 때문이다. [21] 카이사르의 왕좌와 왕관을 경기에 전시하게 해달라는 요청에 대해서는 좀 더 분명하게 거부 의사를 표현할 수밖에 없었고, 실제로도 안토니우스는 이 요청을 거부했다. (안토니우스는 그해 말에 베누스 여신을 기념하는 경기에서 옥타비아누스가 카이사르의 왕관과 왕좌를 자신이 직접 사용하는 방식으로 전시하겠다는 요청 또한 거절했다.) 하지만 안토니우스의 방해에는 결과가 따랐다. 옥타비아누스는 카이사르가 명백히 밝힌 뜻을 안토니우스가 반대했다는 기록이 남게 상황을 몰아갔다. 또 며칠 동안 카이사르에 대한 헌신의 순수성을 공개적으로 강력하면서도 비폭력적으로 표현했다. 그의 행동은 독재관의 유산에 대한 안토니우스의 주장을 약화시키는 동시에 키케로 같은 공화주의자들에게 불안을 유발하지 않는 것이었다. 카이사르를 사랑한 이들에게, 옥타비아누스는 확실한 카이사르 옹호자를 대표했다. 공화정 복원을 원한 이들에게, 옥타비아누스는 잠재적 동맹 세력으로 여전히 유용했다. 안토니우스에게, 옥타비아누스는 매우 강력한 잠재적 경쟁자로 비쳤을 것이다.

옥타비아누스는 유산을 확보하고 4월 18일 로마를 떠났지만, 다른 목표들은 안토니우스의 방해로 대체로 이루지 못했다. 이런 방해는 해가 갈수록 옥타비아누스에게 편리하게 작용하게 된다. 옥타비아누스는 카이사르 암살에 복수하고 그의 유산을 존중하겠다는 약속을 대체로 이행하지 못했고, 심지어 한동안은 카이사르의 유언에 따라 로마인들에게 돈을 지급하지도 못했다. 그러나 이제 옥타비아누스는 이런 약속 불이행이 자기 탓이 아니라고 주장할 수 있었다. 냉소적인 데다가 한 입으로 두말하는 안토니우스가 사사건건 훼방 놓았을 뿐 자신은 경건한 청년인 셈이었다. 옥타비아누스는 스스로 이른바 안토니우스의 희생양임을 자처하는 데 주저하지 않았다. 옥타비아누스가 카이사르의 소유라고 주장한 재산 일부를 안토니우스가 내주지 않자, 옥타비아누스는 카이사르가 각 로마인에게 주기로 약속한 돈을 마련하려고 개인 소유물을 파는 시늉을 했다. 옥타비아누스가 소유권을 주장한 카이사르의 재산 중 일부에 대해 이의를 제기하는 소송이 잇따르자, 옥타비아누스는 안토니우스가 소송을 시작했다고 또다시 비난했다. 또 옥타비아누스가 킨나의 피살로 공석이 된 호민관직을 노리고 출마하는 걸 안토니우스가 미리 차단하자, 옥타비아누스는 자신이 의도하지도 않은 일을 명백히 금지하는 조처의 부당함을 부각시켰다. 그리고 옥타비아누스는 마찰을 빚은 뒤에는 꼭 사태를 부드럽게 해결하려고 안토니우스와 만날 자리를 마련하는 것까지 세세히 신경 썼다. 이 초보자는 이제 집정관보다 더 정치력 있는 인물로 비쳤다.[22]

기원전 44년이 지나가면서 옥타비아누스에게는 행운이 따랐고, 안토니우스와 카이사르 암살자들의 입지는 상당히 약화됐다. 7월 말에 옥타비아누스가 카이사르의 파르살루스 전투 승리를 기념하는 경기를 주최하는 동안, 혜성이 로마 하늘을 지나갔다. 옥타비아누스는 이 혜성이 승천하는 카이사르의 영혼이라고 주장했고, 카이사르가 기존 로마 포룸 옆에 짓던 새 포룸에 위치한 베누스 신전에 카이사르 머리 위에 별을 배치한 조각상을 기증했다. 이제 그는 더욱 더 카이사르의 진짜 후계자처럼 비쳤다. 반면 안토니우스는 도를 넘었다. 6월에 그는 이듬해인 기원전 43년에 자신에게 할당될 속주를 마케도니아에서 갈리아 치살피나와 갈리아 트란살피나로 변경하는 절차를 밀어붙였다. 두 지역은 카이사르가 갈리아 원정을 시작한 근거지였다. 그리고 그해 여름 늦게 마르쿠스 브루투스와 카시우스에게는 작은 속주인 크레타 섬과 (현재 리비아의 지중해 연안에 위치한: 옮긴이) 키레네가 배정됐다. 이는 모욕을 주는 것이자 상당 규모의 군대를 지휘할 여지를 빼앗는 조처였다. 브루투스와 카시우스는 여름이 끝날 무렵 로마를 떠났다.

두 사람 모두 자신들에게 할당된 지역으로 가지 않았다. 브루투스는 아테네로 갔고, 카시우스는 동방으로 이동하여 결국 시리아에 도착했다. 그러자 안토니우스에 대한 반발이 나타났다. 8월에는 카이사르의 장인인 피소가 원로원에서 안토니우스를 비난하고 나섰다. 이어 9월에는 키케로도 안토니우스 공격에 합세했다. 10월에는 키케로가 안토니우스의 인격을 잔인하고 강력하게 공격하는 '두 번째 연설(필리피카 Philippicae)'을 발표하면서 두 사람의 불화가 더 심해졌다. [23]

카이사르 지지자들과 키케로 같은 원로원 의원 두 진영 간 적대감이 커지자 안토니우스는 크게 동요한다. 그는 10월 초순을 대중의 지지를 다시 확보하는 노력에 할애했다. 10월 2일에는 공화국에 카이사르 살인자들을 위한 자리가 없다고 선언함으로써 지난 3월에 타협을 통해 실시한 사면을 거부하고 나섰다. 일주일 뒤에는 로마를 떠나 브룬디시움으로 가서 카이사르가 파르티아로 데려가려던, 경험 많은 군단과 만났다. 안토니우스는 이들이 자신의 갈리아 치살피나 통치를 뒷받침할 중추 세력이 될 것으로 믿었다. 안토니우스는 아마도 경쟁자의 신뢰도를 떨어뜨리고 이 군인들의 지지를 확고히 하기를 바라면서, 옥타비아누스에게 자신을 암살하려 한 혐의를 씌웠다. [24]

이런 노력들은 모두 역효과를 낳았다. 많은 로마인과 군인 다수는 안토니우스가 암살 혐의를 조작했다고 생각했다. 그의 공격은 옥타비아누스가 캄파니아에서 500데나리우스의 보너스를 약속하면서 카이사르 휘하에 있던 퇴역 군인들을 다시 모으게 만들었다. 옥타비아누스는 브룬디시움에서 안토니우스를 만날 예정이었던 군대에 사람을 보내 보너스 지급 계획을 미리 전하게 했다. 이 소식이 전해진 터라, 안토니우스가 마케도니아 군단을 만나 1인당 100데나리우스씩 주겠다고 말하자 무리에서 거친 웃음이 터져 나왔다. 안토니우스는 일부 군인을 잡아서 죽이는 걸로 대응했다. 웃음은 그쳤지만 그들은 안토니우스의 지휘 아래서 조용히 부글거렸다.

11월이 되자 안토니우스와 옥타비아누스가 싸울 채비를 마쳤음이 분명했다. 이 점이 공화정에 어떤 의미인지 이해해야 한다. 옥타비아누스는 국가 내에서 아무런 지위도 없었고 어떤 공직도 맡지 않은 상태였다. 그가 로마에서 권위를 확보하려고 내세운 핵심 근거 곧 카이사르의 양자라는 지위도 아직 법적으로 인정되지 않았다. 그러나 그는 수천 명의 병사를 이끌고 집정관과 전투를 벌일 준비를 마쳤다. 안토니우스의 위치도 약간 덜 모호할 뿐이었다. 그는 집정관으로서 명령권이 있었고 전투에 투입할 로마 군대에 대한 지휘권도 있었지만, 개인 간의 다툼에 군대를 사용할 법적 근거는 없었다. 시야를 이탈리아 너머로 넓히면, 섹스투스 폼페이우스를 볼 수 있다. 그는 공화국에서 공식 직책을 맡은 적이 없는 인물이며, 자기 아버지 아래 있던 군인들과 해방된 노예 그리고 기타 병력으로 구성된 함대와 군대를 지휘하고 있었다. 기원전 44년 가을부터 43년 초 겨울 사이에, 브루투스와 카시우스도 군대를 모집하고 유대와 그리스 같은 여러 지역에서 돈을 갈취하느라 바빴다. 그들도 조만간 거대한 군대를 이끌게 될 테지만, 거대한 군대를 조직하거나 지휘할 법적 권한은 마찬가지로 없었다. 로마는 전에도 내부 갈등을 겪었지만, 적어도 그럴듯한 권위를 갖춘 지도자가 있었기 때문에 고색창연한 정당성을 갖출 수 있었다. 이번처럼 개인적이고 왕조 간 다툼 같은 내전은 새로운 양상이었다.

주요 인물들은 전쟁 채비를 마쳤는지 몰라도 병사들은 준비가 되지 않았다. 적어도 아직은 말이다. 옥타비아누스가 소집한 퇴역 군인 다수는 자신들이 옥타비아누스를 보호하고 카이사르 암살자 추적을 돕는 게 아니라 안토니우스와 싸울 것임을 알게 되자 자신들을 놔줄 것을 요구했다. 옥타비아누스는 더 많은 보너스를 줌으로써 그중 일부를 잡아둘 수 있었다. 안토니우스는 운이 더 나빴다. 그는 남부 이탈리아에서 로마로 돌아온 뒤 11월 24일에 원로원을 소집했다. 그는 옥타비아누스를 국가의 적으로 선언하는 투표를 밀어붙일 심산이었다. 그러나 안토니우스 휘하의 한 군단이 옥타비아누스 쪽으로 옮겨가는 통에 안토니우스는 원로원 회의에 참석하지 못했다. 이 사태로 카이사르의 후계자보다 앞선다고 인식되던 안토니우스의 군사적 우위에 타격이 가해졌다. 안토니우스는 두 번째 회의를 11월 29일로 잡았으나, 또 다른 군단이 옥타비아누스 쪽으로 옮겨가자 옥타비아누스 비난 결의안을 제출하지 않기로 결심했다. 안토니우스가 집정관 임기 마지막 달에 할 수 있었던 최선은, 암살자 트레보니우스, 마르쿠스 브루투스, 카시우스에게 부여된 속주를 박탈하는 것뿐이었다. 물론 이 조처는 자신들에게 부여된 속주에 가지도 않은 마르쿠스 브루투스나 카시우스에게는 아무 의미가 없었다. [25]

안토니우스는 기원전 44년 12월 중순 갈리아 치살피나로 가서 데키무스 브루투스에 맞서는 군사 작전을 시작했다. 원로원과 옥타비아누스는 이에 신속하게 반응했다. 옥타비아누스는 원로원이 필요하다고 판단하면 자신에게 충성하는 군대를 안토니우스와 맞서는 데 투입하겠다고 다짐했다. 옥타비아누스가 이제 사병들을 자신을 위해서가 아니라 원로원을 돕는 데 이용하려 했기 때문에, 군인들은 그의 지도력을 더 기꺼이 받아들이게 됐다. 군인들은 통상 법 집행권이 있는 인물을 수행하는 호위병인 릭토르를 옥타비아누스에게 붙여줬고, 그에게 속주의 총독 명칭을 쓸 것을 촉구했다. 옥타비아누스는 릭토르는 받아들였지만, 직위는 원로원이 수여해야 한다고 지적했다. 이어 그는 "원로원도 특히 당신들의 열망과 내가 주저한다는 사실을 안다면" 어쨌든 직위를 수여하게 될 것이라는 불길한 경고를 하면서, 병사들에게 로마에 가서 직위 수여를 요구하지 말라고 설득했다. 공화국이 원로원의 투표를 거쳐 수여해오던 직위와 명예를 이제는 군인들이 자신의 지휘관을 위해 주장할 여지를 남긴 것이다. 게다가 그는 원로원이 병사들끼리 자신의 지휘관에게 임의로 부여한 권력이나 명예를 추후 승인할 압박감을 느낄 거라고 이해할 만큼 정치적으로 예리했다. [26]

옥타비아누스는 원로원의 냉소주의를 아주 잘 파악해 왔다. 한때 카토와 같은 편에서 싸우고 공화정의 원칙에 박수를 보냈던 많은 원로원 의원들은 이제 옥타비아누스와 그에게 충성하는 군대를 활용해 안토니우스를 물리칠 수만 있다면 아주 만족할 터였다. 키케로는 12월 20일 원로원 회의에서 원로원을 위해 일하기로 한 옥타비아누스를 칭찬했다. 그리고 기원전 43년 1월 1일 새로운 집정관 히르티우스와 판사가 취임하자, 원로원은 옥타비아누스에게 속주 총독직을 부여하기로 의결했다. 또 그가 병사들에게 약속한 보너스는 공공 자금에서 지급하기로 합의했다. 이는 옥타비아누스가 주장해 온 군사적 권한을 그가 미리 정한 조건에 따라 사후에 합법화해준 것이다. 원로원은 이와 함께 히르티우스와 판사에게 안토니우스에 맞설 군단을 따로 모집하라고 지시했다. 2월에 안토니우스에게 보냈던 사신이 합의 도출에 실패하자, 원로원은 두 명의 집정관과 옥타비아누스에게 안토니우스가 공화정을 해치지 못하게 군대를 동원하도록 허용했다. 로마는 다시 내전에 빠져 들었다. [27]

4월 14일 안토니우스가 북부 이탈리아의 무티나 외곽 13km 지점에서 판사가 이끄는 신병 4개 군단을 공격하면서 전투가 시작됐다. 그런데 히르티우스는 카이사르 휘하에 있던 경험 많고 무시무시한 군단인 '레기오 마르티아Iegio Martia'를 판사에게 보냈다. 이 군단이 도착했을 때는 안토니우스의 군대가 판사의 신병들을 거의 무찌른 상태였고 판사도 전투에서 부상을 당했다. 마르티아 군단이 전쟁터에 투입되자 전투는 순식간에 안토니우스 군대의 완패로 변했다. 안토니우스가 혼란 속에 후퇴하는 동안 그의 군단은 군기를 빼앗겼다. 일주일 뒤 안토니우스는 옥타비아누스와 히르티우스의 군대를 공격하는 위험을 감수하기로 결심했다. 그의 군대는 다시 패배했고, 안토니우스는 남은 군대를 이끌고 레피두스가 통제하는 북쪽 지역으로 도망칠 수밖에 없었다. 안토니우스는 레피두스가 자신을 계속 지원할 걸로 믿었다. 그런데 히르티우스는 두 번째 전투를 벌이다가 전사했고 판사는 안토니우스가 도망친 지 얼마 지나지 않아 전투에서 입은 부상 때문에 숨졌

다. 집정관들은 죽었고 옥타비아누스가 홀로 승리한 군대를 지휘하게 됐다. [28]

키케로와 동료 원로원 의원들은 안토니우스의 패배 소식을 듣고 의기양양했고, 이어서 정말로 놀랄 만큼 오만한 모습을 보였다. 그들은 옥타비아누스가 거둔 진정한 승리를 인정하는 대신 다른 인물 여러 명에게 상을 주고 명예를 부여하기로 의결했다. 안토니우스의 패배가 마치 고귀한 자유 수호자 무리가 모두 제 몫을 한 공화정의 위대한 승리인 것처럼 행동한 것이다. 원로원은 전투 내내 거의 성벽 뒤에 머물렀고 안토니우스가 북쪽으로 도망치자 추격하지도 않은 데키무스 브루투스와 그의 군대에게 개선식을 베풀었다. 원로원은 또 카시우스의 시리아 주둔을 공식 인정했다. 그는 승리에 아무 기여도 하지 않았고, 동방에서 군대를 모으기 위해 현지 왕들로부터 돈을 갈취하기 바빴는데도 말이다. 그리고 어떤 전투에서도 공을 세운 바 없는 섹스투스 폼페이우스는 로마 함대의 제독이 됐다. [29]

한편, 젊은 옥타비아누스는 아무 관직도 받지 못했고 그를 위한 약식 개선식조차 열리지 않았다. 그의 병사들은 보너스가 깎였고, 옥타비아누스 휘하에서 데키무스 브루투스 휘하로 옮겨 복무하라는 명령을 받았다. 그러나 옥타비아누스는 역사에서 부차적인 존재로 남을 생각이 없었고, 카이사르 휘하 군대 중 최고였던 옥타비아누스의 군인들은 카이사르를 살해한 자 아래서 복무하라는 명령을 따를 이유가 더더욱 없었다. 그들은 원로원이 아니라 카이사르의 후계자인 자신들의 지휘관에게 충성했다. 군인들은 너무나 분노한 나머지 옥타비아누스와 함께 원로원의 명령을 무시했다. 원로원은 오만함으로 가장 강력한 군 사령관과 그의 군대를 소외시켰다. [30]

5월 말이 되자, 원로원 의원들이 얼마나 계산을 잘못했는지 분명해졌다. 레피두스가 더 이상의 유혈 사태를 피하기 위해 안토니우스와 힘을 합쳤다는 것을 알리는 편지가 5월 30일에 도착했다. 원로원은 즉각 레피두스를 공공의 적으로 규정했는데, 이는 대체로 의미가 없는 조처였다. 레피두스와 로마 사이에 의미 있는 군대라고는 옥타비아누스가 이끄는 군대뿐이었는데, 이들이 더는 원로원의 명령을 따르지 않기로 한 까닭이다. 6월 말에 가서야 원로원은 옥타비아누스의 병사들을 포상할 위원회를 파견했다. 그러나 원로원은 또다시 상황을 완전히 엉망으로 만들었다. 원로원 의원들은 병사들과 협상을 하면서 의도적으로 옥타비아누스를 배제시켰고, 그에게는 따로 법무관 선거 출마 기회를 제시했다. 옥타비아누스와 병사들은 분노로 답했다. 병사들은 원로원에 사람을 보내 옥타비아누스가 집정관이 되게 해줄 것을 요구했다. 원로원이 이를 거부하자 옥타비아누스는 병사들을 소집했다. 군인들은 원로원이 거부한 집정관직을 차지하기 위해 자신들을 이끌고 로마로 갈 것을 요구했다. [31]

옥타비아누스와 그의 군대는 기원전 43년 8월 로마에 입성했다. 로마에 주둔하던 1개 군단과 원로원 편에서 싸우도록 아프리카에서 소환된 2개 군단이 항복하면서 그의 군대 규모는 더욱 커졌다. 8월 19일 군대가 로마 근처에 진 치고 있는 가운데 옥타비아누스는 카이사르의 또 다른 후계자이자 자신의 친척인 퀸투스 페디우스와 함께 히르티우스와 판사의 죽음으로 공석이 된 집정관직을 대신 맡게 됐다. 옥타비아누스는 공공 자금으로 병사들에게 2500데나리우스씩을 지급하도록 했다. 이어 옥타비아누스가 카이사르의 양자로 공인됐다. 그의 동료 집정관은 44년 3월 이뤄진 카이사르 암살자 사면 조처를 철회하는 법 제정을 추진했다. 카이사르 암살자들과 그들의 동맹 세력 섹스투스 폼페이우스는 오래 걸리지 않은 궐석 공개 재판에서 유죄 판결을 받았다. [32] 옥타비아누스에게 맞설 여지가 있는 브루투스, 카시우스, 섹스투스 폼페이우스가 모두 범죄자로 규정된 가운데 옥타비아누스는 레피두스와 안토니우스를 만나러 북쪽으로 진군했다. 하지만 이번에는 우호 세력으로 간 것이었다.

세 사람은 (현재의 볼로냐에 해당하는) 보노니아 근처를 흐르는 강에 있는 섬에서 만났다. 그들은 이틀 동안 논의해, 옥타비아누스가 얼마 전 취임한 집정관직에서 물러나고 안토니우스, 레피두스와 삼두정치 체제를 구성하기로 합의했다. 이 체제는 5년 동안 집정관의 권한과 정무관 임명 권한을 갖는 공화정 조직 구성을 위한 것이었다. 그들은 이어 서쪽의 속주를 나누는 데도 합의했다. 레피두스는 로마에 남고, 안토니우스와 옥타비아누스는 브루투스, 카시우스와 싸우기 위해 동쪽으로 가기로 했다. 그들은 이탈리아 18개 도시의 토지를 몰수해 병사들에게 나눠주기로 했으며, 처벌 대상이 될 경쟁자 목록을 작성하고 그들을 처형한 뒤 재산을 몰수하는 데도 합의했다. [33] 합의가 이뤄지자 옥타비아누스는 처벌자 목록을 뺀 모든 조건을 세 사령관 휘하 병사 전원에게 알렸다. 병사들은 환호로 화답하고 화해를 축하하기 위해 서로 포옹했다. 로마 정치 조직을 재편성하고 막대한 규모의 이탈리아 토지와 부를 재분배하는 회의에 원로원과 민회가 배제된 사실을 신경 쓰는 이는 보노니아에 아무도 없었던 것 같다. [34]

세 사람은 로마로 진군해 11월 27일 공개 회의에서 자신들이 정한 권한을 추인받았다. 처벌자 130명 명단이 선정한 이유에 대한 설명과 함께 11월 28일 발표됐다. 이들 삼두는 처벌자의 목을 가져오는 자유인에게 2만5000데나리우스를 주겠다고 내걸었다. 이 명단에서 가장 눈에 띈 인물인 키케로는 12월 7일 체포돼 살해되었고, 안토니우스는 그를 죽인 이에게 애초 약속한 현상금의 10배를 지급한 뒤 포룸의 연단 위에 이 웅변가의 머리와 손을 매달라고 명령했다. 그러나 초기의 처형과 재산 압수만으로는 충분한 돈을 확보할 수 없었다. 그래서 처벌 대상자를 더 늘렸고 결국 원로원 의원 300명과 기사 2,000명이 대상에 포함됐다. 이를 통해서도 충분한 재원을 확보하지 못하자, 삼두는 로마의 부유한 여성 1,400명에게 특별세를 부과했다. 처벌자 명단보다 특별세에 대한 대중의 항의가 더 컸다는 점은 인상적이다. 대체로 이는 남성들에게 하듯이 여성들에게도 치명적인 폭력을 가해 입을 막기 어려웠던 탓이다. [35]

삼두가 이탈리아에서 독재를 하는 동안, 브루투스와 카시우스는 동양에서 거의 비슷하게 행동했다. 그들의 만행에 희생된 이들은 로마 시민이 아닌 로마의 신민과 예속 피보호민들이었지만, '해방자들'이 저지른 절도와 파괴는 삼두가 한 것 못지 않게 심각했다. 예컨대, 카시우스는 유대에서 은 700달란트(은화 600만 데나리우스를 주조할 수 있는 규모)를 갈취하고, 요구에 응하지 않은 마을 전체를 노예로 팔았으며, 자신의 기반을 약화시킨다고 생각되는 타르수스 같은 도시에는 1,500달란트에 달하는 벌금을 부과했다. 그는 나중에 독립 국가였던 로도스 섬을 공격하고 약탈했으며, 주민들에게 재산을 바치도록 강요하고 이를 이행하지 않는 주민을 처형했다. 브루투스는 소아시아 서부 지역 사회에서 돈과 재산을 빼앗았고, 크산투스와 파타라 같이 저항하는 지역을 약탈했다. 그리고 이 '해방자들'은 압수한 막대한 양의 귀금속으로 금화와 은화를 주조했다. 그 중 일부에는 '리베르타스(자유)'라는 문구가 적혀 있었고 다른 일부에는 브루투스의 초상이 새겨져 있었다. 그들의 손아귀에서 자유는 독재와 거의 구별되지 않는 것으로 전락했다.[36]

해방군과 삼두의 군대가 거의 한 달 동안 전열을 정비한 뒤 10월 초 그리스 북부의 빌립보 외곽에서 대면했다. 전투는 두 쪽이 각각 약 10만 명의 병력을 동원해 벌인 대규모 전투였으며 결판이 나지는 않았다. 안토니우스는 적군을 완파해서 카시우스가 자살하게 만들었다. 하지만 거대한 전장의 반대편에서 브루투스는 옥타비아누스 군대에 심각한 패배를 안겼고 삼두측의 진지를 점령했다. 당시 옥타비아누스는 중병 때문에 현장에 없었다. 브루투스는 10월 23일 두 번째 피비린내 나는 전투에 휘말렸고, 삼두가 다시 승리했다. 브루투스와 그의 대의를 따르던 이들 다수가 자살했다. 이렇게 되자 살아남은 병사 대부분은 삼두 휘하 군대에 합류했다.[37]

그리스에서 벌어진 삼두의 군대와 해방군의 두 차례 전투에서 거의 4만명이 숨졌다. 여기서 삼두가 승리했지만 내전은 끝나지 않았다. 내전의 새로운 국면이 시작됐을 뿐이다. 빌립보 전투에 참가했던 병사들은 모두 궁극적으로 자신들을 모집하고 돈을 준 지휘관들을 위해 싸웠고, 전투가 끝난 뒤에도 그들이 충성하는 대상은 공화국이라기보다 돈을 준 고용주였다. 이제 그저 브루투스와 카시우스 휘하의 많은 병사들이 안토니우스와 옥타비아누스의 병력을 보충해 줬을 뿐이다. 승리한 삼두가 자신들에게 개인적으로 충성하는 군대를 동원해 일을 벌인다고 해도 이를 통제할 체계가 로마에는 없었다. 이런 통제력 부재는 빌립보 전투 이후 삼두 사이에 위계질서가 분명히 형성됐기 때문에 특히 위험했다. 안토니우스는 갈리아 지역과 동방을 장악했다. 이전에는 이 지역에서 성공한 장군들이 로마에서 권력을 장악했었다. 옥타비아누스는 서부 나머지 지역 대부분을 통제했다. 그는 삼두가 이끄는 군대에서 제대한 군인이 몰려가 정착하면서 사회적, 경제적 혼란에 빠진 이탈리아도 관리해야 할 상황이었다. 이제 분명히 3위로 밀려난 레피두스는 아프리카 통제권을 받았다. 이런 상황은 지속 가능한 구조가 아니었고, 모두 이 점을 알았다. [38]

그런데도 삼두정치 주인공 사이의 불안한 균형은 이때부터 거의 5년 동안 유지됐다. 이 기간의 구체적인 상황 전개는 공화정의 몰락 이야기에 있어서 별로 중요하지 않다. 더 중요한 것은, 독재에 적응하려 애쓰는 공화정 내부에서 광범하게 등장한 행동 양식이다. 예컨대, 삼두정치의 3인이 군인들에게 나눠주려고 땅을 몰수한 이탈리아 18개 도시에서 나눠줄 땅을 충분히 확보할 수 없게 되자, 옥타비아누스는 기원전 41년 주변 지역 땅까지 몰수할 수밖에 없었다. 이탈리아인들은 당연히 땅 몰수에 엄청나게 분노했지만, 이들이 우려를 전달하거나 싫어하는 정책을 바꿀 정치적 절차가 존재하지 않았다. 남은 건 무장 반란뿐이었고, 삼두정치 독재의 '제로섬 게임'에서 옥타비아누스의 실패는 안토니우스의 이익으로 돌아왔다. 바로 이 때문에 안토니우스의 아내 풀비아와 동생 루키우스는 불만스러워 하는 이탈리아인들에게 옥타비아누스가 보낸 식민지 정착민들에게 저항하도록 부추겼다. 옥타비아누스는 결국 반란 세력을 이탈리아 중부 페루시아시에서 봉쇄하게 된다. 기원전 40년 봄 이 도시가 무너졌을 때 벌어진 대학살은 몸서리치는 것이었다. 옥타비아누스의 군대는 도시를 약탈하고 불태웠다. 풀비아와 루키우스 안토니우스는 약탈 직전 각각 아테네와 스페인으로 떠나도록 허락 받았다. [39]

페루시아 포위 공격 이후 옥타비아누스와 안토니우스는 둘 사이의 전면전이 임박했음을 깨달은 것 같다. 두 사람은 이에 대비한 동맹을 구축하기 위해 섹스투스 폼페이우스를 접촉했다. 폼페이우스는 결국 안토니우스와 손을 잡았고 이탈리아 해안선을 습격해 로마에 대한 곡물 공급을 차단하는 데 상당한 성과를 올렸다. 안토니우스는 40년 늦여름 옥타비아누스의 5개 군단이 지키고 있던 브룬디시움을 포위했다. 옥타비아누스가 이 군단을 지원하기 위해 도착했고 아마도 더 중요할 수 있는 인물인 최정예 장군 아그리파도 도착했다. 그러나 대규모 전투가 시작되기도 전에 양측 군대가 너무나 공세적으로 타협을 요구해 지휘관들은 전투에 나설 수 있을지조차 확신할 수 없었다. 결국 안토니우스와 옥타비아누스는 또다시 타협했다. 두 삼두 정치인은 제국을 재분할했고, 이번 분할은 사실상 대등한 방식으로 이뤄졌다. 안토니우스는 갈리아, 일리리쿰, 그리고 서부 나머지 지역에 대한 옥타비아누스의 관할권을 인정했다. 협상에 참석하지 않았고 협의 대상도 되지 못했던 레피두스는 아프리카 관할권을 계속 유지했다. 안토니우스는 동방의 속주와 이탈리아에서 군대를 모집할 권리를 얻었다. 옥타비아누스는 시칠리아를 섹스투스 폼페이우스에게서 되찾아 자기 지휘 아래 뒀고, 안토니우스는 카이사르가 암살당하면서 지연된 전쟁을 위해 파르티아로 가게 된다. 두 사람의 화해는 안토니우스가 옥타비아누스의 누이 옥타비아와 결혼함으로써 매듭지어진다. 그리고 기원전 39년 안토니우스와 옥타비아누스는 섹스투스 폼페이우스가 오스티아 항구를 봉쇄하면서 로마에 기근이 발생하자 그와 추가 조약을 위한 협상에 나섰다. 아피아노스는 "평화 그리고 분열적인 전쟁, 아들들의 징집… 농토 약탈, 농업 파괴, 무엇보다 기근으

로부터의 해방"이 찾아오자 로마 대중이 기뻐했다고 기록했다. [40]

　실로 이탈리아인들로서는 이런 어려움 일부에서 벗어나게 됐지만, 옥타비아누스, 섹스투스, 안토니우스, 그리고 레피두스조차 여전히 전투를 포기하지 않았다. 그리고 기원전 30년대로 넘어가면서 힘의 균형은 점점 옥타비아누스 쪽으로 기울었다. 삼두의 초기 영토 분할 과정에서 이탈리아를 배정받은 옥타비아누스는 이탈리아 지배에서 여러 심각한 문제에 직면했다. 그중 큰 문제 하나는, 섹스투스 폼페이우스가 로마의 해외 식량 수입을 위협하던 시기에 이탈리아 농업을 붕괴시킨 토지 몰수 사업을 감독하는 일이었다. 그러나 옥타비아누스는 그 폭풍을 성공적으로 극복하고 갈리아까지 통제하게 된다. 안토니우스는 기원전 42년 동방에 대한 임무를 맡으면서 그 지역의 막대한 부를 이용하고 그 지역 독립 왕국들과 동맹을 맺을 기회를 얻은 듯했다. 그러나 카시우스와 안토니우스의 약탈 이후 동방은 로마 통치에 대한 반감으로 달아올랐다. 라비에누스라는 이름의 반체제 로마 사령관이 기원전 40년에 파르티아 군대의 지원을 받아 시리아와 소아시아 대부분을 손에 넣었다. 그가 39년 초까지 장악한 영토는 에게해 연안에까지 도달했다.

　안토니우스가 기원전 39~38년 아테네에서 겨울을 보낸 뒤 배를 이용해 동방으로 돌아오면서 상황이 안정되기 시작했다. 안토니우스의 부관이 소아시아를 되찾고 라비에누스를 물리쳤다. 파르티아는 시리아에서 대부분 물러났고, 동방의 많은 왕과 소군주들이 다시 기꺼이 안토니우스의 지휘를 받기로 했다. 안토니우스는 이 지역에 대한 로마의 직간접 지배 체계를 재구축하기 바빴으나, 이전 세대에 이런 재구축을 가능하게 해 준 군사적 승리는 거두지 못했다. 그 사이 옥타비아누스는 다시 섹스투스 폼페이우스를 도발했다.

　안토니우스와 옥타비아누스는 기원전 37년 타렌툼에서 다시 만났다. 만남 장소로 이곳을 고른 이유는, 브룬디시움이 옥타비아누스에 대한 지지를 표시하며 안토니우스와 그 휘하 배들의 입항을 저지했기 때문이다. 두 사람 사이의 평화는 여전히 잘 유지되어, 안토니우스는 섹스투스 폼페이우스와의 전쟁을 돕기 위해 옥타비아누스에게 즉시 130척의 배를 제공하는 데 동의했다. 그리고 옥타비아누스는 미래 어느 시점에 안토니우스에게 2만 명의 병력을 제공하겠다고 약속했다. (하지만 옥타비아누스는 이 약속을 결코 이행하지 않았다.) 두 사람은 또한 이듬해에 만료될 삼두정치를 연장하는 골치 아픈 문제도 해결했다. 이는 삼두정치를 기원전 33년까지 연장한다는 자신들의 결정을 대중 투표로 추인받는 형식으로 처리됐다. [41]

하지만 기원전 36년 말이 되자 안토니우스와 옥타비아누스 사이에는 예의와 군사적 대등함이 사라지기 시작했다. 이는 안토니우스와 이집트의 여왕 클레오파트라 사이의 로맨스가 싹트기 시작한 것과 밀접한 관련이 있다. 두 사람은 기원전 41년 여왕이 안토니우스를 아나톨리아의 도시 타르수스 근처에서 왕실 연회용 배로 초대해 성대하게 접대할 때 처음 만났다. 그 뒤 안토니우스는 알렉산드리아로 향했고, 이 여행 중 시리아의 정세를 살폈다. 그는 기원전 41~40년 겨울에 이집트 수도에서 여왕과 함께 있었다. 여왕은 40년에 안토니우스에게 쌍둥이 아들을 낳아 줬다. 이때는 안토니우스가 옥타비아누스의 누이 옥타비아와 결혼한 후였다. 안토니우스가 알렉산드리아에 머물면서 파르티아의 시리아 진출이 용이해진 뒤였는데도, 안토니우스가 계속 클레오파트라에 집착한 통에 잘못된 전략적 선택을 하고 있음이 분명해졌다. 하지만 기원전 30년대 중반이 되자, 안토니우스는 이집트 여왕에게 너무 헌신하는 모습을 보임으로써 초래된 결과를 무모하게 외면하는 지경까지 갔다. 안토니우스는 이탈리아에서 돌아오면서 유대와 같은 로마의 피보호 왕국을 클레오파트라에게 넘기고 로마의 동맹국들에게 이 땅을 다시 빌리라고 강요했다. 클레오파트라는 기원전 36년에 안토니우스에게 또 아들을 낳아 줬고, 안토니우스는 4년 후 클레오파트라와 사이에서 낳은 쌍둥이를 자식으로 인정함으로써 부인 옥타비아에게 굴욕을 안겼다. 그해에 안토니우스는 파르티아 침공을 감행했지만 비참하게 실패했고, 그의 군대는 아르메니아를 통해 황급히 퇴각해야 했다. 그 뒤, 안토니우스가 클레오파트라를 알렉산드리아에 두고 떠나기까지 너무 오래 있었고 그녀에게 너무나 돌아가고 싶어한 탓에 적당한 침공 시기를 놓쳤다는 소문이 돌았다. 최악은, 안토니우스가 클레오파트라와의 관계 때문에 이탈리아에서 명성에 타격을 입은 것조차 인식하지 못했다는 점이었다. [42]

이와 동시에 옥타비아누스는 섹스투스 폼페이우스에게 큰 패배를 안겼고 시칠리아를 점령했으며 섹스투스의 함대 대부분을 파괴하거나 나포했다. 섹스투스는 동쪽으로 도망쳤고 처음에는 안토니우스에게 지원을 요청했다. 하지만 안토니우스가 파르티아에서 패했다는 소식을 들은 뒤에는 안토니우스의 약점을 파악해 이용하려 했다. 이는 실수로 판명됐다. 안토니우스의 부관들과 동맹 세력은 섹스투스를 추격했고 이들 중 한 명이 기원전 35년에 밀레투스에서 그를 죽였다.

레피두스도 북아프리카 주둔지에서 옥타비아누스의 섹스투스 공격 작전에 참여했다. 그의 군대와 아그리파가 이끄는 군대 그리고 한 때 섹스투스 밑에 있던 8개 군단이 시칠리아의 도시 메사나 외곽에서 만났다. 레피두스의 군단과 섹스투스 밑에 있던 군단이 합세해 메사나를 약탈했다. 이 합동 작전이 레피두스의 야망을 자극했고, 그는 삼두정치 내에서 자신의 지위를 놓고 재협상을 벌이자고 옥타비아누스를 압박했다. 하지만 옥타비아누스가 협상 자리에 도착하자 군대가 모두 레피두스를 저버렸다. 이제 레피두스는 거의 문제가 되지 않는 존재였고 그래서 옥타비아누스는 그를 죽이지도 않았다. 그는 이제 강제로 개인으로 돌아가서 대사제 '폰티펙스 막시무스'라는 칭호만 유지하는 신세가 됐다. 옥타비아누스는 일방적으로 레피두스를 삼두정치에서 빼버렸는데, 이는 로마의 어느 누구와도 상의하지 않은 채 시칠리아에서 단행됐다. 이는 그가 고색창연한 공화정의 절차를 지키는 데 관심이 없음을 보여줬다. 옥타비아누스는 이제 지중해 주변 아프리카부터 스페인과 갈리아를 거쳐 이탈리아에 이르는 로마의 서부 영토 전부를 장악했고, 45개 군단을 운용했으며, 삼두가 처음 설정한 데서 크게 바뀐 정치 게임의 규칙조차 신경 쓰지 않는 위치가 됐다. [43]

옥타비아누스는 이런 승리 이후 안토니우스와의 전쟁을 피할 수 없다고 생각한 듯하며, 이에 따라 군인과 이탈리아 대중을 준비시켰다. 그의 병사 중 일부는 섹스투스 폼페이우스를 무찌른 뒤 해산을 요구했고, 옥타비아누스는 가장 오래 복무한 병사 2만 명을 이탈리아와 갈리아 땅에 정착하게 했다. 그러나 그는 자신의 영토와 안토니우스의 영토를 나누는 국경 근처의 달마티아 이방인들을 공격함으로써 나머지 군대의 무장을 계속 유지했다. 이 작전은 기원전 33년에 또 한번 성공을 거뒀다. 옥타비아누스는 달마티아를 공격하며 되찾은 군단 깃발을 과시하듯 게양했고, 전투 과정에서 자신이 부상당한 사실이 퍼져나가도록 놔뒀다. 옥타비아누스는 그렇게 성공적인 지휘관이라는 인상을 서서히 구축해 갔고, 자신의 선량한 로마식 활력과 이집트에서 비롯된 안토니우스의 나태함을 적어도 암묵적으로 대비시키기 시작했다. [44]

옥타비아누스와 그의 동료들은 이탈리아 관리자로서의 그의 활력과 이집트에서 안토니우스가 보여주는 클레오파트라에 대한 헌신을 여러 가지 방식으로 대비시켰다. 기원전 36년부터 33년 사이에는 옥타비아누스의 지지자들이 검투사 경기를 위해 로마 최초의 석조 원형 극장을 지었고, 헤라클레스 신전, 벨로나 신전, 파울라 바실리카를 복원했다. 옥타비아누스 휘하 장군 아그리파는 한 걸음 더 나아갔다. 그는 로마의 오래되고 낙후한 기원전 2세기 초 옛 수도 기반 시설을 복원하고 확장하여 아쿠아 마르키아 수도교를 따라 새로운 수로를 설치하고 도시 안의 수로 종점에 새로운 공공 분수를 만들었다. 아그리파는 도시의 식량 공급을 보장하면서 이제 식량 부족과 기근의 시대가 지났다고 강조했다. 그는 기원전 33년에 59일 동안 이어진 경기 대회를 후원했고, 축제일에는 로마인들이 무료로 이용할 수 있게 이발사 비용까지 부담해 줬다. 이 모두는 안토니우스의 결점을 부각시켰을 뿐 아니라 최근 수십 년 동안 공화국이 로마 시민의 구조적, 개인적 필요를 적절히 해결해 주지 못했음도 은근히 강조하는 것이었다. 옥타비아누스는 이탈리아인들에게 자신과 동맹 세력이 삼두정치 경쟁자 안토니우스와 공화국의 직전 전임자들보다 더 뛰어나고 더 잘 반응하는 지도자임을 보여줬다. 옥타비아누스는 자신이 공화정의 전통과 구조를 지키고 보존한다는 주장을 계속 공개적으로 표명했지만, 실제로는 삼두정치의 독재를 옥타비아누스 자신의 독재로 바꾸는 토대를 마련해 가고 있었다. [45]

옥타비아누스와 그의 지지자들이 로마에서 조성한, 부흥하고 번영한다는 느낌은 안토니우스의 신용을 떨어뜨리려는 훨씬 더 강한 시도와 상호작용을 했다. 이 노력은 다양한 형태를 취했지만 안토니우스를 외국 여왕 클레오파트라의 정신 못 차리는 노예로 묘사하는 데 집중됐다. 아마도 이런 인상을 조성하는 데 있어서, 옥타비아누스의 누이이자 안토니우스의 아내 옥타비아보다 더 강력한 무기는 없었을 것이다. 옥타비아누스는 기원전 35년에 옥타비아와 자기 부인 리비아의 조각상을 공공 장소에 세웠고 보통은 호민관에게만 주어지는, 모욕당하지 않을 권리를 공식 부여했다. 옥타비아의 지위 상승은 안토니우스와 클레오파트라의 관계가 이탈리아에 이미 잘 알려진 시점에 이뤄졌다. 이제 법적으로 모욕당하지 않을 권리를 지닌 여성인 옥타비아를 대하는 안토니우스의 행동은 기원전 30년대가 흘러가면서 더 노골적으로 무례해 졌다. 그는 군사 작전을 벌이지 않는 동안에는 자신의 아내보다 이집트의 클레오파트라와 함께 지냈다. 옥타비아는 기원전 35년에 남편의 동방 원정을 도우려고 군수품과 함께 군대를 이끌고 동방에 나타났다. 안토니우스는 병사들을 받아들이면서 옥타비아에게는 바로 로마로 돌아가라고 말했고, 겨울을 다시 알렉산드리아에서 클레오파트라와 함께 보냈다. 플루타르코스의 표현을 따르자면 "그녀는 멸시를 당했다고 생각했으나" 로마로 돌아가 안토니우스와 함께 살던 집에 계속 머물면서 자신이 낳은 아이들과 전처 소생의 아이들을 모두 보살폈다. 한편, 옥타비아누스는 안토니우스의 경건한 로마인 아내와 알렉산드리아의 화려한 여왕이 대비되는 걸 누구도 잊지 않게 만들었다. [46]

안토니우스는 다른 실수들도 저질렀다. 그는 기원전 34년에 아르메니아 왕을 사로잡은 뒤 알렉산드리아에서 개선 행진을 했다. 이탈리아의 옥타비아누스와 그의 동맹 세력들은 안토니우스의 개선 행진을 로마의 승리를 이집트의 수도로 가져간 행태이자 그 도시의 전형적인 퇴폐를 반영해 변질된 행태로 규정했다. 전해진 바에 따르자면, 안토니우스는 전차를 타고 도시로 들어와 전리품을 클레오파트라에게 선물했다. 이어 알렉산드리아 사람들에게 잔치를 베풀고 여왕과 그의 자녀들과 함께 황금빛 왕좌에 앉아서 그들 가족에게 로마 영토를 선물했다. 이런 이야기는 안토니우스의 옥타비아 홀대와 결합하면서, 옥타비아누스로 하여금 안토니우스가 클레오파트라의 매력과 그 나라 수도의 사치에 정신을 잃어 로마를 배신했다고 공공연하게 주장할 수 있게 해줬다. [47]

옥타비아누스는 곧 안토니우스의 결정적인 약점을 이용하게 된다. 삼두 정치 체제는 기원전 33년 말에 만료됐고, 이렇게 되면 로마 국가는 이론적으로 정상적인 공화정 질서로 돌아가야 했다. 그런데 현실적으로는, 옥타비아누스와 안토니우스가 막강한 군사력을 갖고 있어서 그럴 수가 없었다. 동방에 안락하게 눌러 앉은 안토니우스는 실질적인 도전에 직면하는 일 없이 정치적으로는 최대의 지위를 계속 누렸다. 그러나 옥타비아누스는 이탈리아에 있었고, 기원전 32년이 시작되자 몇 년 전 안토니우스와 옥타비아누스의 사이가 좋았을 때 미리 집정관으로 지명했던 안토니우스 쪽 인물 두 명이 집정관직에 오르는 사태를 맞게 된다. 이 안토니우스 지지자들은 삼두 정치의 법적 시한이 만료됐다는 사실을 이용해 옥타비아누스를 불법적으로 권력을 쥔 인물로 공격하려 했다. 1월 1일, 그들 중 한 명이 옥타비아누스를 공격하는 연설을 하면서 원로원에 그에 대한 제재안을 제출했다. 호민관이 이 제안에 거부권을 행사했으며, 회의가 열리던 시기에 로마를 떠나 있던 옥타비아누스는 곧바로 군대를 이끌고 로마로 돌아왔다. 그는 성벽 바로 외곽에 머물면서 자신에게 충성하는 호민관에게 원로원을 소환해 오도록 했다. 그는 두 집정관 사이에 마련된 상아 왕좌에 앉아 혐의에 대해 변론했고, 앞으로 열릴 원로원 회의에서 안토니우스의 반역죄 증거를 제시하겠다고 약속했다. [48]

불안해진 집정관들과 안토니우스에게 충성하던 원로원 의원들은 로마에서 도망쳐, 소아시아에 모여 있던 안토니우스와 그의 군대에게 갔다. 옥타비아누스는 그해 봄 늦게 약속했던 증거를 만들어 냈다. 그는 (안토니우스의 유언장을 보관하던) 베스타 신녀들을 밀치고 지나가 유언장을 읽었고 이어 원로원과 로마 사람들에게 유언장의 주요 조항을 반복해서 언급했다. 그는 클레오파트라가 율리우스 카이사르와의 사이에서 낳았다고 주장한 아들 카이사리온을 적출로 선언하는 내용이 유언장에 담겨 있다고 말했다. 또 안토니우스가 법적으로 여전히 옥타비아와 혼인 관계에 있는데도 클레오파트라와 낳은 아이들을 상속인으로 지정했고, 안토니우스가 로마에서 죽더라도 클레오파트라와 함께 알렉산드리아에 묻히기 원한다는 뜻을 밝혔다고 전했다. 로마인이 아닌 사람에게 유산을 물려주는 것은 엄밀히 볼 때 불법이었으며, 그럼에도 안토니우스가 이렇게 한 것은 로마인답게 행동하기를 포기한 증거라고 역사가 수에토니우스는 나중에 지적했다. 이런 취지의 갖가지 소문이 곧 이탈리아 전역으로 퍼졌다. 어떤 이들은 안토니우스가 로마 사람들의 보물인 페르가뭄의 대도서관을 클레오파트라에게 넘겼다고 말했다. 다른 이들은 안토니우스가 옥타비아누스를 무찌르고 수도를 알렉산드리아로 옮긴 뒤 클레오파트라와 함께 로마 제국을 통치하려 한다고 주장했다. 이 중 사실로 확인된 것은 거의 없었다. 그러나 모두 옥타비아누스의 다음 행보에는 유용했다. [49]

옥타비아누스는 이제 자신만이 교활한 클레오파트라로부터 로마의 자유와 제국 통제권을 지킬 수 있다는 구실을 내세워 안토니우스에 대한 전쟁을 벌일 수 있었다. 그러나 삼두정치가 끝났기 때문에 옥타비아누스는 아무 직책도 없었고 이집트 여왕에 맞서는 전쟁을 이끌 법적 권한도 없었다. 그는 이런 권한을 모든 이탈리아인의 보편적 동의를 통해 얻는 게 최선이라고 봤다. 그래서 옥타비아누스는 관련 작업에 들어갔고, 결국 "이탈리아 전체가 자연스럽게 나에 대한 충성을 맹세하고 나에게 지도자^{dux}가 되기를 요구했다… 아프리카, 시칠리아, 사르디니아와 함께 갈리아와 스페인의 속주도 똑같이 맹세했다."라고 선언했다. [50] 이들의 맹세는 공식적으로는 자발적이었지만, 실제로 자발성이라고는 거의 없었던 것 같다. 이탈리아와 지중해 서부의 각 도시에서는 한 남자가 시민들 앞에 서서 서약문을 크게 읽었다. 그 뒤 모든 시민이 앞으로 나와 "나도 마찬가지입니다."라고 말했다. 안토니우스와 강한 유대 관계에 있던 한 이탈리아 지역 공동체는 이 서약 동참이 면제됐지만, 나머지 모두는 옥타비아누스에게 충성을 맹세했고 그에게 자신들을 위해 싸울 책임을 부여했다. [51] 이들은 옥타비아누스에게 충성을 바치고 그의 적을 자신들의 적으로 간주할 터였다.

'전체 이탈리아의 맹세'라고 불리게 되는 이 행동의 일부분은 이탈리아에 반란의 위협이 가해질 때 시민들이 군 사령관에게 충성을 맹세했던 공화정의 과거 선례에 근거한 것이다. 다만 기원전 32년의 집단 충성 표현은 새롭고도 더 사악한 의미를 지닌 것이었다. [52] 이 서약의 내용은 군대가 지휘관에게 충성을 바치는 방식으로, 군인과 민간인을 가리지 않고 지중해 서부의 모두를 옥타비아누스에게 구속시키는 것이었다. 옥타비아누스가 홀로 로마의 적을 규정했고, 수백만 명의 사람들은 옥타비아누스와 함께, 그리고 그를 위해 싸우겠다고 맹세했다. 그들은 이제 옥타비아누스가 다른 로마인에 맞서 싸우라고 요구하더라도 개인적으로 옥타비아누스에게 충성하게 됐다.

제대로 작동하는 로마 공화정이라면 이런 맹세를 결코 요구하지 않는다는 사실을 이해하지 못하는 이탈리아인은 거의 없었을 것이다. 과거의 로마 공화정에서는 원로원이 로마의 적을 집단적으로 결정했고, 적들이 모두를 위협했기 때문에 적이 누구인지 모두가 공유했다. 이제 이탈리아 전체는 선택의 여지 없이 옥타비아누스를 따라야 했다. 그러나 안토니우스와 클레오파트라에 대한 옥타비아누스의 악선전이 잘 작동했기 때문에 과거 공화정 관행 파기가 많은 이탈리아인에게는 문제 되지 않았다. 어쩌면 그들은 옥타비아누스에게 견줄 데 없는 막강한 권력을 허용하는 것이 정치적 정상 상태에서 살짝 벗어날 뿐이라고 여겼을지 모른다. 아니면 정치적 규범이 더는 의미 없어 보였기 때문일 수도 있다. 로마의 장군들이 종종 정적들의 목에 가격을 매기고 충성을 거부하는 마을을 약탈한 지 반세기가 지나면서, 이탈리아 사람들은 옥타비아누스의 권력을 실제로 막을 수 없다고 생각했고 또 이를 저지하려는 시도에 나섰다가 실패하면 대가가 너무 커서 자신을 정당화할 수 없다고 봤을지도 모른다.

이탈리아인들은 지지를 강요당한 전쟁에 드는 비용을 부담하는 데는 덜 적극적이라는 게 확인됐다. 기원전 32년 늦여름 또는 가을에 옥타비아누스가 결국 이집트에 전쟁을 선포하자, 이탈리아인들은 전쟁 비용 마련을 위해 막대한 세금을 새로 부과한 데 대한 분노를 공개적으로 드러냈다. 로마에서 폭동이 일어났지만, 옥타비아누스의 군사 독재는 이런 반대를 폭력적으로 진압하는 데 아주 효율적인 체제가 되어 있었다. [53] 우연은 아니지만, 그의 동료들은 세금 납부를 꺼리는 이들에게서 자금을 모으는 데도 효율적이었다. 옥타비아누스의 병사들도 또 한 번의 전쟁을 즐길 수는 없었다. 비록 많은 군인은 이제 아무튼 두 명의 경쟁자만 남았으니 내전이 곧 끝날 거라는 사실에 확실히 안도했겠지만 말이다.

옥타비아누스와 안토니우스의 군대는 기원전 31년 늦여름 그리스에서 마주쳤다. 두 지휘관은 모두 막대한 병력과 함선을 보유하고 있었지만, 결정적인 순간은 9월 2일 해전 중에 찾아왔다. 안토니우스의 지상군은 옥타비아누스의 함선에 의해 봉쇄된 데다가 맹렬하게 번진 이질로 고통을 받았다. 안토니우스는 함대를 이용해 봉쇄를 뚫으려 했지만 전투 중 클레오파트라가 배를 타고 도망쳤고, 안토니우스 또한 기함을 버린 채 더 작고 빠른 배를 타고 클레오파트라를 따라갔다. 안토니우스의 나머지 함대는 항복했고, 보급품 없이 포위된 군대도 일주일 뒤 항복했다. 안토니우스는 함대 없이 이집트에 도착한 뒤 곧바로 마지막 병력인 키레네 주둔 군단 병사들의 탈영을 목도하게 된다. 이제 안토니우스는 진정 혼자였고, 군사적으로 압도적인 이집트 여왕의 비무장 남편일 뿐이었다.

옥타비아누스는 전쟁을 끝내려 서두르지 않았다. 그는 기원전 30년 여름까지 이집트 상륙을 시도하지 않았으며, 그가 이집트에 도착하자마자 이집트 왕국은 항복했다. 안토니우스는 8월 1일 자살했고 클레오파트라도 8월 10일 자살했다. 이집트는 이제 로마의 영토지만 로마의 다른 영토와는 확연히 달랐다. 이집트는 사실상 로마 국민이 아니라 옥타비아누스의 소유였고, 통치 방식도 로마 세계의 다른 지역과는 다를 터였다. 옥타비아누스는 이집트 왕국을 장악했을 뿐 아니라 옛 프톨레마이오스 왕과 여왕들이 소유하던 왕실 땅 전체를 개인적으로 소유했다. 사실상 이집트의 왕이 된 옥타비아누스는 자신의 개인 재산으로 관리하던 이집트 땅에서 상당한 소득을 챙겼다. 그는 새로 확보한 자금으로 병사들에게 개인적으로 보상하고, 로마 시민들을 돌봤으며, 더 안정적인 로마 정치 질서를 자기 주변에 구축했다. 거의 15년에 걸친 정치 투쟁 끝에 옥타비아누스는 공화정이 종말을 고했음을 분명히 이해한 듯하다. 이제 제국이 시작될 준비를 마쳤다. [54]

ROMAN
RE

12장 아우구스투스의 자유를 선택함

옥타비아누스의 로마 제국은 한 세기가 넘게 지속된 공화정의 기능 장애에서 비롯됐다. 실로 옥타비아누스는 공화정 말기에 충족시켜 주지 못한 로마 시민의 많은 요구에 부응하기 위해 공화정을 대체할 제국 체제를 신중히 설계했다. 로마인들은 옥타비아누스를 자신들의 독재자로 인식했을 때 암묵적인 거래를 받아들였다. 그들은 옥타비아누스의 지도를 따르고, 옥타비아누스는 그 대가로 군대에 대한 안정적 급여 지급과 군 동원 해제 조치, 정치적 안정, 적으로부터의 보호, 정기적인 식량과 식수 공급, 아름다운 도시들, 상대적 번영을 제공했다. 옥타비아누스는 안토니우스를 무찌르기 몇 년 전부터 로마인들이 이런 거래를 할 준비가 됐음을 깨달았다. 옥타비아누스가 로마에서 시행한 대규모 건축 사업, 아그리파의 상수도 공사, 옥타비아누스가 달마티아 이방인에게 거둔 승리는 로마인들에게 옥타비아누스식 독재가 지닌 이점을 보여 주었다. 그리고 이탈리아 전체의 충성 서약은 그들이 분쟁 시기에 옥타비아누스 개인에게 충성할 의지가 있음을 드러냈다. 그러나 안토니우스가 패하고 이집트를 합병한 뒤 옥타비아누스는 로마인들과의 이

거래를 영구화할 로마 국가 재구성이라는 문제에 직면했다.

그에게는 본받을 모범이 없었다. 술라를 모방할 수는 없었다. 술라는 자신이 구축한 체제가 심각한 압박을 받기 전에 독재관에서 물러났고, 범죄 혐의로 기소될 위험이 나타나기 훨씬 전에 숨졌다. 카이사르는 술라가 간 길보다 매력적이지 못한 길을 제시했다. 카이사르는 로마 통제를 포기한 술라의 결정이 어리석다고 판단했고, 영원한 독재자로서 권력을 유지하면서 다른 관직은 자신의 동맹 세력과 옛 정적들로 채웠다. [1] 영원한 독재 권력 유지는 카이사르를 기소할 수 없다는 뜻이지만, 카이사르 체제가 존립하려면 그가 살아 있어야 한다는 뜻이기도 했다. 자신의 과거 정적들에게 공직을 맡김으로써 그들에게 힘을 실어준 그런 방식은 옥타비아누스에게는 맞지 않았다.

옥타비아누스의 범죄는 술라의 범죄보다도 심했다. 그리고 그는 이집트를 정복했을 때 채 33살도 되지 않을 만큼 나이가 어려서 카이사르의 체제보다 훨씬 더 오래 지속되는 체제가 필요했다. 그는 기원전 30년대 후반의 경험을 통해 제국의 지도자가 살아남으려면 제국의 체제가 무엇을 창출해야 하는지 알게 됐다. 그런데 정작 그가 직면한 문제는, 내전의 공포가 사라진 시대를 견디려면 이 체제를 어떻게 구축해야 하느냐는 것이었다. 그는 자신이 통치하는 때가 한 해씩 늘면 그만큼 내전이 유발한 궁핍과 위험, 공포를 모른 채 성인이 되는 로마인도 늘어난다는 걸 잘 알았다. 기원전 30년대 후반에는 아주 매력적이던 독재 체제의 보상이 로마인들에게 평범해 보이는 때가 오자, 옥타비아누스는 로마인들이 자유를 갈망하지 못하게 할 방법을 찾아야 했다. 말 그대로 여기에 옥타비아누스의 목숨이 달려 있었다.

옥타비아누스는 곧바로 항구적인 해법을 찾지는 못했지만, 기원전 29년 이집트 정복을 기념하기 위해 로마로 돌아왔을 때 해법의 윤곽이 드러나기 시작했다. 알렉산드리아 점령 소식이 전해지자, 원로원과 시민들은 옥타비아누스에게 새로운 권한과 특권을 부여하기로 의결했다. 결의 내용에는 "시민들과 원로원을 대신해 기도하는 사제와 여사제들이 그를 위해서도 기도하고, 모든 공적·사적 연회 참석자들이 그에게 술을 바치는 것"도 있었다. 야누스 신전의 문을 닫도록 하는 법도 통과됐는데, 이는 로마 세계가 평화를 찾았음을 상징하는 행위였다.

[12-1] 문이 닫힌 야누스 신전 모습을 새겨넣은 로마 제국 시대의 동전. 개인 소장품. 사진: 조 와츠.

옥타비아누스는 훗날 "도시 건국 이래 기록된 기억에 따르면 내가 태어나기 전에 이 문이 두 번 닫혔지만, 원로원은 내가 원수로 있을 때에만 세 번이나 문을 닫기로 의결했다."라고 지적했다. 신의 영감을 받은 통치자가 평화를 지속적으로 유지한다는 이념은, 옥타비아누스 지배 체제의 장점에 대한 로마인들의 인식에 있어서 근본적인 부분이었다. 그래서 원로원은 기원전 13년에 이를 기념하기 위해 '아우구스투스 평화의 제단Ara Pacis Augustae'을 헌정할 정도였다. 옥타비아누스가 보장해 준 전쟁에서 해방된 자유는 로마인들이 오랫동안 소중히 여긴 공화정의 자유는 아니었지만, 기원전 1세기의 내전 이후에는 많은 사람이 과거의 자유보다 더 가치 있게 여겼다. [2]

정복자는 로마에 도착하자 자신의 승리를 정말로 독특한 방식으로 기념했다. "모든 시민이 제물을 바쳤을 뿐 아니라… 집정관도 [바쳤는데]… 이는 그 누구도 시도하지 않았던 것이다."[3] 옥타비아누스는 이어 자신의 최측근인 아그리파를 표창하고 장교들과 병사들을 칭찬했으며, 모든 로마 시민에게 100데나리우스어치의 선물을 나눠 줬다. 그는 이탈리아 도시들이 보내온 금관은 받지 않았다. 그는 이집트에서 확보한 재산으로 든든해진 채 "자신의 빚을 모두 갚았고… 다른 사람이 자신에게 진 빚을 갚으라고 요구하지 않았다." 그리고 로마인들은 "모든 불쾌한 경험을 잊고, 그가 무찌른 이들이 모두 외국인인 양 기쁘게 그의 승리를 맞았다."[4] 이런 분위기에서 8월 13, 14, 15일 사흘 동안 세 번의 개선식이 열렸다. 첫날은 (술라에게 아버지를 잃은 장군인) 가이우스 카리나스와 함께 달마티아시를 물리친 걸 기념했다. 둘째 날은 악티움에서 거둔 승리를 기념했는데, 이 승리는 안토니우스보다는 클레오파트라를 무찔렀다는 측면을 강조했다. 셋째 날은 이집트 지배를 기념했다. 이어 옥타비아누스가 카이사르를 기리기 위해 새로 지은 원로원 건물인 '쿠리아 율리아'와 신전 봉헌식이 열렸다. 그리고 8월 18일에는 옥타비아누스가 후원한 경기 대회가 성대하게 열렸는데, 로마 역사상 최초로 코뿔소와 하마가 등장했다.

이 모든 요소들이 결합되어 옥타비아누스 정권이 하려는 일을 보여주는 대강의 이미지가 형성됐다. 옥타비아누스는 로마인들이 안전, 평화, 번영, 오락을 누리게 해 줄 독재 체제 아래서 새로운 종류의 자유를 약속했다. 법치도 회복됐다. 옥타비아누스는 사면을 요청하는 모든 시민을 사면했고, 카리나스처럼 과거 정권 아래서 억울한 일을 겪은 사람들의 명예를 회복해 줬으며, 아그리파처럼 사회적 지위는 낮지만 재능을 인정받을 만한 이들을 도왔다. 옥타비아누스는 이 과정 내내 새로운 제도의 중심에 우뚝 서 있었다. 이 모든 혜택을 보장한 장본인은 바로 옥타비아누스였다. 그리고 로마인들이 오랫동안 특정 개인이 아니라 원로원과 국민들을 위해 바쳐온 희생과 기도, 제사를 그를 위해 거행함으로써, 그가 새로운 질서의 중심에 있다는 걸 의례로써 인정하기를 기대했다. 페르가뭄 같은 속주의 도시는 한 걸음 더 나아가, 옥타비아누스를 신성한 인물로 숭배할 신성한 구역을 새로 헌정했다. [5]

시간이 지나면서 옥타비아누스의 공식 권력보다 그 권력 행사 뒤에 자리 잡은 위엄이 궁극적으로 더 중요하다는 게 입증됐다. 실로 그의 권력은 다양한 통치 모형을 실험하면서 변천하게 된다. 그는 집권 기간 내내 카이사르가 겪은 데서 많은 걸 배웠다. 카이사르의 경험은, 공직을 유지하는 걸 가문의 명예와 연결해서 생각해 온 엘리트 계층에게서 너무 많은 것을 빼앗는 듯 보이면 얼마나 위험한지 알려 줬다. 옥타비아누스는 엘리트 계층에게는 공직을 통해 업적을 남기는 것보다 공직 취임 그 자체가 더 중요하다는 것을 일찌감치 깨달았다. 그래서 그의 공식 권력 행사의 기본 원칙은 그 자신의 말을 빌리자면 "공화정을 나 개인의 권력에서 원로원과 로마 시민의 지배로 바꾸는" 것이었고, 이제 그 자신은 "비록 과거의 정무직 동료들보다 공식 권력은 더 많지 않지만 영향력auctoritas만큼은 그들 모두를 앞서게" 될 터였다. [6]

근대의 한 역사가가 "개조 이후의 일상적" 정치 모델 구축으로 묘사한 이 과정은 기원전 28년과 27년에 본격 전개되기 시작했다. [7] 옥타비아누스는 단 한번도 로마의 중요한 국정 운영에 있어서는 자신의 절대 권한을 포기한 적 없지만, 과정 자체는 여전히 중요했다. 이 과정에서 엘리트들이 탐하는 집정관, 법무관, 그리고 기타 원로원의 공직을 얻는 길이 다시 열렸고, 세계 최대 도시이자 제국인 나라의 일상 통치 책임을 엘리트들에게 넘기는 것도 가능해졌다. 일이 제대로 진행되면, 원로원 또는 국민들이 선택하고 옥타비아누스가 승인한 정무관들과 옥타비아누스가 그 공로를 공동으로 차지하게 된다. 하지만 문제가 생기면 그 책임은 원로원의 무능한 행정 탓으로 돌릴 수 있다. 이와 함께 옥타비아누스가 직접 개입해 자신의 개인적 권위와 재산을 동원해 사태를 바로잡을 수 있게 되는 것이다. 이런 식으로, 옥타비아누스는 식량 공급이나 선거 감독 같은 임무를 직접 통제하지 않았으며, 물러나 있을 때조차 여전히 없어서는 안될 존재로 군림했다.

이런 변천은 기원전 28년 옥타비아누스와 아그리파가 집정관이 되고 감찰관의 권한도 부여받아 원로원 의원 명단을 수정하면서 시작됐다. 옥타비아누스는 해가 지나면서 자신이 삼두 정치 시절 주장했던 특별 권한을 폐지해 갔다. 그는 기원전 27년 1월 공화국을 다시 원로원에 넘기는 극적인 행동을 취했다. 이에 대응해 원로원은 그에게 각 속주와 속주 내 군대 대부분의 통제 권한을 부여했다. 옥타비아누스는 개인적으로 임명한 사람들을 통해 속주를 통치하게 되고, 속주는 물론 다른 지역 모두의 군대로부터 충성 서약을 받게 된다. 그는 또한 이 군인들이 은퇴할 때 받는 혜택이 공공 자금이 아니라 자신의 개인 자금에서 나온다는 걸 인지하도록 확실히 조처했다. [8] 한편 원로원은 더 안전해서 수비대가 주둔하지 않는 지역의 정무관들을 임명하는 권한을 되찾았다. 이 조처는 원로원 의원들에게 행정 책임을 부여했지만, 원로원이 임명한 총독들이 옥타비아누스의 권력에 도전할 잠재력이 있는 군 병력을 모으지 못하게 하는 효과도 있었다. 옥타비아누스는 시민들이 투표를 통해 맡긴 집정관직을 계속 유지하면서 평화와 전쟁에 관한 결정 권한을 쥐었다. [9] 이후 몇 년 동안 옥타비아누스는 집정관직을 정치적 권력의 기반으로 삼았다. 그는 심지어 기원전 24년에 10번째 집정관직 연임을 기념해 로마 시민 한 명당 100데나리우스어치의 선물을 지급했다.

그러나 기원전 23년에 옥타비아누스가 두 자리의 집정관직 중 하나를 독점하는 게 분명히 문제가 되자 추가 조정이 이뤄졌다. 옥타비아누스는 7월에 집정관직을 사임하면서 다시는 집정관을 맡고 싶지 않다고 밝혔다. 이는 아마도 암살 음모에 대한 대응 또는 위중한 질병 때문일 것이다. [10] 그 대신 그의 권력이 재정립됐다. 그는 원로원에서 동의안의 첫 번째 절차를 개시할 권한과 어떤 법률안도 제안할 수 있는 권한을 얻었다. 또한 분쟁이 생겼을 때 모든 속주의 총독을 지휘하는, 강화된 최고사령권^{imperium maius}도 받았다. 그리고 가장 결정적으로 호민관의 권력^{tribunicia potestas}도 확보했다. 이는 전통적으로 호민관에게 부여되던 정치적 권한과 개인적 신성 불가침의 권리다. 호민관 권력 부여는, 옥타비아누스가 귀족의 실제 직책인 집정관을 포기하고 대신 선출 과정을 거치지 않고 호민관의 상징적 지위를 받는 거래를 상징한다.

원로원이 호민관의 권력을 부여한 행위는 이후 300년 동안 모든 로마 황제의 공식적 권력 장악을 상징하는 징표가 되지만, 옥타비아누스로서는 원로원이 기원전 27년 1월 16일 부여한 이 권력만큼 자신의 정치적, 정신적 우월성을 압축적으로 보여주는 것도 없었다. 그는 이날에 대해 나중에 이렇게 썼다. "원로원의 법령에 따라 나는 아우구스투스로 불리게 됐고, 내 집의 문설주에는 공적인 조처로 월계수 장식이 더해졌으며, 문 위에는 '시민관^{*corona civica}'이 세워졌다. 또 (원로원 건물인) 쿠리아 율리아에는 황금 방패가 놓였으며, 이 방패에 새겨진 비문은 원로원과 로마 사람들이 내 미덕과 정의, 경건함 때문에 이 방패를 줬음을 증언했다."[11] 옥타비아누스는 완전히 새로운 존재가 됐다. 로마 최초의 황제 아우구스투스가 된 것이다.

아우구스투스라는 칭호는 특별한 울림이 있었다. 역사가 디오는 이렇게 썼다. "그는 인간 이상이라는 걸 뜻하는 아우구스투스라는 칭호를 확보했다. 가장 귀하고 신성한 대상에 아우구스타^{augusta}라는 호칭이 붙는다. 이 때문에 그리스어를 쓰는 이들은 그를 숭배한다는 뜻의 동사에서 유래한 세바스토스^{Sebastos}로 불렀다. 이는 위엄 있는 인물이라는 뜻이다."[12] 디오는 이어서 이 명칭이 "특별한 권력을 부여하는 것은 아니"지만 대신 "[그의] 지위의 화려함을 분명히 보여준다."라고 썼다. [13]

---

* 로마 공화정과 제정 초기에 로마군에서 동료 병사의 목숨을 구한 이에게 수여되는 훈장이었다. 아우구스투스는 일련의 내전을 종식시켜 시민의 생명을 구했다는 의미로 떡갈나무 잎으로 만든 시민관을 수여 받았다.

이제 우리는 드디어 이 책의 시작 지점인 기원전 22년의 사건으로 돌아갈 수 있게 됐다. 기원전 23~22년 겨울 로마는 내전 기간 겪었던 위기만큼이나 두려운 위기에 잇따라 직면했다. 두 해에 걸쳐 전염병이 도시를 덮쳤고 티베르강이 여러 차례 범람했다. 한때는 홍수가 너무 심해, 3일 내내 로마의 거리를 배로만 다닐 수 있을 정도였다. 기근이 홍수를 이었다. 그러나 더 불길한 것은 번개를 동반한 폭풍이었다. 그 중 한번은 아그리파가 얼마 전 완공한 판테온 신전을 강타했다. 폭풍이 몰아치는 동안, 신전 내 다른 신들의 조각상 사이에 있던 아우구스투스 조각상의 손에서 창이 떨어졌다. 로마인들은 제례용 조각상에 신성한 존재가 깃들어 있다고 믿었고, 아우구스투스 조각상이 창을 떨어뜨렸을 때 이를 로마의 현재 상황에 대한 신의 불쾌감을 보여주는 표시로 여겼다. 기원전 22년은 아우구스투스가 악티움에서 승전한 이후 집정관직을 수행하지 않은 첫 해였고, 로마 시민들에게 판테온 신전을 강타한 번개는 곤경의 원인을 보여주는 신호 구실을 했다. 역사가 디오는 "로마인들은 당시 아우구스투스가 집정관으로 재직하지 않았기 때문에 이런 재난이 닥쳤다고 믿었다."[14]라고 썼다.

폭도들이 원로원 의원들을 원로원 건물에 가두고 아우구스투스를 독재관으로 지명하지 않으면 산 채로 불태우겠다고 위협했는데, 이 폭도들은 그 순간에 비록 당황했지만 비이성적이지는 않았다. 그들은 아우구스투스가 다른 어떤 로마인보다 더 높은 지위에 있다는 말을 들어 왔다. 그래서 그들은 아우구스투스만이 로마와 제국을 홀로 통제할 수 있다는 주장을 환영하게 됐다. 그리고 아우구스투스의 승리에 감사하는 제물을 바쳐 왔고, 그가 병에 걸렸을 때 쾌유를 기원했었다. 그들은 그와 원로원이 여러 해에 걸쳐 거듭 말했던 바를 믿었고, 위기의 순간인 지금 다른 구원책을 상상할 수 없었다. 또 그에게 더 큰 권력을 부여해야 한다고 확신했다. 아우구스투스는 집정관직과 독재관직은 거절했지만, 곡물 공급을 통제하는 일은 맡기로 했다. 그는 나중에 이렇게 썼다. "며칠 만에 나는 내 사재를 털어 모든 사람을 공포와 위험에서 해방시켰다."[15] 오직 아우구스투스만 자신의 사재를 써서 로마와 그 시민들을 위험에서 구할 수 있었던 것이다. 공화정의 마지막 불씨가 언제 꺼졌는지는 말할 수 없지만, 아우구스투스의 으스스한 말은 그 불이 다시 붙을 일은 결코 없다는 뜻이었다. 두려움에서의 자유, 기근에서의 자유, 위험에서의 자유는 이제 모두 아우구스투스로부터, 그리고 오직 아우구스투스로부터만 나왔다.

아우구스투스는 서기 14년 숨질 때까지 자신이 구축한 새로운 정치 체제의 꼭대기에 머물렀다. 그의 의붓아들 티베리우스는 그의 뒤를 이어 37년까지 통치했다. 악티움 전투에서 티베리우스 사망 때까지는 68년이었으며, 이는 아마 성인이 될 때까지 살아남은 로마인의 평균 수명보다 10년쯤 더 긴 기간이었다. 티베리우스 사망 당시 원로원 의원 평균은 아마도 30대였고, 아우구스투스가 원로원 의원 정년을 65살로 정했기 때문에 최고령자는 60대였을 것이다.[16] 서기 37년에 로마 정계에서 활동했던 사람 중 아우구스투스의 제국 이전을 기억하는 사람은 거의 없었을 것이다. 사실 제국은 너무 확고히 뿌리를 내린 상태여서 다음번 황제인 칼리굴라가 국정을 이끌 능력이 전혀 없다는 게 증명된 상태에서도 계속 이어졌다. 그리고 로마는 1453년 5월 마지막 수도인 콘스탄티노폴리스의 성벽이 대포에 뚫릴 때까지 제국 형태를 유지했다. 세계 역사상 그 어떤 정치 체제보다 영구적인 제국에 가까왔다.

그런데 아우구스투스는 피할 수 없는 운명이 아니었다. 일부 역사가들은 아우구스투스가 로마 제국의 우두머리가 되지 않았다면, 안토니우스의 로마 제국 또는 율리우스 카이사르의 로마 제국이 대신 등장했을 거라고 추정한다.[17] 물론 로마 공화정의 잔해에서 어떤 종류의 제국이 등장했을 가능성은 꽤 있다. 그러나 그것은 결코 로마 제국 같지 않았을 것이다. 로마에 영구적인 전제 정치를 구축하려 시도한 첫 번째 로마인이 아우구스투스만큼 노련하지 못하거나 그만큼 오래 살지 못했다면, 로마의 지중해 패권은 공화정 붕괴와 함께 종말을 고했을 여지도 확실히 그만큼 컸을 것이다. 카이사르와 술라의 독재가 보여줬듯이, 로마 영토 전체에 개입하는 제국 구축이 불가피하지는 않았다. 스페인은 술라 정권에서 떨어져 나갔다. 카이사르 치하에서도 독립이 거의 성공할 뻔 했다. 시리아 역시 카이사르나 삼두정치인들이 통제하기는 엄청나게 힘든 지역으로 남아 있었다. 라비에누스 같은 인물은 시리아가 로마의 중앙 통제에서 쉽게 벗어나게 만들었다. 그런데 아우구스투스는 지중해 전역을 지배하는, 안정적인 로마 전제 체제를 만드는 데 성공했다. 그가 나타나지 않았다면 로마 제국은 아마도 무너져 내렸을 것이다.

그러나 아우구스투스의 제국이 안정을 확보함으로써 로마인들이 지불한 진짜 장기적인 대가가 있었다. 아우구스투스의 로마 제국은 훌륭한 황제들 아래서 평화와 안정을 확보했고, 로마는 그런 황제들을 많이 배출했다. 그러나 칼리굴라, 네로, 콤모두스 같이 잔인하거나 정신이 불안한 독재자들이 단지 자기 마음에 끌린다는 이유로 로마인들의 생명과 재산을 빼앗아 가는 행태를 막을 능력은 없었다. 바로 그런 순간에, 역사가 플루타르코스나 디오 카시우스 같은 로마인들은 자신들이 집단적으로 잃어버렸고 아우구스투스가 되살아나지 못하게 막아버린 자유를 기리는 일종의 향수를 품고 과거의 공화정을 되돌아보았다.

이들 후대의 로마인들은 아우구스투스의 제국이 예상 밖의 성과였던 것만큼이나 공화정 또한 사라질 필요는 없었음을 깨달았다. 공화정은 유기체가 아니다. 자연스런 수명 주기도 없다. 공화정은 오로지 관리를 책임지는 사람들의 선택에 따라 살거나 죽는다. 기원전 133년 티베리우스 그라쿠스가 적들과 타협점을 찾았다면, 리비우스 드루수스가 이탈리아 전역에 시민권을 부여하는 방안을 관철시켰다면, 심지어 기원전 88년 술라가 로마로 진격하기로 결심했을 때 그 휘하의 지휘관들이 그를 따르길 거부했다면, 로마 공화국을 구할 수 있었다. 기원전 63년 아우구스투스가 태어났을 당시에도 공화정이 존속할 기회는 있었다. 아우구스투스는 키케로의 집정관직 말기이자 카틸리나의 반란 음모가 진압될 무렵에 태어났다. 키케로는 60년대 거의 내내 원로원 의원, 로마 기사 계급 그리고 로마 시민의 기본적인 협력을 통해 통치하는 로마 사회라는 이념을 제안했다. [18] 각자가 다른 집단의 이익을 생각하는 마음가짐으로 통치하자는 것이었다. '콩코르디아 오르디눔 concordia ordinum'이라고 불리는 이 화합 개념은 기원전 62년 공화국 내의 평화와 화합 유지를 기념하는 주화에서도 흔적을 찾을 수 있다.

불행하게도 시기와 이념의 전달자가 모두 잘못됐다. 키케로의 오만함, 카

[12-2] 키케로가 집정관이 된 다음해인 기원전 62년에 주조된 주화에 새겨진 콩코르디아 여신상. 개인 소장품. 사진: 조 와츠.

토의 원로원 방해, 폼페이우스의 군사력이라는 겁나는 유령, 크라수스의 재산, 카이사르의 엄청난 정치적 재능이 결합하면서 '콩코르디아 오르디눔'은 키케로 본인도 인정했듯이 사실상 사산 상태였다. [19] 이 각각의 이기적이고 개인적인 영광 추구는, 로마인들로 하여금 정적을 격파할 도구에 어떤 제약도 없는 엘리트들의 정치 경쟁으로 빠르게 되돌아가게 했다. 그리고 평범한 로마인들이 이런 이기적인 행동에 즉각 반대하지 않은 데다가 이런 행

동을 하는 이들에게 표를 주지 않는 걸로 응징하지도 않았다는 사실은 점점 더 극단적인 부정을 부추길 뿐이었다. 공화정은 구할 수 있었다. 이 사람들과 그들보다 덜 유명한 많은 사람이 구하지 않는 쪽을 선택했을 뿐이다.

그리고 로마 공화정은 사람들이 멸망을 허용했기 때문에 멸망했다. 그 종말은 불가피한 것이 아니었다. 피할 수 있었다. 한 세기에 걸쳐 수천의 평범한 남성들, 재능 있는 남성들, 그 중간의 남성들은 모두 눈앞의 이익을 위해, 개인의 야망을 제한하고 다른 방향으로 돌리게 할 수 있는 공화정의 힘을 기꺼이 약화시켰다. 카토가 정치적 절차를 오용하거나 클로디우스가 정적을 협박하거나 로마 시민이 표와 뇌물을 맞바꿀 때마다, 그들 각자는 공화정에 상처를 입혔다. 그리고 평범한 로마인들이 그런 행동을 한 사람들을 지지하거나 비난하기를 거부할 때마다 상처는 곪아 터졌다. 술라, 마리우스, 카이사르, 아우구스투스는 모두 공화정에 큰 타격을 가했지만, 공화정이 정말 멸망할 수는 없을 거라고 생각한 로마인들이 가한 수천 번의 작은 부상도 마찬가지로 공화정의 죽음을 부른 원흉이다. 시민들이 공화정의 건전성과 영속성을 당연시할 때 그 공화정은 위험해진다. 이는 기원전 133년이나 기원전 82년, 기원전 44년에 그랬듯이, 서기 2018년에도 그렇다. 고대 로마에서나 현대 세계에서나, 공화정은 아끼고 보호하고 존중할 대상이다. 공화정이 무너지면 그 반대편에는 불확실하고 위험하며 파괴적인 미래가 도사리고 있다.

ROMAN
RE

| 일러두기 |

아래 인용한 고대 자료 중 상당수는 하버드대학 출판부에서 낸 '러브 클래식 라이브러리'(Loeb Classical Li-brary)의 일부분이다. 특정 자료를 처음 거론할 때 붙인 약자 LCL은 그 자료가 이 라이브러리에 포함되어 있다는 걸 뜻한다. 이 라이브러리에 포함된 자료의 번역문은 일반적으로 라이브러리의 번역문을 그대로 인용했으며 뜻을 명료하게 할 필요가 있을 때만 일부 수정했다. (헬레니즘 시대 역사학자) 폴리비오스의 저작 번역문은 예외다. 그의 저작은 이 라이브러리의 번역문과 함께 더 편하게 접할 수 있는 번역본인 이언 스콧킬버트의 번역도 이용했다. (Polybius: *The Rise of the Roman Empire* [New York: Penguin, 1979]) 러브 클래식 라이브러리에 포함되지 않는 고대 자료에 대한 상세한 참고 문헌은 따로 밝혔다. 근대 학자들의 문헌은 상세하게 포함시키지 않고, 특정 주제에 대한 추가 연구의 출발점으로 삼을 만한 것들을 소개하는 데 그쳤다.

미주

1장

[1]아우구스투스의 병은 Cassius Dio(이하 Dio) 53.30–31 (LCL), 홍수는 Dio 53.33.5, 54.1, 아우구스투스의 개인 자금 사용은 Dio 54.1.3–4, 그리고 Augustus, *Res Gestae*, 34를 각각 보라. 그의 *Res Gestae* 번역문 곧 황제가 자신의 통치를 스스로 설명한 글의 번역문은 러브 클래식 라이브러리의 일부인 '마르쿠스 벨레이우스 파테르쿨루스의 로마 역사'에 들어 있다. (*Velleius Paterculus/Res Gestae Divi Augusti*, trans. F. Shipley [Cambridge, MA: Harvard University Press, 2002]).

[2]Dio 54.3.2–8.

[3]기원전 21년부터 19년까지의 폭동과 폭력은 Dio 54.6.1–4, 54.10.1– 5를 보라. 고대의 국가 개념에 대해서는, 중요한 주장으로 평가되는 James Tan, *Power and Public Finance at Rome, 264–49 BCE* (New York: Oxford University Press, 2017), xx–xxv를 보라.

[4]*Rem publicam a dominatione factionis oppressam in libertatem vindicavi* (*Res Gestae* 1.1). 공화국 후기의 자유 개념에 대한 최근의 가장 상세한 논의는 V. Arena, *Libertas and the Practice of Politics in the Late Roman Republic* (Cambridge: Cambridge University Press, 2012)을 보라.

[5]이런 자유 개념은 Vergil, *Eclogue*, 1.26–45 (LCL)에서 전개된다. 관련 논의는 K. Galinsky, "Vergil's Use of 'Libertas': Texts and Contexts," *Vergilius* 52 (2006): 3–19를 보라.

[6]미국의 로마 정형화에 대해서는 많은 사례 가운데 무엇보다 존 애덤스가 *A Defense of the Constitutions of Government of the United States of America*, letter 30에서 제시한 것을 보라. 폴리비오스가 미국의 명예 헌법 제정자로 평가되어야 마땅할 만큼 미국 헌법에 지대한 영향을 끼쳤다는 고대사 학자 아르날도 모밀리아노의 논평도 주목하라(*Essays in Ancient and Modern Historiography* [Middletown, CT: Wesleyan University Press, 1977], 77). 또 다른 정형화 관련 사례로는 폴리비오스의 영향에 대한 간결한 분석을 곁들인 C. Champion, "Polybius on Government, Interstate Relations, and Imperial

Expansion," in *A Companion to Ancient Greek Government*, ed. H. Beck, 119–130 (Oxford: Wiley-Blackwell, 2013)을 보라.

[7]이런 수단들과 그것들의 활용에 대한 간략한 요약으로는 A. Lintott, *The Constitution of the Roman Republic* (Oxford: Oxford University Press, 1999), 61–63을 보라.

[8]이런 관점에 대해서는, 통찰력 있고 도발적인 저작인 H. Flower, *Roman Republics* (Princeton, NJ: Princeton University Press, 2010)를 보라.

2장

[1]피로스의 이탈리아 소환에 대해서는 Plutarch, *Pyrrhus*, 13 (LCL)을 보라. 타렌툼이 앞서 그리스 지휘관들에게 호소한 것(예컨대, 기원전 330년대 에페이로스의 알렉산더 대왕과의 협력)에 대해서는 M. Fronda, *Between Rome and Carthage: Southern Italy during the Second Punic War* (Cambridge: Cambridge University Press, 2010), 79–80을 보라.

[2]Plutarch, *Pyrrhus*, 14.2–7.

[3]피로스의 편지는 Dionysius of Halicarnassus, *Roman Antiquities*(이하 *Ant. Rom.*), 19.9.1 (LCL); Plutarch, *Pyrrhus*, 16.4를, 라비니우스의 반응은 Dionysius of Halicarnassus, *Ant. Rom.*, 19.10.4를, 체포된 첩자는 Dionysius of Halicarnassus, *Ant. Rom.*, 19.11.1을 각각 보라.

[4] 로마인들이 야만인스럽지 않다는 부분은 Plutarch, *Pyrrhus*, 16.5, 첫번째 전투는 Plutarch, *Pyrrhus*, 16.6–17.5; Dionysius of Halicarnassus, *Ant. Rom.*, 19.12; Livy, Book 13 (LCL)을 보라. 피로스가 당한 손실과 관련해서는 Plutarch, *Pyrrhus*, 17.4가 다른 고대 자료 두 건을 인용해 손실 규모의 범위를 제시한다. 로마의 병력 충원은 Plutarch, *Pyrrhus*, 18.1, 피로스의 사절은 Appian, *Samnitica*, 10을 각각 보라. 이 전투 뒤 피로스에 합류한 루카니아와 삼니움의 병력에 대해서는 Plutarch, *Pyrrhus*, 17.5; Fronda, *Between Rome and Carthage*, 15n33의 논의를 보라. 플루타르코스(*Pyrrhus*, 16.2)와 아피아노스(*Samnitica*, 8)는 타렌툼인들이 진지하지 않았고 진짜 군대를 조직하지 못했다고 말했지만, 타렌툼인들의 기여는 피로스가 도도나에 세운 기념물과 델포이에 세운 타렌툼인들의 기념물에 기록되어 있다. 두 기념물은 로마인들에 공동으로 대응해 거둔 승리를 기념하는 내용이다. 이 부분은 P. Willeumier, *Tarente: Des origines à la conquête romaine* (Paris: De Boccard, 1939), 116–117 그리고 A. Eckstein, *Mediterranean Anarchy, Interstate War, and the Rise of Rome* (Berkeley: University of California Press, 2006), 156에서 논의된다.

[5]키네아스는 Plutarch, *Pyrrhus*, 14.1–2에서 가장 상세하게 소개된다. 고대 세계의 외교 체계에 대해서는 Eckstein, *Mediterranean Anarchy*, 56–72를 보라.

[6]피로스가 제시한 조건에 대해서는 Plutarch, *Pyrrhus*, 18.3–5를 보라. 아피우스 클라우디우스의 연설은 그의 경력을 기념하는 명판 중 남아 있는 부분에 적혀 있다(*Corpus Inscriptionum Latinarum* [Berlin, 1863, 이하 *CIL*], 6.40943). 그리고 Arretium(*CIL*, 11.1827)에도 같은 내용이 온전히 보존되어 있다. 두 기록 모두 "그가 피로스 왕과의 휴전 합의를 저지했다."라고 표시했다. 그의 연설문은 적어도 키케로가 살던 때까지 계속 회람됐다. (de *Senectute* 6 [LCL—이하 *Sen.*]을 보라. "아피우스 본인의 연설은 아직 남아 있다"고

적혀 있다. *Brutus*, 61도 보라.) 본문의 인용문은 Plutarch, *Pyrrhus*, 19.4에서 가져온 것이다.

[7]기원전 3세기 로마의 연합 구조에 관한 이런 관점의 상당 부분은 인상적인 저작인 Fronda, *Between Rome and Carthage*, 13–34 덕분이다. 켈트족 군대에 대해서는 Eckstein, *Mediterranean Anarchy*, 156을 보라.

[8]Dionysius of Halicarnassus, *Ant. Rom.*, 14.1–2. 플루타르코스(*Pyrrhus*, 20.1–5)는 파브리키우스와 의 대화가 며칠 간 진행된 순서에 대해 조금 다른 설명을 제시한다. 파브리키우스가 피로스와 조우한 것은 나중 에 익히 알려지게 되며, 후대 저자들이 여러 차례 언급한다. (예컨대, Ennius, Book 4:186–193 [LCL]; Vergil, *Aeneid*, 6.843–844 [LCL]; Cicero, *De oratore*, 2.268 [LCL]).

[9]Dionysius of Halicarnassus, *Ant. Rom.*, 14.2.

[10]Dionysius of Halicarnassus(*Ant. Rom.*, 15.1–18.7)는 파브리키우스의 반응을 가상으로 재구성해 제시한다. 비슷한 발상으로는 예컨대 Cicero, *de Re Publica*, 5.4 (LCL)가 있다.

[11]Plutarch, *Pyrrhus*, 21.14–15.

[12]개인의 에너지를 집단적 선으로 모아가는 구조로서의 공화국 개념은 키케로의 *de Re Publica* 2권에서 상세하게 전개된다. 귀족의 공화국에 대한 간결한 묘사는 Flower, *Roman Republics*, 25–27을 보라.

[13]용맹함의 징표를 내세우는 관행에 대한 훌륭하고 간결한 요약으로는 N. Rosenstein, "Aristocratic Values," in *A Companion to the Roman Republic*, ed. N. Rosenstein and R. Morstein-Marx, 365–382 (Oxford: Wiley-Blackwell, 2010)를 보라. 좀 더 상세한 논의로는 H. Flower, *Ancestor Masks and Aristocratic Power in Roman Culture* (Oxford: Oxford University Press, 1996)를 보라. 시민관 과 전리품에 대해서는 Aulus Gellius, *Attic Nights*, 5.6.13(시민관), 2.11.3(전리품) (LCL)을 보라. 루키우스 코르넬리우스 스키피오 바르바투스와 그의 아들 묘비명에 대해서는 *CIL* 1.2.7(아버지), *CIL* 1.2.9(아들)를 보라. 아버지의 묘비명과 문구가 이상하게 지워지고 일부만 남은 것에 대해서는 Flower, *Ancestor Masks*, 176–177을 보라.

[14]메델루스 추도 연설은 Pliny, *Historia Naturalis*, 7.139–140 (LCL— 이하 *HN*), 전리품 전시는 E. Malcovati, *Oratorum Romanorum fragmenta⁴*(이하 *ORF⁴*) (Turin: Paravia, 1976), Cato no. 8.97, 그리고 Pliny, *HN*, 35.7을 보라. 이 대목에서 Rosenstein, "Aristocratic Values ," 374에 주목하라.

[15]공화국의 핵심으로 자리 잡은 이런 자유 개념은 200여 년 뒤 키케로가 가장 잘 표현했다. 그런데 그가 표현한 것은 자유에 대한 로마식 관념의 핵심에 담긴 정서를 묘사하는 듯 보인다. 이에 대한 논의로는 V. Arena, "Invocation to Liberty and Invective of Dominatus at the End of the Roman Republic," *Bulletin of the Institute of Classical Studies*(이하 *BICS*) 50 (2007): 49–73, at 58을 보라.

[16]이 시스템의 작동에 관한 논의로는 중요한 연구로 꼽히는 A. Lintott, *Constitution of the Roman Republic*, 그리고 간략한 개론을 제공하는 J. A. North, "The Constitution of the Roman Republic," in Rosenstein and Morstein-Marx, *A Companion to the Roman Republic*, 256–277을 보라. Flower(*Roman Republics*)는 공화국의 구조적 진화를 설득력 있고 이해하기 쉽게 재구성해 제시한다. 공화국의 집정관직에 대해서는 H. Beck, A. Duplá, M. Jehne, and F. Pina Polo, eds., *Consuls and Res Publica: Holding High Office in the Roman Republic* (Cambridge: Cambridge University Press, 2011)에 수록된 논문들을 보라.

[17]법무관직에 대한 빈틈없는 논의로는, 권위 있는 저작인 T. C. Brennan, *The Praetorship in the Roman Republic*, 2 vols. (Oxford: Oxford University Press, 2000)를 보라.

[18]호민관을 뺀 다른 정무관은 진정한 의미의 거부권이 없었다. 고위 정무관은 하위직들이 특정 행동을 하지 못하게 저지함으로써 사실상 거부권을 행사할 수 있을 뿐이었다. 정무관은 또 개입(또는 조정 intercessio)을 통해 동료의 행동을 취소시킬 수 있지만, 실제로 이런 일이 발생했다는 걸 증명해 주는 사례는 많지 않다. 이에 대한 논의는 Lintott, *Constitution of the Roman Republic*, 100–101을 보라.

[19]Cicero, *de Re Publica*, 2.22는 켄투리아 민회 뒤에 자리한 정치 원칙을 묘사하고 있다. 공화국의 어느 시점에 이르면 백인대 내의 실제 투표가 35개 로마 부족 구별에 따라 이뤄지도록 확연히 재편됐다. 추가 논의 는 Lintott, *Constitution of the Roman Republic*, 55–61을 보라.

[20]민회가 하나만 남았는지, 둘이 남았는지는 학자들 사이에서 논쟁이 되는 문제다. 여기서 나는 Lintott, *Constitution of the Roman Republic*, 49–55의 논의를 따른다. 일부 학자는 대중 민회가 평민회와 별도 로 존재했는지에 대해 의문을 제기하지만, Lintott, *Constitution of the Roman Republic*, 53–55의 논의 에 주목하라. 호민관이 평민회에서 법률안을 제안한 것은 잘 알려져 있다. 법무관과 집정관의 법률안 제안에 대 해서는 예컨대 M. H. Crawford, *Roman Statutes* (London: Institute of Classical Studies, University of London, 1996), 1:12를 보라. Livy 45.35는 평민의 호민관들이 기원전 167년 아이밀리우스 파울루스의 개 선식을 논의하기 위해 소집한 민회에서 귀족들이 발언한 사례를 제시한다. 하지만 평민들의 민회에서 귀족들의 투표권에 대해 설명한 문헌은 내가 아는 한 없다.

[21]농촌 부족의 수는 로마의 영토와 시민권이 확장되면서 기원전 214년 31번째 부족이 최종적으로 구성될 때까지 꾸준히 늘었다. 로마의 부족들, 그들의 기원과 확장에 대한 간결한 논의로는 Lintott, *Constitution of the Roman Republic*, 50–51을 보라.

[22]콘티오에 대해서는 R. Morstein-Marx, *Mass Oratory and Political Power in the Late Roman Republic* (Cambridge: Cambridge University Press, 2004), 34–42를 보라. 기원전 130년대에 개혁이 이뤄지기 전 로마의 투표 절차에 대해서는 Lintott, *Constitution of the Roman Republic*, 46–61을 보라.

[23]기원전 4세기의 법률 〈Lex Ovinia〉(Festus 290 L)가 원로원을 이렇게 표현했다. 이에 대한 논의는 T. Cornell, "The *Lex Ovinia* and the Emancipation of the Senate," in *The Roman Middle Republic: Politics, Religion, and Historiography c. 400–133 BC*, ed. C. Bruun, 69–89 (Rome: Institutum Romanum Finlandiae, 2000)를 보라.

[24]Appian, *Civil Wars*, Pro. 1 (LCL). 아피아노스의 남아 있는 작품은 역사 관련 기획에 속하는 것들이다. 이 기획 초기 단계의 작품들은 로마 제국을 이루게 될 지역들의 점령을 서술하는 책들로 구성되었다. 내전을 서 술하는 책들로 구성된 두 번째 단계는 지중해 전역에서 발생한 분쟁에 대한 일관된 서술을 제시한다. (지금은 소실된) 마지막 단계 작품들은 아우구스투스 시절부터 기원후 2세기까지의 제국 역사를 제공한다. 이 초기 저 작들은 각각의 책이 다루는 지역명의 약자를 써서 인용할 것이다. 내전은 BC로 줄여 표시할 것이다.

[25]Polybius 6.18 (LCL). 그리스와 야만인이라는 이분법에 로마를 어떻게 위치 지을 것이냐는 개념적 수수께 끼는 폴리비오스와 그의 동시대 그리스인들의 저작에 생기를 불어넣었다. 폴리비오스의 작품과 그 밖의 작품에 서 이 문제를 다룬 것에 대한 설득력 있는 논의로는 C. Champion, *Cultural Politics in Polybius's Histories* (Berkeley: University of California Press, 2004)를 보라. 폴리비오스의 목표에 대한 다른 접근법으로 는 A. Eckstein, *Moral Vision in the Histories of Polybius* (Berkeley: University of California Press,

1995)를 보라. 귀족들의 공화국 개념에 대해서는 Flower, *Roman Republics*, 35–57을 보라.

[26]Polybius 6.2.

[27]Polybius 1.20.13–16. 1차 포에니 전쟁과 로마가 이 전쟁에 휘말려 들어간 데 대해서는 신중한 논의로 평가되는 B. D. Hoyos, *Unplanned Wars: The Origins of the First and Second Punic Wars* (Berlin: De Gruyter, 1998), 33–131, 그리고 N. Rosenstein, *Rome and the Mediterranean 290–146 BC: The Imperial Republic* (Edinburgh: Edinburgh University Press, 2012), 53–70을 보라.

[28]Polybius 1.38.6.

[29]로마가 함대 구성을 꺼린 건 기원전 253년으로 거슬러 올라가는 일이다. 당시 사건에 대한 논의로는 Tan, *Power and Public Finance*, 4장을 보라. 새로운 함대 구성 자금을 개인들이 지원한 것에 대해서는 Polybius 1.59.6–7을, 241년의 승리에 대해서는 Polybius 1.61.1을 보라.

[30]농지 관련 법과 이 법 제정에 이르게 된 과정에 대한 논의는 Polybius 2.21.8–9; Cicero, *de Inventione*(이하 *Invent.*), 2.52, *Brutus*, 57, *de Academica*(이하 *Acad.*), 2.13 (all in LCL); Valerius Maximus, *Facta et Dicta Memorabilia*(이하 Valerius Maximus), 5.5.4 (LCL)를 보라. 불길한 전조와 개선식 때문에 초래된 플라미니우스의 부대 해산에 대해서는 Plutarch, *Marc.*, 1–3 (LCL); Zonaras, *Epitomē Historiōn*(이하 Zonaras), 8.20을 보라. 그의 경력과 그가 모든 문헌에서 부정적으로 묘사되는 이유에 대해서는 R. Feig Vishnia, "A Case of 'Bad Press'? Gaius Flaminius in Ancient Historiography," *Zeitschrift für Papyrologie und Epigraphik*(이하 ZPE) 181 (2012): 27–45를 보라.

[31]전쟁 발발과 군사 작전의 상세한 내용은 훌륭하며 읽기도 쉬운 연구인 J. F. Lazenby, *Hannibal's War: A Military History of the Second Punic War* (Warminster: University of Oklahoma Press, 1978), 그리고 A. Goldsworthy, *The Punic Wars* (London: Cassell, 2000), 그리고 Rosenstein, *Rome and the Mediterranean*, 119–175를 보라.

[32]한니발이 피로스의 전략을 익히 알았다는 건 후기 저작들에 가서야 거론되지만(예컨대, Livy 35.14.5–12; Appian, *Syr.*, 9–10; Plutarch, *Flam.*, 21), 이탈리아에서 펼친 한니발의 전략이 피로스의 군사 작전에서 배운 듯 보이는 것은 사실이다. 이에 대해서는 Fronda, *Between Rome and Carthage*, 45–48을 보라.

[33]Livy 21.63.5–15, 22.1.5–20, 3.11–13.

[34]Livy 21.63.

[35]파비우스의 전략은 P. Erdkamp, "Polybius, Livy, and the 'Fabian Strategy,'" *Ancient Society* 23 (1992): 127–147을 보라.

[36]칸나이 전투에 대한 최근 연구로는 A. Goldsworthy, *Cannae: Hannibal's Greatest Victory* (London: Cassell, 2001), 그리고 G. Daly, *Cannae: The Experience of Battle in the Second Punic War* (London: Routledge, 2002)를 보라.

[37]피해자 숫자 집계는 제각각이다. 사망자 7만 명(Polybius 3.117), 6만 명(Quintilian, *Institutio Oratoria*, 8.6.26), 5만 명(Plutarch, *Fabius*, 16.8, 그리고 Appian, *Hannibalic War*, 4.25), 4만 8,200명(Livy 22.49) 등의 집계가 있다. 근대의 논의로는 P. A. Brunt, *Italian Manpower 225 BC–AD 14* (Oxford: Clarendon Press, 1971), 419n4를 보라.

[38]칸나이의 소식이 로마에 전해졌을 때 벌어진 광경에 대해서는 Livy 22.53을 보라. 다만, 이 일화는 스키피오 아프리카누스의 궁극적인 성공을 예시하는 전조로 부각시키는 것이 주 목적이었다. 인간 제물에 대해서는 Livy 22.57을 보라. 그 이후 인간을 재물로 바친 것은 기원전 113년 딱 한 번뿐이며, 이에 대해서는 Plutarch, *Roman Questions*, 83, *Marcellus*, 3 (both in LCL)을 보라. M. Beard, J. North, and S. R. F. Price, *Religions of Rome: A History* (Cambridge: Cambridge University Press, 1998), 1:81도 참고하라. 인간 제물은 기원전 97년에 금지됐다. (Pliny, *HN*, 30.3.12).

[39]Livy 22.57.

[40]이 반란과 이 반란의 내부적 배경은 Fronda, *Between Rome and Carthage*가 대가다운 면모로 재구성하고 있다. 카푸아의 반란과 이 반란 뒤에 숨어 있을 수 있는 헤게모니 야심에 대해서는 Livy 23.6.1-2 그리고 Fronda, *Between Rome and Carthage*, 103-125를 보라.

[41]마케도니아와의 전쟁은 기원전 214년에 가서야 공식 선언된 듯하다. 필리포스 5세 왕의 목표에 대해서는 Polybius 7.9.1-17 그리고 Livy 23.33.1-12를 보라. 로마가 곤란에 처하면서 지중해에서 세력 다툼이 벌어진 과정 전반에 대해서는 A. Eckstein, *Rome Enters the Greek East: From Anarchy to Hierarchy in the Hellenistic Mediterranean, 230-170 BC* (Oxford: Wiley-Blackwell, 2012), 78-91을 보라.

[42]전쟁 기간 로마의 인력 규모 추정치에 대해서는 N. Rosenstein, *Rome at War: Farms, Families, and Death in the Middle Republic* (Chapel Hill: University of North Carolina Press, 2004), 90; Brunt, *Italian Manpower*, 417-422를 보라.

[43]N. Rosenstein, "Competition and Crisis in Mid-Republican Rome," *Phoenix* 47 (1993): 313-338.

[44]경제적 충격에 대해서는 P. Kay, *Rome's Economic Revolution* (Oxford: Oxford University Press, 2014), 16 그리고 Tan, *Power and Public Finance*, 5장을 보라.

[45]지휘권 연장이 2차 포에니 전쟁 기간 중에 새로 등장한 것은 아니다. 이런 관행이 이번 전쟁과 그 이후 전쟁 중에 훨씬 더 널리 퍼지긴 했지만 말이다. 이에 대해서는 Lintott, *Constitution of the Roman Republic*, 113-115를 보라.

[46]몰수한 땅 매각은 Livy 26.35-36, 28.45-46, 이 화폐 개혁의 실행 계획에 대해서는 M. Crawford, *Roman Republican Coinage*(이하 *RRC*) (Cambridge: Cambridge University Press, 1983), 3-46; M. Crawford, *Coinage and Money under the Roman Republic: Italy and the Mediterranean Economy* (London: Methuen, 1985), 52-62; K. Harl, *Coinage in the Roman Economy, 300 B.C. to A.D. 700* (Baltimore: Johns Hopkins University Press, 1996), 21-37을 보라.

[47]당시 민회에 모인 납세자들의 재력을 고려할 때 이런 위협은 특히 의미 있는 것이다. (Tan, *Power and Public Finance*, 5장).

[48]스키피오의 개선 행사가 거부당한 것과 그의 집정관 당선에 대해서는 Livy 28.38, Dio 17.57.5-6, Valerius Maximus 2.8.5를 보라. 파비우스의 연설은 Livy 28.40-42를 보라. 이 연설은 리비우스가 파비우스의 입을 빌어 창조한 것이지만, 파비우스가 스키피오의 아프리카 침공 제안을 현명한 군사 전술이라기보다 개인적 영광을 얻으려는 욕심 탓으로 돌렸다고 상상한 것은 아마도 옳을 것이다. 조사단이 군대에 대해 받은 인상에 대해서는 Livy 29.16-22를 보라.

[49]원문은 "mater Idaea a Pessinunte Romam advecta foret" (Livy 29.10). 이 상황, 그리고 이 상황과 스키피오의 부상이 촉발한 정치적 긴장의 관련성에 대한 최고의 분석은 E. Gruen, "The Advent of the Magna Mater," *Studies in Greek Culture and Roman Policy* (Berkeley: University of California Press, 1996), 5–33.을 보라.

3장

[1]로마가 기원전 213년 이집트에 파견한 대사에 대해서는 Polybius 9.11a, 금화에 대해서는 Crawford, *RRC* 44/2–4; 72/2를 보라. 관련 논의는 Kay, *Rome's Economic Revolution*, 16; A. Meadows, "The Mars/Eagle and Thunderbolt Gold and Ptolemaic Involvement in the Second Punic War," in *Coins of Macedonia and Rome: Essays in Honor of Charles Hersh*, ed. A. M. Burnett, U. Wartenberg, R. Witschonke, 125–134 (London: Spink and Son, 1998)를 보라. 기원전 208년 이집트 대사에 대해서는 Appian, *Mace.*, 9.3.1을, 당시 로마와 페르가뭄의 관계는 A. Eckstein, *Rome Enters the Greek East*, 122를 보라.

[2]1차 마케도니아 전쟁 이후 로마의 경계 태세는 Livy 30.26.2–4를 보라. 이와 함께 Eckstein, *Rome Enters the Greek East*, 123도 주의하라. 기원전 207년 또는 206년 이집트에서 벌어진 반란과 이를 촉발한 기후 충격에 대해서는 F. Ludlow and J. Manning, "Revolts under the Ptolemies: A Paleoclimatological Perspective," in *Revolt and Resistance in the Ancient Classical World and the Near East: In the Crucible of Empire*, ed. J. Collins and J. Manning, 154–174 (Leiden: Brill Academic Publishers, 2016), 그리고 160–163(반란), 164ff(기후 조건)를 보라. 필리포스 5세와 안티오코스 3세의 협정은 Eckstein, *Rome Enters the Greek East*, 3–28을 보라. 필리포스가 서쪽으로 영토를 확장하는 데 관심을 보인 것에 대해서는 Polybius 5.105.4–8을 보라.

[3]동맹 세력이 보내 온 보고는 Appian, *Mace.*, 4; Livy 31.2–6을 보라. 갈바에게 필리포스 왕에 맞선 전쟁에 나설 동기가 있었다는 견해에 대해서는 W. Harris, *War and Imperialism in Republican Rome* (Oxford: Oxford University Press, 1979), 217–218을 보라.

[4]Livy 31.6.3. 이를 비난한 호민관은 퀸투스 바에부스이다. 2차 마케도니아 전쟁으로 가는 길을 연 사건들에 대해서는 Eckstein, *Mediterranean Anarchy*, 280–288을 보라.

[5]갈바의 연설은 Livy 31.6을 보라. Zonaras 9.15도 참조하라. 로마인들이 그리스에서 자신들의 신망과 위신을 걱정한 것에 대해서는 E. Gruen, *The Hellenistic World and the Coming of Rome* (Berkeley: University of California Press, 1986), 391–398을 보라. 앞서 참전했던 군인들이 다시 나서지 않도록 한 것에 대해서는 Livy 31.8.6을 보라.

[6]갈바에 맞선 필리포스 왕의 방어 작전은 Zonaras 9.15를, 플라미니누스의 돌파 작전은 Zonaras 9.16을, 협상과 논의 방해는 Appian, *Mace.*, 8과 Polybius 18.1.1–12.5, 그리고 Zonaras 9.16을 보라. A. Eckstein, "T. Quinctius Flamininus and the Campaign against Philip in 198 BC," *Phoenix* 30 (1976): 119–142도 보라.

[7]퀴노스케팔라이 전투에서 그리스식 방진보다 로마의 전투 대형이 우세했던 것에 대해서는 Polybius 18.28-32를 보라. "그리스의 자유"에 대해서는 Polybius 18.46을 보라. 이스트미아 제전에서 이뤄진 해방 선언과 별도로 안티오코스 3세의 대표단에게 필리포스나 프톨레마이오스의 지배를 받던 소아시아 도시들도 해방될 것이라고 알렸지만, 이 선언으로 해방된 곳은 그리스 내 도시들뿐이다. 소아시아 해방은 Polybius 18.47을 보라. Livy 33.30 그리고 Zonaras 9.16은 아시아 내 그리스 도시들의 해방은 원로원이 필리포스에게 요구한 조건의 일부였다고 확언한다.

[8]안티오코스의 패배 이후 상황 분석은 Eckstein, *Mediterranean Anarchy*, 342-381을 보라. 로마의 무관심은 나중에 Polybius 24.8-10 등에서 묘사된다.

[9]로마가 남긴 지도력 공백을 페르세우스가 메운 것은 Livy 42.12.2를, 페르가뭄이 상세히 밝힌 페르세우스의 위반 행위는 Livy 42.11-13을 보라.

[10]기원전 2세기 로마 공화국의 스페인 개입에 대한 가장 철저한 평가는 J. S. Richardson, *Hispaniae: Spain and the Development of Roman Imperialism, 218-82 BC* (Cambridge: Cambridge University Press, 1986), 62-155. 기원전 178년 이후 전쟁의 강도 변화는 스페인 전쟁 참가자들의 개선식이 기원전 177년부터 166년 사이에는 거의 없다시피 했다는 점이 잘 보여준다. 앞서 기원전 195년부터 178년 사이에는 한해에 평균 한 번의 개선식이 열렸다(Richardson, *Hispaniae*, 105가 이를 지적하고 있다).

[11]예를 들어 Polybius 36.9. 이에 대해서는, 훌륭한 연구 업적인 C. Champion, *Cultural Politics in Polybius's Histories* (Berkeley: University of California Press, 2004)를 보라.

[12]기원전 234~233년 인구 조사 수치는 Livy, *Periochae*, 20에 나온다. 기원전 209~208년 수치는 Livy, *History*, 27.36.7에서 볼 수 있다. 2차 포에니 전쟁 기간과 그 이후의 로마 인구 추세를 추적하는 문제는 최근 크게 주목받고 있다. 가장 중요한 연구 결과로는 S. Hin, *The Demography of Roman Italy: Population Dynamics in an Ancient Conquest Society, 201 BCE-14 CE* (Cambridge: Cambridge University Press, 2013); L. De Ligt, *Peasants, Citizens, and Soldiers: Studies in the Demographic History of Roman Italy 225 BC-AD 100* (Cambridge: Cambridge University Press, 2012), 그리고 N. Rosenstein, *Rome at War*가 꼽힌다. 이 연구들은 Brunt, *Italian Manpower*의 훨씬 더 비관적인 평가를 수정한 연구 결과다.

[13]기원전 2세기의 희생자 숫자는 Rosenstein, *Rome at War*, 143을 보라. 다만, Hin, *Demography*, 157-160의 경고도 주목하라.

[14]Livy, *Periochae*, 54. 이는 기원전 142~141년의 인구 조사 결과다. 지금까지 남아 있는 로마 공화국 시절과 제국 초기의 인구 조사 결과는 Hin, *Demography*, 351-353에 표로 정리되어 있다.

[15]Rosenstein(*Rome at War*, 162-169)은 식민지는 인구 압력을 해소하는 배출구로 부분적으로만 활용됐음을 설득력 있게 주장한다.

[16]Rosenstein, *Rome at War*, 165. 아일리아 씨족에 대해서는 Valerius Maximus 4.4.8을 보라. 로젠슈타인이 지적하듯이, 가족의 여러 세대가 함께 산 건 가난 때문만은 아니었다. 가난은 아일리아 씨족에만 해당하는 문제였음이 분명하다. 이는 발레리우스 막시무스가 이 씨족에 대한 논의와 함께 빈곤을 보여주는 다른 일화들도 제시하는 데서 알 수 있다. (이를 논하는 부분은 De paupertate.) 다른 맥락에서 제시된 유사 사례는 예컨대 Plutarch, *Crassus*, 1.1 (LCL)을 보라.

[17]Rosenstein, *Rome at War*, 144-145. 이 수치는 N. Morley, *Metropolis and Hinterland* (Cam-

bridge: Cambridge University Press, 1996), 39, 46에서 가져온 것이다. 로마 인구 규모에 대한 다른 여러 자료 조사로는 Hin, *Demography*, 220n31을 보라.

[18]티투스 리비우스의 논평은 39.3을, 치아 법랑질 분석은 Hin, *Demography*, 218-220을 보라.

[19]Livy 30.45.3(스키피오) 그리고 31.20(렌툴루스)를 보라.

[20]스키피오는 1720달란트의 은을 가져왔다. 기원전 187~177년 카르타고, 안티오코스, 그리스 국가들에서 보내온 배상금의 합계는 1,200~1,300달란트에 달했다. 이를 추적한 도표는 Kay, *Rome's Economic Revolution*, 39, table 2.2를 보라.

[21]귀금속 채굴로 로마가 얻은 수익에 대해서는 Kay, *Rome's Economic Revolution*, 43-58을 보라. 금 시장을 붕괴시킨 신규 금 공급에 대해서는 Polybius 34.10.10-15를 보라.

[22]세금 환급은 Livy 39.7.1-5를 보라. Tan(*Power and Public Finance*, 141-142)이 보여줬듯이, 세금 폐지는 로마 시민들의 재정적 부담을 해소해 줬지만 그들이 전쟁 자금을 대지 않게 되면서 그들이 전쟁 수행에 끼치는 영향력도 줄었다. 은전 주조에 대해 Crawford, *Roman Republican Coinage*, 640ff는 은전이 정기적으로 주조되고 발행량도 꾸준히 늘기 시작한 해로 기원전 157년을 꼽는다. K. Hopkins, "Taxes and Trade in the Roman Empire (200 BC-AD 400)," *Journal of Roman Studies* 70 (1980): 101-125, at 106-112의 논의도 보라.

[23]하수도 체계 클로아카 막시마(Cloaca Maxima)는 Dionysius of Halicarnassus, *Ant. Rom.*, 3.67.5를, 수도교 아쿠아 마르키아는 Frontinus, *de aquis.*, 1.7 (LCL)을 보라. 이 둘을 포함한 이 시기 건설 사업에 대한 논의로는 Kay, *Rome's Economic Revolution*, 217-220을 보라.

[24]Polybius 6.17.

[25]카토의 스페인 약탈은 Livy 34.46.2-3. 이탈리아 내 상업용 농업에 대한 카토의 관심은 그의 저작 *de Agricultura*(이하 *Agr.*)에 가장 잘 표현되어 있다.

[26]카토는 180에이커의 올리브 농장에는 13명의 노예를(Cato, *Agr.*, 10—LCL), 그리고 66에이커의 포도밭에는 16명의 노예(*Agr.*, 11)를 투입해 일을 시키도록 권했다.

[27]Plutarch, *Cato Maior*, 21.5 (LCL). 이에 대한 논의는 Kay, *Rome's Economic Revolution*, 230-231을 보라.

[28]300개 이상의 암포라(항아리)를 실을 수 있는 큰 배를 이용한 해상 무역 관여 금지를 규정한 법은 218년 제정된 〈plebiscitum Claudianum〉이다. (Livy 21.63.3). 해상 무역 분야에서 카토에 협력한 이들에 대해서는 Plutarch, *Cato Maior*, 21.5-6 그리고 Kay, *Rome's Economic Revolution*, 145-146의 훌륭한 설명을 보라.

[29]로마 경제에서 신용의 활용에 대해서는, 중요한 연구인 W. Harris, "A Revisionist View of Roman Money," *Journal of Roman Studies* 96 (2006): 1-24를 보라. 신용의 발전이 로마 경제 성장과 부 축적에 끼친 의미에 대해서는 Kay, *Rome's Economic Revolution*, 107-268을 보라.

[30]땅 분배와 스키피오가 챙긴 자산은 Livy 31.49.4-5, 호화로운 경기 행사는 Livy 37.3.7을 보라.

[31]풀비우스 플라쿠스는 보병에게 30데나리우스, 백부장에게 60데나리우스, 기병대에게 90데나리우스를 지급했다. (Livy 40.59.3).

[32]25쌍의 검투사 부분은 Livy 31.49.9, 120명의 검투사 부분은 Livy 39.46을 보라. 신전에 대해서는 M. Acilius Glabrio (Livy 40.34.5와 Valerius Maximus 2.5.1), 그리고 L. Aemilius Regillus (Livy 40.52.4-6) 사례를 보라. 기원전 180년대의 공개 연회는 Livy 39.46, 은 규제는 Aulus Gellius, *Noctes Atticus*(이하 *NA*), 2.24.2 (LCL)를 보라.

[33]안티오쿠스 부분은 Livy 39.6.7-9 그리고 Pliny, *HN*, 33.138, 페르세우스 부분은 Polybius 31.25, 크라수스 부분은 Pliny, *HN*, 33.134를 보라. Kay, *Rome's Economic Revolution*, 194의 논의도 보라.

[34]Cato, *Agr.*, 144-150은 주변 마을에 사는 계절 노동자 이용 권고안을 상세히 서술한다.

4장

[1]외주 계약과 세금 징수 대행은 Tan, *Power and Public Finance*, 61-64를 보라.

[2]스페인 복무를 꺼린 것에 대해서는 Rosenstein, *Rome at War*, 276-277n76에 앞선 연구 결과가 언급된다.

[3]이에 대한 논의는 W. Kunkel, *Untersuchungen zur Entwicklung des römischen Kriminalverfahrens in vorsullanischer Zeit* (Munich: Bayerische Akademie der Wissenschaften, 1962)를 보라.

[4]총독에 대한 첫 부패 혐의 재판은 Flower, *Roman Republics*, 69-70을 보라. Brennan, *Praetorship in the Roman Republic*, 1:235-256은 외국 주재 총독의 비리를 방지하기 위해 그전부터 취하던 조처들을 언급한다.

[5]어떻게 투표하는지 '관찰하는' 것에 대해서는 Livy 4.49, 45.39.20을 보라. Plutarch, *Aemilius Paullus*, 31.10은 이렇게 적고 있다. "그러나 여기 와서 이들이 투표하게 하라. 내가 내려가 그들 모두를 따라가면서 누가 야비하고 누가 감사할 줄 모르는지, 또 누가 전쟁에서 지휘 책임을 맡기보다 구슬리고 알랑거리는 것을 좋아하는지 알아볼 테다." 이런 절차에 대한 좀 더 일반적인 설명으로는 Flower, *Roman Republics*, 73, 그리고 Lintott, *Constitution of the Roman Republic*, 46-61, 그리고 U. Hall, "Greeks and Romans and the Secret Ballot," in *Owls to Athens: Essays on Classical Subjects Presented to Sir Kenneth Dover*, ed. K. Dover and E. Craik (Oxford: Clarendon Press, 1990), 190-194를 보라.

[6]가비니우스 호민관의 개혁은 Cicero, *Laws*, 3.35, 그리고 Livy, *Per.*, 54.193을 보라. 이에 대한 논의로는 A. Yakobson, "Secret Ballot and Its Effects in the Late Roman Republic," *Hermes* 123 (1995): 426-442, 그리고 Yakobson, "Popular Power in the Roman Republic," in *A Companion to the Roman Republic*, 383-400, at 388-390을 보라. 카시우스의 개혁은 Cicero, *Laws*, 3.35, 그리고 *Brutus*, 97을 보라. 기원전 131년의 개혁은 Cicero, *Laws*, 3.36.

[7]가비니우스 부분은 Cicero, *Laws*, 3.35(무명의 추잡한 인물) 그리고 *De Amicitia*, 42(원로원과 시민 이간질)를 보라. 카시우스 부분은 Cicero, *Laws*, 3.36, 카르보 부분은 Cicero, *Laws*, 3.35.

[8]130년대의 개혁 이후에도 투표 감시가 이어졌을 가능성이 있다는 것은 기원전 119년에 마리우스가 유권자들이 투표하기 위해 지나가는 통로를 더 좁히려 했을 때 강한 저항에 부딪쳤다는 사실이 암시해 준다. 마리

우스의 개혁에 대해서는 Plutarch, *Marius*, 4.2-4, 그리고 Cicero, *Laws*, 3.38 그리고 Yakobson, "Secret Ballot," 438-439를 보라.

[9]Yakobson, "Popular Power," 390.

[10]디오스쿠로이 형상은 기원전 180년대 은화 뒷면에 가장 자주 등장했으며, 기원전 150년대에도 여전히 주기적으로 등장했다. (예컨대, 기원전 157~156년의 은화인 RRC 198/1). 그리고 기원전 150년대부터 140년대 말까지는 다시 가장 많이 등장하는 형상이 됐고 (예컨대 기원전 149년의 은화인 RRC 209/1과 RRC 224/1) 그 이후에도 이따금 등장한다. 전차를 탄 신들이 처음 등장한 것은 기원전 180년대다. 그중 기원전 180년대에 가장 인기 있던 형상은 달의 여신 루나였다. 이 여신은 그 이후에도 가끔씩 꾸준히 등장했다. (예컨대, 기원전 180년대 이후 RRC 140/1, 141/1, 163/1, 187/1 그리고 기원전 140년대의 RRC 207/1). 달의 여신 디아나는 기원전 170년대와 160년대에 가장 자주 등장했다. (예컨대, RRC 158/1, 159/2). 빅토리아 여신도 기원전 150년대와 140년대에 흔히 등장했다. (예컨대, RRC 197/1a-b, 199/1a-b, 202/1a-b, 203/1a-b, 204/1, 205/1, 206/1, 208/1). 전차 탄 신들의 형상은 기원전 140년대 말에 이르면 훨씬 다양한 형태를 띠기 시작했다. 빅토리아, 디아나, 유노, 유피테르(주피터)가 기원전 142년~141년에 주조된 은화에 모두 등장한다.

[11]그해에는 4명의 화폐 주조 책임자가 서명한 은화가 나왔다. 그 중 둘은 표준 디자인을 채택한 것이었으며 (P. 아에리우스 파에투스는 뒷면에 디오스쿠로이가 그려진 은화 [RRC 233/1]를, M. 바에비우스 Q. f. 탐필루스는 전차를 탄 아폴로가 그려진 은화[RRC 236/1a-e]를 주조했다.) 다른 둘은 아주 다른 모양으로 발행됐다.

[12]이 은화는 Ti. 베투리우스가 주조한 RRC 234/1이다. 이 은화와 그 중요성에 대한 논의는 Crawford, *RRC*, p. 266(참고문헌 포함)을 보라. 이 은화와 기원전 137년의 누만티눔 협약의 연관성을 논한 학자로는 누구보다 C. Stannard ("Numismatic Evidence for the Relations between Spain and Central Italy at the Turn of the Second and First Centuries," *Schweizerische Numismatische Rundschau* 84 [2005]: 47-79, at 58-60)이 있다. 그리고 Flower, *Ancestor Masks*, 79-86도 이를 논한다. 이 은화가 더 후대에 발행된 것이라는 스태너드의 주장은 타당해 보이지 않는다. 왜냐하면, 이 은화는 10아스의 가치를 갖는 것으로 평가됐는데 후대에 발행된 은화들은 16아스로 가치가 바뀌기 때문이다.

[13]이 은화 주조 책임자들은 C. Minucius Augurinus(기원전 135년의 RRC 242/1 주조 책임자)와 T. Minucius C. f. Augurinus(기원전 134년의 RRC 243/1 주조 책임자)다. 이 은화들에 대한 논의는 Crawford, *RRC*, 273-276 그리고 T. P. Wiseman, "The Minucii and their Monument," in *Imperium Sine Fine*, ed. J. Lindersk (Stuttgart, 1996), 57-74를 보라. 기원전 439년의 곡물 분배에 대해서는 A. Momigliano, "Due Punti di Storia Romana Arcaica," in *Quarto Contributo alla Storia degli Studi Classici e del Mondo Antico* (Rome: Ed. di Storia e Letteratura, 1969), 329-361, at 331-349를 보라.

[14]티베리우스 그라쿠스의 가족 배경 조사에 대해서는 D. Stockton, *The Gracchi* (Oxford: Oxford University Press, 1979), 23ff를 보라.

[15]티베리우스의 재판 개입에 대해서는 무엇보다 Valerius Maximus 4.1.8 그리고 Livy 38.57을 보라. 이런 설명에 담긴 공상적인 요소에 대해서는 Stockton, *The Gracchi*, 23-24를 보라.

[16]티베리우스의 스승은 수사학자인 미틸레네의 디오파네스와 스토아 철학자인 쿠마에의 블로시우스였다고 한다. 이에 대해서는 Plutarch, *Tiberius Gracchus*, 1.3 (LCL); Cicero, *Brutus*, 104; Tacitus, *Dialogus*, 28 (LCL); Quintilian 1.1.6을 보라.

[17]티베리우스가 전쟁에서 용맹을 떨친 것에 대해서는 Plutarch, *Tiberius Gracchus*, 4를, 아피우스 클라우디우스의 전쟁 승리에 대해서는 Cicero, *de Cael.*, 34, 그리고 Valerius Maximus 5.4.6을 보라.

[18]이 조약의 맥락에 대해서는 Appian, *Spain*, 80을 보라. 티베리우스가 협상에서 맡은 몫에 대해서는 Plutarch, *Tiberius Gracchus*, 5–6을 보라.

[19]이 조약에 대해서는 Appian, *Spain*, 13.83; Plutarch, *Tiberius Gracchus*, 7을, 스키피오의 군대에 대해서는 Appian, *Spain*, 14.84를 보라.

[20]티베리우스가 스키피오에게 배신감을 느낀 것에 대해서는 Cicero, *Brutus*, 103, *de har. resp.* 43; Velleius Paterculus 2.2 (LCL)를 보라.

[21]티베리우스가 우려한 바는 Plutarch, *Tiberius Gracchus*, 8에 요약되어 있다. Appian, *BC*, 1.1.7도 같은 내용을 되풀이한다. 기원전 2세기 이탈리아의 땅 소유 양태에 대해서는 무엇보다 Rosenstein, *Rome at War*, 141–169를 보라.

[22]그가 이 문제를 선거에서 부각시켰을 개연성에 대해서는 C. Steel, *The End of the Roman Republic, 146 to 44 BC* (Edinburgh: Edinburgh University Press, 2013), 16을 보라. 도시 곳곳의 벽에 적힌 구호에 대해서는 Plutarch, *Tiberius Gracchus*, 9를 보라. 그의 연설은 Appian, *BC*, 1.9를 보라.

[23]Appian, *BC*, 1.8. 카토(*ORF²*, 65–66에 실린 pro Rhodiensibus를 보면)는 이 법률이 규정을 강제할 장치 없이 기원전 167년 시행됐다고 언급한다.

[24]이 법에서 로마인이 아닌 이탈리아인의 지위는 불분명하다. 키케로(*de Re Publica*, 3.41)는 이탈리아인들은 혜택을 보지 못했다고 한 반면, 아피아노스(*BC*, 1.12.7)는 이와 다른 주장을 펴는 듯 보인다. 이에 대한 논의는 Stockton, *The Gracchi*, 42–43을 보라.

[25]라일리우스의 법률안 제안은 Plutarch, *Tiberius Gracchus*, 8을 보라. Stockton, *The Gracchi*, 33도 보라. 티베리우스를 지지한 주요 인물들에 대해서는 Plutarch, *Tiberius Gracchus*, 9를 보라.

[26]공화국이 나서 부를 균형 있게 분배하자는 주장에 대해서는 Appian, *BC*, 1.11을 보라. 이탈리아 지역 내 동맹 세력이 주로 빌린 땅에 대해서는 Appian, *BC*, 1.19–21을 보라. 다만, 이 대목을 비판적으로 해석한 H. Mouritsen, *Italian Unification: A Study in Ancient and Modern Historiography* (London: Institute of Classical Studies, University of London, 1998), 16–22도 주목하라.

[27]Plutarch, *Tiberius Gracchus*, 10.

[28]Plutarch, *Tiberius Gracchus*, 10.4–6.

[29]Plutarch(*Tiberius Gracchus*, 11–12)는 이 행동을 고대 방식에 따라 극적으로 서술한다. 좀 더 신중한 평가는 Appian, *BC*, 1.12.5; Stockton, *The Gracchi*, 65–67을 보라.

[30]Plutarch(*Tiberius Gracchus*, 12)와 Appian(*BC*, 1.12)은 군중들의 폭력 위협 또는 무장한 티베리우스의 동료들이 사건 전개 중에 주위를 맴돌았다고 언급했다.

[31]Plutarch, *Tiberius Gracchus*, 13.

[32]Plutarch, *Tiberius Gracchus*, 14–15. Livy, *Per.*, 58은 티베리우스가 땅을 분배받지 못한 도시 빈민들에게 돈을 줄 것도 제안했다고 암시했다. 이에 대해서는 Stockton, *The Gracchi*, 67–69의 논평을 보라. 재

정과 외교 관계가 의심의 여지없이 원로원의 전유물로 여겨진 점에 대해서는 Polybius 6.13을 보라.

[33]이 점에 대해서는 Arena, *Libertas and the Practice of Politics*, 3장을 보라.

[34]Plutarch, *Tiberius Gracchus*, 14. Cicero, *de Amicitia*, 41에서도 언급된다.

[35]이 주장을 한 이는 티투스 아니우스다. 그의 연설과 그가 제기한 구체적인 질문이 후대의 문법학자들이 인용할 만큼 전설적인 것이 될 터였다. (연설은 Festus, in *ORF*² 106에 수록됐다. Plutarch, *Tiberius Gracchus*, 14.5에는 그가 제기한 질문이 담겨 있다). 아니우스의 가장 힘 있는 발언은 공탁을 건 재판을 주장하며 한 발언이다. 티베리우스가 법을 어기고 동료 호민관의 명예를 훼손했다는 자신의 혐의 제기가 정당한지 법적으로 따지기 위해 제소할 것을 티베리우스에게 제안했다. 이에 대해서는 J. Crook, "*Sponsione Provocare*: Its Place in Roman Litigation," *Journal of Roman Studies* 66 (1976): 132–138, at 133을 보라.

[36]키케로에 따르면, 캄파니아의 공공 토지는 카이사르의 조처에 따라 기원전 59년에야 재분배 대상이 됐다. 이에 대해서는 F. De Martino, *Storia della costituzione romana*, 2nd ed. (Naples: Eugenio Jovene, 1973), 3:169n3; Stockton, *The Gracchi*, 55를 보라. 하지만 카푸아 근처에서 토지위원회 위원들의 이름이 적힌 경계석이 발견되어 지금까지 남아 있다. 이는 이 지역에서 토지위원회가 활동했음을 암시하는 것이다. (H. Dessau, *Inscriptiones Latinae Selectae*, vol. 1 [Berlin: Weidmann, 1892] [이하 *ILS*], number 24)

[37]가난한 이들 1만5천 가구에 혜택이 돌아간다는 추산에 대해서는 K. Bringmann, *A History of the Roman Republic* (Cambridge: Polity Press, 2015), 151을 보라. 로마 빈민들이 갖고 있던 힘의 한계에 대해서는 예컨대 H. Mouritsen, *Politics in the Roman Republic* (Cambridge: Cambridge University Press, 2017), 61–64의 논의를 보라.

[38]Plutarch, *Tiberius Gracchus*, 13(뜬소문 퍼뜨리기), 그리고 Appian, *BC*, 1.1.13(군중의 호위를 받음)을 보라.

[39]호민관 연임 문제는 Appian, *BC*, 1.2.14; Plutarch, *Tiberius Gracchus*, 16을, 투표에 앞선 티베리우스의 개별 유세는 Appian, *BC*, 1.2.14를 보라.

[40]지지자들의 밤샘 보초는 Plutarch, *Tiberius Gracchus*, 16; Appian, *BC*, 1.2.15를 보라. 티베리우스 살해에 대한 설명은 Plutarch, *Tiberius Gracchus*, 18–19; Appian, *BC*, 1.2.14–17; Dio, 24.83.8을 보라. 이에 관한 근대 저작의 요약으로는 Stockton, *The Gracchi*, 75–77을 보라.

[41]Plutarch, *Tiberius Gracchus*, 20.1.

[42]Cicero, *de Re Publica*, 1.31.

[43]Appian, *BC*, 1.1.2(시민들 사이의 갈등으로 희생된 첫 사례라는 부분), 1.2.17(양극화 유발 부분).

[44]Appian, *BC*, 1.2.17.

[45]οἱ μέν οἰκτείροντες αὐτούς τε κἀκεῖνον καὶ τὰ παρόντα ὡς οὐκέτι πολιτείαν, ἀλλὰ χειροκρατίαν καὶ βίαν (Appian, *BC*, 1.2.17, lines 9–11).

[46]티베리우스 사망 이후 토지위원회의 운영 방식과 운영 자금에 대해서는 Plutarch, *Tiberius Gracchus*, 21; Appian, *BC*, 1.3.18을 보라. 이 위원회가 기원전 118년까지 계속 운영됐다는 견해에 대해서는 (이는 Appian, *BC*, 1.27에 근거한 것이다) D. Gargola, "Appian and the Aftermath of the Gracchan Reform,"

American Journal of Philology 118 (1997): 555-581을 보라. 그 뒤의 토지법에 대해서는 예컨대 Cicero, *Brutus*, 136(〈토리우스법〉 부분) 그리고 기원전 111년의 농업법을 보라. 후대의 논의는 A. Lintott, *Judicial Reform and Land Reform in the Roman Republic: A New Edition, with Translation and Commentary, of the Laws from Urbino* (Cambridge: Cambridge University Press, 1992), 49-55 를 보라.

[47]키케로(*de Re Publica*, 1.6)와 Valerius Maximus(3.2.17)는 스키피오 나스키아를 아시아로 보낸 이유는 그의 안전을 염려하거나 재판을 피하게 해주려는 것이었다고 암시한다.

[48]Plutarch, *Tiberius Gracchus*, 21.

[49]Appian, *BC*, 1.3.19-20.

[50]플라쿠스의 시민권 확대 제안은 Appian, *BC*, 1.3.21; Valerius Maximus 9.5.1을 보라. Mouritsen, *Italian Unification*, 112-113도 주목하라. 프레겔라이의 반란은 P. Conole, "Allied Disaffection and the Revolt of Fregellae," *Antichthon* 15 (1981): 129-141을 보라.

[51]Appian, *BC*, 1.3.21.

[52]Appian, *BC*, 1.3.21; Cicero, *Sest.*, 103; Livy, *Per.*, 60. 기원전 123년 가이우스가 실시한 개혁을 요약한 것으로는 Stockton, *The Gracchi*, 114-176.

[53]Tan, *Power and Public Finance*, 61-64.

[54]이 폭력을 언급한 문헌에는 Cicero, *De oratore*, 2.132-134; Plutarch, *G. Gracchus*, 13-18; Appian, *BC*, 1.3.25-26이 있다. 묘사 재구성에 대해서는 Stockton, *The Gracchi*, 176-205를 보라. 가이우스의 죽음을 부른 사태의 원인으로 지목된, 승인받지 못한 공공 정책 토론에 대해서는 R. Morstein-Marx, *Mass Oratory*, 39를 보라. 이 논의는 *de vir. ill.* 65.5; Orosius 5.12.5; Plutarch, *C. Gracchus*, 13-14 에 근거한 것이다. 이 사건을 시간적으로 좀 더 넓혀 논한 것으로는 J. Lea Beness and T. W. Hillard, "The Theatricality of the Deaths of C. Gracchus and Friends," *Classical Quarterly* 51.1 (2001): 135-140 이 있다.

[55]Plutarch, *C. Gracchus*, 1. 이 꿈은 Cicero, *Div.*, 1.56에도 가이우스와 같은 시대 인물인 루키우스 코엘리우스 안티파테르의 말을 인용하는 형식으로 거론된다.

5장

[1]오피미우스의 신전 건축에 대해서는 Appian, *BC*, 1.26; Plutarch, *G. Gracchus*, 17; Cicero, *pro. Sest.*, 140을 보라.

[2]카이킬리우스 메텔루스 가문 사람이 집정관으로 재임한 때는 기원전 123년, 119년, 117년, 115년(M. 카이킬리우스 메텔루스와 M. 아이밀리우스 스카우루스가 집정관이었던 해), 113년, 109년이다. 이 시기에 같은 가문 출신 집정관들로는 Q. 파비우스 막시무스 알로브로기쿠스(기원전 121년), Q. 파비우스 막시무스 에부르

누스(기원전 116년), C. 파피리우스 카르보(기원전 120년), 크나이우스 파피리우스 카르보(기원전 113년), M. 포르키우스 카토(기원전 118년), C. 포르키우스 카토(기원전 114년)가 있었다.

[3]Sallust, *Jugurtha*, 41.9 (LCL).

[4]이 사건에 대해서는 Plutarch, *Quaest. Rom.*, 83 (LCL)을 보라. 그리고 Steel, *End of the Roman Republic*, 27의 논의도 보라.

[5]두 명의 그리스인과 두 명의 갈리아인을 생매장한 사건은 Z. Várhelyi, "The Specters of Roman Imperialism: The Live Burials of Gauls and Greeks at Rome," *Classical Antiquity* 26 (2007): 277-304를 보라. 유구르타와 관련한 부패 조사 뒤 사제 C. 술피키우스 갈바가 기소된 사건은 아래의 논의와 함께 Cicero, *Brutus*, 128을 보라. 당시 체포된 정치인들에 관해서는 E. Rawson, "Religion and Politics in the Late Second Century BC at Rome," *Phoenix* 28 (1974): 193-212를 보라.

[6]유구르타의 배경에 대해서는 Sallust, *Jugurtha*, 5-16을 보라. 그와 스키피오 등 로마인들 사이의 우정에 대해서는 Sallust, *Jugurtha*, 7.7을 보라.

[7]Sallust, *Jugurtha*, 8.1.

[8]원로원 위원회 매수는 Sallust, *Jugurtha*, 13.8, 키르타 공격은 Sallust, *Jugurtha*, 26을 보라. 키르타에 있던 상인들이 도시 방어에 적극 참여했을 가능성, 그러므로 그들이 무차별적으로 살해된 민간인은 아닐 수 있다는 점에 대해서는 R. Morstein-Marx, "The Alleged 'Massacre' at Cirta and Its Consequences (Sallust *Bellum Iugurthinum* 26-27)," *Classical Philology* 95 (2000): 468-476을 보라.

[9]Sallust, *Jugurtha*, 30.1-2.

[10]"공화국을 저버리지 말라"는 발언은 Sallust, *Jugurtha*, 30.3, "오만한 도당"이라는 발언은 Sallust, *Jugurtha*, 31.2를 보라. 이와 관련된 맥락에 대해서는 Morstein-Marx, *Mass Oratory*, 267-269를 보라. 가이우스 그라쿠스의 연설에 담긴 유사한 생각(Gellius, *NA*, 11.10에서 인용)에 대해서는 F. Millar, "Politics, Persuasion and the People before the Social War (150-90 BC)," *Journal of Roman Studies* 76 (1986): 9를 보라. 이 글은, 그라쿠스의 이 연설은 역사가 살루스티우스가 멤미우스가 표현한 감정을 재구성한 것일 가능성을 내비친다.

[11]Sallust, *Jugurtha*, 31.6(비폭력 주장), 31.18(법정 관련 부분). 유구르타의 호민관 매수는 Sallust, *Jugurtha*, 34를 보라.

[12]법정 운영에 대해서는 Sallust, *Jugurtha*, 30을 보라. 간결한 요약으로는 Steel, *End of the Roman Republic*, 28-29를 보라. "반감과 폭력" 부분은 Sallust, *Jugurtha*, 40.5를 보라. 부패 관련 재판 전반에 대해서는 Sallust, *Jugurtha*, 30을 보라. 간결한 요약으로는 Steel, *End of the Roman Republic*, 28-29를 보라.

[13]Sallust, *Jugurtha*, 63 그리고 Plutarch, *Marius*, 8 (LCL).

[14]'노부스 호모'(신인)라는 단어는 맥락에 따라, 가문에서 처음으로 원로원 의원 자격을 얻은 이를 뜻하기도 하고, 처음으로 집정관이 된 사람을 뜻하기도 했다. 관련 논의로는 D. R. Shackleton Bailey, "*Nobiles* and *Novi* Reconsidered," *American Journal of Philology* 107 (1986): 255-260을 보라.

[15]마리우스와 카이킬리우스 메텔루스 가문의 연줄에 대해서는 Plutarch, *Marius*, 4; E. Badian, *Foreign*

Clientelae (264–70 BC) (Oxford: Clarendon Press, 1958), 194–195를 보라. 투표 관련 법은 Cicero, *Laws*, 3.39; Plutarch, *Marius*, 4, 그리고 Lintott, *Constitution of the Roman Republic*, 46을 보라. 그 이후 마리우스의 선거 패배(와 살루스티우스가 이에 대해 언급을 피하려 한 것)에 대한 평가로는 R. Syme, *Sallust*, 2nd ed. (Berkeley: University of California Press, 2002), 161을 보라. 뇌물 혐의에 대해서는 Plutarch, *Marius*, 5.2–5; Valerius Maximus 6.9.14를 보라.

[16]Sallust, *Jugurtha*, 63.7.

[17]Sallust, *Jugurtha*, 64.2. Plutarch, *Marius*, 8도 참조.

[18]Plutarch, *Marius*, 8; Dio 26.3; Sallust, *Jugurtha*, 64.4. 모두 같은 발언을 기록하고 있다.

[19]Sallust, *Jugurtha*, 64.

[20]Plutarch, *Marius*, 8; Sallust, *Jugurtha*, 65.5, 73.3–7.

[21]Sallust, *Jugurtha*, 73.4.

[22]마리우스에게 부여된 임무는 Sallust, *Jugurtha*, 73.7, 집정관직을 전리품이라고 표현한 것에 대해서는 Sallust, *Jugurtha*, 84.1을 보라.

[23]키케로(*de Re Publica*, 2.40)는 군 복무가 가능하려면 적어도 1500아스 곧 150데나리우스에 조금 못 미치는 재산이 있어야 했다고 지적했다. 로마의 가난한 계층이 마리우스의 지휘 아래 들어가면 전리품 확보 기회가 될 것으로 봤다는 해석에 대해서는 Sallust, *Jugurtha*, 84.4를 보라. 마리우스가 가난한 계층을 군인으로 모집한 것에 대해서는 Plutarch, *Marius*, 9; Sallust, *Jugurtha*, 86; Valerius Maximus 2.3.1; Gellius 16.10.10을 보라.

[24]아우라시오 전투의 전사자 규모에 대해서는 Livy, *Per.*, 67(8만 명), 그리고 Granius Licinianus(7만 명)를 각각 보라. 패배에 대해서는 Sallust, *Jugurtha*, 114; Plutarch, *Life of Camillus*, 19.7, *Life of Lucullus*, 27.7 (both LCL); Granius Licinianus, Book 33 in *Grani Liciniani Reliquae*, ed. N. Criniti (Leipzig: Teubner, 1981)를 보라. 그리고 로마 지휘관들의 무능에 대해서는 Dio 27 (91.1–3)을 보라.

[25]나이우스 도미티우스 아헤노바르부스는 스카우루스를 기소했다. (Dio 27 [92.1]). 노르바누스는 카이피오를 기소했다(카이피오의 변론에 대해서는 Cicero, *Brutus*, 163을 보라). 아헤노바르부스는 기원전 96년 집정관이었고, 노르바누스는 83년 집정관이다. 두 사람의 집정관 재임 시기 정치 환경은 서로 아주 달랐다.

[26]사투르니누스의 양곡 담당 검찰관직에 대해서는 Cicero, *Sest.*, 17.39를 보라. 마리우스가 집정관 선거에 다시 나서도록 압박한 것은 Plutarch, *Marius*, 14를 보라.

[27]이때 발생된 은화는 RRC 326/1이다. 마리우스가 로마의 세 번째 건국자로 평가되는 것에 대해서는 Plutarch, *Marius*, 27을 보라.

[28]Plutarch, *Marius*, 28.

[29]이 논평은 Plutarch, *Marius*, 28.1에 실린 논평이다. 플루타르코스가 마리우스에게 아주 적대적이라는 건 익히 인정되는 사실이다.

[30]메델루스가 유구르타왕을 무찌른 공을 인정받은 것에 대해서는 Plutarch, *Marius*, 10을 주목하라. 물론 이는 메텔루스가 있었음에도 마리우스가 전쟁에서 승리했다는 주장과 마찬가지로 사실이 아니다. 마리우

스가 동료들과 협력해 메텔루스에 맞선 것에 대해서는 H. Evans, "Metellus Numidicus and the Elections for 100 BC," *Acta Classica* 30 (1987): 65–70, 그리고 E. Gruen, "The Exile of Metellus Numidicus," *Latomus* 24 (1965): 576–580을 보라. 뇌물 혐의에 대해서는 Livy, *Per.*, 69, 그리고 Velleius Paterculus 2.12.6, 그리고 Plutarch, *Marius*, 28.5를 보라.

[31]Plutarch, *Marius*, 29, 그리고 Appian, *BC*, 1.29.

[32]서약 요구 규정이 있는 과거의 법들과 이 법 처리 과정의 폭력적인 상황에 대해 원로원이 불편해 한 데 대해서는 Appian, *BC*, 1.30; Gruen, "Exile of Metellus," 576nn2–3을 보라.

[33]Plutarch, *Marius*, 29; Appian, *BC*, 1.30.

[34]Livy, *Per.*, 69와 Orosius 5.17.4는 메텔루스 재판이 기사들이 아니라 평민들 앞에서 진행될 예정이었다고 했고, 키케로(*Laws*, 3.26)와 아피아노스(*BC*, 1.31)도 분명히 같은 주장을 했다. 사투르니누스가 호민관이라는 점으로 볼 때, 이는 그가 합법적으로 소집할 수 있는 유일한 민회인 평민회에서 재판을 한다는 뜻이 분명하다.

[35]이는 Gruen, "Exile of Metellus," 579–580의 해석이다.

[36]주권에 관한 법 제정 날짜는 불분명하다. Brennan(*Praetorship in the Roman Republic*, 2:366–367)은 기원전 103년이라며 이를 킴브리에 맞선 전쟁을 이끈 지휘관 기소와 연결시킨다. 제정 시기가 기원전 100년일 가능성에 대한 검토로는 Steel, *End of the Roman Republic*, 32 그리고 Millar, "Politics, Persuasion and the People," 3을 보라.

[37]아피아노스(*BC*, 1.32)는 "멤미우스가 훨씬 걸출한 인물이었으며 글라우키아와 아풀레이우스 [사투르니누스]는 선거 결과를 걱정했다"고 언급했다.

[38]군중의 외침에 대해서는 예컨대 Appian, *BC*, 1.32를 보라. Plutarch(*Marius*, 30)는 사투르니누스가 광장에서 살해됐다고 말한다. 이 사건에 대해서는 J. Lea Beness and T. W. Hillard, "The Death of Lucius Equitius on 10 December 100 BC," *Classical Quarterly* 40 (1990): 269–272, 그리고 이보다 더 길게 상황을 재구축한 E. Badian, "The Death of Saturninus," *Chiron* 14 (1984): 101–147을 보라.

[39]Appian, *BC*, 1.33.

[40]Plutarch, *Marius*, 30.

6장

[1]Appian, *BC*, 5.1.

[2]푸리우스의 행동과 피살은 Appian, *BC*, 1.33; A. Russell, "Speech, Competition, and Collaboration: Tribunician Politics and the Development of Popular Ideology," in *Community and Communication: Oratory and Politics in Republican Rome*, ed. C. Steel and H. van der Blom (Oxford:

Oxford University Press, 2013), 101–115를 보라. 메텔루스의 귀환에 대해 아피아노스(*BC*, 1.33)는 "도시의 성문에서 메텔루스를 영접하려는 이들에게 하루는 충분한 시간이 못됐다."라고 논평했다.

[3]치아 법랑질 분석은 기원전 2세기 말과 1세기 초 로마 내 이탈리아 이주민들에 대한 흥미로운 묘사를 제시한다. 이에 대한 논의로는 Hin, *Demography*, 218–221을 보라.

[4]가이우스 그라쿠스의 곡물 수당 도입은 공화국이 이 제도에 필요한 자금 마련을 위해 예컨대 소아시아에서 조직적인 세금 징수 제도를 도입하게 만들었다. 이에 대해서는 Kay, *Rome's Economic Revolution*, 59–86을 보라.

[5]이 법은 Cicero, *de Off.*, 3.47에 서술된 〈리키니아 무키아 법(lex Licinia Mucia)〉이다. 이 법을 로마에 도움을 청하는 이탈리아인 엘리트들에 대한 대응 관점에서 논한 것으로서는 C. Steel, *End of the Roman Republic*, 35–36을 보라.

[6]스틸(*End of the Roman Republic*, 37–38)은 드루수스의 조치는 과거 개혁의 효과를 없애려는 것이 아니라 희석시키려고 배심원을 기사 계급과 원로원 의원으로 함께 구성하는 제안이었다고 그럴듯하게 제시한다.

[7]Appian, *BC*, 1.35–36.

[8]마리우스가 법을 어겨가면서 자신을 지지하는 카메리아 군인 일부에게 로마 시민권을 부여함으로써 그들이 식민지 땅을 받게 되면서 상황이 정리됐다. 이에 대한 논의로는 H. Mouritsen, *Italian Unification*, 90을 보라. 드루수스의 개혁에 대해서는 Mouritsen, 142–151을 보라.

[9]아피아노스(*BC*, 1.36)가 표현한 그대로이다.

[10]Velleius Paterculus 2.14.

[11]Velleius Paterculus 2.14; Appian, *BC*, 1.36.

[12]아스쿨룸 사건에 대해서는 Appian, *BC*, 1.38; Velleius Paterculus 2.15를 보라. 로마 시민권 획득보다는 로마 권력을 밀어내려는 의도에서 벌어진 폭동의 배경에 대해서는 Mouritsen, *Italian Unification*, 130–142를 보라.

[13]Asconius 22C. 이에 대한 논의로는 E. Badian, "Quaestiones Variae," *Historia* 18 (1969): 447–491, 그리고 Mouritsen, *Italian Unification*, 133–137을 보라. 이 법에 따른 기소 목록과 기소 가능 혐의 목록은 Steel, *End of the Roman Republic*, 82를 보라.

[14]해방된 노예 무장은 Appian, *BC*, 1.49를, 카이사르의 법은 Appian, *BC*, 1.49; Cicero, *Pro Balbo*, 21 (LCL)을 보라. 아피아노스의 시각과 반대되는 Mouritsen, *Italian Unification*, 153–156의 관점도 주목하라. 로마가 인력 확대 덕분에 기원전 89년에 성공을 거뒀다는 모우릿센의 주장은 분명 맞지만, 움브리아인들과 에트루리아인들이 이 법의 발효 이후 반란을 일으켰다는 주장은 동의가 되지 않는다. 〈칼푸르니아법〉에 대해서는 Cicero, *Pro Archia*, 4.7 (LCL)을, 라티움 권리 부여 대상 확대에 대해서는 Asconius 3C를 보라.

[15]Plutarch, *Sulla*, 1 (LCL). 술라의 조상인 P. 코르넬리우스 루피누스는 피로스와 싸우던 시기에 독재관을 지냈으며 기원전 290년과 277년 집정관이었다. 나중에 그는 10파운드가 넘는 은쟁반을 소유해 당시의 사치 규제법을 위반함으로써 원로원에서 퇴출됐다.

[16]술라는 스스로를 "운 좋은(라틴어로는 Felix)" 사람으로 묘사했다. 플루타르코스가 저작 곳곳에서 인용한 술라의 회고록은 신의 계시를 듣게 된 사건들을 상세하게 회상한다. 술라가 언제 계시에 대한 깨달음을 얻게 됐

는지는 불분명하다. 그가 마리우스와 함께 유구르타 전쟁에 나선 때인 기원전 106년부터로 추정되지만, 플루타르코스(*Sulla*, 5)는 파르티아 사절단과의 모임에서 몇몇 점성술사와 대화하며 이런 깨달음이 시작됐을 수 있다고 내비쳤다. 이런 믿음의 기원에 대한 논의로는 J. P. V. D. Balsdon, "Sulla Felix," *Journal of Roman Studies* 41 (1951): 1–10, at 9(기원전 106년이라는 주장), 그리고 A. Keaveney, *Sulla: The Last Republican*, 2nd ed. (New York: Routledge, 2005), 33–34(기원전 93년이라는 주장)를 보라.

[17]Plutarch, *Sulla*, 2(유산 상속), *Sulla*, 3(인장 반지), *Sulla*, 5(마우리타니아 지도자 보크후스와의 관계를 조영관 선거에 활용한 것). 보크후스도 기원전 90년대에 로마 포룸에 유구르타의 항복을 받는 술라의 모습을 묘사한 금상 건립 비용을 내면서 두 사람의 관계를 강조했다. (Plutarch, *Sulla*, 6)

[18]Plutarch, *Sulla*, 5에 이 시기 술라의 경력이 묘사되어 있다. 이에 대한 논의로는 Keaveney, *Sulla*, 27–35, 그리고 D. Magie, *Roman Rule in Asia Minor*, Vol. 1 (Princeton, NJ: Princeton University Press, 2015), 206–207을 보라.

[19]Plutarch, *Sulla*, 5(재산 강탈 소송), 6(보크후스의 조각상 건립).

[20]플루타르코스(*Sulla*, 6)는 술라가 직감을 따르면 일이 잘 풀릴 것으로 확신했다고 서술했다.

[21]Plutarch, *Sulla*, 6.

[22]니코메데스왕 부분은 Appian, *Mithridates*, 11–12(니코메데스의 빚), 그리고 13–17(사절단 부분)을 보라. 미트리다테스왕의 경력과 삶에 대해서는 A. Mayor, *The Poison King: The Life and Legend of Mithridates, Rome's Deadliest Enemy* (Princeton, NJ: Princeton University Press, 2009)를 보라.

[23]군사 작전의 초기 상황에 대한 간결한 요약으로는 J. Hind, "Mithridates," in *The Cambridge Ancient History*, Vol. 9, *The Last Age of the Roman Republic*, 146–43 BC, 2nd ed., ed. J. Crook, A. Lintott, and E. Rawson (Cambridge: Cambridge University Press, 1994), 129–164, at 144–148을 보라. 현지 로마인과 이탈리아인 학살에 대해서는 Appian, *Mith.*, 22, 그리고 Valerius Maximus 9.2.3, 그리고 Dio *fr.* 109.8, 그리고 Plutarch, *Sulla*, 24.4를 보라.

[24]키케로는 "아주 많은 사람이 아시아에서 큰 재산을 잃었고…빚 상환이 중단되면서 로마의 신용이 붕괴됐다. 한 나라의 많은 사람이 자산과 돈을 잃는 사태가 발생하면 다른 많은 사람도 똑같은 재난에 휘말려 들어가지 않게 할 수 없다."라고 묘사했다. (*De imp. Cn. Pomp.*, 19—LCL). 법무관 아셀리오 살해와 그 뒤의 개혁에 대해서는 예컨대 Appian, *BC*, 1.54를 보라. 기원전 88년의 금융 위기에 대한 논의로는 Kay, *Rome's Economic Revolution*, 243–252를 보라.

[25]곡물 분배 프로그램 재원을 아시아에서 거둔 세금으로 충당한 것에 대해서는 Kay, *Rome's Economic Revolution*, 59–83; Tan, *Power and Public Finance*, 158–160을 보라.

[26]술피키우스의 사병에 대해서는 Plutarch, *Sulla*, 8.

[27]술피키우스의 이런 변화에 대해서는 Cicero, *Har. resp.*, 43 (LCL)의 논평, 그리고 Velleius Paterculus 2.18.5–6, 그리고 T. Mitchell, "The Volte-Face of P. Sulpicius Rufus in 88 BC," *Classical Philology* 70, no. 3 (1975): 197–203, 그리고 Steel, *End of the Roman Republic*, 87–93의 경고를 보라. Appian, *BC*, 1.55–56은 술피키우스의 부족 관련 개편안과 술라의 지휘권을 마리우스에게 넘기는 방안을 하나로 묶어서 봤지만, 이 둘은 구별될 수 있는 것이라는 스틸의 제안(92n49)은 사려 깊은 지적이다.

[28]하지만 스틸(*End of the Roman Republic*, 93)이 지적했듯이 지휘권이 발효되기도 전에 박탈한 전례

는 없다.

[29]Appian, *BC*, 1.57.

[30]술라의 로마 진격과 점령은 Appian, *BC*, 1.58; Plutarch, *Sulla*, 9; Velleius Paterculus 2.19를 보라.

[31]군인 처벌은 Appian, *BC*, 1.59를 보라. 이는 아마도 사건에 대한 술라의 회고록 내용에 따른 것으로 보인다. 마리우스 등에 대한 사형 선고를 다룬 Appian, *BC*, 1.60 부분은 이를 분명히 하고 있다.

[32]가장 강력한 지적은 Flower, *Roman Republics*, 117–134.

[33]Appian, *BC*, 1.62.

[34]마리우스의 에트루리아 군대는 Appian, *BC*, 1.67을, 삼니움족에 대해서는 Dio, *fr.* 102.7을 보라.

[35]Steel, *End of the Roman Republic*, 97은 사망자 명단을 담고 있다. 아피아노스(*BC*, 1.72–74)는 처형당한 이들이 어떻게 죽었는지 상세하게 설명한다. 처형당한 이들의 머리가 연단 위에 전시된 것에 대해서는 Appian, *BC*, 1.73 그리고 Cicero, *De or.*, 3.8–10을 보라.

[36]Plutarch, *Sulla*, 12.

[37]킨나의 죽음은 Appian, *BC*, 1.78을 보라. 이탈리아 군대의 이탈은 Velleius Paterculus 2.25.2를 보라.

[38]Appian, *BC*, 1.82는 집정관 쪽 세력이 술라가 다가오자 그와 면담을 준비했다고 언급했다.

[39]'콜리나 성문 전투'에 대해서는 예컨대 Velleius Paterculus 2.27.1–3; Appian, *BC*, 1.93; Plutarch, *Sulla*, 29를 보라. 파테르쿨루스는 이 전투를 외국 적대 세력에 맞선 전투로 서술함으로써 눈길을 끈다. 그는 삼니움족 지도자가 한니발 이후 가장 심각하게 로마를 위협했다고 묘사했다. 스틸(*End of the Roman Republic*, 106n105)이 이런 묘사를 궁극적으로 술라 본인의 회고록에 근거한 관점으로 본 것은 아마도 옳은 평가일 것이다.

[40]삼니움족 처형에 대해서는 Plutarch, *Sulla*, 30 그리고 Dio 109.6–7을 보라. 처벌 대상자 명단 발표와 재산 몰수에 대해서는 Velleius Paterculus 2.28.1–4; Appian, *BC*, 1.95–96; Plutarch, *Sulla*, 31; F. Hinard, *Les proscriptions de la Rome républicaine* (Rome: École Française de Rome, 1985)을 보라. 단지 재산이 많아 처벌된 경우에 대해서는 Plutarch, *Sulla*, 31에 실린 일화를 보라.

[41]몰수 관련 수치는 예컨대 Sallust, *Catiline*, 28을 보라. 술라 편에 섰던 이들의 충성에 대해서는 Appian, *BC*, 1.96을 보라.

[42]Appian, *BC*, 1.101.

[43]Appian, *BC*, 1.79.

7장

[1]Sallust, *Histories*, 1.49.1 (LCL).

[2]Sallust, *Histories*, 1.49.2.

[3]술라가 죄책감을 퍼뜨리는 데 압수한 자산을 활용한 것에 대해서는 Plutarch, *Crassus*, 2 (LCL) 그리고 Sallust, *Hist.*, 1.49.18–19를 보라. 압수 자산 인수 비용을 제공한 것과 관련해, 살루스티우스(*Hist.*, 4.1)와 키케로(2 *Verr.*, 3.81)는 기원전 70년대 후반부에 이르면 이 정책 수혜자 일부에게 빌려준 돈을 나라에 되갚도록 한 사실을 언급했다. 리비우스는 술라가 압수한 땅의 가치를 3억5천만 세스테르티우스(세스테르티우스는 4분의 1 데나리우스로 평가했다(*Per.*, 89). 아피아노스는 압수한 땅에 정착한 술라의 병사들을 12만 명으로 집계했다(Appian, *BC*, 1.104).

[4]이런 이들 중 하나였던 크라수스는 사병을 사들일 재력이 없는 한 부자라고 할 수 없다고 말한 것으로 알려졌다(Plutarch, *Crassus*, 2).

[5]기원전 86년의 신규 시민권자 통합에 대해서는 Livy, *Per.*, 84, 그리고 Steel, *End of the Roman Republic*, 125, 그리고 M. Crawford, "How to Create a *municipium*: Rome and Italy After the Social War," in *Modus Operandi: Essays in Honour of Geoffrey Rickman*, ed. M. Austin, J. Harries, and C. Smith (London: Institute of Classical Studies, University of London, 1998), 31–46을 보라.

[6]술라의 시민권 박탈 조치는 Sallust, *Hist.*, 1.49; Cicero, *Dom.*, 79 (LCL)를 보라. 로스키우스 사례는 Cicero, *Rosc. Am.*, 20 (LCL); Steel, *End of the Roman Republic*, 133–135를 보라. 오피아니쿠스는 Cicero, *Pro Cluentio*, 21–25 (LCL)를, 피케눔의 폼페이우스는 Plutarch, *Pompey*, 6 (LCL)을, 후대까지 벌하는 것이라는 지적에 대해서는 Sallust, *Hist.*, 1.49.6을 보라.

[7]Cicero, *Pro Cluentio*, 21, 162. 이에 대한 논의는 Steel, *End of the Roman Republic*, 135를 보라.

[8]술라가 기원전 84년 곡물 지원금을 폐지한 것과 그 결과에 대해서는 Kay, *Rome's Economic Revolution*, 300–301을 보라.

[9]국장 논란과 술라 장례에 대해서는 Appian, *BC*, 1.105–107의 서술을 보라.

[10]곡물 배급에 대해서는 Sallust, *Hist.*, 1.55, 67, 그리고 Granius Licinianus Bk. 36, p. 34F, 그리고 Exsuper. 6 (37Z), 그리고 R. Seager, "The Rise of Pompey," in *Cambridge Ancient History*, 9:208–209를 보라. 땅 반환에 대해서는 Appian, *BC*, 1.107, 그리고 Sallust, *Hist.*, 1.67을 보라. Granius Licinianus Bk. 36, pp. 33–34는 호민관과 관련한 레피두스의 태도에 대해 그가 처음엔 술라가 도입한 제한 조처를 풀려는 호민관들의 시도를 반대했음을 보여준다. 살루스티우스(*Hist.*, 1.49)는 그가 이런 태도를 아마도 술라의 장례식 뒤에 재빨리 뒤집었음을 시사한다.

[11]Sallust, *Hist.*, 1.60.

[12]이 사건들을 묘사하는 문헌들로는 연표를 재구성하기 곤란하다. 아피아노스는 레피두스의 속주 파견과 레피두스와 카툴루스의 갈등(*BC*, 107)을 언급하지만, 에트루리아의 반란은 거론하지 않았다. 살루스티우스(*Hist.*, 1.57–72)는 이 반란을 서술하지만, 레피두스가 갈리아 트란살피나로 파견된 것은 언급하지 않는다. Granius Licinianus(Bk. 36, pp. 34–35)는 위에 언급한 연도 순서를 암시한다. 하지만 레피두스가 속주의 총독이 된 것은 그의 글 마지막 부분만을 근거로 한 추론이다. 연표 재구성에 관해서는 Seager, "Rise of Pompey," 208도 보라. 반란에 대한 좀 더 광범위한 논의는 E. Badian, *Foreign Clientelae (264–70 BC)*, 275ff. 그리고 E. Gruen, *The Last Generation of the Roman Republic* (Berkeley: University of California Press, 1974), 12–16을 보라.

[13]두 번째 집정관직 요구에 대해서는 Sallust, *Hist.*, 1.67.15를 보라. 레피두스의 죽음과 남은 군인들이 스페인으로 탈출한 것에 대해서는 Appian, *BC*, 1.107을 보라. 관련 논의는 Seager, "Rise of Pompey," 209를 보라.

[14]이런 지점들에 대해서는 예컨대 Plutarch, *Pompey*, 16(레피두스에 영감을 준 술라의 행태), 그리고 Sallust, *Hist.*, 1.67.7-8(당시 로마가 직면한 다른 도전 과제들에 대한 장황한 서술 속에 레피두스를 위치 지운 부분)을 보라.

[15]Plutarch, *Pompey*, 20 그리고 Sallust, *Hist.*, 2.86. 이 상황은 아래에서 논의할 것이다. 그런데 살루스티우스는 폼페이우스가 요구한 보급품은 자신의 군대 외에 메텔루스의 군대를 위한 것이라고 분명히 지적했다. 메텔루스는 한해 전에는 갈리아에서 곡물을 확보했지만, 기원전 74년에는 갈리아에 식량이 부족해서 보급품을 확보할 수 없었다고 살루스티우스는 지적했다.

[16]Sallust, *Hist.*, 2.41.

[17]이는 기원전 74년에 마르쿠스 안토니우스가 이끈 군사 작전이다. 이탈리아, 갈리아, 스페인 주둔 군대가 곡물 부족에 시달리는 상황을 고려하면, 곡물 부족 사태의 원인으로는 해적의 활동보다 이상 기후가 더 개연성이 높은 것 같다.

[18]〈아우렐리아 법〉은 Sallust, *Hist.*, 2.44를 보라. 사태의 맥락은 B. Marshall and J. Lea Beness, "Tribunician Agitation and Aristocratic Reaction 80-71 BC," *Athenaeum* 65 (1987): 361-378을 보라. 기원전 73년에 통과된 곡물 수당 법은 Sallust, *Hist.*, 3.15.19 그리고 Cicero, 2 *Verr.*, 3.163 (LCL)을 보라.

[19]Sallust, *Hist.*, 3.15.1, 3.15.13.

[20]스파르타쿠스의 반란과 관련된 자료를 조사한 훌륭한 연구로는 B. Shaw, *Spartacus and the Slave Wars* (Boston: Bedford/St. Martin's, 2001), 그리고 T. Urbainczyk, *Slave Revolts in Antiquity* (Stocksfeld: Acumen, 2008), 64-73을 보라. 자유 상태의 노동자들이 반란에 합류한 것에 대해서는 Appian, *BC*, 1.116; Steel, *End of the Roman Republic*, 115를 보라.

[21]스트라보의 교묘한 책략에 대해서는 Appian, *BC*, 1.66-68 그리고 Plutarch, *Pompey*, 1을 보라. 그의 경력에 대한 논의는 R. Seager, *Pompey the Great*, 2nd ed. (Oxford: Blackwell, 2002), 20-23, 그리고 A. Keaveney, "Pompeius Strabo's Second Consulship," *Classical Quarterly* 28 (1978): 240-241을 보라.

[22]스트라보가 사용한 전략에 대해서는 Seager, *Pompey*, 23을 보라.

[23]Plutarch, *Pompey*, 4-5에 서술된 내용. 당시 폼페이우스의 상황에 대해서는 A. Keaveney, "Young Pompey: 106-79 BC," *L'Antiquité Classique* 51 (1982): 111-139, at 113-117의 논의를 보라.

[24]폼페이우스가 킨나 진영을 떠난 것은 Plutarch, *Pompey*, 5를 보라. 아욱시뭄에서 일으킨 반란은 Plutarch, *Pompey*, 6-8과 Diodorus Siculus 38-39.9를 보라. 관련 논의는 Keaveney, "Young Pompey," 117-118을 보라. 다른 지역 출신 병사들은 Plutarch, *Pompey*, 6 그리고 Appian, *BC*, 1.80을 보라. 두 번째 모병은 폼페이우스가 술라에게 접근한 뒤의 일인 것 같다(Keaveney, "Young Pompey," 120).

[25]Appian, *BC*, 1.80 그리고 Valerius Maximus 5.2.9(폼페이우스가 들어오자 술라가 일어선 부분), 그리고 Plutarch, *Pompey*, 8, 그리고 *Crassus*, 6(술라가 폼페이우스를 대장군으로 부르며 맞은 부분).

[26]시칠리아 지배권은 Cicero, *Leg. Man.*, 61 (LCL); Livy, *Per.*, 89.2; Granius Licinianus Bk. 36, p. 31 을 보라. Keaveney, "Young Pompey," 122–123의 관련 논의도 보라. 카르보 처형은 Plutarch, *Pompey*, 10.3–4를, *adulescentulus carnifex*(십대 학살자) 부분은 Valerius Maximus 6.2.8을 보라. 이 구절에 대한 논의는 B. X. de Wet, "Aspects of Plutarch's Portrayal of Pompey," *Acta Classica* 24 (1981): 119–132를 보라. 지역 내 관계 형성은 Seager, *Pompey*, 27과 Badian, *Foreign Clientelae*, 304를 보라.

[27]폼페이우스의 혼인을 통한 동맹은 S. Haley, "The Five Wives of Pompey the Great," *Greece and Rome* 32 (1985): 49–59의 조사 결과를 보라. 그(49쪽)는 이 결혼이 기원전 82년의 일로 본다. 결혼 시기가 폼페이우스가 아프리카에서 돌아온 뒤인 기원전 81년이라는 주장으로는 Keaveney, "Young Pompey," 132–133을 보라.

[28]Plutarch, *Pompey*, 13. 스트라보 사례가 폼페이우스에게 끼친 영향에 대한 논의로는 Seager, *Pompey*, 28–29를 보라.

[29]Keaveney("Young Pompey," 128–130)와 T. P. Hillman("Pompeius in Africa and Sulla's Order to Demobilize [Plutarch, *Pompeius*, 13, 1–4]," *Latomus* 56 [1997]: 94–106)은 Ernst Badian ("The Date of Pompey's First Triumph," *Hermes* 83 [1955]: 107–118, at 115) 등의 주장 곧 폼페이우스가 반란을 조직했다는 주장에 반박한다. 이 반박은 거의 확실히 맞는 것 같다. 하지만 폼페이우스가 반란을 부추겼다는 혐의를 피하면서 병사들의 의지가 드러나도록 상황을 통제한 것도 사실이다.

[30]Plutarch, *Pompey*, 14.

[31]Plutarch, *Pompey*, 14.

[32]Plutarch, *Pompey*, 14. 코끼리의 중요성과 개선식의 더 중요한 프로그램에 대해서는 G. Mader, "Triumphal Elephants and Political Circus at Plutarch 'Pomp.' 14.6," *Classical World* 99, no. 4 (2006): 397–403을 보라.

[33]Plutarch, *Pompey*, 15, 그리고 *Sulla*, 34를 보라. 폼페이우스가 혼란 발생을 기대하면서 레피두스를 지지했다는 주장에 대해서는 Seager, *Pompey*, 30을 보라. 술라에게 적극적으로 적대감을 드러낸 사람은 집정관 선거에 나설 수 없었고 레피두스도 선거 운동 중 적대감을 분명히 드러내지 않았을지언정 술라가 레피두스를 지지하지 않았음이 분명하다는 Syme(*Sallust*, 185)의 지적은 분명히 타당하다. 살루스티우스가 레피두스의 발언으로 표현한 연설(*Hist.*, 1.49)은 표면상 술라가 살아 있을 때 이뤄진 것이다. 살루스티우스가 레피두스의 감정을 정확하게 재현해 기록했다면 이 연설은 아마도 선거 뒤 레피두스의 공개적 태도에 나타난 변화를 반영한 것이다. 하지만 폼페이우스가 이런 변화를 예상했거나 술라에 대한 레피두스의 개인적 반감이 시간이 지나며 겉으로 드러나리라고 알았을 가능성은 확실히 있다.

[34]Plutarch, *Pompey*, 15.

[35]Plutarch, *Pompey*, 16; Appian, *BC*, 1.108; Sallust, *Hist.*, 1.67(원로원 비상 결의 촉구 부분), 그리고 68–72(레피두스에 맞선 싸움 부분).

[36]레피두스 이후의 군 지휘권은 Plutarch, *Pompey*, 17. 폼페이우스가 스페인에서 개인적으로 재정을 책임진 것은 Sallust, *Hist.*, 2.84, 2.86. 스페인 사람들에 대한 시민권 제공 승인은 Cicero, *Balb.*, 19, 32–33, 38 (LCL). 페르펜나가 전달한 서류를 불태운 것은 Plutarch, *Pompey*, 20.

[37]살루스티우스의 기록을 믿는다면, 폼페이우스는 이르면 기원전 73년부터 호민관 권한 복원을 지지했을 것

이다(Sallust, *Hist.*, 3.15.23). 관련 배경으로는 Gruen, *Last Generation*, 24–25를 보라. 선거 전에 폼페이우스가 제기한 다른 포퓰리즘 구상에 대해서는 Sallust, *Hist.*, 4.32 그리고 Plutarch, *Pompey*, 21을 보라.

[38]Sallust, *Hist.*, 2.17–18.

[39]Livy, *Per.*, 80.7 그리고 Plutarch, *Crassus*, 4를 보라.

[40]술라 휘하에서 그가 취한 행동에 대해서는 Plutarch, *Crassus*, 6을 보라.

[41]Plutarch, *Crassus*, 2, 6.

[42]Gruen, *Last Generation*, 67. 이는 Cicero, *De Offic.*, 1.25, 그리고 Dio 37.56.4, 그리고 Velleius Paterculus 2.44.2에 실린 크라수스의 야망에 관한 진술을 근거로 했다.

[43]Plutarch, *Crassus*, 2.

[44]크라수스의 성격 묘사에 대해서는 Gruen, *Last Generation*, 66–74를 주목하라. 그의 자금 대여에 대해서는 Sallust, *Catiline*, 48.5; Plutarch, *Crassus*, 3을 보라. 기원전 70년대에 그가 협력자들의 정치적 활동을 지지한 데 대해서는 Plutarch, *Crassus*, 7을 주목하라.

[45]Plutarch, *Crassus*, 3(Warner의 번역문 약간 수정).

[46]그가 취한 태도의 성격에 대해서는 Brennan, *Praetorship in the Roman Republic*, 432–434를 보라.

[47]스파르타쿠스의 군대가 얼마나 사나운지는, 크라수스가 한 번의 전투에서 죽인 스파르타쿠스 추종자 1만 2천 명 중 오직 3명만이 등에 부상을 당해 죽었다는 플루타르코스의 (분명히 과장된) 언급에서 분명히 표현된다(*Crassus*, 11). 나머지 1만1,997명은 선 채로 또는 크라수스 군대와 싸우다가 죽임을 당했다는 이야기다. 크라수스의 제비뽑기 처형에 대해서는 Plutarch, *Crassus*, 10 그리고 Appian, *BC*, 1.118을 보라. Appian, *BC*, 1.119는 이 때문에 로마의 사기가 '개선'됐다고 지적한다.

[48]Plutarch, *Crassus*, 11 그리고 Appian, *BC*, 1.120.

[49]Plutarch, *Crassus*, 11 그리고 Appian, *BC*, 1.121.

[50]Gellius, *NA*, 5.6.20–23. 이에 대한 논의는 Steel, *End of the Roman Republic*, 117을 보라. 약식 개선식과 개선식의 차이에 대해서는 Plutarch, *Crassus*, 11; *Marcellus*, 22를 보라. 특히 크라수스의 약식 개선식에 대해서는 B. A. Marshall, "Crassus' Ovation in 71 B.C.," *Historia* 21 (1972): 669–673을 보라.

[51]이 부분의 주요 출처는 아피아노스(*BC*, 1.121)이다.

[52]Plutarch, *Crassus*, 12 그리고 Sallust, *Hist.*, 4.40(collegam minorem et sui cultorem exspectans).

[53]폼페이우스의 법원 개혁 추진은 Cicero, *Verr.*, 1.45, 그리고 F. Millar, *Rome, the Greek World, and the East*, Vol. 3 (Chapel Hill: University of North Carolina Press, 2002), 169–170; Seager, *Pompey*, 36–39를 보라. 자신의 군대에 땅을 준 것에 대해서는 Dio 38.5(법이 통과되고 일부 땅 분배가 이뤄졌으나 나머지는 분배가 연기됐음을 시사한다)를 보라. 플루타르코스(*Lucullus*, 34)는 다른 지휘관 아래 있던 군대도 폼페이우스가 자신의 부하들을 위해 땅을 확보하는 데 성공한 소식을 들었고 자신의 지휘관들이 똑같이 하지 못한 것에 분노했다고 내비쳤다. 이와 관련된 더 큰 쟁점에 대한 논의로는 R. E. Smith, "The *Lex Plotia*

Agraria and Pompey's Spanish Veterans," *Classical Quarterly* 7, nos. 1-2 (1957): 82-85를 보라.

[54]Crassus, *obtrectans potius collegae quam boni aut mali publici gravis exactor* (Sallust, *Hist.*, 4.41) 그리고 Plutarch, *Crassus*, 12 참조.

[55]화해 촉구는 Plutarch, *Crassus*, 12 그리고 Appian, *BC*, 1.121을 보라.

8장

[1]가비니우스와 그의 지지자 무리는 Dio 36.24를 보라. Asconius 57C-59C(in A. C. Clark, ed., *Q. Asconii Pediani Orationum Ciceronis Quinque Enarratio* [Oxford: Clarendon, 1907])는 코르넬리우스가 해결하려 했던 몇 가지 문제들을 상세히 다룬다. 당시 상황을 더 넓게 논한 것으로는 Steel, *End of the Roman Republic*, 144-146을 보라. 만리우스에 대해서는 Asconius 45C, 65C-66C를 보라.

[2]해적 퇴치를 위한 지휘권에 대해서는 Velleius Paterculus 2.31.1, 그리고 Plutarch, *Pompey*, 25, 그리고 Dio 36.24.3, 그리고 Appian, *Mith.*, 94.428을 주목하라. 폼페이우스가 이 지휘권을 차지하게 될 거라는 예상에 대해서는 Cicero, *leg. Man.*, 44, 그리고 Dio 36.23.5를 보라.

[3]카이사르의 폼페이우스 옹호는 Plutarch, *Pompey*, 25; Seager, *Pompey*, 44n49를 보라. 호르텐시우스의 발언은 Cicero, *leg. Man.*, 52; Seager, *Pompey*, 44를 보라. 로스키우스가 두 손가락을 들어 올린 것은 Dio 36.30.3을 보라. 폼페이우스의 군대 규모에 대해서는 Plutarch, *Pompey*, 26.2,; Seager, *Pompey*, 45n62(항해 경로), 그리고 63(군대 규모 확대)을 보라. 빵 가격은 Plutarch, *Pompey*, 26.2를 보라.

[4]Dio 36.23(후원을 끌어내리는 시도), 36.24.5(폼페이우스가 차지 못할 수치), 36.34.4(카툴루스의 연설).

[5]이 시기 해적에 대한 철저한 조사로는 P. de Souza, "Rome's Contribution to the Development of Piracy," *Memoirs of the American Academy at Rome, Supplementary Vol. 6, The Maritime World of Ancient Rome* (Ann Arbor: University of Michigan Press for the American Academy in Rome, 2008), 71-96을 보라. 해적의 등장을 유발한 로마의 해상 지배에 대해서는 N. Rauh, *Merchants, Sailors, and Pirates in the Roman World* (Stroud, UK: Tempus, 2003), 33을 보라. 빈곤과 해적질의 연관성은 Dio 36.37.5에서 설명된다. Seager, *Pompey*, 48도 주목하라. 폼페이우스의 군사 작전에 대해서는 P. de Souza, *Piracy in the Graeco-Roman World* (Cambridge: Cambridge University Press, 1999), 167-178을 보라.

[6]물론 해적을 완전히 퇴치하는 건 불가능했다. 해적질은 어떤 상태가 아니라 사람이 개입하는 활동이며 해적질을 구성하는 것이 무엇인지에 대한 정의는 유동적이다. 이에 대한 논의로는 de Souza, "Rome's Contribution," 89-94, 그리고 이와 다른 시기를 논하는 L. Mylonakis, "Transnational Piracy in the Eastern Mediterranean, 1821-1897" (PhD diss., University of California, San Diego, 2018), 6을 보라. 기원전 50년대에 다시 해적질이 증가한 것에 대해서는 de Souza, *Piracy*, 179-185를 보라.

[7]부족 관련 개혁 시도 뒤라는 시기에 대해서는 Dio 36.42.1-3; Asconius 45C, 65C-66C를 보라. 원로원과 협의 없이 전쟁을 시작할 권한과 과거 사례에 대해서는 Seager, *Pompey*, 52를 보라.

[8]이런 다양한 동기에 대해서는 Dio 36.42–44를 보라.

[9]기원후 2세기 초의 Pliny(*Letters*, 10.79-80, 112, 114, 115 [LCL])와 기원후 3세기 초의 Dio(37.20.2)는 공통적으로 자신들이 활동한 시기에도 폼페이우스가 만든 법률과 제도가 남아 있었다고 언급한다.

[10]Seager, *Pompey*, 80을 보라. E. Badian, *Publicans and Sinners* (Cornell University Press, 1983) (이하 *PS*), 100ff는 원로원 의원들이 기사들이 하는 사업에 비용을 지원하는 방법에 대해 논한다.

[11]Dio 38.12.7.

[12]이런 사례는 수없이 많다. 예컨대 Dio 38.12.6의 논평을 주목하라.

[13]Plutarch, *Caesar*, 1 그리고 Suetonius, *Caesar*, 1 (LCL).

[14]Velleius Paterculus 2.22 그리고 Florus 2.9 (LCL).

[15]술라와 관련된 이런 관점을 뒷받침하는 증거는 예컨대 Dio 36.34.4 그리고 Appian, *BC*, 1.104를 보라.

[16]Plutarch, *Caesar*, 5.1-2. Suetonius, *Caesar*, 6.1은 자신의 외가가 (로마 왕국의 4대 왕) 안쿠스 마르티우스의 후손이고 외할아버지는 비너스의 후손이라고 말하는, 카이사르의 연설 일부를 싣고 있다. 율리아가 숨진 때가 69년이라는 점에 대해서는 T. R. S. Broughton, *The Magistrates of the Roman Republic* (이하 *MRR*), vol. II (New York: American Philological Association, 1952), note 7 그리고 *MRR*, vol. III (Atlanta: American Philological Association, 1986), 105–106을 보라.

[17]Plutarch, *Caesar*, 5.2.

[18]이는 플루타르코스(*Caesar*, 4.5)의 말이다.

[19]Plutarch, *Caesar*, 5.9 그리고 Dio 37.8.1–2.

[20]Plutarch, *Cato*, 1.1 (LCL).

[21]웃지 않았다는 이야기는 Plutarch, *Cato*, 1.2를, 창문에 매달렸던 것은 Valerius Maximus 3.1.2b, 그리고 Plutarch, *Cato*, 2.1-4를, 술라를 죽이겠다고 말한 것은 Plutarch, *Cato*, 3.4를 보라.

[22]유산은 Plutarch, *Cato*, 4.1. 플루타르코스(*Crassus*, 2.2-3)는 크라수스가 180만 데나리우스를 유산으로 받았고 이를 426만 데나리우스로 늘렸다고 설명했다. 기원전 62년에 키케로(*ad Fam.*, 5.6.2, 그리고 Gellius 12.12)는 크라수스의 집을 350만 세스테르티우스(약 87만5천 데나리우스)에 구입했다. 카토가 소박함을 과시한 것은 Plutarch, *Cato*, 6.4를 보라. 그런데 플루타르코스는 카토가 이런 모습을 보인 동기를 다르게 해석했다.

[23]Plutarch, *Cato*, 7.2

[24]보통의 군인처럼 복장을 갖춘 것은 Plutarch, *Cato*, 9.1-5. 군인들이 옷을 바닥에 깔아준 것은 Plutarch, *Cato*, 12.1. 카툴루스와의 갈등은 Plutarch, *Cato*, 16. 술라 추종자들에 대한 법적 대응은 Plutarch, *Cato*, 17.4–5.

[25]키케로(*de lege agraria* 3)는 자신이 '노부스 호모' 출신으로 집정관에 당선된 것은 "기억하는 한 거의 첫 번째 [사례]"라고 평했다.

[26]키케로(*Letters to Atticus*, 1.2.1, LCL)는 사실 이 혐의에 대해 카틸리나를 옹호할까 고려했었다.

[27]연설 자체는 남아 있지 않고, 이 내용은 84~85년 아스코니우스가 증언한 것이다. 키케로는 이 연설에서 안토니우스도 함께 공격했다. 이에 대한 분석으로는 D. Berry, *Cicero Pro Sulla oratio* (Cambridge: Cambridge University Press, 1996), 265–272를 보라.

[28]카틸리나가 탄압받은 이들에게 이기적으로 호소한 것에 대해서는 Sallust, *Catiline*, 35.3–4 (LCL) 그리고 Cicero, *Mur.*, 50–51 (LCL)을 보라. 키케로가 토지 재분배 법에 대해 내놓은 보고의 타당성에 대해서는 Steel, *End of the Roman Republic*, 154를 보라. 술라가 다른 지지자들 중 일부에 애틋함을 보인 것에 대해서는 Sallust, *Catiline*, 5.6, 37.6을 주목하라. (63년 7월 초에 벌어진 일이 분명한) 카토의 위협은 Cicero, *Mur.*, 51에 기록되어 있다. 선거는 7월 중순에 치러졌다.

[29]이는 Steel, *End of the Roman Republic*, 157–158에서 제기된 것이다.

[30]그 이후 사태에 대해서는 Plutarch, *Cicero*, 15 (LCL), *Crassus* 13.3 그리고 Dio 37.31.1–3을 보라.

[31]편지를 크게 읽은 것은 Sallust, *Catiline*, 47.2–3. 공개 포상은 Cicero, *Cat.*, 3.15. 대중 상대 연설은 Sallust, *Catiline*, 48.

[32]Sallust, *Catiline*, 48.7.

[33]Sallust, *Catiline*, 49.

[34]Sallust, *Catiline*, 51.27. 살루스티우스가 카이사르와 카토의 연설 원문을 고친 것 같다. 하지만 키케로가 이 당시 원로원 진행을 속기사들에게 기록하도록 명령했기 때문에 살루스티우스는 물론 그의 책 독자들도 본래 연설문을 접할 수 있었을 것이다. 그래서 살루스티우스의 기록은 당시 발언에 담긴 정서를 대체로 정확하게 반영했을 것이다.

[35]Sallust, *Catiline*, 52.

[36]카이사르를 처벌하라는 말들은 Plutarch, *Caesar*, 8.4–5. 공모자 처형은 Sallust, *Catiline*, 55. 키케로 호위는 Plutarch, *Cicero*, 22.2–4 그리고 Appian, *BC*, 2.6 그리고 Velleius Paterculus 2.35.4.

[37]Cicero, *Fam.*, 5.2, *Pis.*, 6–7 그리고 Asconius 6C. 이에 대한 논의와 좀 더 자세한 전기는 Steel, *End of the Roman Republic*, 159n65를 보라.

[38]네포스가 제안한 법안의 독회가 저지된 것은 Plutarch, *Cato*, 28.1–2. 사건 전반에 대해서는 Dio 37.43–44; Plutarch, *Cato*, 26–29; Suetonius, *Caesar*, 16.

[39]Sallust, *Catiline*, 51.34.

9장

[1]예리코의 위치는 Josephus, *Bellum Judaicum*(이하 *BJ*), 1.138 (LCL), 그리고 *Jewish Antiquities*(이하 *JA*), 14.53 (LCL)에 나온다. 이미도 폼페이우스와 가이사르 두 사람의 죽음을 예고하려고 복잡하게 구성한 대목인 Dio 37.10–13은 미트리다테스와 카틸리나의 죽음을 하나의 유형으로 묶고 논의에 앞서 "변화하는 환

경은 극도로 강한 인물들조차 아주 허약하게 바꿔놓곤 한다."고 평했다.

[2]Plutarch, *Pompey*, 42

[3]폼페이우스가 진군할 것이라는 일부의 암묵적인 기대에 대해서는 Cicero, *ad Fam.*, 5.7.1 (LCL)을 보라. 폼페이우스 자신을 더 진심으로 축하했어야 한다는 키케로의 거만한 제안에 대해서는 Cicero, ad Fam., 2–3을 보라. 크라수스의 도망은 Plutarch, *Pompey*, 43.1을 보라.

[4]브룬디시움 도착은 Dio 37.20.4. 군대 해산은 Plutarch, *Pompey*, 43.2.

[5]플루타르코스는 약간의 과장을 더해, 폼페이우스가 해산한 군대를 "고마움을 표시하려고 줄 지어 나온 이들"로 구성된 시민군이 곧 대체했으며 이들은 승리한 장군을 따라 로마의 성문까지 갔다고 썼다. (Plutarch, *Pompey*, 43.3).

[6]Dio 37.20.6.

[7]Plutarch, *Pompey*, 42.7은 이혼의 이유로 간통을 거론한다. Cicero, *Att.*, 1.12.3을 이를 보충하는 문헌으로 읽을 수 있겠다. 이혼을 네포스와 의절하는 행동으로 논하는 것으로는 Steel, *End of the Roman Republic*, 160–161을 보라.

[8]카토가 폼페이우스의 결혼 제안을 음모로 본 것에 대해서는 Plutarch, *Pompey*, 44.3. 이를 Plutarch, *Cato*, 30.1–5와 비교해 보라.

[9]카토는 앞서 폼페이우스가 자신의 특사였던 푸피우스 피소의 62년 여름 집정관 선거를 도와달라고 요구하자 이 연대를 내세워 거부한 바 있다. (Plutarch, *Pompey*, 44.1–2; *Cato*, 30; Dio 37.44.3).

[10]플루타르코스는, 카토가 폼페이우스의 제안을 거부하자 카토의 부인과 가족 내 여성들이 충격을 받았다는 걸 강조함으로써 큰 반향을 부른 그의 결정이 얼마나 직관에 반하는지 보여준다.

[11]Seager, *Pompey*, 78. 이는 Cicero, *Att.*, 1.14.2에 근거한 것이다.

[12]폼페이우스의 개선식에 대해서는 M. Beard, *The Roman Triumph* (Cambridge, MA: Harvard University Press, 2009), 7–41; Seager, *Pompey*, 79–80에 주목하라.

[13]폼페이우스의 점령지 목록과 이를 통해 창출할 재원은 Diodorus Siculus 40.1.4 (LCL)를 보라.

[14]메텔루스 켈레르가 이혼 때문에 폼페이우스에게 적대감을 보인 것은 Dio 37.49를 주목해서 보라.

[15]Dio 37.50.6.

[16]Cicero, *Att.*, 1.17.8–9가 이 사건을 기술하고 있다.

[17]Cicero, *Att.*, 2.1.8.

[18]카이사르의 스페인 전쟁 지휘와 승리에 대해서는 예컨대 Plutarch, *Caesar*, 11–12 그리고 Dio 37.52를 보라.

[19]비불루스가 카이사르에게 밀릴 걸 우려한 것은 Suetonius, *Caesar*, 19. 카토의 의사 진행 방해는 Plutarch, *Cato*, 31.3, *Caesar*, 13.2, 그리고 Dio 37.54.2. 숲과 목초지를 속주로 주는 조처는 Suetonius, *Caesar*, 19.2. Seager(*Pompey*, 84)는 이런 조처가 다른 곳에서 병사들이 필요할 때를 대비해 집정관들을 남겨두려는 것일 수 있다고 암시한다. 카토의 유권자 매수는 Suetonius, *Caesar*, 19.1을 보라.

[20]Plutarch, *Crassus*, 7.6.

[21]Dio 37.55.1–3.

[22]Plutarch, *Crassus*, 14.2.

[23]고대 자료들은 이 화해가 이뤄진 때를 서로 다르게 적고 있다. 선거 전에 화해가 이뤄졌다는 문헌으로는 Livy, *Per.*, 103 그리고 Plutarch, *Crassus*, 14.1–3, *Caesar*, 13.1–2, *Pompey*, 47, *Cato*, 31.2–5를 보라. 선거 이후라는 문헌으로는 Suetonius, *Caesar*, 19 그리고 Velleius Paterculus 2.44.1을 보라. 관련 논의로는 Gruen, *Last Generation*, 88–90을 보라.

[24]Dio 37.57.1

[25]Dio 38.2.2.

[26]Dio 38.3.

[27]Steel, *End of the Roman Republic*, 165.

[28]무력 위협은 Plutarch, *Pompey*, 47, *Caesar*, 14. 관련 논의로는 Seager, *Pompey*, 87을 보라. 카이사르, 폼페이우스, 크라수스의 동맹을 인식했을 때 반대파들이 드러낸 두려움은 Dio 38.4.5.

[29]Dio 38.7.3.

[30]사건들의 연도는 L. R. Taylor, "On the Chronology of Caesar's First Consulship," *American Journal of Philology* 72 (1951): 254–268, at 255를 보라. 이는 Cicero, *Att.*, 2.16.2에 근거한 것이다. 카토가 카이사르의 이름을 입에 담지 않은 것은 Dio 38.7.6을 보라.

[31]Taylor, "Chronology," 264. Cicero, *Att.*, 2.16에 근거한 것이다.

[32]Dio 38.7.3.

[33]Dio 38.8.2. 날짜는 Cicero, *Att.*, 2.18.3 그리고 2.19.5가 제시한 것이다. 관련 논의로는 Taylor, "Chronology," 265–268을 주목하라.

[34]클로디우스의 경력 전반에 대해서는 W. Jeffrey Tatum, *The Patrician Tribune: Publius Clodius Pulcher* (Chapel Hill: University of North Carolina Press, 2010)를 보라. 키케로가 "원로원에서 얼굴을 맞대고 클로디우스를 압도한 것"에 대해서는 *Att.*, 1.16, 기원전 61년 5월에 쓴 편지를 보라.

[35]클로디우스는 아피우스 풀케르(기원전 79년 집정관)의 아들이자 아피우스 클라우디우스 풀케르(기원전 143년 집정관)의 손자다.

[36]승인 절차에는 보통 로마 사제단의 검토 작업이 포함되며, 이로부터 3주 뒤 평민회의 공식 승인 작업이 이어진다. 이 절차와 클로디우스가 이를 지키지 않은 것에 대한 논의로는 C. Meier, *Caesar* (New York: Basic Books, 1982), 215를 보라.

[37]이 사건에 대해서는 Seager, *Pompey*, 91–92를 보라. Steel, *End of the Roman Republic*, 167은 이 사건이 과연 카이사르의 행동을 촉발할 수 있었을지 의심한다.

[38]Dio 38.10–12.

[39]법안 묶음에 대해서는 Dio 38.13.1–2를 보라.

[40]밀로가 로마의 공유지 캄푸스 마르티우스를 장악한 것은 Cicero, *Att.*, 4.3.4–5. 원로원 회의 방해는 Cicero, *Q Fr.*, 2.1.1–3.

[41]카이사르가 보낸 논평에 대해서는 T. P. Wiseman, "The Publication of *De Bello Gallico*," in *Julius Caesar as Artful Reporter: The War Commentaries as Political Instruments*, ed. A. Powell and K. Welch (Swansea, UK: Duckworth, 1998), 1–9를 보라. 군대를 감화시키는 그의 능력에 대해서는 예컨대 Plutarch, *Caesar*, 15–17을 보라.

[42]이 역사적 순간에 대해서는 T. P Wiseman, "Caesar, Pompey, and Rome, 59–50 B.C.," in *Cambridge Ancient History*, 9:368–424, at 184n143 그리고 Asconius 30C–42C 그리고 Dio 40.46을 보라.

[43]Asconius 35–36.

[44]Cicero, *Att.*, 7.1.4. 폼페이우스와 10명의 호민관 전원이 지지한 이 궐석 출마 승인의 근거가 되는 법은 Steel, *End of the Roman Republic*, 186n152를 보라. 카이사르는 선거 출마자들은 직접 현장에 나와야 한다는, 폼페이우스가 나중에 발의한 법으로부터도 명시적으로 예외를 인정받았다. (Seager, *Pompey*, 138–139 그리고 Cicero, *Att.*, 8.3.3).

[45]이 발언은 Cicero, *Fam.*, 8.8.9에 담겨 있다. 이에 대한 분석은 Steel, *End of the Roman Republic*, 190을 보라.

[46]Cicero, *Fam.*, 8.6.5.

[47]카이사르가 선거 연기 또는 저지를 걱정한 데 대해서는 R. Morstein-Marx, "Caesar's Alleged Fear of Prosecution and His *ratio absentis*," *Historia* 56 (2007): 159–178을 보라. 다른 가능성을 조사한 작업으로는 Steel, *End of the Roman Republic*, 193–194를 보라.

[48]Appian, *BC*, 2.118.

10장

[1]*Gallic Wars*(이하 *BG*), 8.49–51 (LCL)에 묘사된 이런 준비 작업은 카이사르가 아닌 다른 화자가 쓴 보고 형태다. 이런 장면 보고는 로마에서 카이사르에 대한 인식을 개선할 터였고, 이 열광적인 호응을 보고한 목적 중 하나가 인식 개선인 것도 분명했다.

[2]Caesar, *BG*, 8.52.

[3]Cicero, *Pro Cluentio*, 146. Arena, "Invocation to Liberty," 58도 주목하라.

[4]로마 공화정 정치사상 맥락에서 이런 종류의 선동을 논한 것으로는 예컨대 Cicero, *de Re Publica*, 6.1을 보라.

[5]이 사건에 대해서는 Caesar, *BG*, 8.55; Dio 40.66; Appian, *BC*, 2.30–31; Cicero, *ad Fam.*, 2.17.5를 보라.

[6]원로원 비상 결의에 대해서는 Caesar, *BC*, 1.4 (LCL). 폼페이우스의 군대 지휘권에 대해서는 Appian, *BC*, 2.33.

[7]폼페이우스와 원로원이 카이사르에 맞설 음모를 꾸민다는 주장은 Caesar, *BC*, 1.4–5를, 위엄에 대한 폼페이우스의 우려는 Caesar, *BC*, 1.6을 보라.

[8]Appian, *BC*, 2.30 그리고 Plutarch, *Caesar*, 16.1.

[9]Caesar, *BC*, 1.11.

[10]폼페이우스의 퇴각은 Caesar, *BC*, 1.14–27; Appian, *BC*, 2.36–39; Dio 41.5–13에서 논의된다.

[11]Appian, *BC*, 2.40 그리고 Plutarch, *Caesar*, 34.6–9.

[12]카토의 퇴각은 Appian, *BC*, 2.41 그리고 Caesar, *BC*, 1.30–31을, 쿠리오가 북부 아프리카에서 패배하고 죽은 것은 Appian, *BC*, 2.45를 보라.

[13]예컨대 Appian, *BC*, 2.43.

[14]Steel(*End of the Roman Republic*, 197)은 명령권 보유자 명단을 작성했다. Dio 41.43.2는 명령권 보유자로 200명의 원로원 의원을 거론한다. 폼페이우스의 군 병력 조사 기록은 Appian, *BC*, 2.49 그리고 Caesar, *BC*, 3.3을 보라.

[15]Appian, *BC*, 2.63 그리고 Caesar, *BC*, 3.73–74.

[16]원로원 의원들이 폼페이우스에게 공세에 나서라고 압박한 것은 Appian, *BC*, 2.67; Caesar, *BC*, 3.82; Plutarch, *Caesar*, 40–41을 보라. 카이사르의 파르살루스 전투 승리는 Caesar, *BC*, 3.88–89를 보라. 그리고 Appian, *BC*, 2.70(폼페이우스의 카이사르 추격)은 두 군대의 규모를 적고 있다.

[17]폼페이우스의 운명에 대해서는 Plutarch, *Pompey*, 77–80; Appian, *BC*, 2.83–86; Caesar, *BC*, 3.103–104 그리고 Velleius Paterculus 2.53을 보라. 카이사르의 저작을 제외한 문헌 대부분은 Asinius Pollio가 쓴 문헌을 따르고 있다. 이에 대한 논의로는 L. Morgan, "The Autopsy of Asinius Pollio," *Journal of Roman Studies* 90 (2000): 51–69, at 52를 보라.

[18]Appian, *BC*, 2.91; Plutarch, *Caesar*, 50은 이 문장의 그리스어 번역문을 담고 있다. Dio(42.48.1)는 이를 풀어서 썼다. 아피아노스는 이 문장이 카이사르가 로마에 편지 형태로 보낸 군사 작전 보고서에 담겨 있었다고 내비쳤다. Suetonius(*Caesar*, 37)는 라틴어로 적었으며, 이 문구가 카이사르의 개선식이 벌어지는 동안 명판에 적혀 전시됐음을 내비쳤다.

[19]당시 대출 상황은 Caesar, *BC*, 3.20에 묘사되어 있다. Appian, *BC*, 2.48은 여기에 실린 카이사르의 서술을 따른 듯하다. Dio(41.37.3)는 쟁점이 대출금 원금의 현금 상환이었음을 내비쳤다. 이에 대한 논의로는 Kay, *Rome's Economic Revolution*, 260–264를 보라. 귀금속 사재기에 대해서는 Kay, *Rome's Economic Revolution*, 261을 보라. 이는 Dio 41.38.1에 근거한 것이다.

[20]카이사르의 대응에 대해서는 Caesar, *BC*, 3.1.2; Dio 41.37.3; Kay, *Rome's Economic Revolution*, 260–264를 보라.

[21]법무관 카일리우스의 대출 사태 대응은 Dio 42.22; Caesar, *BC*, 3.20–21을 보라. 카일리우스가 밀로와 힘을 합쳤고 둘이 결국 패배한 것은 Dio 42.24–25; Caesar, *BC*, 3.22를 보라.

[22]마르쿠스 안토니우스의 포룸 점령은 Dio 42.29–33이 상세하게 논했다. Appian, *BC*, 2.91은 간단하게만 언급했다. 카이사르의 복귀에 대해 Dio 42.33.2는 카이사르가 있다는 사실만으로도 도시가 안정됐다고 분명하게 말했다. 다른 조처에 대해서는 예컨대 Dio 42.50을 보라.

[23]Dio 42.52–55 그리고 Appian, *BC*, 2.92–94.

[24]Appian, *BC*, 2.94. 디오는 폭동을 길게 기록했으나 자신의 돈으로 산 땅을 제대 군인들에게 주겠다는 카이사르의 약속은 거론하지 않았다.

[25]카이사르의 개선식과 새 광장 건축은 Appian, *BC*, 2.102; Dio 43.21–22., 카이사르의 공공 재원 관리는 Dio 43.45.1. 디오는 이 시기를 기원전 45년으로 기록했다.

[26]Cicero, *Fam.*, 7.30.1. Dio 43.46.4에도 반복해서 등장한다.

[27]카이사르의 선거 결과 승인은 Dio 47.1. 옥타비아누스의 사마관 임명은 Dio 43.51.6–7.

[28]Dio 43.20.3. Horace, *Ep.*, 1.59–60 참조.

[29]카이사르를 왕으로 영접할 거라는 소문은 Suetonius, *Caesar*, 79. 이는 Appian, *BC*, 2.108에 거의 그대로 다시 실렸다. 루페르쿠스 축제는 무엇보다 Suetonius, *Caesar*, 79; Plutarch, *Caesar*, 61; Dio 44.11; Nicolaus of Damascus, *Aug.*, 21 (in M. Toher, ed., *Nicolaus of Damascus: The Life of Augustus and the Autobiography* [Cambridge: Cambridge University Press, 2017]). 관련 논의는 J. North, "Caesar at the Lupercalia," *Journal of Roman Studies* 98 (2008): 144–160을 보라.

[30]이런 권한들에 대한 요약은 Dio 43.45를 보라.

[31]로마인들이 왕을 싫어한 것은 공화정 시절 작가들(예컨대 Cicero, *de Re Publica*, 2.30)이 종종 표현한 것이다. 선출 과정에 대해서는 예컨대 Cicero, *de Re Publica* 2.23–24의 묘사를 보라.

[32]디오는 자신의 역사서 제44권의 앞부분 11개 장을 당시 카이사르에 대한 존경을 표시하기 위해 통과시킨 결정으로 채웠다. 나중에 카이사르의 오만을 논하는 근거가 되는, 이 원로원 결정 목록에 대해서는 A. Lintott, "The Assassination," in *A Companion to Julius Caesar*, ed. M. Griffin (Oxford: Wiley-Blackwell, 2009), 72–82를 보라. 여러 도시와 신전에 세워진 조각상은 Appian, *BC*, 2.106 그리고 Dio 44.4 그리고 Suetonius, *Caesar*, 76을 보라.

[33]이 은화는 RRC 443/1이다. 여기에 새겨진 형상에 대한 해석으로는 D. Backendorf, *Römische Münzschätze des zweiten und ersten Jahrhunderts v. Chr. Vom italienischen Festland* (Berlin: Phillip von Zabern, 1998), 210을 보라. 발행 연대에 대해서는 Crawford, *RRC*, p. 89를 보라.

[34]이 은화는 RRC 458/1이다.

[35]이 은화들은 RRC 480/2a–c(DICT QUART) 그리고 480/3, 480/4, 480/5a–b, 480/17(variations of IMP) 그리고 480/6–15, 480/18(variations of DICT IN PERPETUO)이다. 마지막 은화들의 첫 발행 연대는 기원전 44년 2월 15일 이전일 것이며, 이는 다른 두 무리의 은화 발행일이 그 해 초임을 암시한다. 발행 연대와 은화에 새겨진 형상에 대해서는 Crawford, *RRC*, pp. 492–495를 보라.

[36]예컨대 Appian, *BC*, 2.112.

[37]좀 더 일반적인 브루투스의 사람 됨됨이에 대해서는 K. Tempest, *Brutus the Noble Conspirator* (New Haven, CT: Yale University Press, 2017)를 보라. 리베르타스 은화는 RRC 433/1이다. 발행 연대가 기원전 54년이라는 것은 Crawford가 제시한 것이다. 발행 연대를 다르게 보는 것에 대해서는 S. Cerutti, "Brutus, Cyprus and the Coinage of 55 BC," *American Journal of Numismatics* 5–6 (1993–1994): 69–87을 보라. 아할라 은화는 RRC 433/2다. 아할라에 얽힌 사건은 Livy 6.13, 14를 보라.

[38]정치적 자유에 대한 공화정 말기의 이런 관념에 대해서는 Arena, *Libertas and the Practice of Politics*, 2장을 보라.

[39]이 질문은 키케로의 자유 개념이 *de Re Publica*에 표현된 국가 내 개인의 권리와 연결되는 법률적 개념에서, *de Officiis*와 *the Philippics* 같은 기원전 40년대 저작에서 전개된 간섭을 받지 않을 개인의 자유를 중심으로 한 개념으로 바뀌었음을 상기시킨다. 키케로의 이런 변화에 대해서는 Arena, "Invocation to Liberty," 49–73을 보라.

[40]플루타르코스(*Brutus*, 8–10)는 카시우스가 브루투스를 카이사르 살해 음모에 참여시키려 설득하면서 자유를 지키려면 독재자를 암살해야 한다는 점을 어떻게 주요 논지로 내세웠는지 묘사하고 있다.

[41]Suetonius, *Caesar*, 82.

[42]브루투스가 암살 장소로 원로원 회의장을 선택한 것에 대해서는 예컨대 Appian, *BC*, 2.114를 보라. 도시 내의 반응은 Appian, *BC*, 2.118을 보라.

11장

[1]Appian, *BC*, 2.119. 창과 모자를 묘사한다.

[2]Appian, *BC*, 2.122 그리고 Dio 45.21.

[3]키케로의 행동은 Cicero, *Att.*, 14.10.1(원로원 소집 요구), 15.11(안토니우스 살해 언급)을 보라. 레피두스에 대해서는 Appian, *BC*, 2.124; Dio 44.34.5; Nicolaus of Damascus, *Aug.* 27을 보라.

[4]Cicero, *Att.*, 14.10.1, 15.11.2.

[5]그의 연설 날짜는 플루타르코스가 제시한 16일이 가장 유력하지만, 언제인지는 확실하지 않다. (Plutarch, *Caesar*, 67.7. E. Rawson, "The Aftermath of the Ides," in *Cambridge Ancient History*, online edition [2008], 9:468–490, at 459를 보라). 아피아노스(*BC*, 2.137–142)는 이 연설을 재구성했는데, 묘하게도 날짜를 3월 17일 원로원 회의 이후로 기록했다. 나중에 *contio Capitolina*로 출판된 걸로 추정되는 실제 연설은 Cicero, *Att.*, 15.1a에 묘사되어 있다.

[6]디오(44.34.6)는 무력을 즉각 동원하면 레피두스가 가장 이익을 볼 것임을 정확하게 강조했다.

[7]이 모임은 Dio 44.22.3; Appian *BC*, 2.126–129에 묘사되어 있다. 요약으로는 J. S. Richardson, *Au-*

gustan Rome, 44 BC to AD 14 (Edinburgh: Edinburgh University Press, 2012), 13; J. Osgood, *Caesar's Legacy: Civil War and the Emergence of the Roman Empire* (Cambridge: Cambridge University Press, 2006), 13–14; Rawson, "Aftermath," 469를 보라. 발언자들의 망설임은 Appian, *BC*, 2.127을, 안토니우스의 주장은 Appian, *BC*, 2.128을 보라.

[8]Appian, *BC*, 2.131–132.

[9]카이사르의 유언장에 대해서는 Dio, 44.35.1–4; Appian, *BC*, 2.143; Plutarch, *Caesar*, 68을 보라. 유언장 공개 낭독 날짜에 대한 간략한 묘사는 Richardson, *Augustan Rome*, 15를 보라.

[10]Appian, *BC*, 2.143. 아피아노스가 여기서 폴리오의 기록을 이용한 것에 대해서는 Osgood, *Caesar's Legacy*, 12n1을 보라.

[11]Dio 44.35.4. 아피아노스(*BC*, 2.147)는 대조적으로 군중들이 시신을 볼 수 없었다고 말한다.

[12]가장 폭넓은 설명은 Appian, *BC*, 2.144–147이다. 기타 자료로는 무엇보다 Dio 44.35; Plutarch, *Caesar*, 68; Suetonius, *Caesar*, 84를 보라. 묘사가 극적인 점에 대해서는 Osgood, *Caesar's Legacy*, 13을 보라.

[13]Appian, *BC*, 2.147.

[14]이 인물(히에로필루스라고도 불렸다)에 대해서는 Appian, *BC*, 3.2–3; Livy, *Per.*, 116; Valerius Maximus 9.15.1; Cicero, Phil., 1.5; B. Scardigli, "Il falso Mario," *Studi italiani di filogia classica* n.s. 52 (1980): 207–221의 논의를 보라.

[15]Appian, *BC*, 3.2.

[16]Appian, *BC*, 3.4–5.

[17]카이사르가 옥타비아누스를 군사 작전에 데려가려 한 것에 대해서는 Appian, *BC*, 3.9를 보라. 옥타비아누스의 부모가 카이사르의 유언 내용을 거부하라고 한 것에 대해서는 Appian, *BC*, 3.10–11; Nicolaus of Damascus, *Aug.*, 18; Suetonius, *Augustus*, 3을 보라.

[18]Appian, *BC*, 3.11.

[19]로마 도착 날짜에 대해서는 M. Toher, "Octavian's Arrival in Rome, 44 B.C.," *Classical Quarterly* 54, no. 1 (2004): 174–184를 보라. 이는 Appian, *BC*, 3.105–106; Nicolaus, *Aug.*, 28; Cicero, *Att.*, 14.5.3, 14.6.1에 근거한 것이다.

[20]이는 Nicolaus, *Aug.*, 28, 그리고 아피아노스(*BC*, 3.28)가 강하게 암시한 바다. 관련 논의로는 Toher, "Octavian's Arrival," 175를 보라.

[21]Dio, 45.5.3–4 그리고 Florus 2.15.2–3.

[22]로마인들에게 남은 유산은 Appian, *BC*, 3.21을, 소송은 Appian, *BC*, 3.22를, 호민관 선거 출마 금지는 Appian, *BC*, 3.31 그리고 Dio 45.6.3을, 화해를 위한 모임은 Appian, *BC*, 3.30을 각각 보라.

[23]유성이 나타난 것은 Osgood, *Caesar's Legacy*, 40–41, 그리고 J. T. Ramsey and A. L. Licht, *The Comet of 44 BC and Caesar's Funeral Games* (Oxford: Oxford University Press, 1997)를 보라. 브루투스와 카시우스가 로마를 떠난 것은 Plutarch, *Brutus*, 24 그리고 Nicolaus, *Aug.*, 30, 그리고 Cicero,

Phil., 10.8을 보라. 날짜에 대해서는 Rawson, "Aftermath," 476n50을 보라.

[24]이 사건에 대해서는 Cicero, *Fam.*, 12.23.2; Nicolaus of Damascus, *Vit. Aug.*, 30; Appian, *BC*, 3.39를 보라.

[25]옥타비아누스와 휘하 군인 사이 문제는 Appian, *BC*, 3.44를 보라. 안토니우스 휘하 군인들이 옥타비아누스 쪽으로 옮겨간 것은 Appian, *BC*, 3.45; Dio 45.13을 보라.

[26]옥타비아누스가 안토니우스에 맞서 싸울 것을 다짐한 것은 Appian, *BC*, 3.47을 보라. Dio 45.14는 옥타비아누스의 행동을 원로원을 의식하기보다 데키무스 브루투스의 친구를 자처한 것으로 규정한다. 옥타비아누스가 자신의 사병들에게 로마로 가서 관직을 요구하지 말라고 한 것은 Appian, *BC*, 3.48을 보라.

[27]키케로의 옥타비아누스 칭찬은 Cicero, *Phil.*, 3.37-39를 보라. 이는 Dio 45.15에 묘사된 걸 근거로 했다. 관련 논의로는 Richardson, *Augustan Rome*, 26-27을 보라. 옥타비아누스에게 총독 권한을 부여한 것은 Dio 46.29; Appian, *BC*, 3.48을 보라. 안토니우스가 로마를 해치지 못하게 무력 사용을 허용한 투표에 대해서는 Cicero, *Phil.*, 8.6; Augustus, *Res Gestae*, 1.3; Dio 46.29.5; Appian, *BC*, 3.63을 보라.

[28]전투에 대한 더 포괄적인 묘사로는 Dio 46.36-38을 보라. 마르티아 군단에 대해서는 Cicero, *Phil.*, 14.29-35; Osgood, *Caesar's Legacy*, 52를 보라.

[29]Dio 46.40.3-4; Cicero, *Ep. ad Brutum*, 24.9는 원로원 회의의 공적 인정 의결에 대해 논한다.

[30]더 폭넓은 이야기는 Dio 46.39 그리고 Appian, *BC*, 3.80-81을 보라.

[31]이 사건들에 대해서는 Appian, *BC*, 3.86-88; Richardson, *Augustan Rome*, 31-32; Osgood, *Caesar's Legacy*, 58-59를 보라.

[32]Velleius Paterculus 2.69.5는 페디우스가 카이사르 살해 공모자들을 모두 추방하는 법을 제안했다고 내비쳤다.

[33]이 순간에 대해서는 Richardson, *Augustan Rome*, 34의 간결한 묘사를 보라. 이 합의가 유발하는 많은 미지의 사태들에 대해서는 C. Pelling, "The Triumviral Period," in *Cambridge Ancient History* 10:1-5를 보라. 삼두정치에 관한 고대 문헌에는 Appian, *BC*, 4.2-3; Dio 46.54-55; Suetonius, *Augustus*, 96; Plutarch, *Cicero*, 46; *Antony*, 18-19가 있다.

[34]오스굿(*Caesar's Legacy*, 63-150)은 땅 몰수와 처형 대상자 명단 작성의 결과를 가장 설득력 있게 재구성한다. 아피아노스, 디오, 발레리우스 막시무스 같은 고대 저자들은 처형 대상자들과 처형을 피한 이들에 관한 다양한 이야기를 다뤘다. 일부 학자들은 이런 이야기를 공상으로 치부하지만, 오스굿(*Caesar's Legacy*, 81)은 이런 이야기가 당시 현실의 일부를 포착했다고 믿을 만한 이유가 충분하다는 걸 보여준다.

[35]3인의 로마 입성은 Appian, *BC*, 4.7, 그리고 Dio 47.2를 보라. 키케로 체포는 Appian, *BC*, 4.19-20; Dio 47.8, 11; Plutarch, *Cicero*, 47-48, *Antony*, 20을 보라. 초기의 처형자 숫자는 Appian, *BC*, 4.5에 나온다. Livy, *Per.*, 120은 원로원 의원 130명과 많은 기사들이 숨졌다고 지적한다. Plutarch, *Antony*, 20은 살해된 의원이 300명이라고 했지만 기사들에 대해서는 언급하지 않았다. Dio 47.3-14는 숫자를 제시하지 않는다. 여성에 대한 과세와 여성 웅변가 호르텐시아의 반응에 대해서는 Appian, *BC*, 4.32 그리고 Osgood, *Caesar's Legacy*, 84-87의 분석을 보라.

[36]유대에서의 은 강탈은 Osgood, *Caesar's Legacy*, 88-89를 보라. 이는 Josephus, *JA*, 14.272, *BJ*,

1.220을 근거로 한 내용이다. Dio 47.28.3도 같은 내용을 암시한다. 타르수스 도시 상황에 대해서는 Dio 47.31(전반적인 내용)과 Appian, *BC*, 4.64(1500 달란트 벌금)를 보라. 로도스에 대해서는 Appian, *BC*, 4.65-73(로도스인 공개 처형은 4.73); Dio 47.33을 보라. 브루투스의 크산투스와 파타라 약탈은 Appian, *BC*, 4.76-81; Dio 47.34를 보라. 은화에 등장한 브루투스 초상은 *RRC* 507.1a와 b를 보라.

[37]빌립보 전투에 대해서는 Augustus, *Res Gestae*, 2; Dio 47.37-49; Appian, *BC*, 4.107-138; Suetonius, *Augustus*, 13; Plutarch, *Brutus*, 43-53을 보라. Osgood, *Caesar's Legacy*, 95-104의 논의도 주목하라.

[38]빌립보 전투 희생자 숫자는 Plutarch, *Brutus*, 45; Appian, *BC*, 4.112를 보라. 3인의 군대에 합류한 전직 '해방군' 병사들에 대해서는 Appian, *BC*, 4.138; Velleius Paterculus 2.71.1; Osgood, *Caesar's Legacy*, 103-104; Brunt, *Italian Manpower*, 485-488을 보라.

[39]페루시아 전투의 참상에 대한 상세한 논의로는 Osgood, *Caesar's Legacy*, 152-166을 보라.

[40]브룬디시움 사태에 대해 Appian, *BC*, 5.59는 옥타비아누스의 군대가 "합의를 도출하려는 의도로 또는 안토니우스가 합의를 거부하고 전쟁을 계속하겠다면 그에 맞서 옥타비아누스를 지킬 의도로" 브룬디시움 방어에 나섰다고 주장하는 데까지 나아간다. 브룬디시움 사태와 그 배경에 대해서는 Osgood, *Caesar's Legacy*, 188-207; Pelling, "Triumviral Period," 17-21을 보라. 섹스투스 폼페이우스와의 합의는 Appian, *BC*, 5.74를 보라.

[41]이 문제에 대해서는 Appian, *BC*, 5.95; Pelling, "Triumviral Period," 27을 보라.

[42]클레오파트라에게 땅을 넘겨준 것은 Plutarch, *Antony*, 36; Dio 49.32; Josephus, *JA*, 15.94-95를 보라. 이에 대한 논의로는 Pelling, "Triumviral Period," 29; Osgood, *Caesar's Legacy*, 244를 보라. 파르티아 침공이 재앙으로 끝나게 된 것은 클레오파트라 때문이라는 주장에 대해서는 Livy, *Per.*, 130; Plutarch, *Antony*, 37-38; Pelling, "Triumviral Period," 32를 보라.

[43]메사나 사건과 레피두스의 추락에 대해서는 Appian, *BC*, 5.122ff.; Dio 49.12.4; Paterculus 2.80.4를 보라.

[44]옥타비아누스가 전투에서 입은 부상은 Appian, *Illyricum*, 28.82; Augustus, *Res Gestae*, 29.1을 보라. 안토니우스의 나태와 대비되는 옥타비아누스의 활력은 Appian, *Illyricum*, 16.46; Plutarch, *Antony*, 55를 보라. 이런 사건 전개에 대한 논의로는 Osgood, *Caesar's Legacy*, 325-326; Pelling, "Triumviral Period," 46을 보라.

[45]건설 사업은 Osgood, *Caesar's Legacy*, 329-330. 안토니우스 지지자들이 시행한 사업도 일부 있었지만, 오스굿이 보여주듯이 이는 개수가 적었고 더 비효율적으로 마무리됐다. 아그리파의 활동은 Osgood, *Caesar's Legacy*, 330-336; Pelling, "Triumviral Period," 47-48을 보라.

[46]이 사건과 이 사건의 여파에 대해서는 Plutarch, *Antony*, 53-54; Dio 49.33; Osgood, *Caesar's Legacy*, 336의 논의를 보라. 옥타비아가 안토니우스와 살던 집으로 돌아온 것에 대해 플루타르코스(*Antony*, 54.2)는 "그녀의 이런 행동은 의도적인 것은 아니지만 안토니우스에게 타격을 가했다. 이런 여성을 부당하게 취급했다고 비난받았기 때문이다."라고 평했다.

[47]Dio 49.40; Plutarch, *Antony*, 50.4(유사 개선식), 54.3(영토 선물). Horace, *Ep.*, 9도 참조. 이 일련의 사건과 고대 증거의 신빙성이 의심스러운 것에 대해서는 Osgood, *Caesar's Legacy*, 338-339를 보라.

[48]원로원 회의는 Dio 50.2.3(1월 1일 회의), 50.2.4–6(옥타비아누스가 참석한 회의)을 보라.

[49]원로원 의원들이 안토니우스 진영으로 도망친 것은 Dio 50.2.7. 안토니우스의 유언장은 Dio 50.3.4–5, 50.20; Plutarch, *Antony*, 58.3–4를 보라. 유언장의 효력에 대해서는 J. R. Johnson, "The Authenticity and Validity of Antony's Will," *L'Antiquité Classique* 47 (1978): 494–503을 보라. 안토니우스가 로마인처럼 행동하기를 중단했다는 지적은 Suetonius, *Augustus*, 17.2. 페르가뭄 도서관을 클레오파트라에게 넘겼다는 주장은 Plutarch, *Antony*, 58.5. 수도를 알렉산드리아로 옮긴 의도에 대해서는 Dio 50.4.1. 이런 소문들과 그 맥락에 대한 논의로는 Osgood, *Caesar's Legacy*, 354–355를 보라.

[50]Augustus, *Res Gestae*, 25.2.

[51]맹세가 면제된 곳은 보노니아다. 이에 대해서는 Suetonius, *Augustus*, 17.2에 묘사되어 있다. 이에 대한 분석은 Osgood, *Caesar's Legacy*, 359를 보라.

[52]오스굿(*Caesar's Legacy*, 357–364)은 이 서약을 철저하고 설득력 있게 재구성하고 맥락을 부여하며 공화국 시절의 선례를 제시하는 한편 이 일이 제국 시대의 충성 서약의 선례로 작용한 점도 제시한다.

[53]Dio 50.10이 이 폭동들을 묘사하고 있다.

[54]이집트 내 자산의 황제 세습에 대한 논의는 D. Rathbone, "Egypt, Augustus, and Roman Taxation," *Cahiers du Centre Gustave Glotz* 4 (1993): 81–112, at 99–110 그리고 D. Rathbone, "The Imperial Finances," in *The Cambridge Ancient History*, Vol. 10, *The Augustan Empire, 43 BC–AD 69*, 2nd ed., ed. A. Bowman, E. Champlin, and A. Lintott (Cambridge: Cambridge University Press, 1996), 315–316을 보라.

12장

[1]Suetonius, *Caesar*, 77.1.

[2]술을 바친 것은 Dio 51.19.6. 야누스 신전은 Augustus, *Res Gestae*, 13.

[3]Dio. 51.21.1–2.

[4]Dio, 51.21.4.

[5]Dio 51.20.6.

[6]Augustus, *Res Gestae*, 34.

[7]이 개념에 대해서는 J. A. Crook, "Political History, 30 BC to 14 AD," in *Cambridge Ancient History* 10:76ff를 보라.

[8]Augustus, *Res Gestae*, 17.

[9]이 순간에 대해서는 Dio 53.11 그리고 Strabo 17.3.25를 보라.

[10]그의 병에 대해서는 Dio 53.31.1을 보라. 디오는 암살 시도의 때를 기원전 22년으로 봤다(54.3.4-8). 하지만 많은 학자는 이 시도에 연루됐을 수 있는 인물인 무레나(Murena) 가문 사람의 집정관 재임 사실이 누락이 심한 정무관 목록에 있는 걸 근거로 시기를 기원전 23년으로 본다. 옥타비아누스에 대한 이런 위협은 헌법적 구조 재정립을 촉발하는 사건으로 간주됐다. 이에 반대하는 견해로는 Richardson, *Augustan Rome*, 103-104의 간결한 요약을 보라. 하지만, 연대 문제는 우리로서는 중요하지 않다.

[11]*Res Gestae*, 34.

[12]Dio 53.16.8. Suetonius, *Augustus*, 7.2; Velleius Paterculus 2.91.1과 비교해보라.

[13]Dio 53.18.2.

[14]Dio 54.1.1-2.

[15]*Intra paucos dies metu et periclo praesenti populum universum meis impensis liberarem* (*Res Gestae*, 5).

[16]원로원 의원들의 연령대는 T. Parkin, *Old Age in the Roman World* (Baltimore: Johns Hopkins University Press, 2003), 104를 보라.

[17]J. A. Crook, "Augustus: Power, Authority, Achievement," in *Cambridge Ancient History* 10:146.

[18]키케로는 이런 생각을 기원전 60년대 중반, 적어도 *Pro Cluentio*, 151-153에 이 생각이 등장하는 기원전 66년부터 종종 표현했다. 다른 문헌이나 인용에 대해서는 예컨대 *Catil.*, 4.14-17; *Rab. Perd.*, 27; *ad Fam.*, 5.2.8을 보라. 키케로 사상 속 이 개념에 대한 가장 최근의 견실한 논의는 J. Zarecki, *Cicero's Ideal Statesman in Theory and Practice* (New York: Bloomsbury Academic, 2014), 49-59를 꼽을 수 있다.

[19]예컨대 Cicero, *Att.*, 1.18.3.

로마 공화정의 몰락

독재의 탄생

1판 1쇄   2024년 11월 25일
ISBN   979-11-92667-65-2 (03320)

저자   에드워드 와츠
번역   신기섭
편집   김효진
교정   황진규
제작   재영 P&B
디자인   우주상자
펴낸곳   마르코폴로
등록   제2021-000005호
주소   세종시 다솜1로9
이메일   laissez@gmail.com
페이스북   www.facebook.com/marco.polo.livre